中国少数民族设计全集

The Design Collection of Chinese Ethnic Minorities

满族

中国少数民族设计全集编纂委员会 编

图书在版编目（CIP）数据

中国少数民族设计全集. 满族／中国少数民族设计全集编纂委员会编；邱珂，白波著. —太原：山西人民出版社，2019.10
ISBN 978-7-203-11127-6

Ⅰ.①中… Ⅱ.①中… ②邱… ③白… Ⅲ.①满族–民族文化–研究–中国 Ⅳ.① K28

中国版本图书馆CIP数据核字（2019）第247262号

中国少数民族设计全集. 满族

编　　者：中国少数民族设计全集编纂委员会
著　　者：邱　珂　白　波
责任编辑：崔人杰
复　　审：吕绘元
终　　审：阎卫斌
装帧设计：谢　成

出 版 者：山西人民出版社　人民美术出版社
地　　址：太原市建设南路21号
邮　　编：030012
发行营销：0351 - 4922220　4955996　4956039　4922127（传真）
天猫官网：https://sxrmcbs.tmall.com　电话：0351 - 4922159
E — mail：sxskcb@163.com　发行部
　　　　　sxskcb@126.com　总编室
网　　址：www.sxskcb.com

经 销 者：山西出版传媒集团·山西人民出版社
承 印 者：山西出版传媒集团·山西新华印业有限公司

开　　本：889mm×1194mm　1/16
印　　张：39.5
字　　数：500千字
印　　数：1—1 000册
版　　次：2019年10月　第1版
印　　次：2019年10月　第1次印刷
书　　号：ISBN 978-7-203-11127-6
定　　价：530.00元

如有印装质量问题请与本社联系调换

中国少数民族设计全集编纂委员会

总 主 编（按年龄排序）
张夫也　王立端　戴晋明　廖 军　王 琥　李豫闽　过伟敏　顾 平
王 强　李 岗

执行主编　王 琥
编务统筹　张明山

中国少数民族设计全集编辑工作委员会

主　任　刘伟冬
编　委（排名不分先后）
王 琥　王 峰　王 强　王立端　王浩滢　白 波　过伟敏　许 星
许边疆　李 岗　李 丽　李豫闽　成光虎　肖 飞　余 强　汪传跃
罗 力　杨明朗　陈 述　陈见东　邱 珂　胡万明　顾 平　郑 静
郭立忠　姬 莹　张夫也　张泽国　张明山　张秋平　张耀引　梁盛平
樊 进　谢 玮　熊 伟　熊 微　熊建新　蔡克中　葛 芳　鞠 斐
魏 洁　廖 军　戴晋明

中国少数民族设计全集出版工作委员会

主　任　胡彦威　周 伟
执行主任　姚 军　欧京海
编务统筹　阎卫斌　周小龙
编　辑（排名不分先后）
王新斐　史美珍　冯 昭　冯灵芝　吉 昊　吕绘元　刘小玲　任秀芳
孙 琳　孙宇欣　李广洁　李建业　李 靖　员荣亮　张小芳　张志杰
张书剑　何赵云　陈俞江　吴春华　武 静　周小龙　柳承旭　郝文霞
赵 玉　赵晓丽　席 青　秦继华　高 雷　郭向南　阎卫斌　崔人杰
傅晓红　蔡咏卉　翟丽娟　樊 中　薛正存　魏 红　魏美荣

整体设计　谢 成

中国少数民族设计全集·满族

本册著者　邱　珂　白　波　张　晶　张芳兰
　　　　　　王　增　詹伟国　郑皓华
参与撰写　卢　磊　张洪庆　黄星星　杨国林
　　　　　　侯　瑞　杨　林　王丙懿　王　晗
　　　　　　金成虎　杨明华　马　倩　孙纪鹏
　　　　　　贾晨茜　穆省民　韦紫高　苏远亮
　　　　　　林志兵　熊振昌　曹菲菲　唐　洁
　　　　　　梁曾艳　肖巧妮　赵培良　胡雨竹
　　　　　　朱英哲　贾　玮　张洪庆　杨明华
　　　　　　何红萍　梁　军　戚建丽　张　敏
　　　　　　张慧芳　肖　珺　王中正　兰庆洋
　　　　　　马　慧　董　琪　苏伟航　张子心

求同存异　和合共荣

刘伟冬

中华民族，是一个由56个民族组成的大家庭。在漫长的文明发展史中，汉族和各少数民族都为中华文明的繁荣发展贡献了自己的聪明才智。纵观中华文明史，其实就是一部各族群之间"求同存异，和合共荣"的文化演进史。

从根子上讲，4000年前的"中国"，仅指北方中原地区，居住在这里的相传是上古时期黄帝部落和炎帝部落的后裔，故而自称"炎黄子孙"。其时的"中国"，不过是黄河中下游（西起陇山，东至泰山）区域。在千年发展与民族融合之后，尤其是晋末"衣冠南渡"，南迁的中原汉族与南方百越民族彻底融合，来自北方的鲜卑等民族融入汉族，使汉族前所未有地壮大发展，逐渐形成后来疆域辽阔、人口众多、物产繁盛、文化昌明的中华民族的主体族群。特别值得强调的是，自从作为一个民族整体之后，中华民族就从未中断过自己的民族发展史——这在世界历史上是硕果仅存、独一无二的。

中华民族具备兼容并蓄、虚心好学的民族天性。仅以设计学范畴的事例讲：在数千年文明发展历史中，中华民族在不断向外输出优秀的文明成果（如烧造之陶瓷砖瓦、营造之榫卯斗拱、织造之丝绸刺绣、锻造之"失蜡"分模等），影响全人类的日

常生活与生产方式的同时，也不断地吸纳域外各民族的优秀文明成果，如汉魏之印度佛教和西域音乐、隋唐之西亚服饰和家具、宋元之东洋印染和漆艺、明清之西洋机器与建筑……在中华民族内部，这样的文化交流更是从未停止过，而且是风生水起、枝繁叶茂，愈发流畅、深入，中华民族各族群之间"求同存异，和合共荣"的文化大演进，共同创造了中华民族极为灿烂辉煌的造物文明历史。仍以设计学范畴为例：原本是匈奴人发明的单足绳圈，被晋代的汉族人设计成铁质双镫；最早是鲜卑人原创的毡毯卷边，被晋代的汉族人改造成"高桥马鞍"，这宗中国式马具设计案例，被誉为"13世纪中国传入欧洲的最重要文化成果"（李约瑟语）。再如，西域（今新疆地区）是全世界最早的皮靴生产地，哈尼族为主的红河地区出现了全世界最早的梯田。再如，全世界最早的"干栏式建筑"和全世界最早的稻米人工育种、栽培，均起源于长江中下游的百越地区；全世界最早的竹藤编结器物起源于闽越地区……由中华民族共同创造、发明，后来又影响了全人类文明进程的优秀造物设计案例很多，不胜枚举。几千年中华民族的文明史，就是各种文化多元融合、共同发展的最好例证。不了解中华民族内部各族群的文明交流史，就无法真正理解中国文化史，也不能理解为什么中华民族总是能在逆境中成长强大。甚至可以说，能否完整地理解中华民族的文化史，是检验每一个当代中国知识分子（特别是文史哲专业的学者）文化立场的"试金石"。

随着改革开放的逐渐深入，各民族地区的经济与社会状态已发生了天翻地覆的变化。令人遗憾和担心的是，由于各地区政策执行力度不平衡，保护措施不得力，少数民族的文化特性正在逐步衰退，有些地区的少数民族文化特征甚至已经消失殆尽，仅仅存在于徒具形式，充满口号、标语的民族文化村旅游景点中。有学者预言，再不加快整理抢救工作，中国的少数民族可能在物质形态和文化内涵的特征上，若干年后将不复存在。

从少数民族地区反映古代中国社会某些面貌的文化遗存看，这些少数民族之所以一直与汉族地区差距巨大，存在多方面的原因，其中历代汉族统治者对少数民族的歧视政策是主要原因。此外这些地区本身就处于偏僻荒地，不是沙漠就是山区，自然条件远不及汉族聚集地区，社会发展水平滞后。20世纪50年代，有相当比例的少数民族在当时仍处于原始农耕社会或奴隶制社会，不要说通电、通水、通汽车，不少人一辈子连铁器长什么样都没见过。部分少数民族聚集地的各种自然条件也较差，缺肥少水，基本生活来源，一靠老天爷恩赐的"望天收"农作物；二靠家庭手工作坊制作些竹藤编结物和土织、土陶等土特产来换取粮食；三靠养猪、兔、羊和鸡、鸭、鹅等家禽来换取日用品，如灯油、农具、衣物和油盐酱醋等；四靠为土司、头人和大户们出卖劳力（社会底层奴隶身份），年老即被抛弃。中华人民共和国成立后，党和政府在这些地区实行社会主义改造，打倒以土司、巫师和头人为首的剥削阶级，将土地和生产资料一律收归集体所有，解放了全体少数民族民众，使他们历史上第一次有了自由劳作和生活的权利。

中华人民共和国成立之初，党和政府就高度关注民族事务问题，为如何保护、关心各少数民族制定了一系列方针、政策，也为当代中国社会处理民族问题、保护民族文化树立了光辉典范。中央人民政府政务院于20世纪50年代初发布了《关于民族事务的几项决定》，为新中国民族政策奠定了最初的思想基础，其主要内容是：一、各大行政区军政委员会（人民政府）须指导各有关

在云南景洪县城集市上，曾亲眼见过景颇族老乡用古老的"焖烧法"烧出的红彤彤的土陶——跟笔者一知半解的仰韶彩陶的烧制工艺几乎一模一样。还有，笔者在大西北甘陕宁各省亲眼所见的回族、保安族、裕固族和东乡族老乡巧手做出的那些花样繁多、样式复杂的面塑造型，真是个个精妙绝伦。这方面的事例实在太多了。

50年代的少数民族地区社会大普查，以及半个多世纪以来社会各界对其丰富而珍贵的考察、研究，意义深远，价值极为重大。这些地区客观上保存的较为完整的、与数千年前中国原始社会最初形态近似的许多社会特征，为我们研究社会的最初形态形成和当时的经济、文化、政治的基本状况以及"设计发生学"的相关课题，提供了珍贵的类型学"活化石"范本，价值非凡。改革开放以来，这些少数民族地区也获得了前所未有的巨大发展，人民生活日新月异；但与此同时，少数民族地区的民族性在不可避免地愈发衰减、退化，甚至消失。如果我们再不采取保护措施，若干年后，各少数民族的许多宝贵民族文化遗产将无法挽救地彻底消亡，这部分同属于全人类精神财富和中华民族集体智慧的宝藏，我们将再也看不到了。

在"设计发生学"问题上，我们一向秉持文化多元论的观点，认为人类文明是全世界人民共同创造的，各国家、地区、民族均做出过大小不一、形态各异的贡献；同理，中华民族的灿烂文明是中国的各族人民共同创造的，每个民族都对中华传统文化做出过贡献，也都应当得到尊敬和肯定。中国的各少数民族在中华文明漫长的演化过程中，都曾经以自己独特而充满智慧的文明成果，补充、完善甚至改良着中华文明。比如，古代西域的龟兹古国各民族创造或引自西亚的弹拨乐器和拉弦乐器以及音律、曲

式，彻底改造了中国古代音乐，新创作出代表中国古乐精髓的江南丝竹；南疆的维吾尔族和北疆的哈萨克、塔塔尔、塔吉克等族首创了制革术，并引进古波斯革皮书籍装帧术和制靴术、制毡术、毛衣编结术；海南岛的黎族率先种植棉花并纺织棉布，传入内地后棉织业逐渐形成中国古代手工行业的"天下第一营生"……保护少数民族的民族文化特性，就是保护我们的历史遗产，就是传承我们的文明。我们应进一步发扬文化兼容的优良传统，把振兴中华的百年民族复兴梦，逐步落实为将大中华建设成为中国各民族共同拥有的美好家园。

由上千名来自全国各高等艺术院校的教授、研究生组成的55支团队参与编撰的《中国少数民族设计全集》（55卷），正是有识之士基于对各少数民族的民族文化特性正在快速衰减、消亡的严重现实问题的深切忧虑而进行的抢救、发掘、整理中国少数民族文化遗产的重要文化工程。经过两年精心筹划，六年努力写作，在国家出版基金管理部门的支持下，在山西人民出版社和人民美术出版社的策划和组织下，目前《中国少数民族设计全集》的书稿编撰工作已基本完成，即将付梓。在长达八年的漫长过程中，全国兄弟院校各团队涌现出的各种可歌可泣的事迹经常感动着笔者，并不时鞭策着全体作者克服千难万险，一路向前。有的分卷作者身患绝症仍不眠不休地忘我工作，有的分卷作者遭遇各种意外仍坚持工作。特别是，很多民族同志公而忘私、不计较个人得失，有人不惜将自己赚钱的企业关张歇业，全身心地投入各自所负责分卷的繁重编撰工作中；有人义无反顾地将自己珍藏多年的本民族实物、资料和研究成果无偿提供给相关分卷作者。大家万众一心，克服各种复杂得难以想象的困难，以确保这部凝聚了众人八年心血的巨著，能按计划如期完成。借此机会，笔者谨

求同存异　和合共荣

 代表本丛书编委会全体成员，向领导、编辑和作者们表示衷心的感谢！

 作为一项文化创举，笔者深信《中国少数民族设计全集》必将在未来岁月的长期检验中，愈发显现其非凡的、独特的文化价值。

2017年夏季于南京

前言

满族是我国东北的一个历史悠久的民族。这个民族勤劳勇敢，善于学习，勇于创造。满族的形成和发展源远流长，其历史文化可以追溯到先秦时期。据史书记载满族的先人最早被称为"肃慎"，主要分布在长白山以北以及三江平原相关区域。早期主要以采集和狩猎为谋生手段，并逐渐发展其原始农业与畜牧业。明代中叶以后，努尔哈赤逐渐统一了女真各部，部族迅速发展壮大，并形成部族文化和民族意识。

皇太极时期满族进一步发展，并形成了自己的文字。之后皇太极宣布族名为"满洲"，至此满洲的名称正式出现。满族以女真人为主体，并不断吸纳周边民族的人。清军入关后取得统治权，大量的汉族移居到中国东北地区，各民族混居使汉族文化与满族文化互相融合。

满族以我国东北的人口居多，但多分散居住在河北、甘肃、山东、内蒙古等省区以及北上广、天津、西安等大、中、小城市。

满族人生产方式十分丰富，早期以狩猎、畜牧为主，兼营农业生产。关外的满族人由于东北地域广阔，主要以游牧为主；东海沿岸的满族人以渔猎为业，而耕地少的丘陵山林地带，多数的满族人以打猎、采集为生。南方的建州满族通过农业和狩猎畜牧等多种生产方式，个人或部落必须进行专业生产，同时按季节进行小围、大围，并努力发展畜牧业。除此之外满族人十分重视古老的采集，如八九月之间，女真人开展采人参或采蜂蜜等采集活动。因此多种生产方式也创造了丰富多彩的造物。

本卷《中国少数民族设计全集·满族卷》精选具有满族特色的代表性案例，采用图文并茂的形式加以设计分析，这些案例种类和内容可以反映满族人设计造物的整体面貌和基本特征。本卷从传统建筑、传统服饰、传统餐饮、传统生活用具、传统生产工具、传统手工艺、传统民俗和宗教造像这七个部分全面系统地介绍了满族吃、穿、住、用、行等方面的设计造物活动。以设计作为本体，结合人机学、材料学、符号学、社会学、民俗学、考古学等多种学科交叉研究，从多个角度展现和诠释满族传统造物设计方法和特征。

从建筑方面看，满族及其祖先在东北地区生活了上千年，与东北地区的气候、地形等融合在一起，形成了具有鲜明特色的民族设计特点。

在房屋设计上，与东北地区冬季寒冷、夏季昼夜温差大相适应，满族民居设计上采用跨海烟囱、万字屋以及室内蔓子炕的设计。满族的室内装饰艺术具有典雅、庄严、质朴的风格。从家具上看，它的用材十分合理，既发挥了材料特性，又充分利用了材料本身的色泽与纹理，满族家具造型稳重，比例适度，线条优美，雅致活泼。满族人家的地面常见的是青砖磨缝地面，有多种铺砌图样，青砖地面庄重平整，与白色粉墙相搭配，和谐淡雅。这是满族特有的装修形式。

满族地罩都设在单面炕的前端，它将室内分割成两个部分。地罩是一个墙的形状，它使室内形成相连又相隔的虚实氛围。如吉林局子街达宅正房，通过地罩看到的是炕与炕罩，炕罩两边设横棂，用来挂幔帐。西炕靠山墙摆放大板柜，柜上平时放花瓶，祭祀时摆放供品。南炕睡长辈，北炕睡晚辈，头皆朝炕沿，脚朝窗。南炕西头是山墙，一般安放炕琴柜、被褥等。北炕西头靠墙设一对木箱，

地面西墙处，安放一张八仙桌。此外，房屋的正门处设门帘架，用来挂门帘。窗子的式样一般都采用支摘窗，下扇安玻璃，上扇做窗格，上面有喜字、梅花等吉祥纹样。由于地理位置与气候影响，满族屋顶都是柁下设天棚以阻隔寒气。一般大型住宅都做船底棚，它使室内空间扩大，空气畅通，没有低矮压抑的感觉。

从服饰方面看，满族旗袍是满族服饰中最具代表性的服饰。这种袍式服装是清代男女老少、春夏秋冬四季必不可少的服装。它有单、夹、棉、皮之分，春、夏季穿用的称之为衫，秋冬季穿用的称之为袍。当时并不叫旗袍，是其他民族将满族人（旗人）所穿的袍子称为旗袍，遂相沿成习。旗袍的基本样式为圆领、捻襟（大襟）、窄袖（有的带马蹄袖）、四面开气，有扣襻。旗袍改变了一直以来中原地区上衣下裳、宽袍大袖的服饰风格。其最大的优点就是适应满族骑射活动的需要。随着清朝社会的不断发展，旗袍的样式、装饰性、功能性也发生了很大的变化，特别是汉族服饰和满族服饰的融合。清代头饰是区别于以往任何朝代的具有鲜明民族特征的装饰。耳饰是头饰的重要组成部分，上至皇太后，下至七品命妇，皆左右耳各戴三具耳坠，俗称"一耳三钳"，所谓"一耳三钳"就是在每只耳朵由上至下扎三个耳眼。领约是清代后妃诰命妇穿朝服时佩戴在朝冠下檐处的一种圆形类似发卡的装饰品，其上缀以不同数量的珠宝，以此作为区别身份、地位的标志。顶戴是清朝官服制度中特有的一种标志品秩的方法，是清朝有别于以往任何朝代的佩饰之一。顶戴俗称"顶子"，是清朝有官爵者所戴冠顶镶嵌的宝石。

从饮食与餐饮器具方面看，东北地区比较有特色的是腌制酸菜。酸菜是东北地区满族冬季的主要食材之一，是满族人民为了解决东北地区寒冷的冬季蔬菜供应问题而出现的。东北地区冬季漫

长，蔬菜无法生长，新鲜蔬菜也无法长期保存，而腌制的酸菜则可以长期保存，从而解决冬季蔬菜供应问题。满族菜烹调方式以炖煮为主，其中酸菜配以白肉血肠是满族的一道特色菜肴，现已是流行的满族风味，其源头也出自满族先民的萨满祭祀中的供品。满族生活居住的东北地区物产丰富，粮食品种众多，满族人的食品来源广泛，在日常生活中所使用的食具种类也较多。

从传统手工艺方面看，满族手工艺技术历史悠久。满族刺绣在沿袭女真族人钉线的民间艺术的基础上有了新的发展。在颜色选择上，既继承了女真族人选用黑线的特点，又学习和吸收了汉族人使用多种颜色的特点。在图案设计上满族刺绣不仅有花边，而且有比较完整的花、鸟、鱼、水等图案。清代满族刺绣除继承明代以前的传统技法外，还创造了新的刺绣工艺。此外满族人入关后，陶瓷、雕刻、景泰蓝、匏蒜器、剪纸等手工艺发展都非常昌盛，推动了中国当时传统手工艺长足的进步。

从宗教器具看，满族人崇尚萨满教。萨满法器因满族部落或氏族的不同，有不同的形状和组合。常见的有腰铃、铜镜、铜铃、神刀、抓鼓等。萨满法器都有一定的象征意义。而在民俗行序方面，无论婚丧嫁俗满族都非常讲究礼仪。如：抱宝瓶、插佛托、九连环、执红幡、揭盖头等。

本卷的撰写出版，要感谢各位参加撰写的老师和同学，是他们夜以继日的辛苦付出，才使得本卷有机会与读者见面。哈尔滨师范大学教授白波，从前期案例的收集到选定，以及部分案例撰写，付出了许多心血；另外，还有燕山大学副教授张芳兰、南昌大学博士生王增、九江学院詹伟国、南昌大学副教授郑皓华。

南昌大学艺术与设计学院硕士研究生陈炳灿、曹菲菲、熊振昌等同学以及本科生李雪松、殷君士、韦紫高等同学，燕山大学唐洁、九江学院梁曾艳等为本卷的撰写也付出了许多心血，是他们的热情与付出，才使得本卷得以完成。

撰写过程中，全体撰写人员收集、整理了众多资料，针对每一个案例都进行了仔细的筛选。在本卷的撰写过程中，参阅了众多学者的论著，得到了许多博物馆、图书馆的帮助，也得到了南昌大学艺术与设计学院熊兴福教授、吴江教授的大力支持。

由于编者学识所限，书中难免有疏漏或不足之处，恳请广大专家、学者、各界人士批评指正，不胜感激！

邱珂
南昌大学副教授、硕导
2015年于南昌大学前湖校区

目录

第一章　满族传统建筑

满族地窨子　002
满族马架子　005
满族口袋屋　007
满族三合院　011
满族四合院　014
满族土坯房　017
满族苞米楼　020
满族大车店　023
满族隔扇　025
满族火墙　028
满族塔克世故居　031
满族万字炕　034
满族呼兰　037
满族影壁墙　041
满族杆式大门　044
满族灶台　047
满族支摘窗　050
满族厨房布局　053
满族民居室内布局　056
满族民居建筑布局　060
满族八旗兵新城官房　064
满族清永陵　067
满族汗宫　071
满族努尔哈赤故居　074
沈阳故宫　077

第二章 满族传统服饰

满族扁方　082
满族马褂　086
满族女式单氅衣　090
满族旗袍　093
民国满族妇女旗袍　096
满族行裳　099
满族箭袖　101
满族坎肩　104
满族套裤　108
满族衬衣　111
满族肚兜　116
满族领衣　119
满族披领　123
满族盔甲　127
满族围裙　131
满族困秋帽　133
满族蓝底棉风帽　136
满族瓜皮帽　139
满族凉帽　143
满族暖帽　146
满族帽顶　149
满族扳指　153
满族翎管　155
满族大拉翅　158
满族勒子　162
满族荷包　165

满族高底鞋　169
满族靰鞡鞋　172
满族毡疙瘩　175
满族棉袜　177
满族头花　180
满族簪子　183
满族指甲套　187
满族领约　190

第三章　满族传统餐饮

满族白肉血肠　194
满族大饼子　197
满族包儿饭　200
满族燎猪皮　202
满族猪皮冻　204
满族馒头　207
满族黏糕　210
满族苏叶饽饽　213
满族萨其马　216
满族火锅　220
满族酸菜　224
满族酸汤子　227
满族下豆酱　230
满族炒面　233
满族春饼　236
满族疙瘩汤　240

第四章　满族传统生活用具

满族木勺　246

满族漆皮铜镀金鞘小刀　249

满族叫瓢　251

满族鹿角椅　255

满族耳套　260

满族八角鼓　262

满族同肯　266

满族单鼓　269

满族帽架　272

满族鸡架　275

满族炕琴　278

满族炕桌　282

满族大高桌　285

满族悠车　288

满族幔帐　292

满族木桶　295

满族开口水瓢　299

满族爬犁　302

满族花轱辘轿车　305

满族洗衣工具　307

满族梳妆镜　310

满族学步车　314

满族油灯　317

满族笊篱　320

满族冰车　323

满族搁板　326

　　满族马杌子　329
　　满族威呼　332
　　满族辘轳　334
　　满族木床　337
　　满族铜火盆　340
　　满族火镰　344
　　满族闭口水瓢　346
　　满族树皮桶　349
　　满族扇套　352
　　满族兽骨窗钩　355
　　满族鸽子哨　358
　　满族旱烟袋　361
　　满族烟笸箩　364
　　满族折叠木凳（瞎掰）　368

第五章　满族传统生产工具

　　满族波罗锤　372
　　满族石碾　375
　　满族苞米穿子　378
　　满族背篓　381
　　满族大车　384
　　满族织网梭　387
　　满族鱼罩　390
　　满族采参工具　394
　　满族弓箭　399
　　满族草拍子　402
　　满族地箭　405

　　满族点葫芦　408
　　满族豆腐坊　411
　　满族垛杈　413
　　满族纺绳机　416
　　满族粉坊　420
　　满族粪筐　424
　　满族榛耙　427
　　满族狩猎夹　430
　　满族木犁　433
　　满族木锨　435
　　满族木钻　438
　　满族筛箩　441
　　满族石磨　444
　　满族捕兽铁钩　449
　　满族制鞋夹板　451
　　满族作业木凳　454
　　满族制革工具　457
　　满族鱼钩　460
　　满族鱼叉　463
　　满族鹿哨　466

第六章　满族传统手工艺
　　满族红漆寿桃描金式盒　470
　　满族五彩花蝶纹攒盘　474
　　满族寿字盘　477
　　满族铜珐琅盅　480
　　满族白釉黑花葫芦瓶　483

满族刺绣　486
满族东北皮影　490
满族挂笺　493
满族剪纸　496
满族掐丝珐琅莲瓣式高足盘　502
满族补绣　506
满族粉彩镂空团寿盖盒　509
满族合欢瓶　513
满族康熙饱蒜头瓶　516
满族青花竹纹节壶　518
满族转心瓶　520
满族铜珐琅带盖炉　523

第七章　满族传统民俗和宗教造像

满族驯鹰　528
满族翻绳　531
满族抽陀螺　534
满族嘎拉哈　537
满族珍珠球　540
满族媳妇人儿　543
满族鹅笼　546
满族抱宝瓶　549
满族揭盖头秤杆　551
满族节缺　554
满族插佛托　557
满族九连环　560
满族红布幡　563

满族旗棺　566
满族中和节哈巴车　569
满族哈尔马力　572
满族晃铃　575
满族腰铃　578
满族萨满服饰　581
满族抓鼓　584
满族萨满神帽　587
满族萨满神偶　590
满族神堂　593
满族索利条子　597
满族索罗杆　599
满族香碟　602

第一章 满族传统建筑

满族地窖子

图一　满族地窖子主图

"地窖子"是满族祖先所居住的房子，一般选在背风向阳、离水源较近的山坡。先向地下挖三四尺深的长方形坑，空间大小根据居住人口多少确定，在坑内立起中间高、两边矮的几排房柱，柱上再加檩椽，椽子的外（下）端搭在坑沿地面上或插进坑壁的土里，顶上绑房芭和草把，再盖半尺多厚的土培实，南面或东南角留出房门和小窗，其余房顶和地面间的部分用土墙封堵。这种房子地上和地下部分各占一半，屋内空间高度为两米左右，搭板铺在地中央生火取暖，有的居室还出现了专门的取暖设备——火墙。房顶四周再围以一定高度的土墙或木障，以防牲畜踩踏。这种"半穴房"无疑是向地面建筑屋发展道路上的一个进步。在其出口处，往往用石板、木板搭起一个屏障，这就是满族居室中"影壁"的雏形。

地窖子是满族祖先根据东北地区的气候特点所修建的房屋，实际上东北地区的其他民族在早期也大多采用这种建筑样式。地窖子一般建在背风向阳的山坡上，可以充分利用阳光照射，保证室内的温度。从地面上下挖，一方面减少了建筑材料，缩短建筑时间，同时下挖的建筑样式可以很好地利用大地，起到冬暖夏凉的作用。地窨子虽有很多好处，但也有劣势，因为处于地面以下，比较潮湿，进出也不太方便，故而后来被传统满族民居所取代。

图片来源

图一、图二　马倩参考张驭寰著《吉林民居》（天津大学出版社，2009年）绘制

图三、图四　莫婷　制图

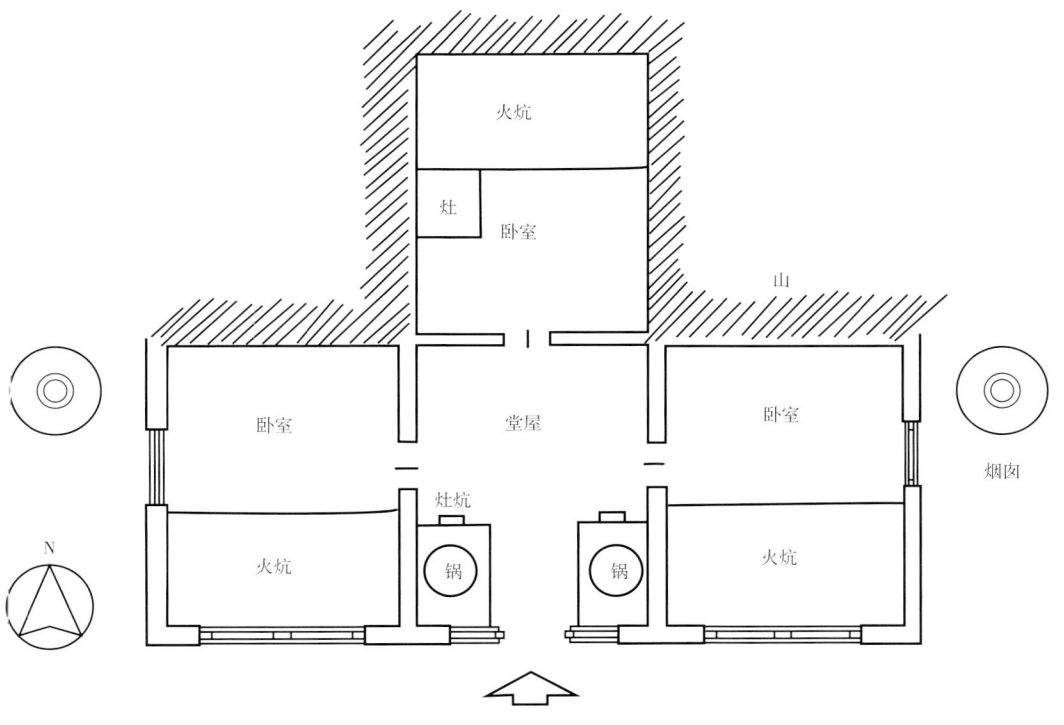

图二　满族地窨子平面图

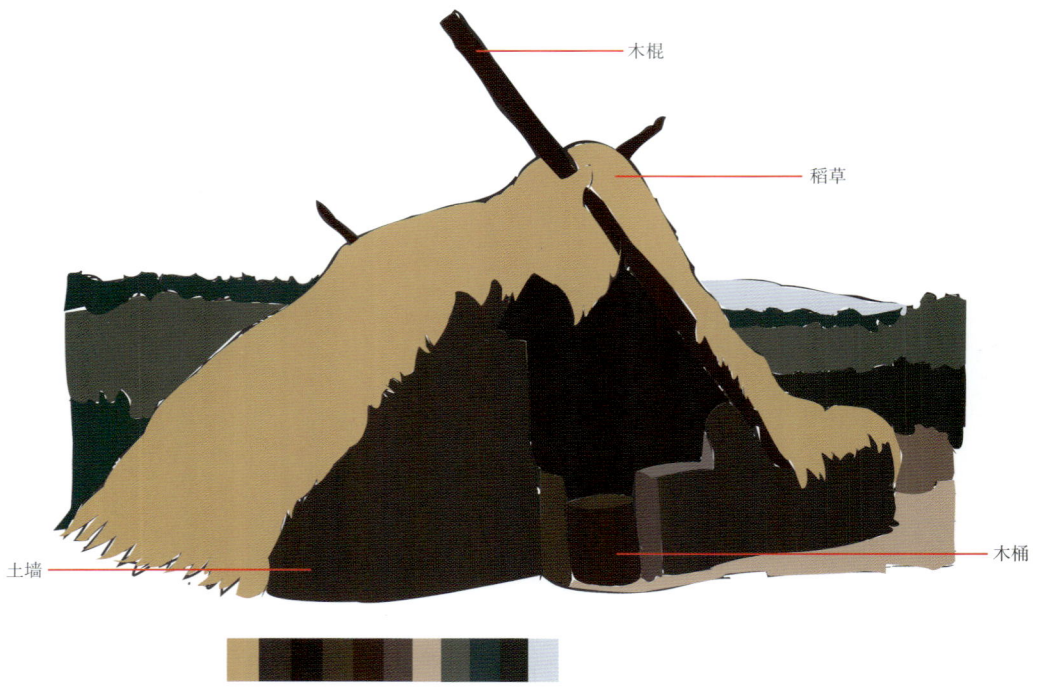

图三　满族地窨子材料分析图

图四　满族地窨子模型图

满族马架子

图一　满族马架子主图

　　马架子是满族祖先夏季居住的一种房屋，一般建在林内，借用一些树桩，在树桩上用木铺地，上面搭上人字形架子，再覆盖以树皮、山草防雨。因其形状像一匹趴着的马，故称之为马架子。马架子原为满族祖先在深山居住时所建造，就地取材，建构比较简单，仅仅能够遮风避雨，后来满族祖先进一步发展了马架子，用土坯墙代替了树皮、山草，在向南的山墙上开设门窗，不再建设在树桩之上，而是建筑在地面之上，由一个夏季居住的临时建筑，变成一个可以四季居住的建筑。

　　东北地区丰富的木材资源为马架子的建造提供了便利条件，树皮、山草来源广泛，特别是山草，满族人称之为洋草，重量轻，隔热防雨，透气性好。马架子为满族先民抵御东北地区多变的气候起到了重要作用。后来马架子建筑样式在东北地区广为流行。在开发北大荒初期，来自全国各地的开荒者和转业的铁道兵都居住在马架子中，可以说马架子在开发北大荒中起到了重大作用。马架子虽建造方便，但其弊端也非常明显，因建筑原料多为木材、山草等易燃物，故在马架子里容易发生火宅，而人们为防止火灾，一般禁止在马架子内生火，这又导致马架子在冬季无法居住。另外，人们一般是席地而卧，居住舒适度较差，所以后来马架子逐渐被地窨子所取代。

图片来源
图一、图三　袁姣　制图
图二　张驭寰.《吉林民居》.天津大学出版社，2009年.

图二　满族马架子线描图1

图三　满族马架子线描图2

满族口袋屋

图一　满族口袋屋清宁宫主图

满族自古以来生活在白山黑水之间,形成了自己独特的民族文化和居住特点,在民间一直流行着这样的一句顺口溜"口袋房,万字炕,窗户纸糊在外,烟囱出在地上",被誉为关东之怪,形象而生动地概括了满族传统民居的建筑和布局特色。

满族民间居室伴随着社会的发展逐渐由地下转移到了地上,并形成了自己民族独特的格局,其中最有特色的就是"口袋房"。

传统的满族民居一般是三间或五间,多在最东面一间南侧开门,或在五间的东起第二间开门,整座房屋像一个口袋,所以叫"口袋房",又形似斗型,所以又称"斗室"。这种房屋的建筑格局也是满族先民为了适应北方地区的严寒气候,抵御冬季风雪,保持室内温度,千百年来一直沿袭至今。

口袋房的房间布局有灶屋和东西屋。从屋门进入的第一个房间是灶屋,南北两面对称各有两个灶台,各四口大锅,这里便是人们烧火做饭的地方,在灶屋中间还有个圆形的磨盘,用于研磨豆子、花生、小麦等农作物。灶屋一般放口缸,用于盛水或者腌制北方的酸菜。西侧居室则是两间或三间相连,分别为一楹、二楹、三楹,称为上屋,东边的卧室称为东下屋,两面房间东西墙都开门,又被称为"对面屋"。西上屋一般给家中年长的长辈或者客人居住,整个房间被火炕占据,可见火炕在东北满族民居中的重要地位。"万字炕"也称"蔓枝炕""弯子炕""转圈炕",即正房内搭设南、西、北三面转角相连的火炕,其中南北两面炕较宽,供人起居坐卧,俗称"对面炕"。其长度根据所在房间的面宽又有"连二炕"和"连三炕",清宁宫内的炕设于西侧三间,即为"连三炕"。西炕较窄,一般不住人,用于摆放祭器等物品。因其上方的西墙是安设祭神祭祖的供位之处,西炕既不可随意坐卧,也不能乱放杂物,所以满族民间有正房内"以南为大"(南炕供长辈居住)、"以西为尊"的说法。南北面墙上开着窗口,夏天时南北通透,通风效果好,冬天时人们将北面的窗户用泥土堵起来以抵御北面的冷风。室内屋顶用木条或者秸秆作为框架,表面糊上麻纸来吊棚,起到美观装饰和保温作用。由于墙体由草泥建成,容易脱落,也用麻纸糊起来,美观大方。室内墙上会贴一些年画加以装饰。

图片来源

图一　陈伯超.《特色鲜明的沈阳故宫建筑》.机械工业出版社.

图二至图六　肖巧妮　制图

图二　满族口袋屋清宁宫线描图

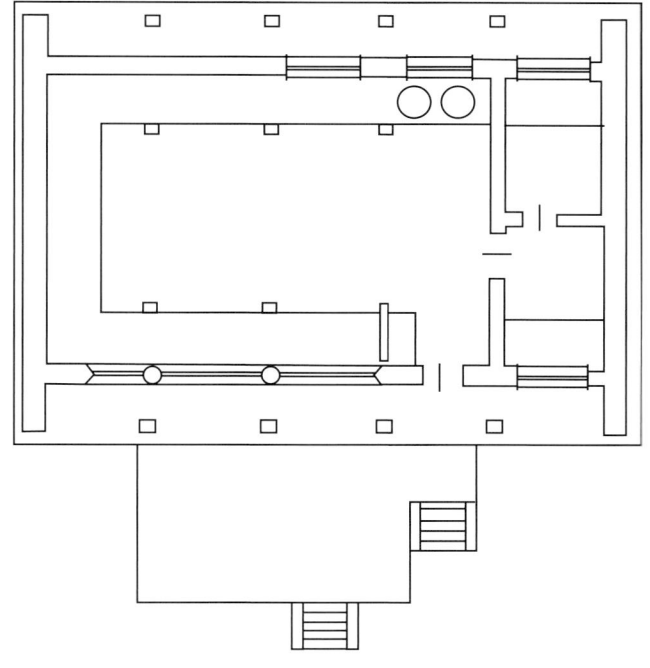

图三 满族口袋屋清宁宫平面图

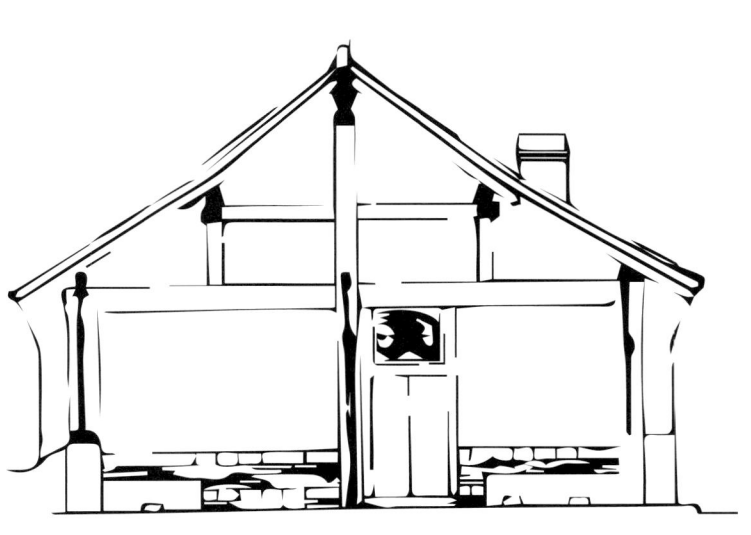

图四 满族口袋屋剖面图

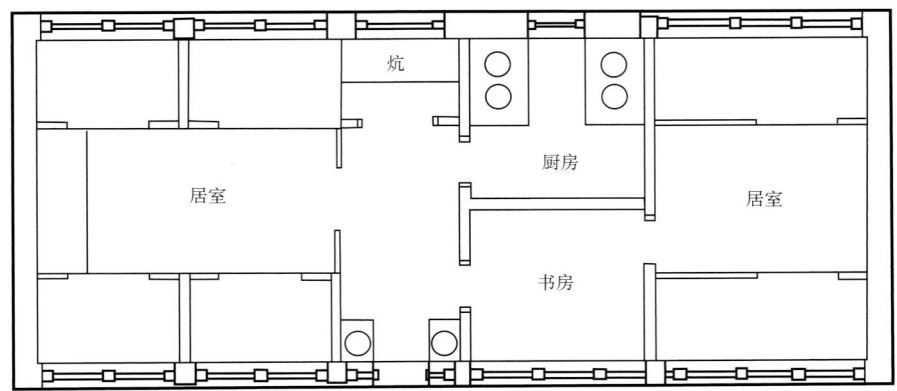

图五 满族口袋屋平面图

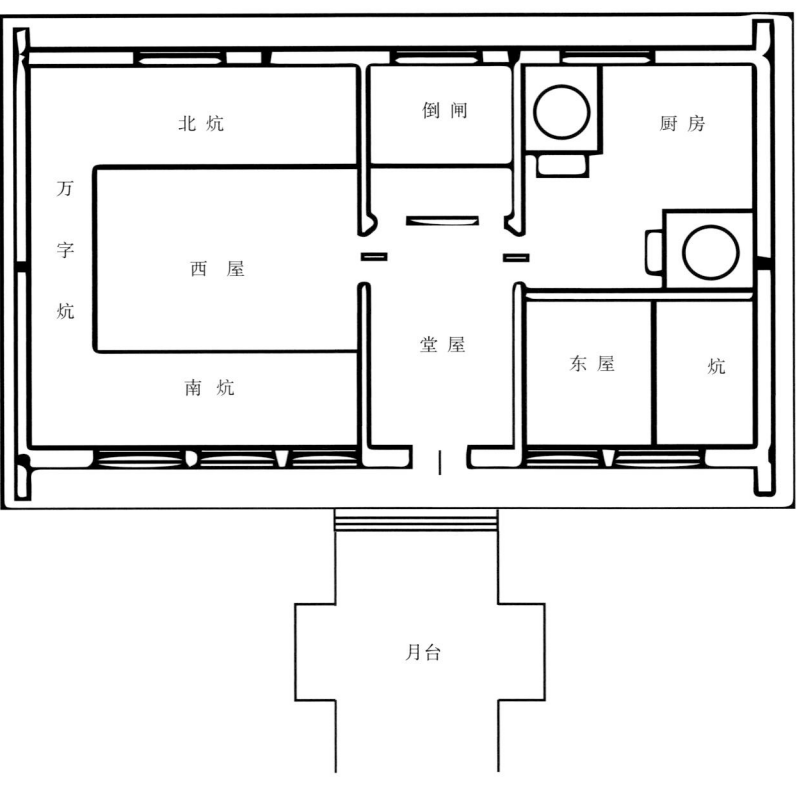

图六 满族口袋屋内部结构图

满族三合院

图一　满族三合院主图

满族住宅多为三合院，由正房和东西厢房组成，大户人家正房为五间，小户人家为三间。三间房中间为堂屋兼灶房，左右两间为居室。本案例为东北城镇满族民居三合院，南边只设大门而无其他房屋，大门一般位于建筑中轴线上，入大门为外院，东西两侧建厢房。外院之北有两种布置方法：一是中间设二门，两侧连接分隔内外的矮墙；另一种是院心二门位置设一座砖石或木质影壁而不另建门墙。过二门或院心影壁即为内院，一般正房五间，东西厢房各三间。东厢或西厢设碾房和仓库，仓库放置农具杂物。院子中必有一仓子，离地面一人多高，放苞米，起通风晾晒作用。东房头僻静处置厕所。

乡村民居一般分布在平原、丘陵及半山区，虽然所处地形不同，但由于处在相同的气候环境下，乡村满族民居的住宅样式相差不大，只是在建筑材料和技术上稍有区别，正房三间或五间，厢房东西各两间或三间。平常人家只有一进院落，四周都有围墙，正房与后墙之间留下一块较宽敞的空地，种植果树和蔬菜，无厢房之家房前也辟有菜园。

三合院不能说是四合院的前身，应该说是四合院式建筑发展过程中的一个衍生物。

图片来源

图一　郝佳音.《满族·朝族·蒙族传统民居居住形式的比较研究》.东北师范大学2009年硕士论文.

图二至图六　侯荣杰　制图

图二 满族三合院线描图

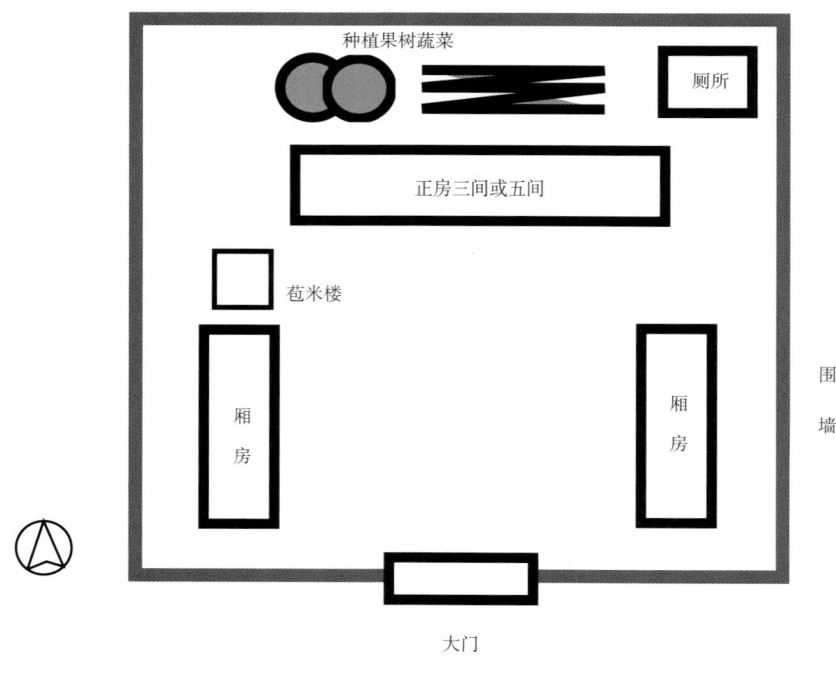

图三 满族三合院平面图

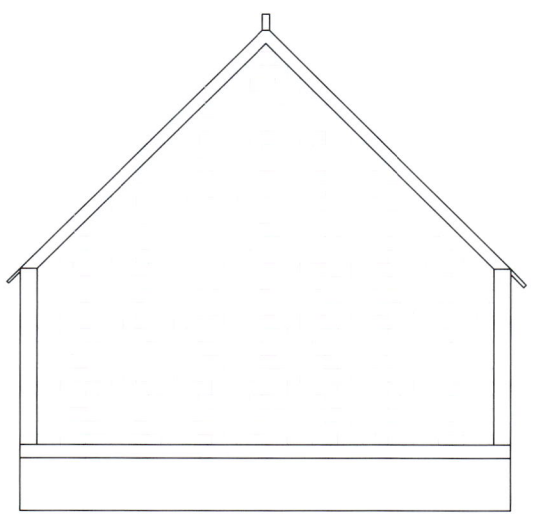

图四 满族三合院立面侧视图

图五 满族三合院立面正视图

图六 满族三合院色彩示意图

满族四合院

图一　满族四合院主图

四合院是典型的满族院落，指由东西南北四面围合的青砖瓦房加院墙构成的独立院落。过去的满族大户人家，住房除正房外，还建有东、西厢房。多座四合院比邻相接，则构成街巷和村落。

20世纪中期以前，满族大户人家多是聚族而居，一大家子人，几世同堂，几十口人甚至上百口人生活在一起，尊卑有别，长幼有序，四合院的正房住长辈，厢房住晚辈，倒座住更晚辈或雇工，就解决了这个问题。大家同在一个四合院，棋盘式相互贯通，既有亲和力又有凝聚力，也便于管理。

满族的四合院优点很多，院落式的设计安全性有很大保证。例如，在民国年间，东北那些地处偏远的村屯官家大户的四合院，为防止土匪袭击，不仅院墙高大，家里养着看门护院的"炮手"，而且在院墙四角修有炮楼做"防御工事"，即使有几十人来进攻也能确保安然无事，可称为"堡垒式"四合院了。

此外，正房厢房的安排充分利用了建筑空间，避免了浪费，庭院设计宽大，适合东北地区的生产生活方式。但住在厢房或倒座里，光照、保暖等条件都不如正房。

图片来源
图一　邱珂　摄影
图二　肖巧妮　制图
图三　邱珂　制图
图四　袁姣　制图

图二　满族四合院大门上色示意图

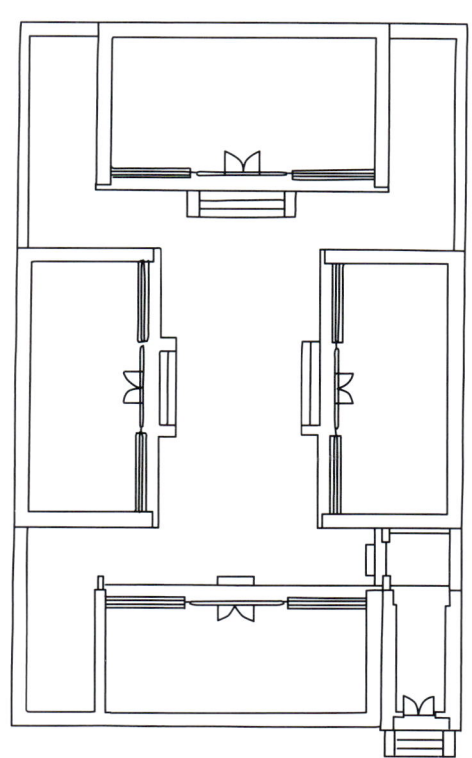

图三　满族四合院平面图

第一章　满族传统建筑

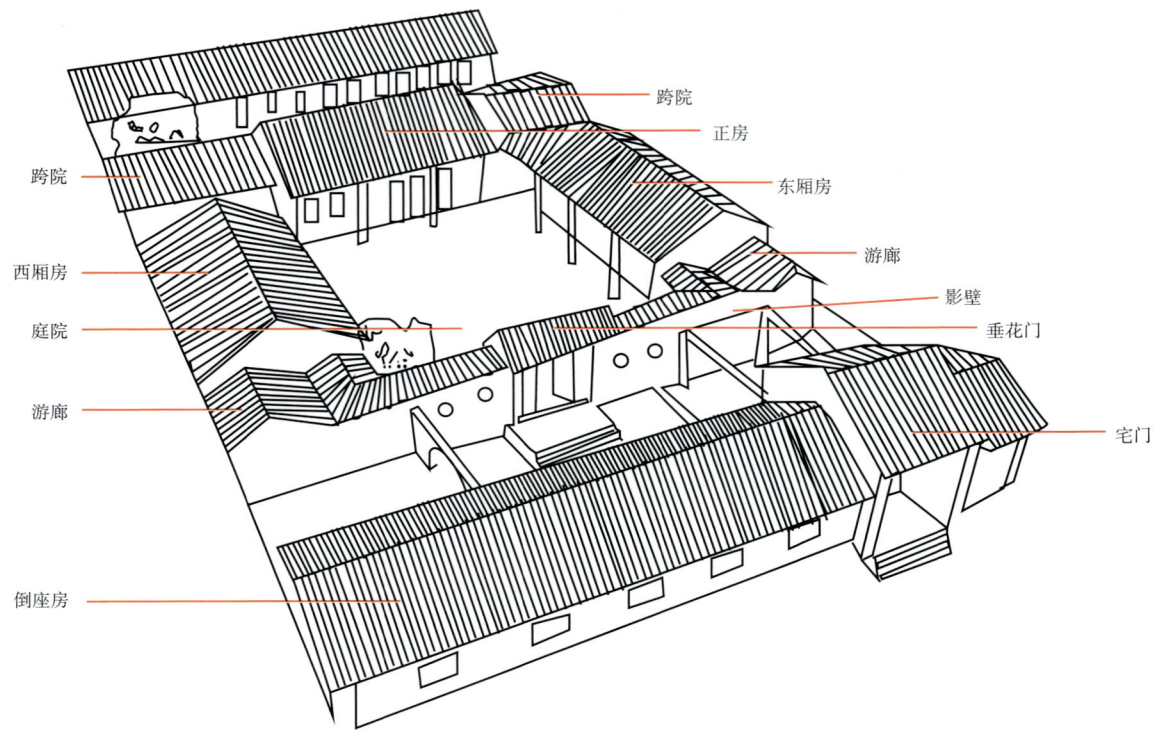

图四　满族四合院地形分析图

满族土坯房

图一　满族土坯房主图

　　土坯房，是指在东北满族农村常见的土壁草顶的房子。所谓"土坯"即是用泥和草混合在一起，填按在固定的模子（木制或铁质）中，做成一尺长短的"土砖"，在阳光下晒干，然后用来垒屋或砌墙。其制造过程叫作"打坯"或"脱坯"。一般是选择平整向阳而且取土取水方便的地方作坯场，坯土要求有一定的黏性，草则以细长柔软者为好，民间俗称为"羊角"，用时用铡刀切成短段。制坯的过程是先将土中的疙瘩打碎，再把"羊角"一层层地掺入土中，然后加水变成泥状，"闷"几个小时至几十个小时，使泥和草黏在一起，俗称"闷透"，再用二齿钐和匀。

　　土坯是满族人盖房时打墙和搭炕（俗称"盘炕"）用的。其房子的梁架是由梁、檩、椽组成的木构架。土坯草房外表十分简朴，连窗棂也多是横直相交的简单样式，而且还盖着"糊在外"的窗户纸，加上外抹草泥的墙壁、日久发黑的草顶，几乎找不到添加艺术装饰的地方。它能够在东北乡村长期存在，是出于其就地取材、建造方便的特点和厚墙厚顶、冬暖夏凉的实用性，使普通的满族人能有一处保证基本居住条件的"家"。

图片来源
图一至图三　苏伟航　制图
图四　梁普艳　制作
图五　马超　制图

图二　满族土坯房俯视图

图三　满族土坯房正立面图

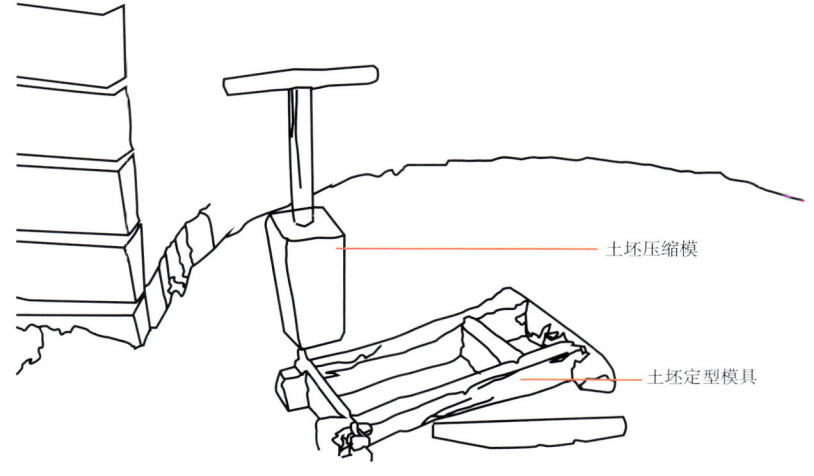

图四 满族制作土坯使用工具线描图

图五 满族制坯操作示意图

满族苞米楼

图一　满族苞米楼主图

东北称玉米为"苞米"或者"棒子"。人们为了更好地保存这份主要的生存之粮，"苞米楼"应运而生。它犹如空中楼阁，下面用木桩支撑，上面像一个木房，木头为架，毡草为顶，柳条为栅，通风干燥，将晒好的玉米晾干待用，满语叫"哈什"。

"苞米楼"的材料大多是来自山林中的杂树。选粗且直的树干做立柱，在距地一米多高的地方加横衬铺仓底，既可以防止老鼠和家畜家禽糟蹋粮食，又可以避免粮食距地面太近而受潮发霉，还可以充分利用地面饲养家禽。仓底搭建好后再层层向上加仓壁，仓壁的四周用柳树枝条搭建，留有很宽的缝隙便于通风，保证粮食很快干燥。仓顶则多用毡草制成，还可加桦树皮或兽皮，以防漏雨。从院外看，仓里装满金黄色的苞米棒子，再衬以皑皑白雪覆盖的屋顶和庭院，颇具一番关东农家的自然风貌。

苞米楼的设计适应了东北地区的气候特点，无论是建筑材料，还是房屋结构都体现了防潮通风的特点。原料简单，来源广泛，就地取材，建造方便；木桩高度设计，仓壁宽大的缝隙，仓顶造型设计，无不体现了满族人民的聪明才智。

图片来源
图一　夏绍雄　制图
图二、图四、图五　肖巧妮　制图
图三　郑锐佳　制图

图二　满族苞米楼线描图1

图三　满族苞米楼线描图2

图四　满族苞米楼侧面线描图

图五　满族苞米楼正面线描图

满族大车店

图一　满族大车店主图

在东北民间，人们习惯将马车称为"大车"，以此将其与牛车、驴车、手推车等区别开来，在机动车诞生以前，"大车"曾是旧时东北满族民众最普遍、最主要的交通运输工具。大车店主要是接待运输大车的店铺。随着"大车"货运、客运业的兴盛繁荣，以接待长途运输大车为主的旅店——大车店便随之出现了。大车店的位置一般都靠近交通要道或在较大城镇的周边地带，以方便赶车人在途中休息。

一般的大车店都是土木结构，房墙用土坯打垒，房子的梁、椽是木材的，房盖有的用木板扣，有的用稻草苫，松嫩平原一带是先铺上秫杆、芦苇，然后用碱泥抹上。房子大小三五间不等，但跨度要比一般民房宽，都是通敞大间，南北大炕，一铺炕能睡十来人。大车店的设施也比较简陋，一般都在地上放张木桌和几个长条凳，预备两个洗脸盆、胰子（胰子是店家用猪胰子、羊胰子掺加火碱揉做的肥皂）和毛巾。

早年的大车店都设在交通要道旁边，一般都按古代驿站30里左右设置，这个距离大约是负重马车半天的路程，以方便大车在途中"打尖"和长途车辆过夜。开始这些店大多独立一处，随着客流的增多，又引来了其他的买卖，如小卖铺、小酒馆、铁匠炉、木匠铺、麻绳铺等，人越聚越多，久而久之就形成了村落和集镇。现在东北以店命名的地方，如郭家店、瓦房店、普兰店等，很多都袭用原来某家大车店的名字。

图片来源
图一　白波　摄影
图二至图四　马超　制图

图二　满族大车店线描图

图三　满族大车店正面图

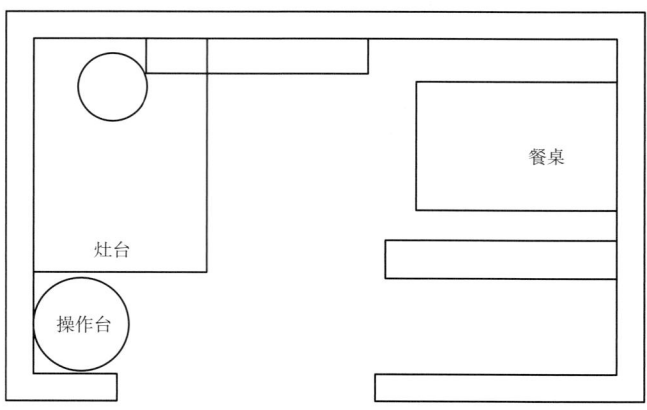

图四　满族大车店厨房平面布置图

满族隔扇

图一　满族隔扇主图

　　隔扇也写作"槅扇",用于分隔室内外或室内空间。根据建筑物开间的尺寸大小,一般每间可安装四扇、六扇或八扇。隔扇是满族居室里的基本设施,以木制作,与幔帐类似,设在炕上的隔扇,也称为"吊档",一般在炕中间与炕沿垂直的地方设置,与地上的隔扇一起,形成一堵拇指厚的墙壁。满族地区家家户户都是南北大炕,北炕为小。用隔扇将南北炕进行分隔,南炕居长辈老人,北炕住小辈。

　　由于东北地区严寒的自然环境,以及为节省建筑材料,满族先民在建造房屋时不能按照所需分隔房间,冬季寒冷的气候使得满族的炕在每家每户是必需的取暖工具,也导致了满族的房屋分隔不能自由自在。而隔扇不仅木料来源方便,制作简单,而且可以充分利用屋内空间,将室内有效地分隔为多个空间,特别是设置在火炕之上的"吊档"更能利用屋内空间。另一方面,隔扇都是活的,设置简单,有的可以吊起、放下,有的则可以开启、关闭。白天把隔扇全部关闭,增大屋内活动空间,晚上则打开隔扇,使屋内形成一个个独立空间，保证了私密性。同时，隔扇的制作都比较精致，上面雕刻的各种图案花纹以及精美的隔扇装饰也成为满族室内装饰的一道亮丽的风景线。

图片来源

图一、图五　张守国.《中国满族第一乡》.大连出版社.
图二、图三、图六　邱珂　制图
图四　梁曾艳　制图

图二　满族隔扇线描图

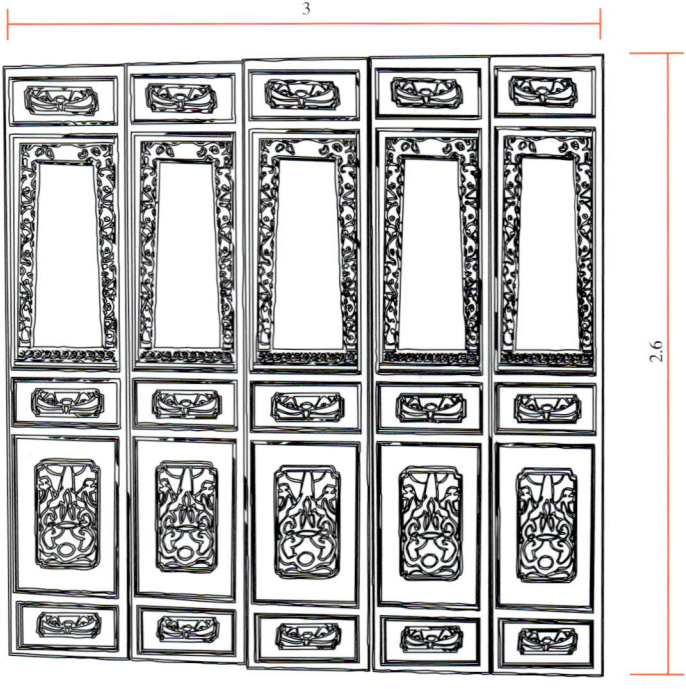

图三　满族隔扇尺寸图（单位：m）

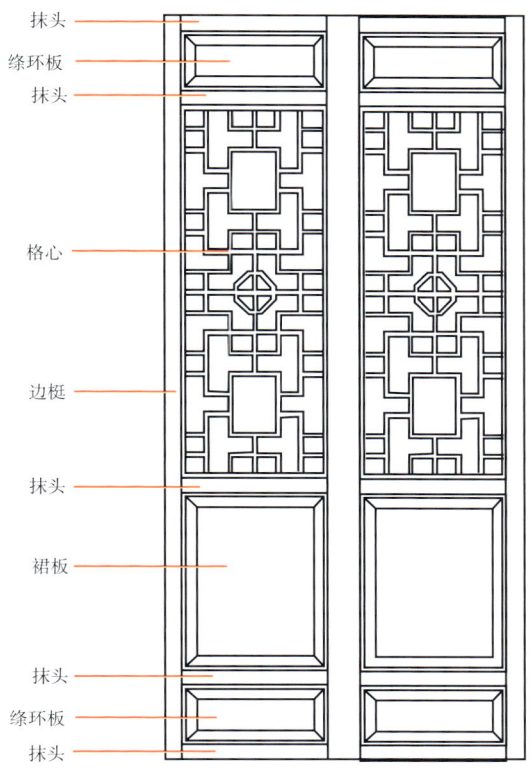

图四 满族隔扇整体构造图

图五 满族隔扇细节图

图六 满族隔扇使用情境图

满族火墙

图一 满族火墙主图

火墙是用砖做成的矩形中空墙壁，墙内留许多空洞使烟火在内串通，是室内采暖的一种设施。火墙是早期满族所沿用的采暖设施，后来渐渐地传播至东北各地。火墙的位置多设在室内有间隔墙的地方，并兼做间隔墙用，引火处在端部或背面；一般府第大宅的火墙只用来采暖，所以墙下不设火炉，火门装在端部。如采暖与做饭兼用时，便在墙的背面设火炉。

火墙用砖砌成空洞形式，其宽度约为30厘米，长为2米，高亦在2米左右，内部空洞抹平，墙面光滑，做法是用沙土加泥，以抹布沾水抹光，火烧之后越烧越结实，烟道流通毫无阻碍，因此升温较快。火墙外部涂以白灰或灰膏，有的人家在火墙外部包上一层铁皮，表面涂铅油使其美观。

火墙的特点是散热量大，散热面积在室内占较大部分，因而温度比较平均，灰土较少，而且火墙的建筑位置及大小可以随意调整，具有灵活性。烧火完毕，火墙的保温时间较长。它的缺点是燃料消耗大。但火墙仍是最常用的采暖设施，其构造亦简便，充分体现了满族人的智慧。

图片来源
图一　夏绍雄　制图
图二、图五　梁曾艳　制图
图三、图四　张洪庆　制图

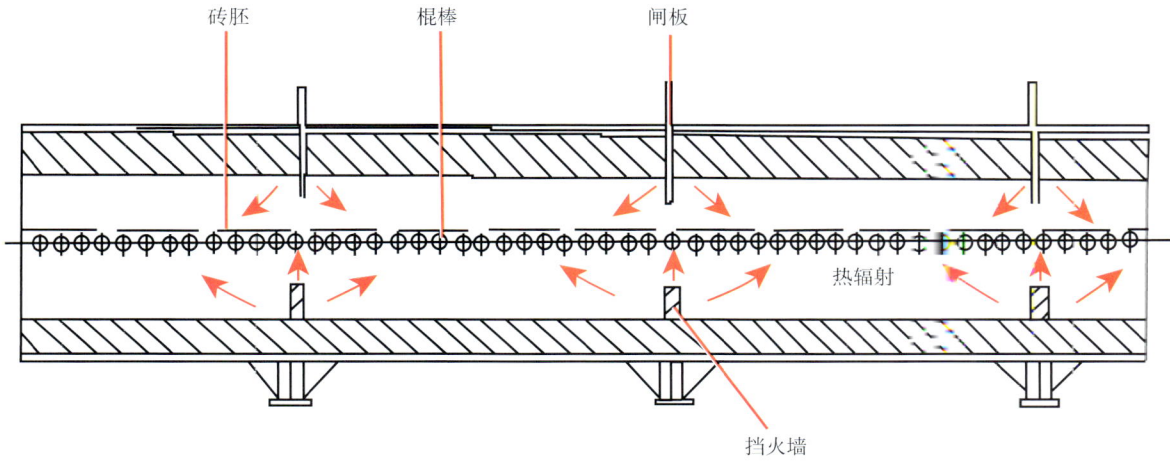

图二 满族火墙内部作用图

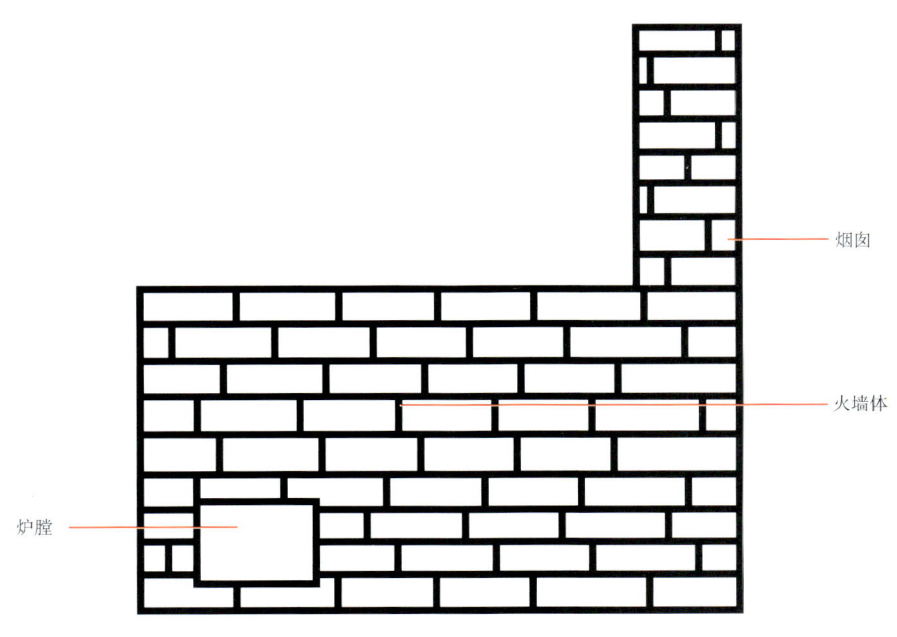

图三 满族火墙名称图

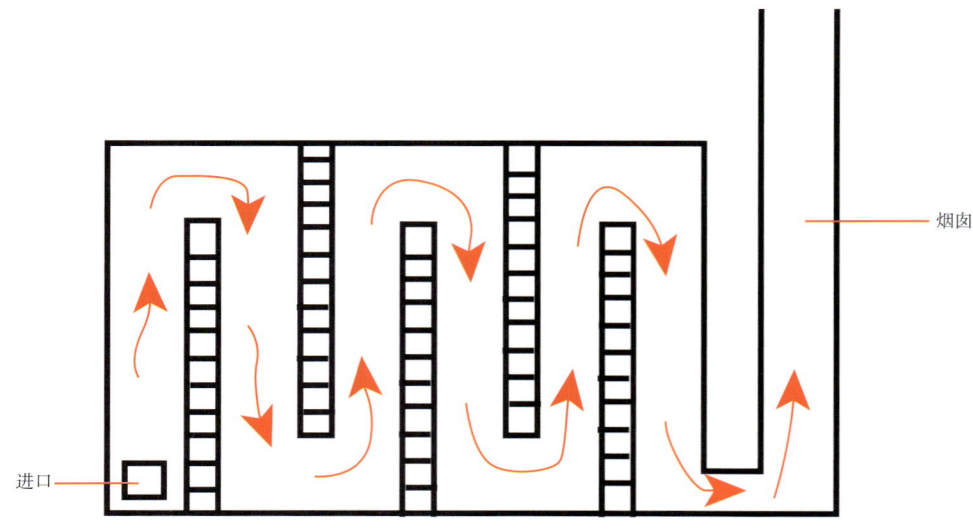

图四　满族火墙剖面图

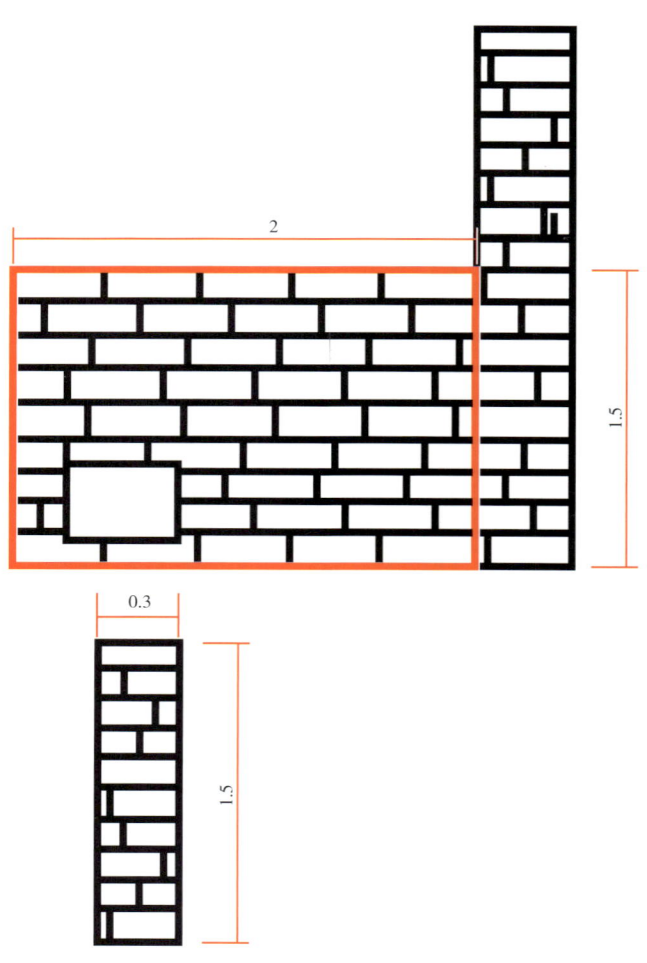

图五　满族火墙尺寸图（单位：m）

满族塔克世故居

图一　满族塔克世故居主图

塔克世故居,坐落在赫图阿拉城内,是清太祖努尔哈赤的父亲塔克世与祖父觉昌安的府邸。故居是一处由低矮的砖墙围起来的院落,门头挂着一块写有"塔克世故居"的横匾。走进院门里面有两组建筑,正面一组是砖瓦房四合院,右面一组是泥草房四合院。

建筑室内按满族农村的格式布置,有灶台、土炕等生活用品。奇怪的是,无论砖瓦房还是泥草房,灶台的烟囱都单独砌在室外,整个建筑充分体现满族民居的特点,"口袋房,万字炕,烟筒出在地面上",满族人们认为将烟囱砌在室外,有利于排烟。口袋房是东面开门,进屋之后往西走整个房屋就像口袋一样,这主要是为了让室内保持恒温状态。万字炕是指南西北三面相连的炕,这种炕不仅可以解决居民坐卧起居问题,而且可以通过很多的炕面,使室内温度提高。"故居"展示了昔日的满族人日常生活用品,其中最具特色的是将窗户纸糊在外面,当然,现在东北地区的窗户都是玻璃的,很少见到窗户纸了。

尽管现存的塔克世故居是后来复建的,但从其整体建筑构造可以看出在努尔哈赤出生以前，作为统辖一方的首领塔克世，其生活状态与中原的豪门大族相比尚处于简陋的阶段。

图片来源

图一　赫图阿拉城
图二、图三　陈子豪　制图
图四　江雪　制图
图五、图六　苏伟航　制图

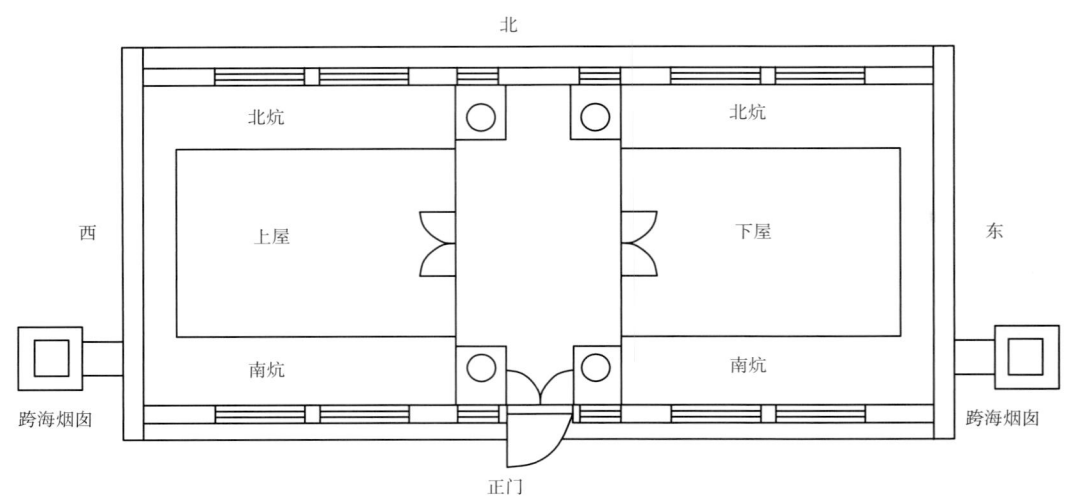

图二　满族塔克世故居平面图

图三　满族塔克世故居石雕与墀头的砖雕线描图　　　图四　满族塔克世故居门框线描图

图五 满族塔克世故居立面图

图六 满族塔克世故居鸟瞰图

满族万字炕

图一　满族万字炕主图

"万字炕",也叫作"拐子炕""转圈炕",满语称"土瓦"。是南、西、北三面靠墙筑有"Π"形状的土坯火炕。在东北地区的满族民居主要采用火炕和火墙取暖,"万字炕"就是火炕的典型代表。

火炕的做法各不相同,按照炕洞来区分,可分为长洞式、横洞式、花洞式三种。长洞式,是顺炕沿的方向砌置炕洞,和炕沿平行。当入睡时,人体和炕洞呈垂直交叉,自上而下热度很均匀,是最适宜居住的一种炕洞形式。炕洞数量根据材料和面积大小不同,一般从三洞至五洞不等,选择哪种形式,无明确规定,由工匠临时决定。满族人一直就有尊老之礼,南面朝阳的炕是给家中老人和有地位的人住的,而年轻人和小辈一般睡在对面的北面炕上。西炕较小,主要摆放生活用品。

一般满族住宅中,整个居室的大部分空间被火炕占据,而且北方气候寒冷,所以炕变成了人们日常生活的主要场所。南炕上摆有一个小方桌,是人们吃饭、喝茶、读书写字的地方,家里来了客人也请到炕上休息、聊天。炕上有取暖用的火盆,还有竹子编制的簸箩,里面装着针线包和北方流行的大旱烟和烟袋。由此可见，炕是满族先民生活中不可或缺的重要内容。

图片来源
图一　苏伟航　制图
图二、图三　邱珂　制图
图四　陈子豪　制图

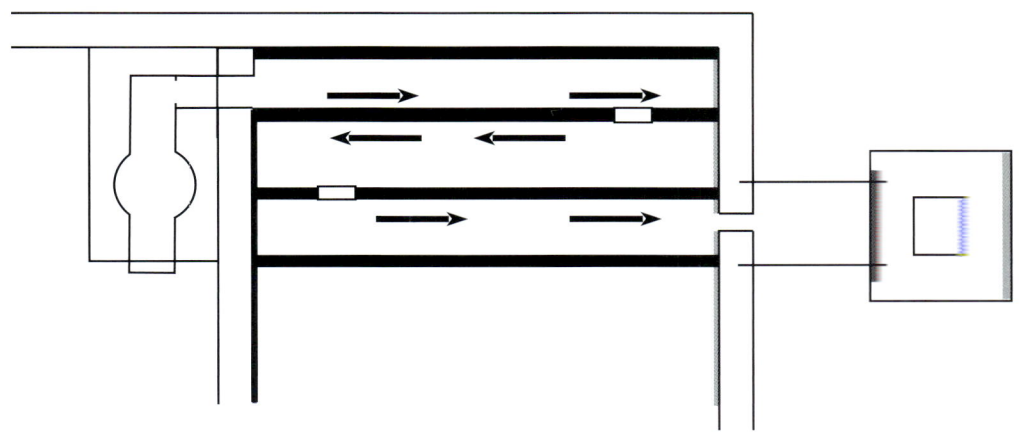

图二　满族万字炕俯视图

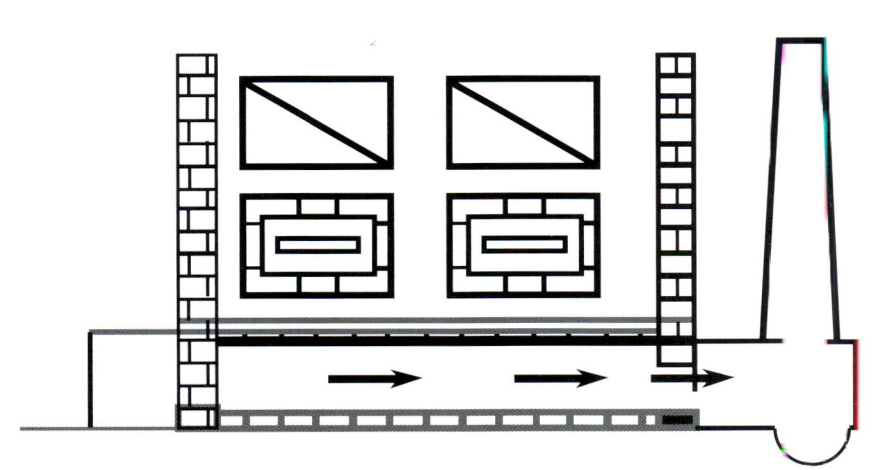

图三　满族万字炕立面图

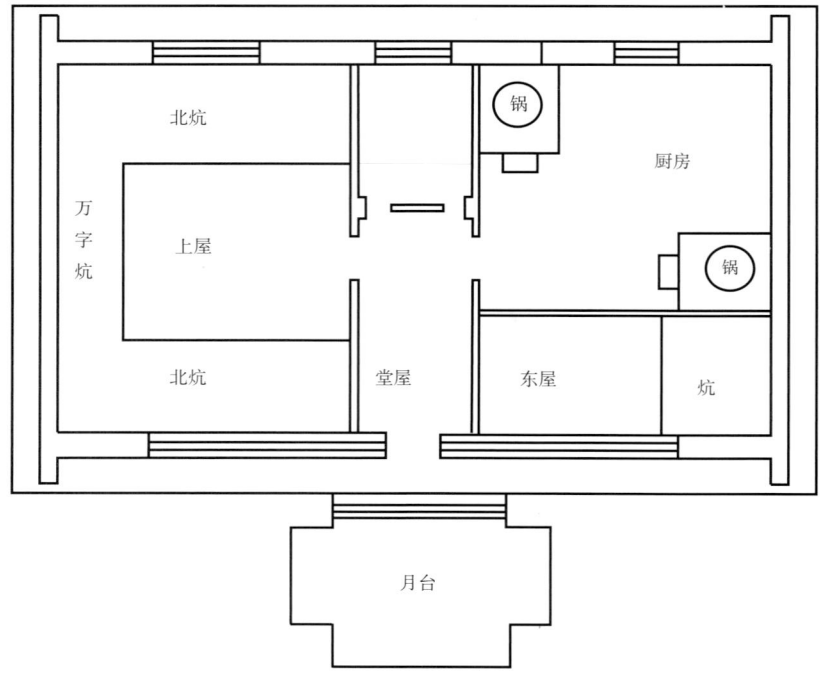

图四 满族万字炕平面布局图

满族呼兰

图一　满族呼兰主图

烟囱，满语叫"呼兰"，就是房屋走烟过火的"设备"，又叫作"烟囱"或者"烟道"。烟囱在东北民居中十分普遍，但是满族的烟囱却与众不同。满族民居的烟囱是"落地烟囱"，一个个烟囱像小塔一样竖立在地面上。

这种独特的烟囱，历史渊源很深。由于满族早先的房屋构造材料都是就地取材，选用木头、树皮和野草等，就连墙壁也是用树干加工制成，如果将烟囱建在屋顶或者墙壁上容易引起火灾。因此把烟囱建在了离房屋四五尺远的地面上。最早的烟囱是利用那些被虫蛀空了的树干，截之适当长度埋在地下，通过与山墙相连的一段矮墙与室内的炕洞相通。随着时间的演变和建筑材料的升级，过去木材房子变为砖块结构。传统的"呼兰"逐渐演变成用土坯和砖石砌成的下粗上细的小塔形式。

这种传统的烟囱不仅在民间流行，还被满族皇帝带到了皇宫里。乾隆皇帝在《盛京土风杂咏》"呼兰"诗中称其"疏风避雨安而稳，直外通中普且坚"。可见"落地烟囱"充分体现了满族风情。

图片来源
图一　陈伯超.《特色鲜明的沈阳故宫建筑》.机械工业出版社.
图二　卢磊　制图
图三　杨明华　制图
图四至图六　梁曾艳　制图

图二　满族呼兰上色图

图三 满族呼兰线描图

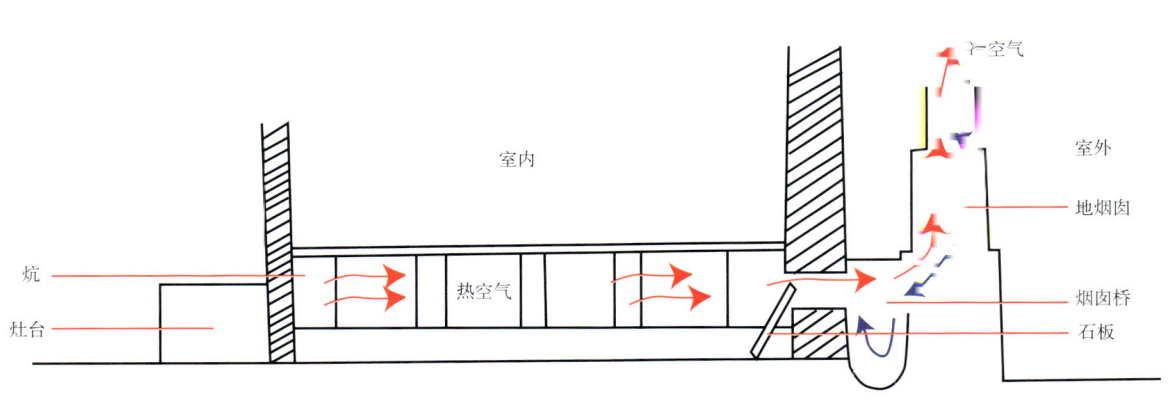

图四 满族呼兰剖面图

图五　满族呼兰立面线描图

图六　满族呼兰上色示意图

满族影壁墙

图一　满族影壁墙主图

进入比较富裕的满族民居的大门，就会发现一堵墙壁模样的建筑，称之为影壁。根据家里经济实力不同，其纹样和豪华程度并不一样。影壁起源于满族先民居室门外的掩体。据满族古代神话传说，在远古时有一种怪兽，面戴假面，称为马虎子，专门追摄人的灵魂，而人们只要戴上假面，就可避免马虎子的追扰。影壁就是居住在这里一家人的假面，所以无论贫富，往昔满族的院内都设影壁。影壁实际上是早期满人祖先在其穴居的出口处，用石板、木板搭起的一个屏障。

影壁有砖质、土质、木质等三种，形状主要有"一"字形、"八"字形两种。影壁一般建在大门口外的正首处，或建在大门口内，或建在院中心。大门影壁主要用于维护、显示本宅的尊严，还起到防止进门就看到主人家的烟囱或房后的作用。大门影壁的样式，有呈"一"字、"凸"字形的，壁顶有脊，还有内"八"字形雁翅式影壁。有的仅有一个壁心，有的是三个壁心，檐头下可饰图案。

影壁墙在其原始时期主要起到遮挡风雨的实际作用。随着社会发展，影壁墙又增加了装饰作用。影壁墙在满族民居中有着重要地位，其设计一是能够挡风，避免受风的袭扰；二是保护隐私，外人无法直接观察到庭院中的情景；三是装饰，影壁墙精美的装饰有效地改变了满族民居装饰少的弊端。而影壁墙的材质和装饰的精美程度已经成为衡量满族家庭富有程度的一个标志。

图片来源
图一至图四　梁曾艳　制图

图二　满族影壁墙上色图

图三　满族影壁墙材质分析图

1：雁翅影壁墙
2：院心影壁墙
3：大门
4：门房
5：堂屋
6：炕
7：外院
8：内院
9：南屋
10：北屋
11：腰屋
12：地罩
13：里屋
14：拐墙及配门
15：厢房
16：大墙
17：后园子

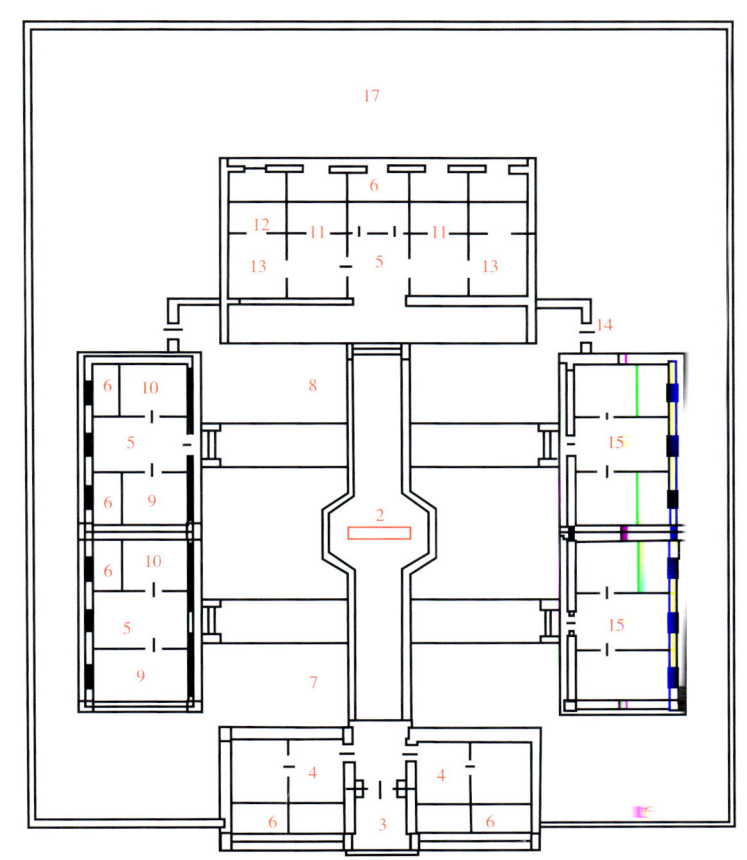

图四　满族影壁墙布局图

第一章　满族传统建筑

满族杆式大门

图一　满族杆式大门主图

满族传统民居的大门可以分为"杆式"和"房式"两种。"杆式"大门多为平民住宅的大门,不是象征主人的财力或权威的手段,而是极其自然地以出入为目的的门。杆式大门建筑形式比较简单,材料也是就地取材,立木柱两根,上架一檩,有的会在顶上搭建简易屋顶,类似苫草房的屋顶,如赫图阿拉城中塔克世故居的老宅。满族民居的大门还有房式的大门,大体分为"屋宇式"和"四脚落地式"。"屋宇式"大门俗称砖门楼,用在三合院平面的最前端,就是独立式的门楼,两端连房就是院子的门房。"四脚落地"大门俗称瓦门楼,门旁没有门房而是院墙相连,这种方式的大门也被保留下来。

东北满族民居大门方位上的特点是以民居的中心轴为中心,在南端的正中间位置上设置大门,形成左右对称的住宅布局,这与在中心轴的东南侧设置大门的中原汉族四合院不同。这主要源于两个方面:一是不同民族的风水观念中对于"吉位"认知的差异;二是马车等生产工具在满族的生活中是必不可少的,为了方便马匹车辆的进出而采用正对轴线、直来直去的居住方式。

满族院门设计体现了经济适用的特点,即使是屋宇式大门也将大门与门房合二为一,体现了富贵之家也崇尚节俭。而杆式大

]就地取材，设计简单，但很好地将房院与其他地方区别开来，形成自己独立的小单元，宽度较宽，便于车马出入。

图片来源

图一、图二　陈子豪　制图
图三　王晗　制图
图四　张芫芝　制图
图五　董琪　制图

图二　满族杆式大门示意图

图三　满族杆式大门线描图

图四　满族屋宇式大门线描图

图五　满族杆式大门线描图

满族灶台

图一　满族灶台主图

满族的灶台是满族民居建筑中的一个重要组成部件，灶台位于满族民居的堂屋之内，也是满族居民用来烧水做饭以及取暖的主体设施，灶台一般都是用砖块修建起来的，并且旁边留有凹地，称之为灶坑。灶台在堂屋中的分布是有讲究的，基本是南北两面有四个灶台，餐具放在灶台的后面，灶台的口不能两两相对，这代表着满族家庭的伦理观念，在民间有"灶台对灶台，婆媳两相争"的说法，这在满族家庭中是一大忌讳。它从另一面反映出满族家庭尊老爱幼，注重家庭和睦的民俗意识，透着对亲情的珍惜，这种观念对周边其他民族也有着深远的影响。

满族借鉴了汉族的烹饪方式，使用灶台来加工和烹煮食物。灶台的取材用料和砌筑方式亦源于汉族民居。灶台以生土或砖石砌筑，分上下两层，以方便烧后的炉灰掉落，上层有可供铁锅嵌入的灶口，既便于炊具的加热又可有效控制火势，还提高了能源的使用效率。同时，以灶台进行食物加工的居住行为还与满族的炕卫生活相联系，进而改变了民居内部空间的布置形式，使之与农业社会的居住空间更加接近。

灶间不仅是做饭、取暖的场所，洗漱、沐浴也在这里进行。主要由灶台构成的灶间是满族民居的主要区域。

图片来源
图一　白波　摄影
图二至图五　马超　制图

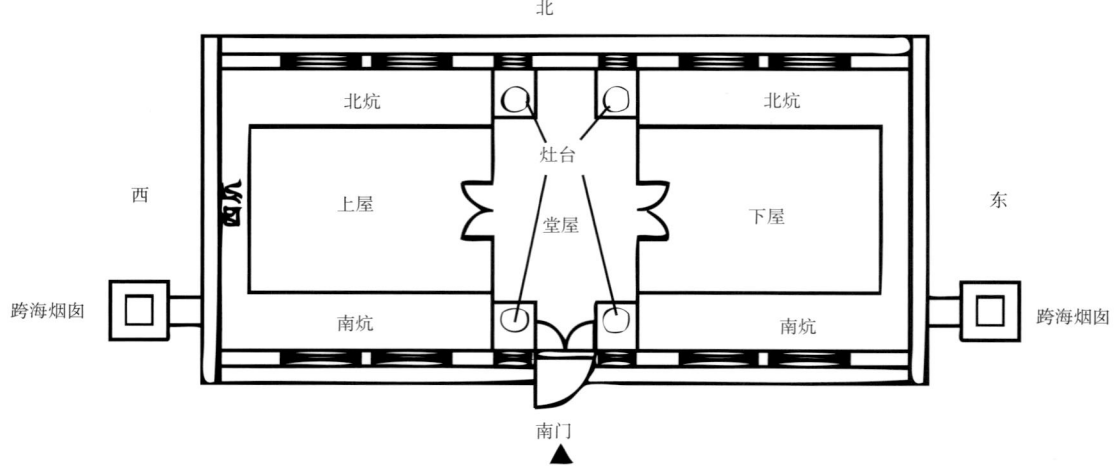

图二 满族灶台布置示意图

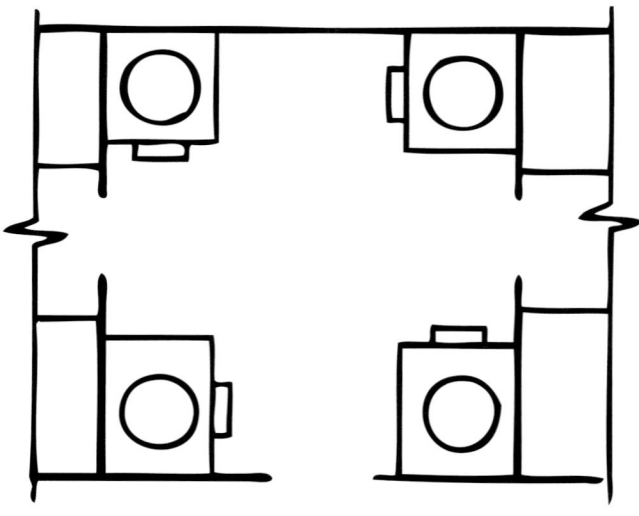

图三 满族灶台平面图

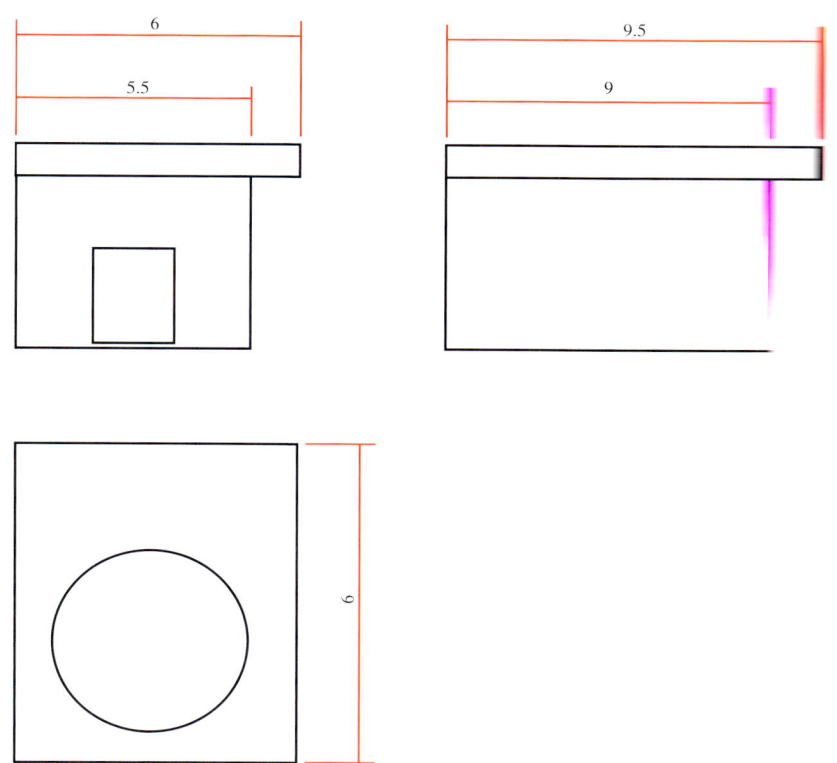

图四 满族灶台尺寸图（单位：m）

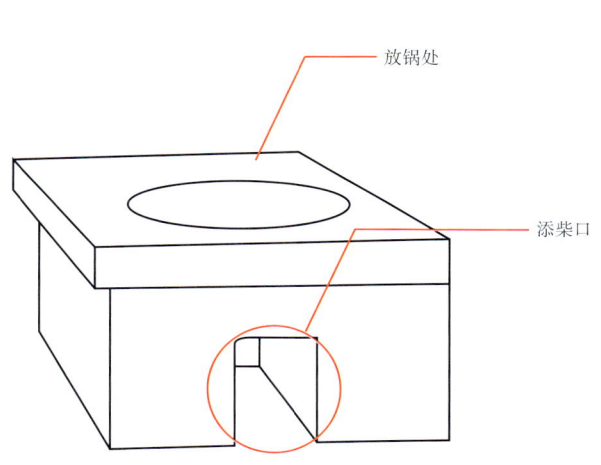

图五 满族灶台结构名称分析图

满族支摘窗

图一　满族支摘窗主图

中国古代民居在柱、梁、檩、椽、斗栱和屋顶形制等属于大木作的领域内受到严格限制，不得僭越。于是，屋主的财富与审美品味就只能通过门、窗等小木作装修来体现，所以门、窗就成了民居装饰的重点位置和主要对象。中国传统支摘窗已有数千年的历史，其间制作精细、造型典雅的佳品不计其数。满族传统民居主要采用的就是木结构的窗户，支摘窗以木头为主要结构，上饰以各种花纹，且支摘窗多以一对出现，各扇窗户间稍有不同。因为满族多处于山地，木材丰富，采用木结构遵循"就地取材"的原则。

满族支摘窗装饰纹样是采用一些朴实的题材，常用装饰表达普通的意蕴，如松纹、鹿纹等表达了满族人们对自由和平生活的美好向往。满族支摘窗装饰艺术在使用写实手法的同时，还将自然生活现象加以抽象概括，将之运用在支摘窗的装饰上，表现了满族人们对自然界的崇敬之心。

支摘窗体现了中国古代人民对于生活居所修饰的技巧，各种装饰艺术也体现了人们的心灵手巧。

图片来源
图一　祝健平.《清前故里》.
图二、图三、图五、图六　邱珂　制图
图四　余鹏辉　制图

图二　满族支摘窗的内侧

图三　满族支摘窗的外侧

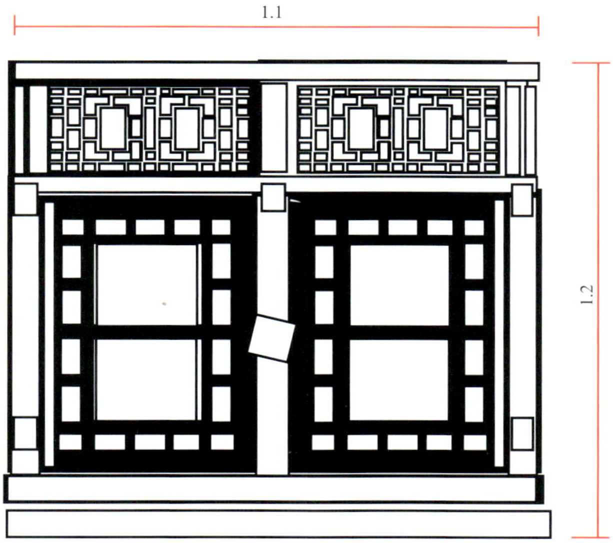

图四　满族支摘窗尺寸图（单位：m）

图五　满族支摘窗的窗纹

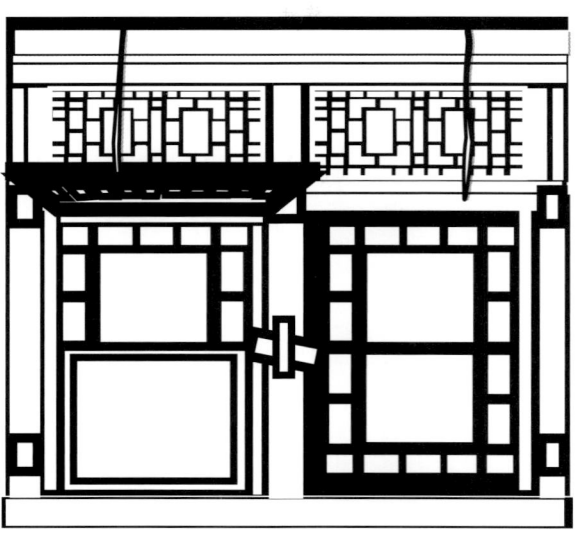

图六　满族支摘窗使用情境图

满族厨房布局

图一　满族厨房布局主图

满族厨房是房内正对门的一间堂屋，又称外屋，设厨灶、锅台、水缸。厨房有锅灶，灶火通室内炕，可烧火做饭并暖炕。厨房除了炊事和供暖的功能以外，还起到各房间通路的作用。

满族传统厨房分为两种，一种是按满族民族原有的风俗习惯布局，在东屋的后半部，使厨房内的杂乱物品隐藏于后面，这是比较好的处理方法。有时因为间架窄小不易操作，学习了汉族的习惯，将厨房搬于外部，锅台一般尺寸1.2米×0.7米，用砖砌成。

外屋南、北两面有两个锅台，锅台后放餐具。锅台上方的西墙上，供奉着灶王爷，配有对联。锅台的烧火口不能相对。民间认为若两两相对则婆媳不和，特别是在娶了媳妇之后更要注意。满族人的这种做法在东北地区对其他各民族均有一定的影响。有的人家在外屋的后半部分设一道与北墙平行的纵隔墙，将其隔成小屋，俗称"倒闸"。室内设有小炕，烧得比较暖。倒闸的目的主要是将南间与北墙隔开，有利于室内冬季保温，同时又赋予它以一定的居用功能，使这一空间得到充分利用。有的人家用作贮藏或设炕住人，也有的人家用它为老人暖衣物，为避免冬季出门穿衣时感觉寒冷，将衣物暖了以后再穿。倒闸的进深尺寸根据其使用目的而定。

图片来源
图一至图三　白波　摄影
图四、图五　董琪　制图

图二　满族厨房布局图2

图三　满族厨房布局图3

图四　满族厨房布局线描图

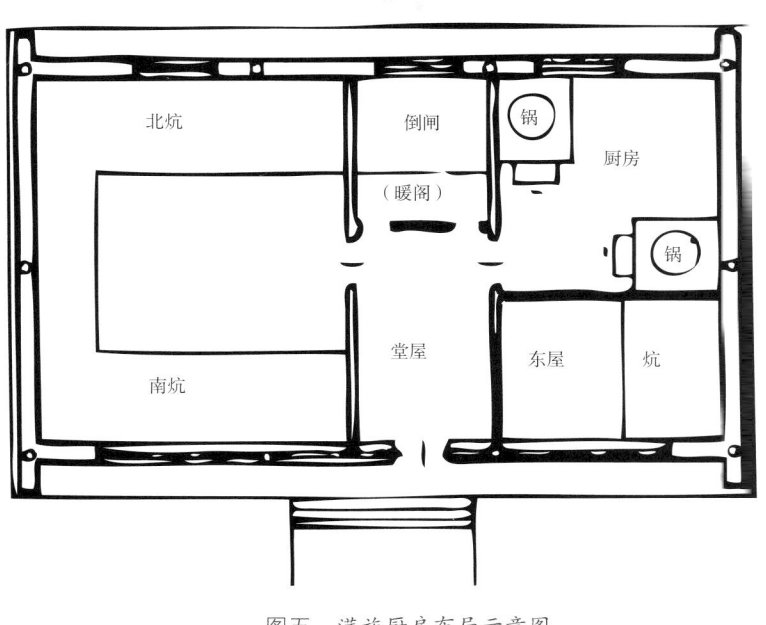

图五　满族厨房布局示意图

满族民居室内布局

图一　满族民居室内布局主图

满族民居的室内布局具有强烈的地域特色。整个室内以炕体为主要的布局要素，由于满族一直生活在北方寒冷地带，如何抵御冬季的寒冷成了关键的问题，"火炕""火墙"就应运而生了。满族房间内重要的布局特点就是三面环炕，火炕占据了整个房间的大部分空间。不同的地区，炕居空间布局也有所不同，例如在北宁市满族自治县有些满族民居室内的炕，取消了北炕和西炕，保留南炕，人们起居都在南炕上，还有的地方取消了西炕，形成完全对称的南北"对面炕"。这种格局上的变化，主要是由满汉文化融合和生活水平的提高决定的。

室内的布局分为三部分，堂屋、上屋和东屋。步入满族民居的房门就是堂屋了，四口大锅占据了整个堂屋的二分之一，有的人家会在堂屋内放置一个石碾，用于日常粮食的粉碎。灶膛直接与室内重要的火炕相连，烧火的灶口方向不能两两相对，在民间认为如果灶口相对，易导致婆媳关系不好。由于地理位置与气候影响，满族屋顶都是椽下有个单独的空间，这个空间可以阻隔寒气。一般大型住宅都做船底棚，它使室内空间扩大，空气畅通，没有低矮压抑的感觉。满族建筑居室漫长的发展过程,为我们创造了光辉夺目的历史文明,这一伟大民族艰难的生活历程、纯朴的生活习惯、执着的信仰追求、独特的风土人情,使民间建筑的优秀手法能够在今天的建筑中有所延伸。

图片来源

图一　邱珂　摄影
图二、图五至图六　侯荣杰　手绘
图三、图四　王玉.《辽宁满族民居建筑特色研究》.苏州大学2010年硕士论文.

图二　满族民居室内布局线描图

第一章　满族传统建筑

图三　满族塔克世故居中的磨盘和水缸示意图

图四　满族民居室内布局示意图

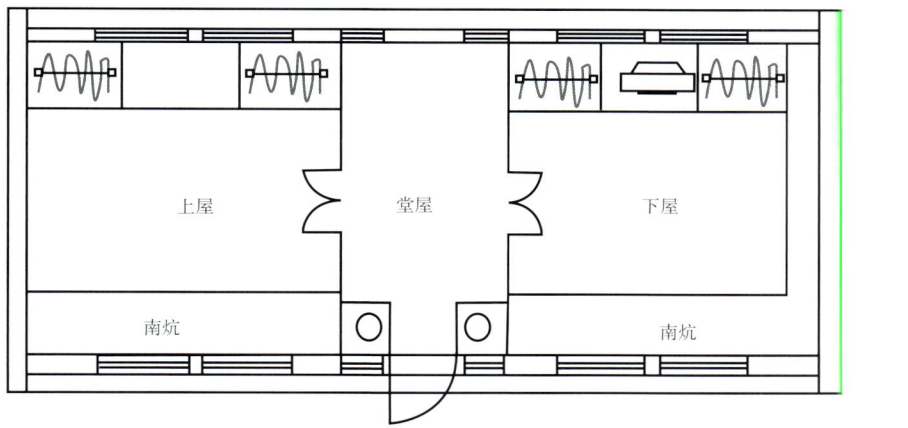

图五　满族民居室内布局平面图 1

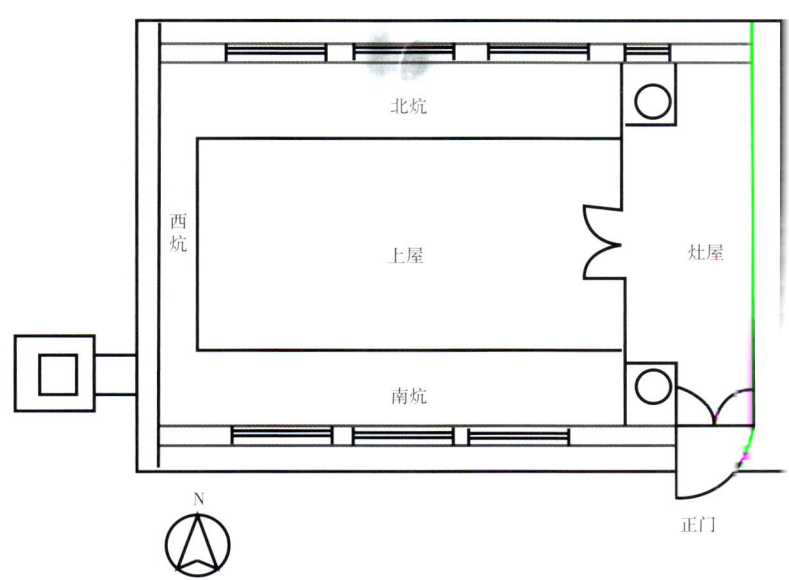

图六　满族民居室内布局平面图 2

满族民居建筑布局

图一　满族民居建筑布局主图

传统满族民居的单体院落布局整体上是方正宽敞，以庭院为中心，正房和厢房等向心而筑，"障子"划定了这个院落的边界。传统的民居一般不会暴露在自然环境中，多以院落形式存在。院落在满族民居中也是十分重要的部分，院落是院外和室内环境的融合过渡的空间，是人们主要的活动场所，人们可以在院落里休息、娱乐、生产、生活。

一般满族民居院落布局分为三个部分，大门入口部分、正屋和厢房部分以及院落部分。布局的要素有正门、院落、正房、厢房、牲口棚、苞米楼、障子、索罗杆等。从图中可以看出，满族民居整体上采用中心对称的布局，大门位于整个建筑的中轴线上，这与传统的四合院又有很大区别，一般四合院的大门在中轴线的偏东南方向上。满族民居之所以将大门建在中轴线上，主要是考虑到马车出入的方便，同时也体现出了北方满族人民那种豁达和开阔的胸襟。

自然围合的院落还具有调节气候的功能，封闭而露天的院落可以改善和抵御恶劣的气候环境，利用冬夏太阳入射角的差别和早晚日照阴影的变化，庭院和廊檐的结合，可以有效地抵抗寒风侵袭，阻隔风沙漫扬。

院落主要是通过调节庭院天井的大小、高低、开合，适应了北方强烈日照、防风，还能抵御风雪。在这方面庭院充分发挥了建筑生群内部的小气候调节作用。

图片来源

图一　张守国.《中国满族第一□□.大连出版社.
图二至图五　董琪　制图

图二　满族民居建筑布局上色示意图

第一章　满族传统建筑

图三　满族民居建筑布局上色示意图

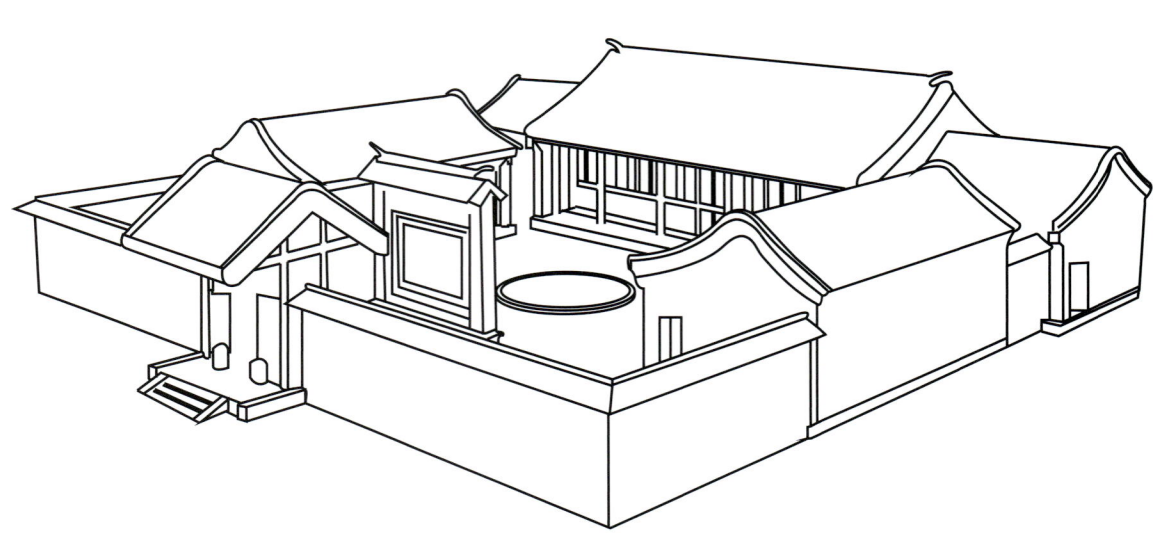

图四　满族民居建筑布局鸟瞰图

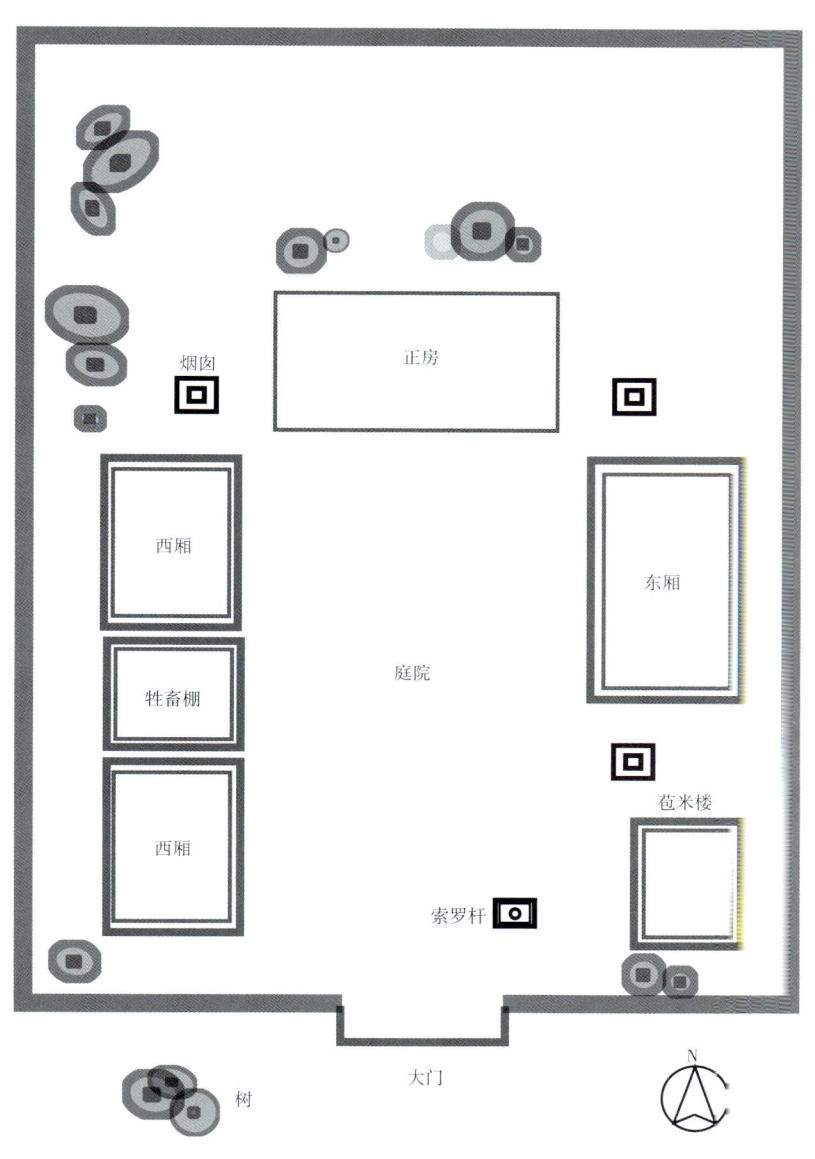

图五　满族民居建筑布局平面图

满族八旗兵新城官房

图一　满族八旗兵新城官房主图

八旗兵新城官房,是满族八旗官兵和其家眷住的房子。满族入关以后,满族统治者迅速接受了汉族及其他民族的文化和生活习俗,在建筑样式上也发生了较大变化。乾隆中期开始,允许驻防官兵携带家眷,以后八旗官兵就定居下来,并建了新城。新城满族官兵按着旗居住,一家一户都是同一样式的"三分三"(宅院宽为三分三厘)的老官房。

老官房呈马鞍形,是两出水的小瓦房。一个兵丁住两间,一明一暗,中间为隔扇。一进屋门为外屋,有一间半大,吃饭、睡觉、会客全在此屋。外屋西墙上设有祖宗板,供有祖先牌位与家谱。进隔扇,里屋只有半间大,是家中姑娘、媳妇们回避生人的地方。一般大屋居左,小屋居右,内外有别,内外屋全是倒炕(南炕)。后受汉族影响,出现了顺山火炕(西炕)。老官房的瓦房院都有小门楼,磨砖对缝,十分讲究。进了大门,有影壁将街门与屋门分开。院内有索罗杆,原为祭祀用具,后就变为正月十五悬挂红灯笼使用了。院内还有砖砌甬道,进大门左行,顺着甬道直通屋门。一般家庭院内都种植果树,或者种植花木盆景。

新城满族小院布局合理，结构严谨，美观坚固，小巧玲珑，是满族建筑艺术的杰作。

图片来源
图一　祝健平.《清前故里》.
图二至图五　陈昊　制图

图二　满族八旗兵新城官房造型分析图

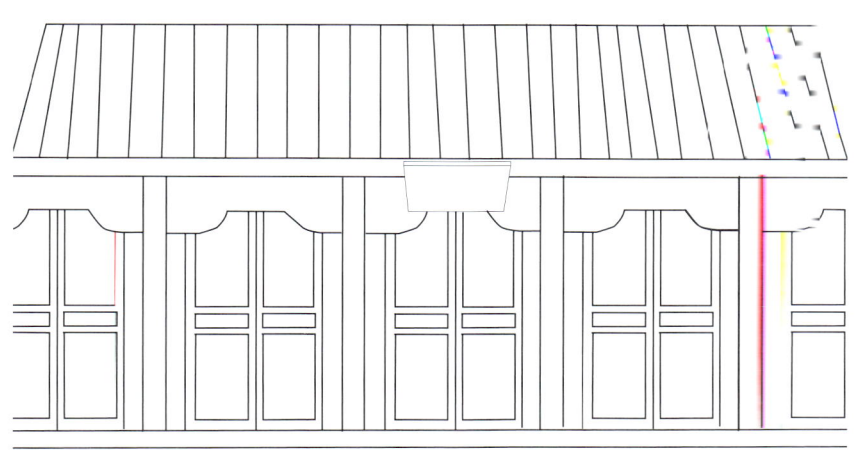

图三　满族八旗兵新城官房正立面图

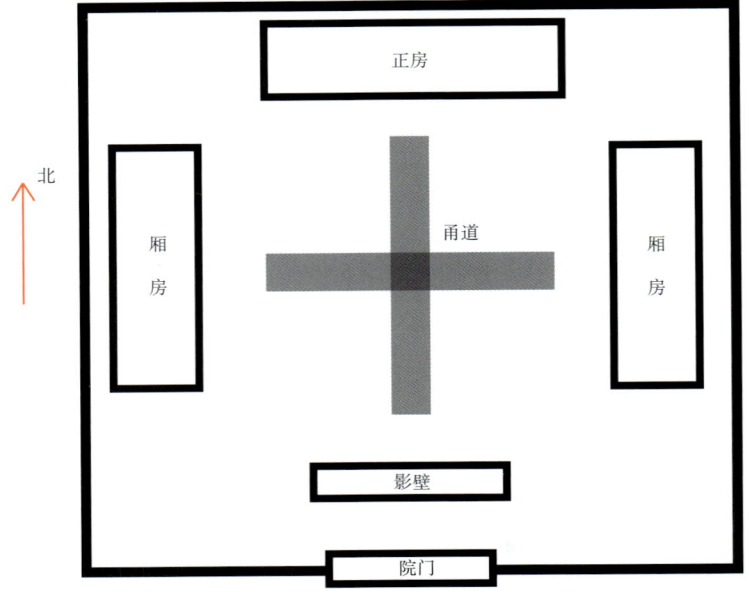

图四　满族八旗兵新城官房庭院平面图

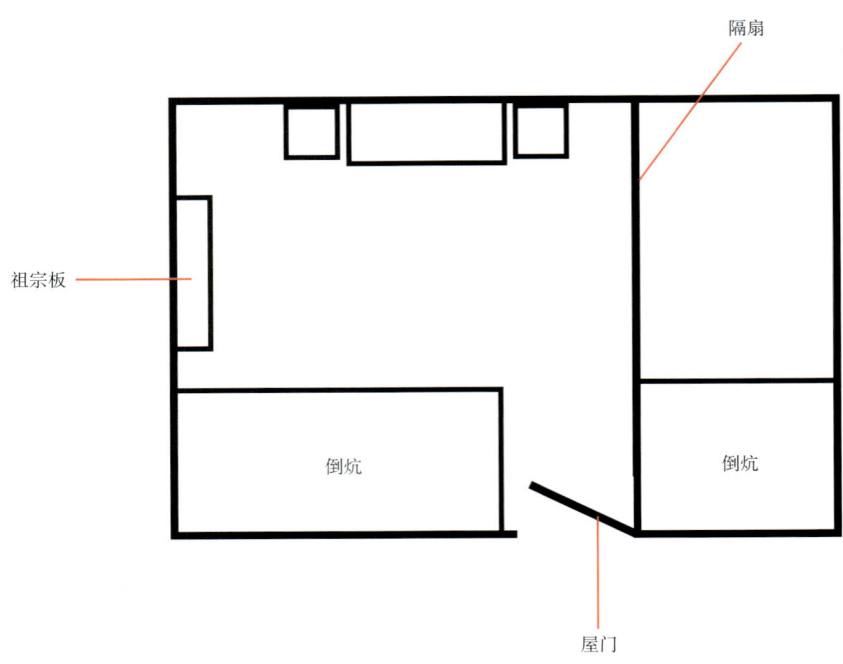

图五　满族八旗兵新城官房内部示意图

满族清永陵

图一　满族清永陵主图

清永陵是清朝皇帝的祖陵,初称兴京陵,始建于1598年,位于辽宁省新宾满族自治县永陵镇西北启运山脚下。清永陵占地面积一万一千平方米,北依启运山,南临苏子河,对视烟筒山,是国家级重点文物保护单位。

陵内葬有努尔哈赤的六世祖猛哥帖木儿及其福晋、曾祖福满及其嫡福晋、祖父觉昌安及其嫡福晋、父亲塔克世母亲喜塔拉氏以及伯父礼敦、五叔塔察篇古。

自1682年到1829年,康熙、乾隆、嘉庆、道光等皇帝曾先后九次亲来永陵祭祖,成为当时的国家典制。其中康熙两次、乾隆四次、嘉庆两次、道光一次,除此尚有雍亲王恭代祭两次,乾隆皇帝第二次东巡祭祖往返时间就用了191天,可见当时朝政之稳定。在国力比较强盛的时候东巡的次数就相对多一些,那时皇帝东巡的目的也不仅仅是为了祭祖,沿途还要对当地的政治、军事以及经济生产进行视察。

清永陵由马碑、前宫院、方城、宝城、冰窖、果城、省牲所等组成。其建筑形制左右对称,经纬组合,高低错落,逐级升高;在布局上采用前朝后寝,南北排列,三进院落的方式,均衡布局、主次分明。在造型、工艺上都具有其独特的建筑特点和艺术特色。

图片来源
图一、图三至图六　清永陵管委会
图二　江雪　制图

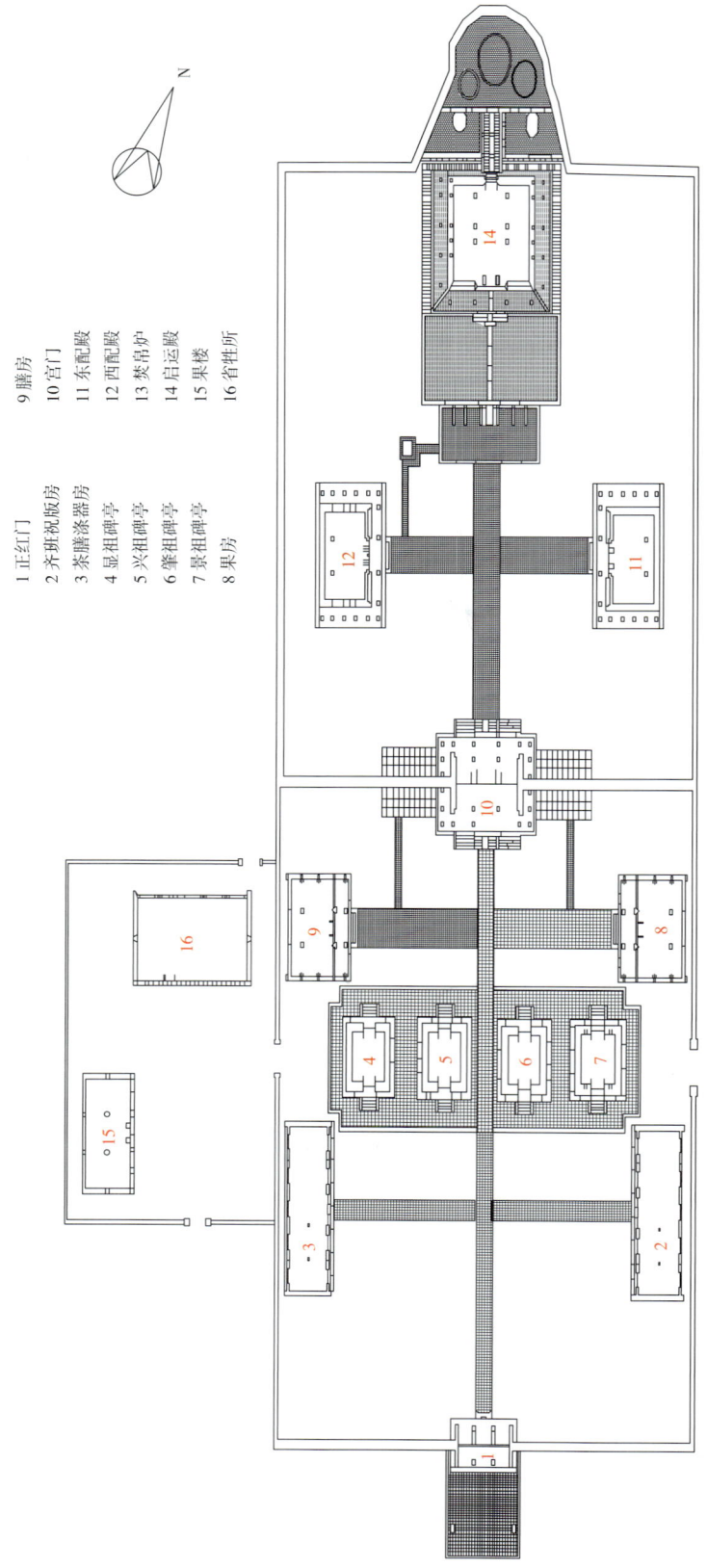

图二　满族清永陵陵寝平面图

1 正红门
2 齐班祝版房
3 茶膳涤器房
4 显祖碑亭
5 兴祖碑亭
6 肇祖碑亭
7 景祖碑亭
8 果房
9 膳房
10 宫门
11 东配殿
12 西配殿
13 焚帛炉
14 启运殿
15 果楼
16 省牲所

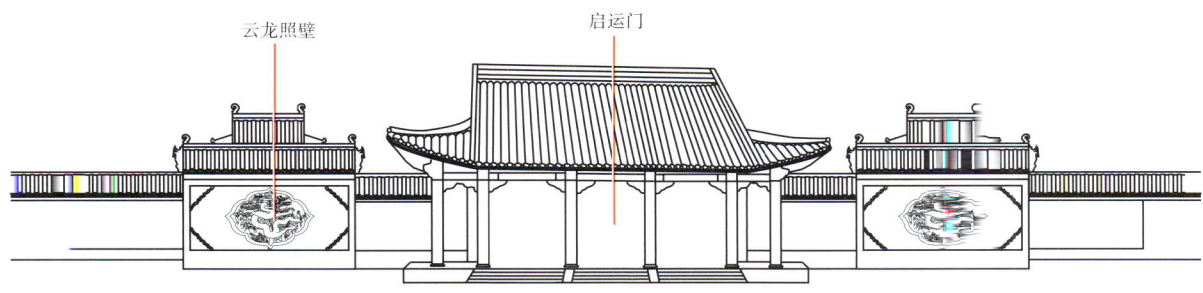

图三　满族清永陵启运门前视图

图四　满族清永陵启运门外墙上"云龙照壁"图

第一章　满族传统建筑

图五　满族清永陵启运殿示意图

图六　满族清永陵四祖碑楼示意图

满族汗宫

图一　满族汗宫主图

汗宫，亦称汗王宫，是努尔哈赤早期处理军政事务和生活的场所。历史上汗宫有多所，有沈阳汗宫、赫图阿拉汗宫等。本案例为赫图阿拉汗宫。位于今辽宁省新宾满族自治县永陵镇的赫图阿拉故城。

汗宫虽然面积不大，但建筑庄重典雅，措置有如，保留了满族传统的建筑风格。一个院内坐落有汗宫大衙门、萨满神堂、汗王寝宫等建筑。

其中，主体建筑——"汗宫大衙门"呈八角形样式，与沈阳的大政殿比较相似。八角形建筑，体现着王权统御八方，这是清朝八旗制度在宫殿建筑上的具体反映。大殿正中央设努尔哈赤登基称汗的宝座，宝座前是努尔哈赤批阅奏折的龙书案，在龙书案的东西两侧有鹤衔莲花蜡台、熏炉和香亭。宝座左右两侧摆放着八旗，八旗在后金时期不仅是八面领兵打仗的旗帜，而且是努尔哈赤属下八个军政合一的组织。努尔哈赤在1601年创正四旗：黄、红、白、蓝，到1615年又增创镶四旗，合为八旗，当时努尔哈赤是八旗的最高统帅，独自统率正黄、镶黄两黄旗。按五行相生相克排列，两黄旗位于正北，取土克水；两白旗位于正东，取金克木；两红旗位于西，取火克金；两蓝旗位于南，取水克火之意。八旗的位置是不能颠倒的，当年努尔哈赤就是在这里发号施令，接受贝勒大臣朝拜，也制定了一系列适国情、顺民意的政策，为之后进军中原奠定了坚实的基础。

图片来源
图一　祝建平.《清前故里》.
图二至图五　余鹏辉　制图
图六　侯荣杰　制图

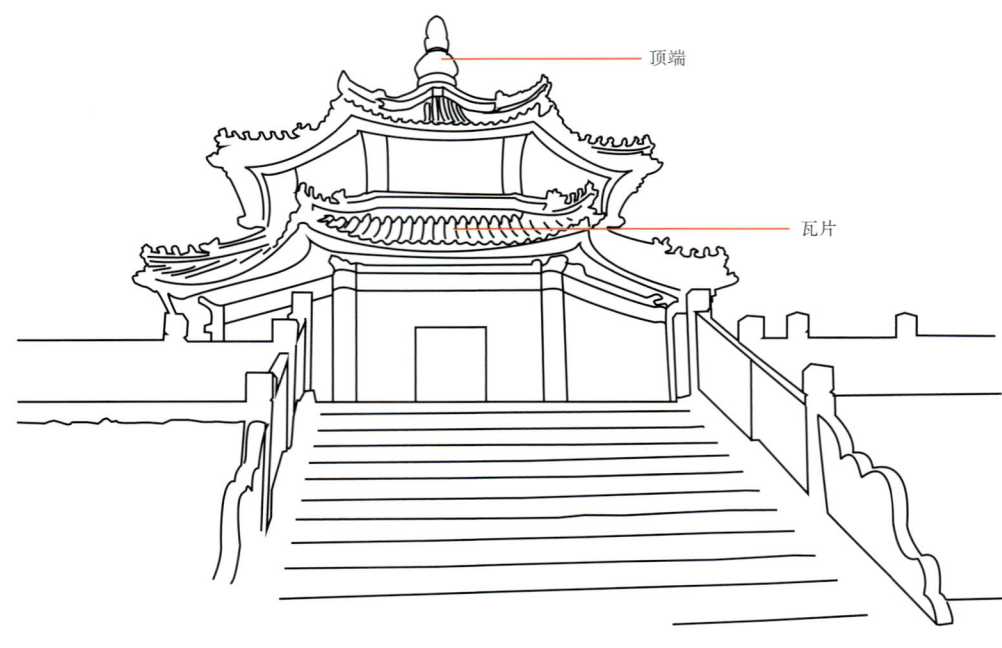

图二　满族汗宫大衙门示意图

图三　满族汗宫内部陈设示意图

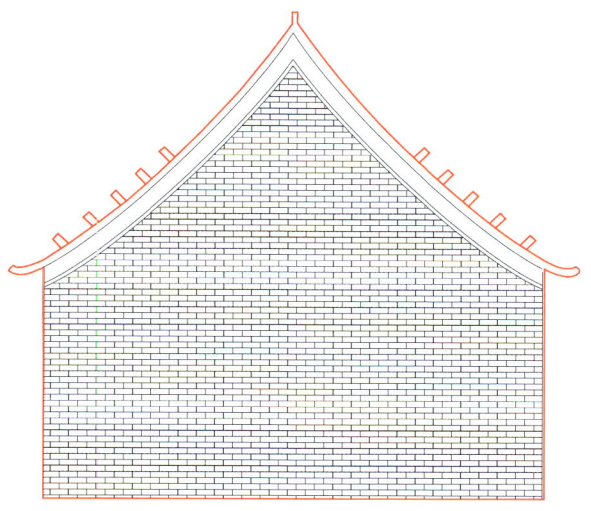

图四 满族汗宫侧立面图

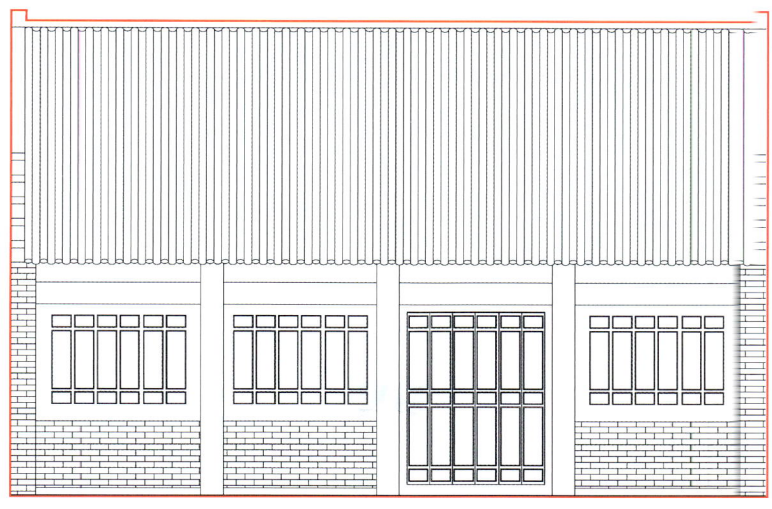

图五 满族汗宫正立面图

图六 满族汗宫全景线描图

满族努尔哈赤故居

图一　满族努尔哈赤故居主图

努尔哈赤故居坐落于今辽宁省新宾满族自治县永陵镇的赫图阿拉城。赫图阿拉，是满语"横冈"的意思。这里是清太祖努尔哈赤的祖居地，也是清王朝的发祥地。满族是从这里走上统治全国的政治舞台，后人称这里为老城。努尔哈赤故居的整个建筑体现了满族民居的特点，1559年，努尔哈赤出生在草房的正房里面，这个房子与当今农民的房子不可同日而语，十分简陋。努尔哈赤故居，是一处充满早期满族风情的院落，门头挂着一块写有"努尔哈赤出生地"的横匾。走进院门里面有两组建筑，正面一组是砖瓦房四合院，右面一组是泥草房四合院。建筑室内按满族农村的模式布置，有灶台、土炕等生活用品。奇怪的是，无论砖瓦房还是泥草房，灶台的烟囱都单独砌在室外。

图片来源
图一　张守国.《中国满族第一乡》.大连出版社.
图二至图五　苏伟航　制图

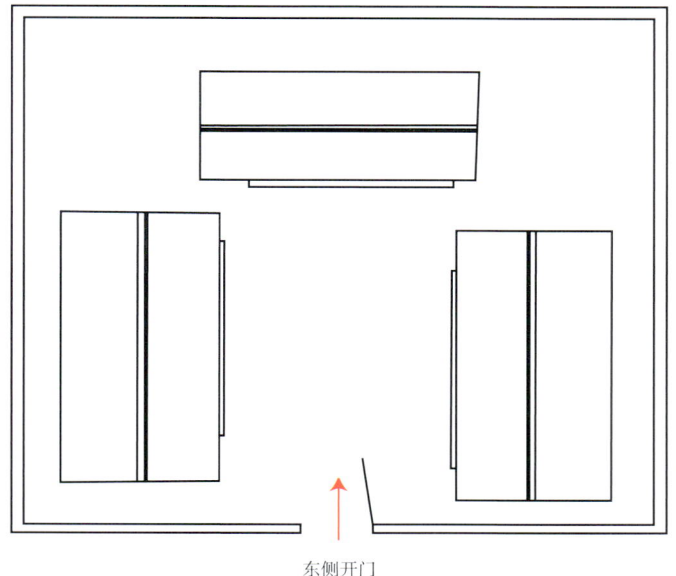

图二　满族努尔哈赤故居平面图

图三　满族努尔哈赤故居模型图

图四 满族努尔哈赤故居鸟瞰图

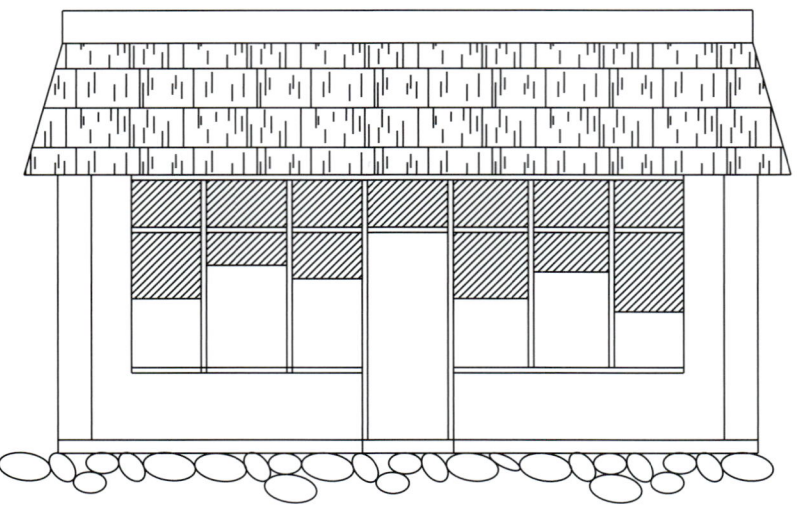

图五 满族努尔哈赤故居正立面图

沈阳故宫

图一　沈阳故宫主图

沈阳故宫是以满族为主体的地方政权宫殿。承袭并发展了赫图阿拉、辽阳两处后金汗宫的特点，在建筑风格和使用制度等方面都有明显的满族特色。东路一组建筑，大政殿坐北朝南居中而峙，八角重檐攒尖式殿顶。覆黄琉璃瓦，镶绿边，上层八条垂脊中部各布一力士像，殿正面二檐柱饰金漆木雕双龙覆珠。殿内宝座周围，八根龙纹巨柱直耸圆窿，犹如拱卫汗王的八旗劲旅环立左右。穹顶中为木雕绛龙，旁边为红地金字天花五，除福禄万喜等汉字图案外，还有八个梵字，殿下石台基做成须弥座本部，表现出喇嘛教对当时后金统治者的影响，大政殿的这些装饰特色，融满、汉、蒙多民族艺术风格于一体，在建筑史上也是一个独特范例。这座大殿沿袭赫图阿拉、辽阳时期对同类建筑物的称呼——"大衙门"，不仅供汗（皇帝）在国家举行大型庆典时使用，而且也是八旗贝勒大臣议决军国大政之处。功用和称谓表明，它应是由满族氏族社会末期贵族首领议事场所演变而来。

沈阳故宫保持了很多满族的建筑传统，如高台建筑和院内设索罗杆等满族民族习惯，满族特有的蔓子炕、过桥烟囱在沈阳故宫都有体现，可以说沈阳故宫是满族建筑的博物馆。

图片来源

图一　张勇.《沈阳故宫建筑装饰研究》.东南大学出版社.
图二　刘烈恒.《东北文化丛书》.春风文艺出版社.
图三　侯荣杰　制图
图四　陈昊　制图
图五　陈子豪　制图

图二　沈阳故宫崇政殿示意图

图三 沈阳故宫大政殿上色图

图四 沈阳故宫清宁宫内设线描图

第一章 满族传统建筑

1：大清门　　11：仰熙斋
2：翔凤阁　　12：清宁宫
3：飞龙阁　　13：凤凰楼
4：崇政殿　　14：敬典阁
5：西宫　　　15：銮驾库
6：东宫　　　16：大政殿
7：戏台　　　17：正黄旗亭
8：保极宫　　18：正白旗亭
9：崇谟阁　　19：镶红旗亭
10：文溯阁　　20：东大门
　　　　　　　21：西大门

图五　沈阳故宫建筑布局平面图

第二章 满族传统服饰

满族扁方

图一 满族扁方主图

扁方是满族妇女梳两把头时的主要首饰，横插于发髻之上，长32—35.5厘米，宽4厘米左右，厚0.2—0.3厘米。呈尺形，一端半圆，另一端似卷轴。如一变相横簪，无论是梳两把头还是大拉翅，它都能起到连接真假发髻的作用。扁方的质地多为白玉、青玉，少数为金、银制品。

在清代的北方民间，扁方也有很小的。如遇丧事，妻子为丈夫戴孝，放下两把头，将头发集拢于头顶束起，分两把编成两个辫子，辫梢不系头绳，任头发松乱。头顶上插一个三寸或四寸长的白骨小扁方。如果儿媳为公婆戴孝，则要横插一个白银或白铜的小扁方。王公贵族妇女用的扁方从质地到样式制作都堪称精美绝伦，在扁方仅一尺宽的窄面上，雕出的花草虫鸟、瓜果文字、亭台楼阁等图案惟妙惟肖，栩栩如生。王妃贵妇们带着扁方故意把两端的花纹露出，以引人注意。在扁方坠饰的丝线缨穗，据说是与脚上穿的花盆底鞋遥相呼应，使之行动有节，增添女人端庄秀美的仪态。戴上这种宽长的扁方，限制了脖颈的扭动，使之身体挺直，再加上长长的旗袍和高底旗鞋，使她们走起路来显得稳重、文雅。

图片来源
图一　故宫博物院
图二至图六　邱珂　制图

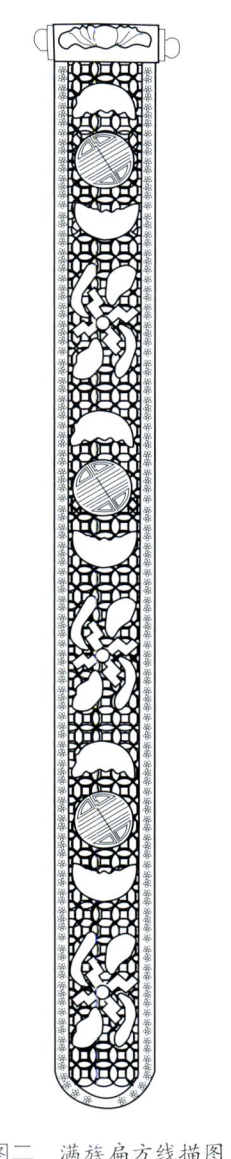

图二 满族扁方线描图

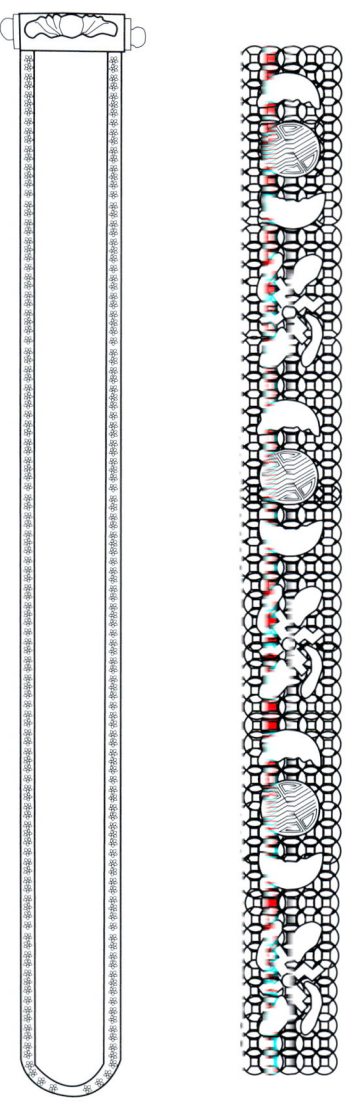

图三 满族扁方纹样效果示意图

第二章 满族传统服饰

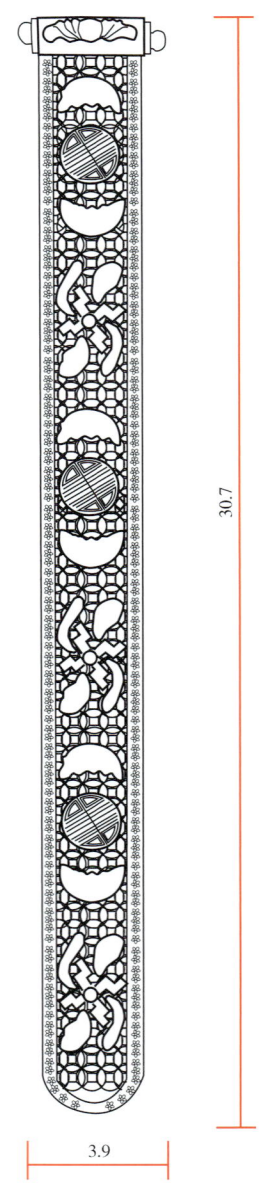

翡翠蝙蝠

万字花

金梅花

翡翠团寿花

粉红色碧玺蝙蝠

图四　满族扁方纹样名称图

图五　满族扁方尺寸图（单位：cm）

图六　满族扁方款式图

满族马褂

图一　满族马褂主图

马褂，出自光绪年间，圆立领，右衽琵琶袖，平袖，裾三开。通身镶青色长圆寿织金缎缘，湖色素纺绸里，缀青缎盘花扣六枚。袖口平齐，身长齐脐，后左右三面开衩。衣袖有长短两式，长袖至腕，短袖及肘。袖长则窄，袖短则宽。马褂有单有夹，冬季可做成皮褂、棉褂，套在长袍之外，经常用于出行，既不妨碍骑射又可御寒。马褂常与旗袍配起来穿，内穿袍，外穿褂，是清代满族的主要礼服。因其身袖较短，冬季可做成皮或棉的，套在长袍外面，便于骑马，故名"马褂"。

马褂在顺治、康熙两朝时还限于八旗士兵穿用。雍正以后，不分尊卑，马褂很快在南北各地普及。其形制逐渐丰富，有长袖、短袖、宽袖、窄袖，圆领、立领，对襟、大襟、琵琶襟诸式之别。嘉庆年间，马褂往往用如意三镶缘，咸丰、同治年间又作大镶大沿。光绪、宣统年间，对襟马褂逐渐代替外褂正为正式行装。所谓"长袍马褂"，长袍外加穿一件马褂才"成体统"，这种穿法一直延续到民国时期。马褂短到脐部之上，还有将马褂袖面料换色，做成背心式。马褂袖短可露出三四寸长袍袖，将袍袖卷于马褂袖上面就是大小袖。马褂样式较多，比较著名的有得胜褂、卧龙袋等。马褂颜色，除黄色专属皇室之外，初时流行天青色，乾隆中期又喜穿玫瑰紫及深赭色，谓之"棉色"，人皆尚之。嘉庆时期又以泥金色及浅灰色为时尚。一般多以大青或元青色作为礼服。其他如深红、浅绿、紫绛、深蓝、深灰等都可作为常服。领、袖边缘多道镶滚，分阔边与窄边两种。马褂的质料除绸缎等物以外，还有各种皮毛，即翻毛皮马褂。一些达官贵人为了炫耀其富贵，将马褂反穿，露皮毛于外。这种皮马褂开始于乾隆年间，初时尚极稀少奇异，到嘉庆年间的冬季几乎无人不穿，所用皮毛种类繁多，有紫貂、海龙、猞猁狲、倭刀、草上霜、紫羔等，有丧者则用银鼠等白色皮毛制作，但均属达官贵富者在冬季穿用，既保暖又显阔。

图片来源
图一　故宫博物院
图二至图五　申辰　制图

图二　满族马褂上色图

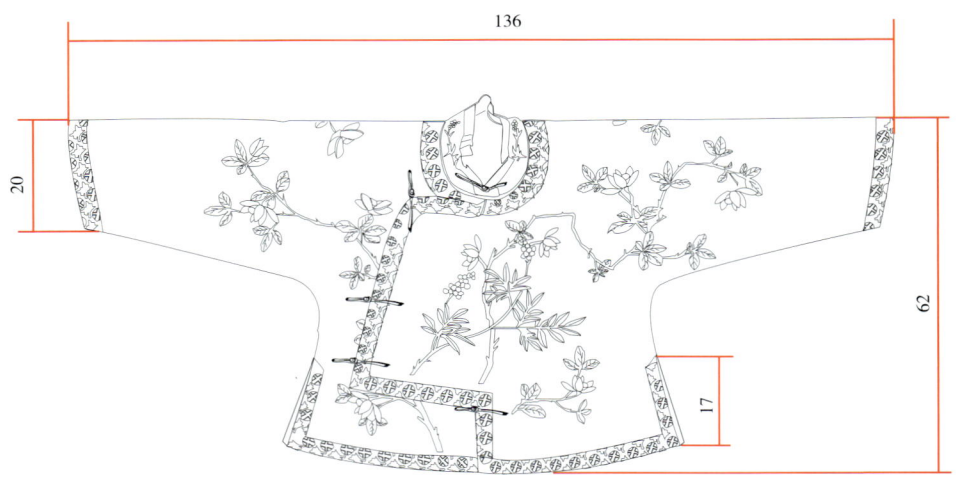

图三　满族马褂尺寸图（单位：cm）

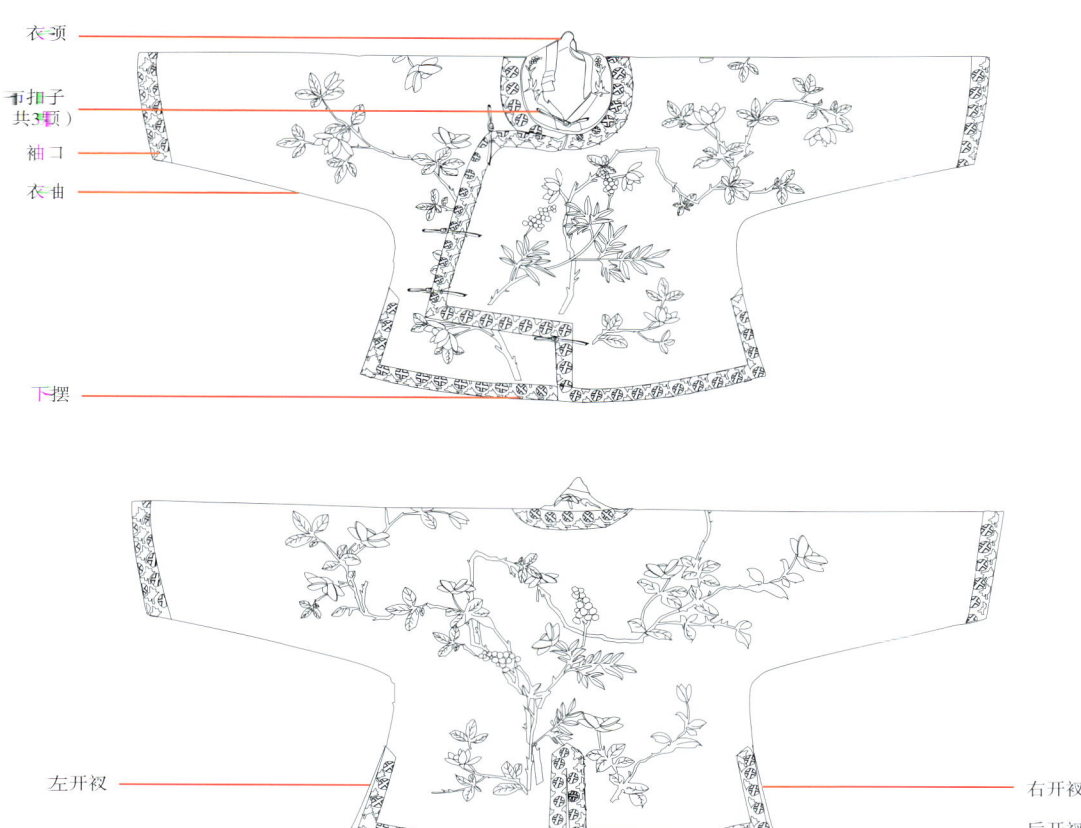

图四 满族马褂结构名称图

图五 满族马褂纹样图

满族女式单氅衣

图一　满族女式单氅衣主图

氅衣是清代后期才出现的一种女式外衣，它的基本形制为圆领、右衽、直身、衣肥、袖宽平而高高挽起、左右开裾。它是由早期的袍演变而来，是旗袍的一种。

氅衣，就其形式来讲与挽袖衬衣极为相似，且均为半宽袖，即"大挽袖"。氅衣和挽袖衬衣的最大区别在于：氅衣左右开气儿，高至腋下，开气儿的顶端必饰云头；而挽袖衬衣则无裾。在氅衣的袖口内，都缀饰纹饰华丽的袖头，加接的袖头上面也有花边、花绦子等加以镶滚，袖口内加接袖头之后，袖子就显得长了，而且看上去像是穿了好几件讲究的衣服，接的袖头磨脏了又可以更换新的，美观实用。氅衣的纹饰比较华丽，边饰的镶滚更为讲究，在领托、袖口、衣服至腋下相交处及侧摆、下摆都镶滚不同色彩、不同工艺、不同材质的花边、花绦等等，以多镶为美。咸丰、同治年间，京城贵族妇女衣饰镶滚花边的道数越来越多，有"十八镶"之称。这种以镶滚花边为服装主要装饰的风尚，一直到民国年间仍继续流行。

氅衣是清代后妃们便服中规格最高、最富有装饰性的服饰，也是后妃们探亲访友、接待客人所穿的一种带有礼节性的便装。

图片来源

图一、图五　故宫博物院
图二至图四　邱珂　制图

图二　满族女式单氅衣结构图

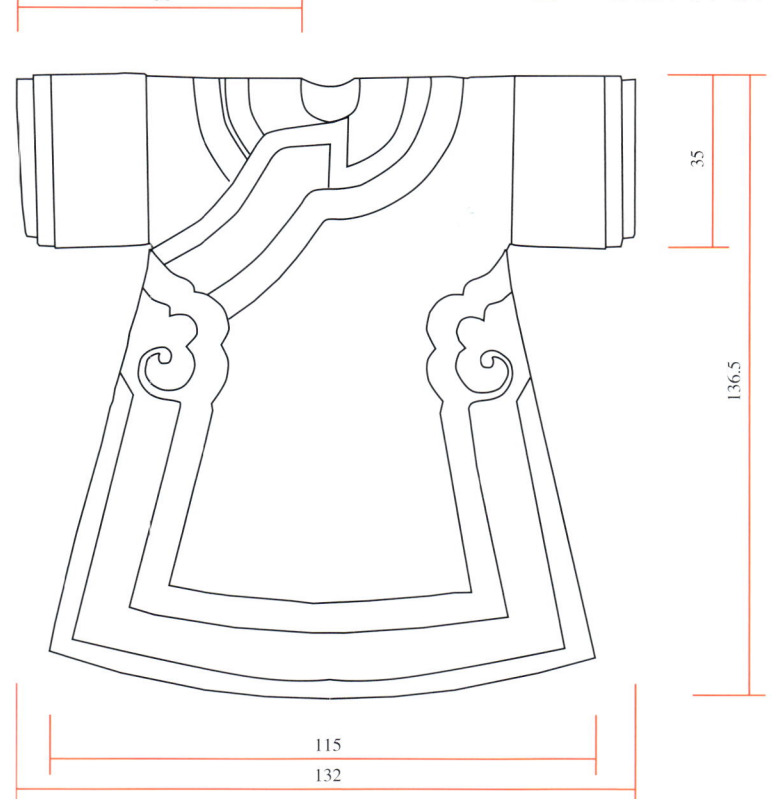

图三　满族女式单氅衣尺寸图（单位：cm）

第二章　满族传统服饰

091

图四　满族女式单氅衣纹样示意图

图五　清晚期满族明黄纱绣竹枝纹单氅衣效果示意图

满族旗袍

图一　满族旗袍主图

满族旗袍是满族服饰中最具代表性的服饰。这种袍式服装是清代男女老少在春夏秋冬四季必不可少的服装。它有单、夹、棉、皮之分，春、夏季穿用的称为衫，秋冬季穿用的称为袍。当时并不叫旗袍，是其他民族将满族人（旗人）所穿的袍子称为旗袍。

旗袍的基本样式为圆领、捻襟（大襟）、窄袖（有的带马蹄袖）、四面开气，有扣襻。旗袍是适应生活和生产环境发展而来的。改变了一直以来中原地区服饰上衣下裳、宽袍大袖的服饰风格。其最大的优点就是适应满族骑射活动的需要。

随着清朝社会的不断发展，旗袍样式、装饰性、功能性也发生了很大的变化，特别是汉族服饰和满族服饰的融合。在清初，虽有禁令严禁满汉妇女服饰互相模仿，但这种趋势已经无法避免。满汉之间服饰差别日益减少，袍身由肥大变得窄而合体，显露出女性的曲线美，旗袍的样式得到不断改进，逐渐与男子所穿的长袍分离，与社会生活更加贴近，最终演变成为独具东方女性特色的服装，至今流传不衰，并享有"国服"之美誉。

第二章　满族传统服饰

旗袍的总体风格首先是上下一体，线条流畅，使穿者显得亭亭玉立。其次是旗袍的审美趣味在上面，穿高底鞋加之袍长及地，将满族妇女的腰线抬高，下肢拉长，重心随之上移，头上的假髻虽然夸张高耸，天足却被掩盖于袍摆之下。到后期旗袍对于装饰非常重视。

晚晴以后，随着清政府的衰败，洋务派提出"中学为体，西学为用"的救国方略，对旗袍也产生影响，也影响到社会服饰观念的变化，为日后旗袍这种典型的满族服饰走向全国、走向全世界起了决定性作用。辛亥革命后，满族旗袍逐渐被现代旗袍所取代。

图片来源
图一　故宫博物院
图二　邱珂　制图
图三、图四　马文　制图

图二　满族旗袍剖面图

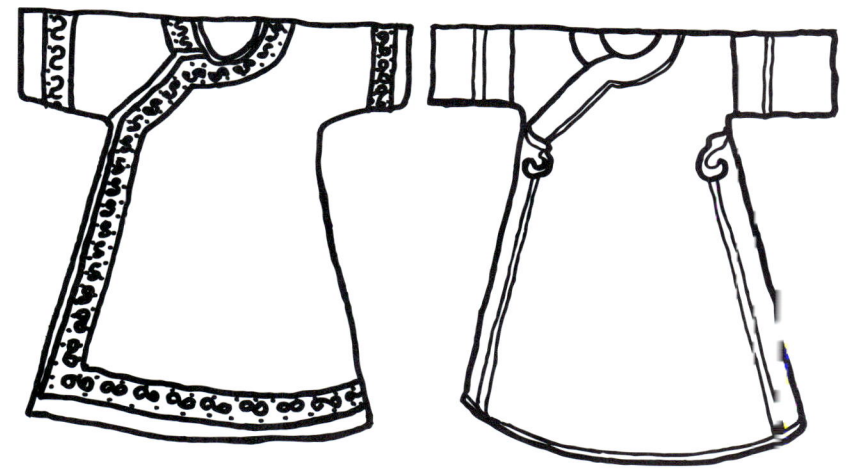

图三　满族旗袍线描图

图四　清代康熙年间男女着袍线描图

第二章　满族传统服饰

民国满族妇女旗袍

图一　民国满族妇女旗袍主图

民国满族妇女旗袍是现代中国女装的典型服饰，在民国时期流行时间最长，是由满族旗袍发展而来。1914年左右，旗袍首先在上海流行开来，接着影响全国。旗袍的流行是20世纪中国女性服装对男性服装的模仿和争取女权主义的一个例证。"旗袍最大的特点就在于勾勒与烘托了女性的曲线美，这在中国妇女服装的历史上可谓是一次重大的革命性转折。"（【美】安妮·霍兰德著，魏如明译，《性别与服饰》北京：东方出版社，2000年。）

民国初年，一般妇女很少穿旗袍。到20世纪20年代，女子旗袍内不再着长裤，此时旗袍略收腰身，袖作倒大形，袍身装饰减少。纽襻的变化增多，各种盘花纽扣争奇斗艳。发展到30年代，旗袍已经脱离原有造型,宣变成一张具有独特风格的妇女服装样式,造型更合身,装饰更简洁,面料更时尚。工艺上由腰身而及胸部,或加以归拨,或作掀纽拉链,西式装袖取代了传统中式的挂扣。40年代是旗袍流行的黄金年代,样式趋向于取消袖子即无袖旗袍、缩短长度和减低领高,并省去了繁琐的装饰,使其更加轻便、适体。自此以后海外华裔妇女所穿的各种旗袍以及改革开放后中国大陆出现的种种旗袍款式,都跳不出40年代旗袍之样式,水平也无出其右者。从旗袍的变化来看,除了色彩图案肌理外,主要表现在领的高低有无,袖的长短宽窄,开衩的高低,下摆的位置,与腰身的松紧合身。

民国满族妇女旗袍的面料随着时代发展而变化,清代旗袍面料以锦或缎为主,比较厚重。而民国时期特别是20世纪30年代的海派旗袍讲究"透、露、瘦",女子喜欢用镂空织物或半透明的丝绸做成轮廓修长的紧身旗袍,以突出她们婀娜多姿的身材。

旗袍得到广大妇女喜爱的原因主要有两个,一个是经济实用,旗袍可以取代之前的多件衣服,在用料、做工方面也大大减少成本。二是美观适体,由于旗袍上下连属,合为一体,容易显现出妇女形体的曲线美,加上高跟鞋的衬托,更能体现出妇女的秀美身姿。

图片来源

图一、图四　冯骥才.《民间服饰》.河南少年儿童出版社.

图二、图三　邱珂　制图

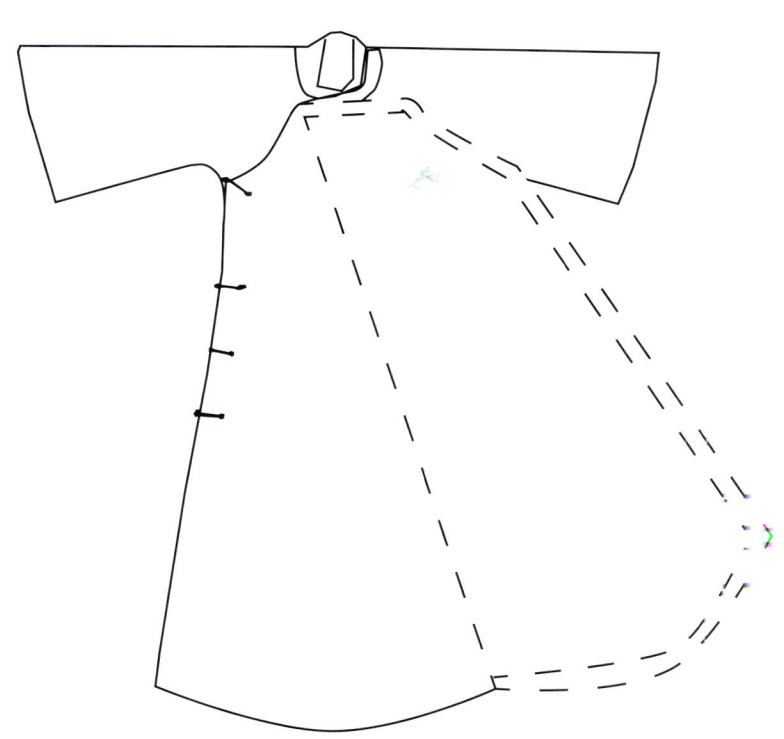

图二　民国满族妇女旗袍线描图

图三　民国满族妇女旗袍展开图

图四　民国满族妇女旗袍纹样示意图

满族行裳

图一　满族行裳主图

行裳是系于行服外的一种类似围裙的护腿，满语称为"都什希"。系于腰上而垂于膝下。君臣形制皆为一种，均为左右各一幅，两幅皆不相连接，其前面平直，后面中三而二下削。行裳质地有布、毡、皮等三种。夏季以横幅石青色布制成，春秋则用毡，冬季用鹿皮或黑狐皮制成。行裳上有腰，用腰把左右两幅连在一起，腰皆以横幅布制作。腰中间宽而两端逐渐收窄，形成了两条长长的带子，穿时用两条带子系于腰上即可。这是君臣行裳的共同之处，其不同者在于颜色：皇上的行裳颜色随其所欲，亲王以下及文武百官的行裳使用蓝及石青等色。

行裳是清代贵族服饰中行服的组成部分，主要用于巡幸和狩猎等出行的时候。行服中行褂和行袍是上衣，行褂穿于行袍外面。行裳用带子系于腰上而下垂。行裳主要是满族套裤在贵族服饰上体现，但套裤主要为实用，而行裳装饰性已经远远大于实用性，成为贵族显示其身份地位和财富的象征之一。

图片来源
图一　故宫博物院
图二、图三　邱珂　制图

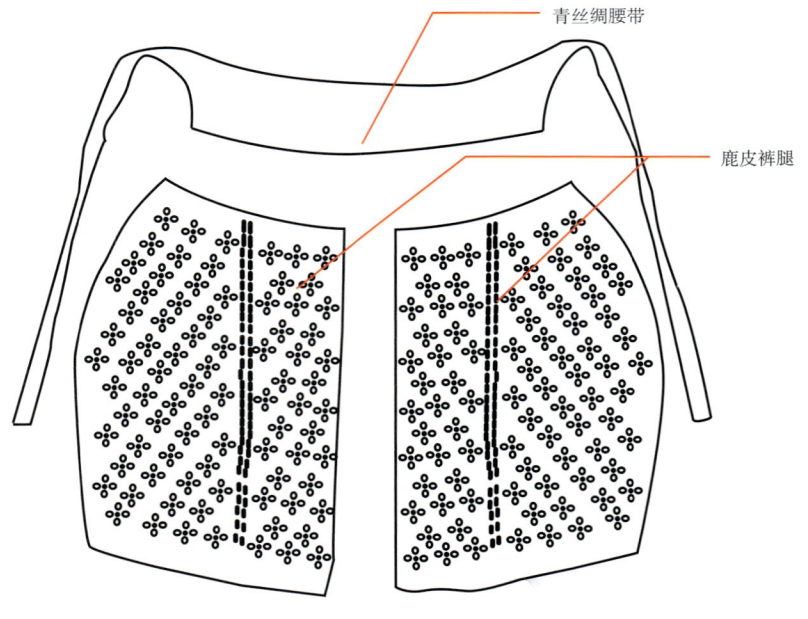

图二　满族行裳结构名称图

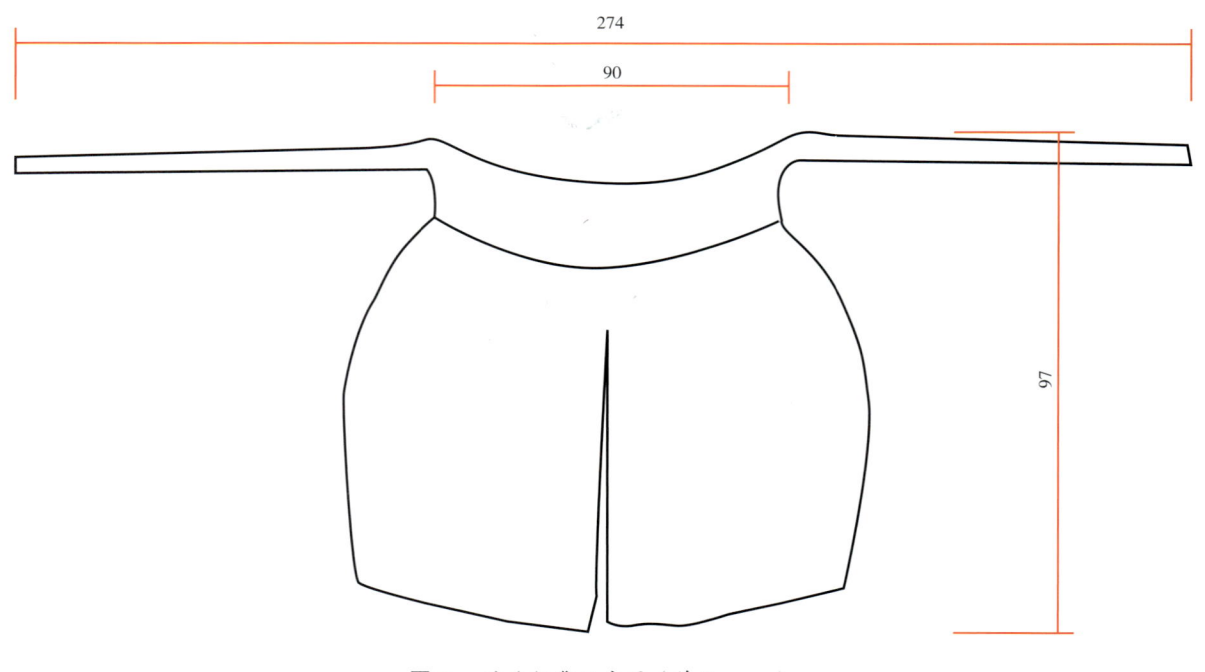

图三　满族行裳尺寸图（单位：cm）

满族箭袖

图一　满族箭袖主图

满族的箭袖，满语称作"哇汗"，是满族袍袖中很有特点的一种衣袖。最初，在满族男子所着袍、褂的袖口上，多半都带有这种"箭袖"，就是在本来比较狭窄的袖口前边，接出一个半圆形的"袖头"，一般最长半径。因它形似"马蹄"，所以又称为"马蹄袖"。箭袖产生于长期的狩猎生活，尤其适应北方冬季出游骑射。将箭袖覆盖在手背上，无论是挽缰驰骋，还是搭弓射箭，都可以保护手背不被冻坏。这种形式至今在北方的农村，特别是些老年的赶车人衣袖上仍可看到。有的人虽身穿棉袄，但还在衣袖上特意接出个狼皮或狍皮的"袖头"来保护手背。可见，这也是北方民族与严寒气候作抗争的一种经验。

清朝建立之后，由于满族生活环境的变化，骑射之风已逐渐衰竭，袍褂上的箭袖也不再起原来的作用，所以，箭袖在满族的袍褂上，也逐渐出现了"退化"和减少的趋势。如一般日常穿用的袍褂，就不必再镶上箭袖，而是着平袖即可。但是，在一些有一定身份的满族人中，却仍然要做一些带有箭袖的袍子，以为礼服。平时将袖头挽起，一旦遇到行礼之时，便迅速地将

"袖口""弹"下来行半礼或全礼，这一举动就是满族所讲究的"放哇哈"。这种礼节在清朝定都北京之后，已不限于满族，汉族也如此。即使平时穿平袖长袍，遇到郑重场合，则必须换上箭袖袍，以示庄重、守礼。有的还特意做几副质料精良的带箭袖的"套袖"，以备不时之需，有事时将其套在平袖上，事后摘下，不仅灵活方便，还增加了服装的多样性。当时人们称为"龙吞口"。

清代官服中更能体现对箭袖袍子的重视。如在《会典》中就规定，皇帝、皇后龙袍，亲王、贝勒、文武官员的蟒袍，都一律带有箭袖。箭袖已经成为满族这一民族传统的象征。箭袖从具有御寒功能的实用服饰，演变为装饰物，说明了满族服饰从重视实际效果，转而追求装饰效果，也说明了满族入关以后生活方式的变化。但箭袖遗风仍然存在，在北方，有时能见到山里的农民，冬天打柴、打场、赶车等，在袖口上接一皮毛的"袖头"，紧护手背，抵御风寒，就是箭袖的延续。

图片来源
图一　满懿.《旗装奕服—满族服饰研究》.人民美术出版社，2013年.
图二至图四　邱珂　制图
图五　白波　制图

图二　满族箭袖线描图

图三　满族箭袖上色稿

"龙吞口"的袍袖

图四 满族箭袖使用情境图

满族女装

满族旗袍

图五 满族箭袖款式图

第二章 满族传统服饰

满族坎肩

图一　满族坎肩主图

　　马褂之外还有"马甲"，也叫"背心"，北方称其为"坎肩"，满语称"窝龙带"。实为无袖的马褂。有领，衣长及腹，多为两侧开衩，在领、襟等边缘处饰以各色花纹。清代该服饰窄小，多穿于旗袍内。清末以来尚宽，大多套于旗袍外。因其美观实用，至今在辽宁东北部的一些满族乡仍有年长者穿着。不过，今天看见的多无领，穿在外面，露出里面衣服的领子。清代的袍衫无领，穿在外面的坎肩却是有领的。坎肩最早是满族妇女加穿在旗袍之外的一种背心，这不仅是满族女装的一大特色，也是满族入关以后受汉族衣着影响的结果。因为地处寒冷北方的满族，以前并没有穿坎肩的习惯，后看到坎肩使用便利而受到欢迎，男女皆喜欢。

　　清代的坎肩很讲究，尤其是入关以后满族穿的坎肩多短而紧身，一般仅及腰下。虽说是便服，却因为它穿起来方便，保暖护心，老少咸宜，所以穿的人很多。坎肩如马褂一样也有大襟、对襟诸式。袖口是平的，一般穿在里面，式样也比较窄小。也有的喜欢穿在衬衫外面，而且在制作上还常把坎肩和长袍用一种面料，用同样的装饰方法制成套装，穿起来别有一种华贵、庄重的气派。

坎肩样式甚多，比较有特色的是"琵琶襟坎肩""一字襟坎肩""巴图鲁坎肩"等。比较常见的捻襟、对襟直翘的、对襟回翘的、人字襟的、圆领的、鸡心领的、长身的、短身的等诸多式样，多半都会穿在外边。坎肩有装领头的或不装领头的，领的高低也随时变化，到清末则渐渐增高了。清代坎肩有单、夹、棉、纱、皮之分，一年四季都可以穿，内着衬衫，下穿长裤。坎肩的用料和颜色与马褂差不多，其功主除了装饰美观的作用外，还有穿着方便、保暖的实用价值。所以坎肩这种服饰，能一直流传至今而不衰落。

图片来源

图一　故宫博物院
图二至图五　韦紫高　制图

图二　满族坎肩线描图

图三 满族坎肩使用情境图

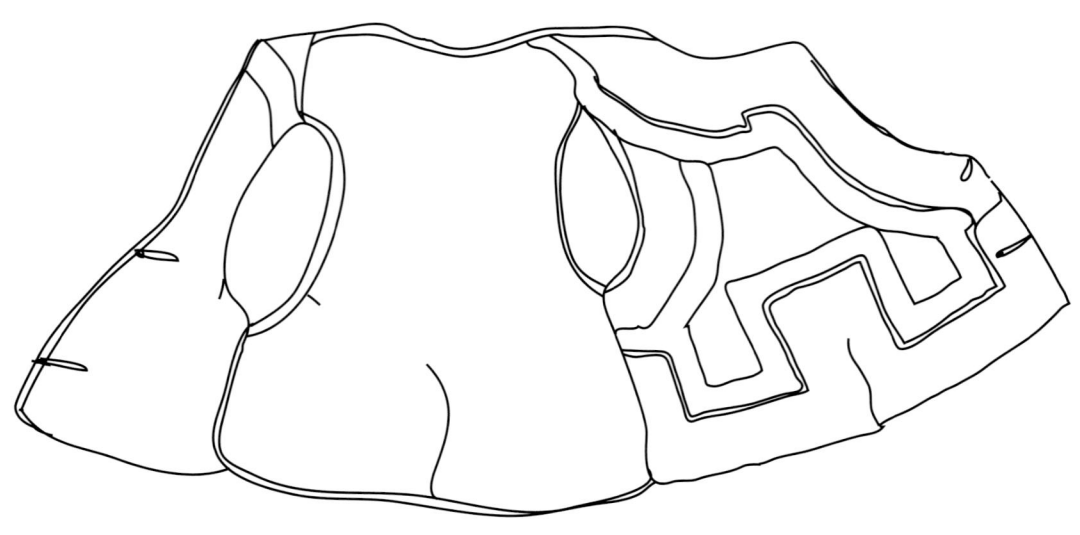

图四 满族坎肩展开图

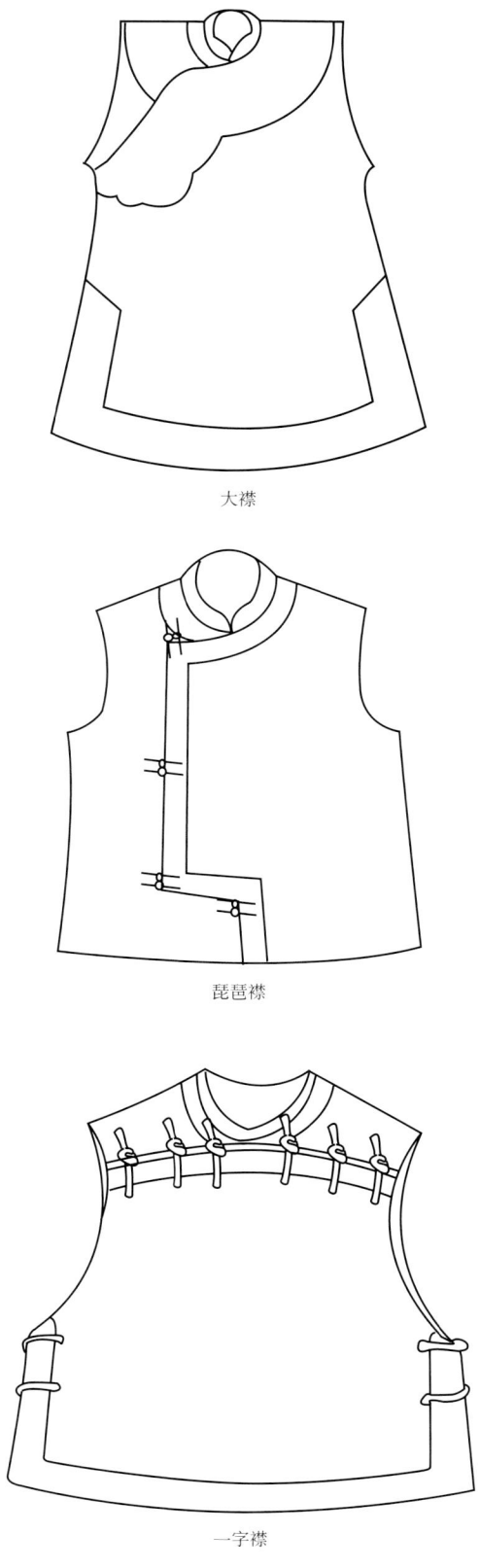

图五 满族常见坎肩样式图

满族套裤

套裤满语称为"渥季阿布力",初期为男人出征、行猎时使用,是满族特有的民族服饰之一,多为下层劳动人民所穿,一般为男子所用,满族妇女也穿用,主要用于御寒和保暖。

套裤虽然叫裤子,但不是完整的裤子,仅有两条裤腿,没有普通裤子的上半段,而用两条带子所代替。两条单裤腿,不连接在一起,裤腿上下两端均有带子,需要靠腰绳系挂在腰带上,穿上后侧缝齐腰,露出前肚后臀。由于北方气候寒冷,人多把裤脚管用丝织成的扁而阔的扎脚带在近脚踝骨处扎起来,扎带末端有一流苏垂于脚踝之处。套裤不仅具有实用性,而且达到了装饰性作用。

套裤适应了满族人民的生活方式,一是北方冬天山猎,冬季袍服的下面容易进风,在腿部再穿一层套裤,可以加强腿部的防寒效果。二是满族居住地区多为丘陵地,上山采集、捕猎、砍柴等时穿套裤不磨裤腿,保护裤子和腿部不被划破划伤。套裤至今仍在东北地区使用,现代京剧《红灯记》中的磨刀人就选用了套裤。

套裤材料初用皮,后来改用

图一　满族套裤主图

布，有棉、夹、单，面料用缎、纱、绸、呢等。套裤的每条裤脚形式为上口尖，呈三角形，而下裤管平。套裤的裤管有多种形制：清初时上下垂直，呈直筒状；清中叶变为上宽下窄，将腿紧裹，为穿着方便，多开有衩。穿着时用带系结；晚清时盛行宽松式套裤。妇女用套裤时，裤管下加镶如意纹饰，下用两对纽扣结。

图片来源

图一　故宫博物院

图二至图四　邱珂　制图

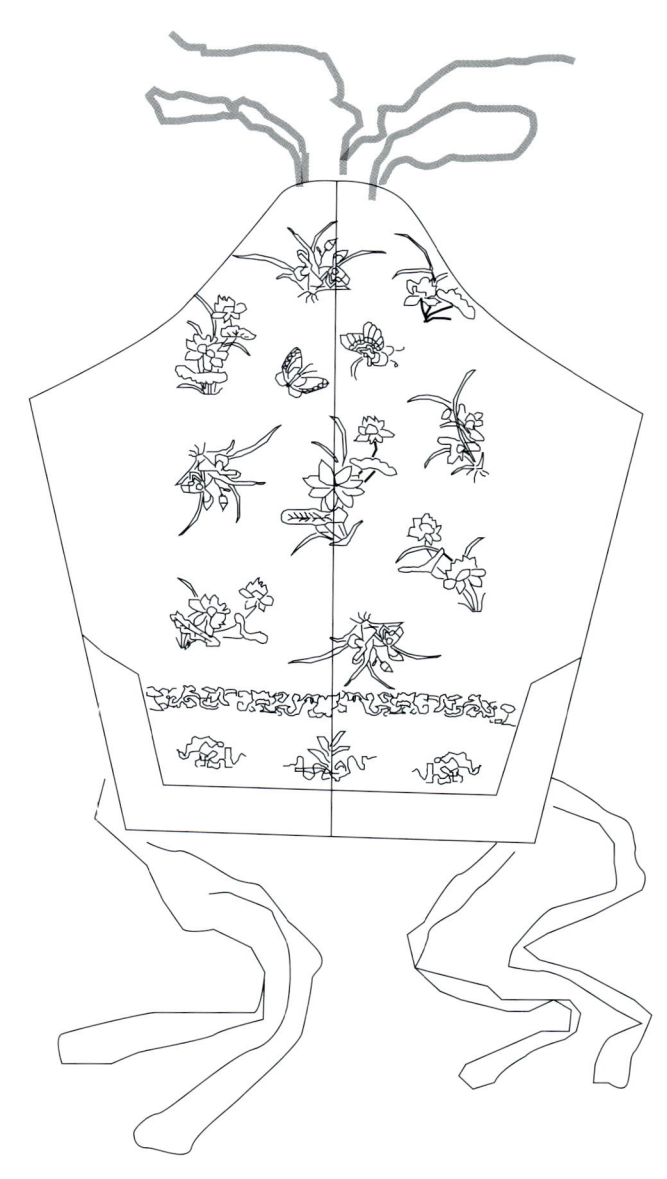

图二　满族套裤对称纹样图

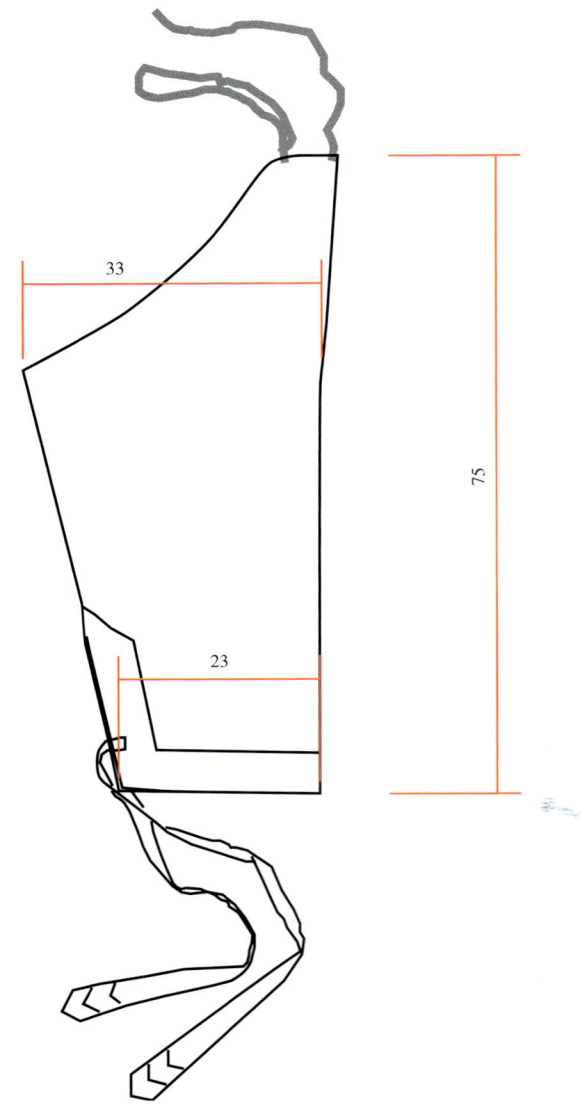

图三　满族套裤尺寸图（单位：cm）　　　　图四　满族套裤结构图

满族衬衣

图一 满族衬衣主图

　　衬衣是随着其服饰制度的逐渐确立而产生的一种新型的服装。这种新型的服装，起初是作为一种内衣、具有特殊用途而出现的，所以称为衬衣。清代衬衣的基本形制为圆领、右衽、直身、捻襟、平口、无裾（开气）的长袍。袖子形式有舒袖（袖长至腕）、半宽袖（短宽袖口加接二层袖头）两类，袖口内另加饰袖头，以绒绣、纳纱、平金、织花的为主。本案例中的衬衣出自曾慧著《满族服饰文化研究》。款式为圆领，大襟右衽，平袖，裾不开，直身式袍。缀铜镀金辍团寿字扣一枚，银质夔龙纹币式扣五枚，下摆镶元青长寿梅花织金缎底边。灰鼠皮镶嵌银鼠皮里，领、袖边均出锋装饰。缂丝衬衣是晚清官廷便服主要品种之一，但如此大单位花纹的面料却是罕见。此衣前后身各缂织一展翅俯视的凤凰，凤头为两色缂金，间饰千枝梅花，下幅饰两色缂金海水江崖。领、袖边缂纵蝴蝶绦边、元青长圆寿字梅花边，元青长寿字梅花边，与整个面料缂织成一体。主图硕大，用色华丽。在缂金海水江崖图案衬托下，彰显了皇家服饰金碧辉煌的华贵端庄。这种把礼服、吉服的装饰图案用于装饰便服，是清官衬衣中唯一一款，反映了晚清宫廷服饰追求新奇华丽的时尚。

在清代，有很多外衣都开裾，裾开得都比较长，有的长至腋下。在穿这些开裾的服装时，若不穿内衣，极不雅观。同时也是封建礼教所不容许的。为了避免行走之时露腿，就得做一种无开裾的内衣，穿在里面，作为内衣的衬衣就应运而生了。这种衬衣起初不管男女款式用料、花纹都很朴实。一般由纱、罗、绸子做成。尤其是男子的衬衣，一般为素地绸、纱、罗做成，做工简练、样式普通。即使是女子的衬衣，也只有很简单的装饰花纹，多为一般的织花。

随着清代经济的不断发展，审美观念的不断提高。人们对服装的装饰性要求也越来越高，对衬衣也开始不满足于其实用性。在氅衣未出现之前，女子的衬衣已逐渐呈现出由实用型向审美型转化的趋势（男士衬衣变化不太大），发展成为有舒袖、挽袖（半宽袖）两种款式的便袍。此时的衬衣，不仅是衣袖变化，衣边也发生了很大的变化，用宽窄、颜色、花纹均不相同的花绦镶边加滚，花纹丰富，做工精细。

图片来源
图一至图七　王欣欣　制图

图二　满族衬衣线描图

绿缎地百蝶衬衣　　　　　　　　　　　光绪年间男式衬衣

同治年间女式衬衣　　　　　　　　　　乾隆朝月白缎百花妆夹衬衣

图三　满族衬衣样式图

图四 满族衬衣上色图

图五 满族衬衣尺寸图（单位：cm）

缂金　　缂鳞

边缘为搭缂　　长短戗　　树干边缘为勾缂

图六　满族衬衣绣法解析图

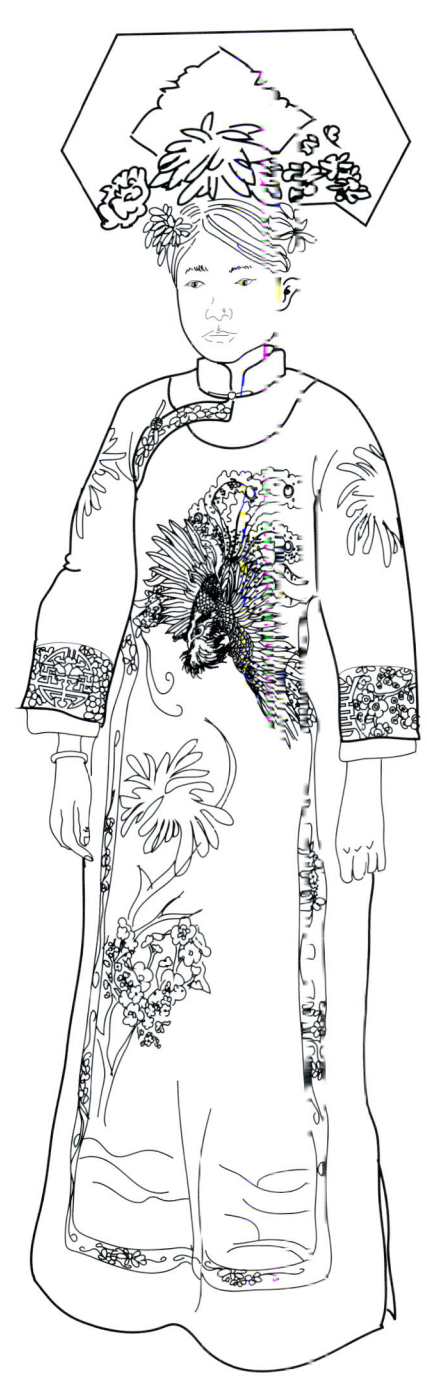

图七　满族衬衣穿着效果图

第二章　满族传统服饰

满族肚兜

图一 满族肚兜主图

肚兜是北方民族中男女老幼都常穿的内衣，满族传统服饰中当然也有紧贴肌肤穿着的肚兜，现在只有从婴幼儿身上才能看到。婴幼儿肚兜只是一个围裹在身上的布片，形状多为正方形或长方形。裁去上角后成领口弧线，再按本旗所属颜色，镶一寸宽彩布，在顶部缝有线绳系挂在脖子上，两侧带子系于腰后，挡住肚脐、小腹。

成人的肚兜多分成里外两层，两边有开口处，从开口处可以贴身放钱物。兜嘴部位需要按本旗所属的那种颜色，镶一寸宽的彩色布。肚兜下角结构因男女性别而有所区别，男性的底边是尖形的，女性的底边则是圆形的。小孩肚兜的外面用料多为红布，成人多为黑布，里子多为白布。不论老少都会在肚兜向外的面料上绣五颜六色的吉祥字和吉祥图案。

肚兜是贴身穿戴，其使用的面料主要为棉布，富有家庭使用丝绸。装饰图案繁多，多数为吉祥图案和吉祥用语，用刺绣的方式

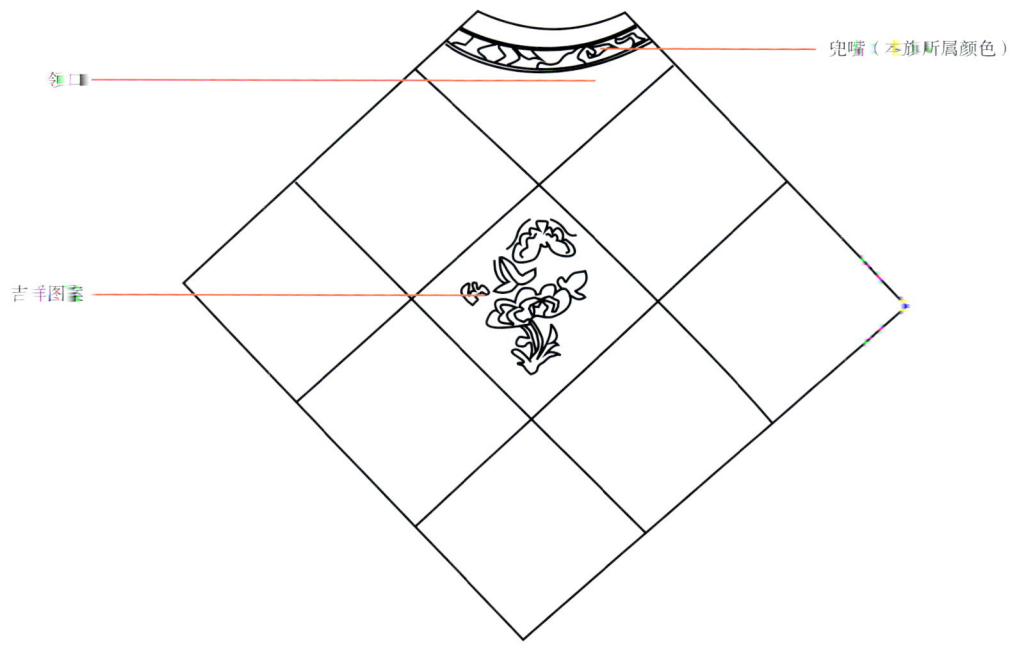

图二　满族肚兜线描部位图

绣于肚兜正面。形状主要有方形、菱形等。肚兜分为兜嘴、兜身和系带三部分。兜嘴以八旗所属颜色划分，男子的兜嘴比女子要大一些。女子的肚兜颜色丰富，装饰精美，是当时满族妇女非常喜欢的服饰。

东北地区气候严寒，肚兜以系带系于身后，保护胸腹部，可以很好地抵御严寒气候。夏季时，其宽松的设计可以保证良好的通风，防止出汗。婴幼儿一般在夏季就穿着一件肚兜，既保护胸腹重要部位，又可以很好地散热。满族肚兜虽属内衣，但满族还是加以装饰，体现了满族人民对于美的追求。近年来，由于西方内衣传入，肚兜逐渐从人们视野中消失。

图片来源

图一　滕滕《玩美华服——满族服饰艺术》，人民美术出版社，2013年

图二至图五　韦睿菁　制图

图三　满族肚兜使用情境图

图四 满族肚兜尺寸图（单位：cm）

图五 满族肚兜花纹样式图

满族领衣

领子古人叫领衣，是衣服上起保护颈项作用的部分。它是清代男女衣服中必不可少的一个组成部分。在清代之前，中国服装史上的服装均无领子，直到清代，领子首先是在雨衣上应用。清代的衣服和领子都是单独存在的，这种领子俗称"假领"，即在颈项处附加一条领子，所以在传世的清代朝袍、褂等服饰上，我们很少发现领子。这种领子的产生，同样是和环境有关：圆领的袍衫在寒冷的北方冬季会通过颈项处灌风，而中原服饰又无领可参考，因此，满族人民创造了领子。这种领子以立领为最先出现，出现在雨衣中，实用性是它产生并开始用于服装的主要因素。同治、光绪时期，立领开始应用在坎肩、马褂等不同的服装上，但只限于民服，官服还不多见，直到清末，立领还不被广泛应用。民国时期是立领流行的开始，各种立领款式的变化成为那时时尚的女装标志之一。直至今日，立领在各式服装中大量出现，其源头当属清代的立领。

男式袍、褂的领衣是连结于硬领之下的前后二长片，有些像长长的牛舌，所以杭州人称之为"牛舌头"，考究的用锦缎或绣花，穿在外褂的里面，翻出来，显得整齐、干净。女子

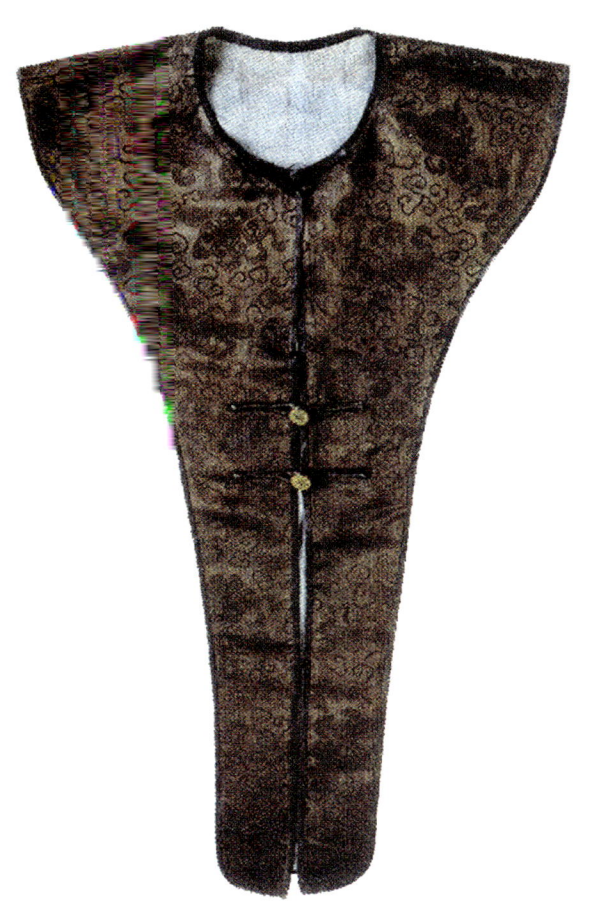

图一 满族领衣主图

的领子，是一条叠起来约二寸宽的绸带子围在脖上，好像系一条小围巾，并将一头掖在袍子的大襟里面。

硬领是加于清代礼服之上的一种领子，类似于今天中山装的领子，即于袍上加以硬领，其料春秋二季用湖色的缎，夏天用纱，冬季用皮毛或绒，有丧者用黑布。

图片来源

图一　满懿.《旗装奕服—满族服饰研究》.人民美术出版社，2013年.

图二至图五　邱珂　制图

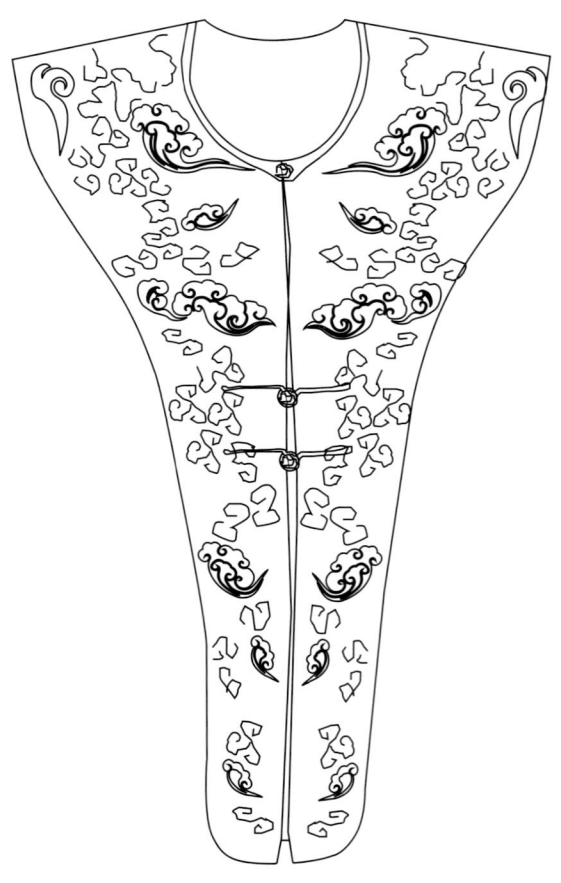

图二　满族领衣结构图

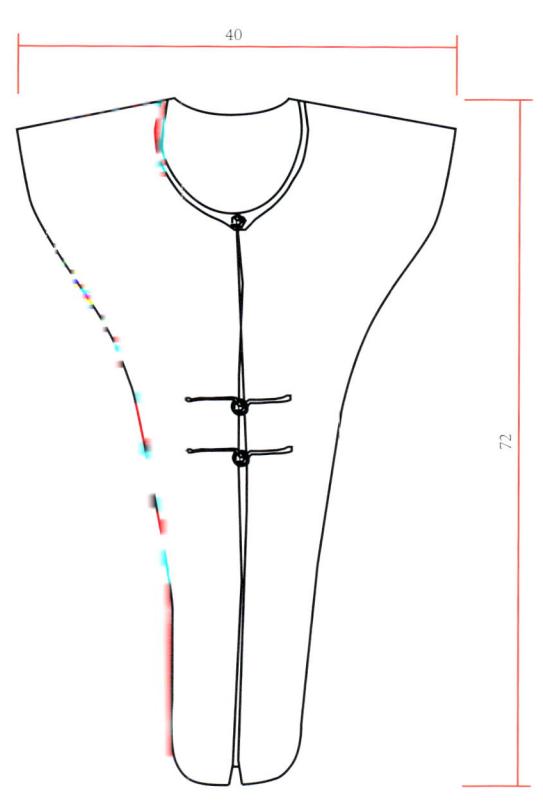

图三 满族领衣尺寸图（单位：cm）

图四 满族领衣使用情境图

第二章 满族传统服饰

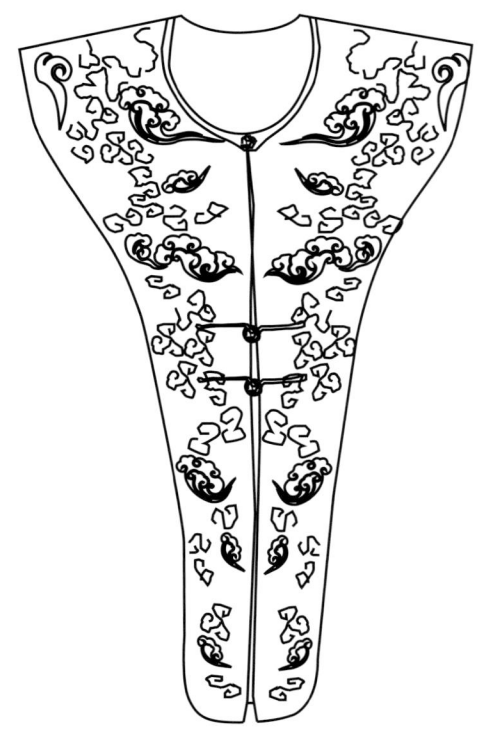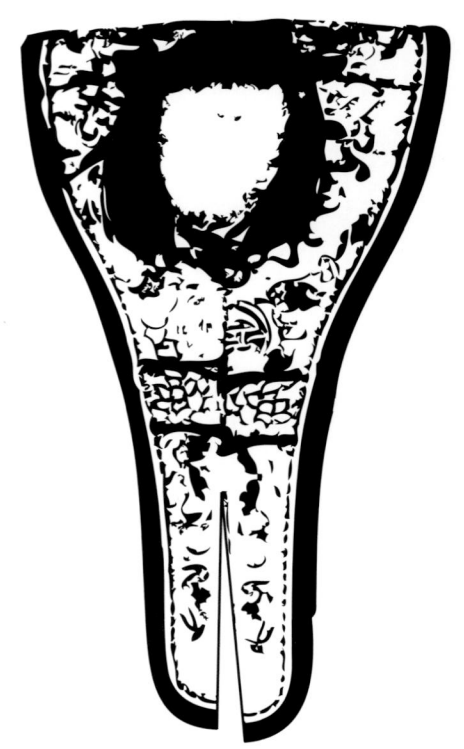

图五　满族领衣式样图

满族披领

图一　满族披领主图

披领是满清官服和朝服中的重要部件。它是清代官衣中必不可少的一个重要组成部分。在清代之前，中国服装史上的服装均无领子，更不要说披领。直到清代，满族人首先将披领应用在朝服上，彻底将中国传统服饰改变其身。其披领样式两隅略呈尖锐状，一般与硬领配合使用。文武官员、内外命妇及皇帝、皇后穿朝服时需要搭配披领使用。

披领与清代的衣领一样也都是单独存在的，这种领子俗称"披领"，即在颈项处硬领上附加一条披领。这种领子的产生，同样也是保持满族服饰民族特色。披领戴在肩膀上使用，并且根据季节的不同样式也不同。一般夏季温度较高，披领面料非常轻薄，一般只用石青加片金缘边制作。而到冬季，为了保暖的效果，披领用料很厚，一般用紫貂与石青色加以海龙缘镶嵌。文武百官的披领是不一致的，通常是按官阶品位来设定。

披领是加于清代礼服之上的一种领子，并有类似于披肩的作用，使用时常于硬领之上戴披领。清代的服饰有鲜明的满族服饰色彩，尤其是将衣领与披领等形式应用在服饰当中，体现满族在服饰设计上的造物智慧。

图片来源
图一、图二　故宫博物院
图三至图五　邱珂　制图

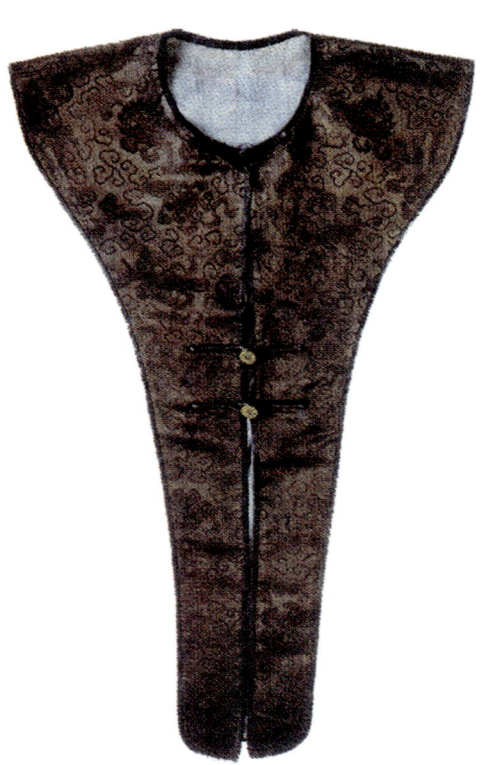

图二　满族披领和领子对比图

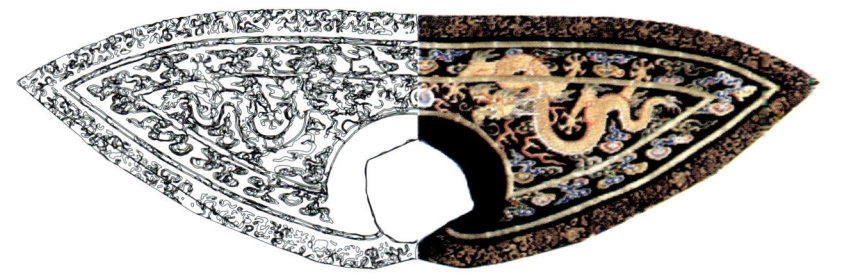

图三　满族披领对比线描图

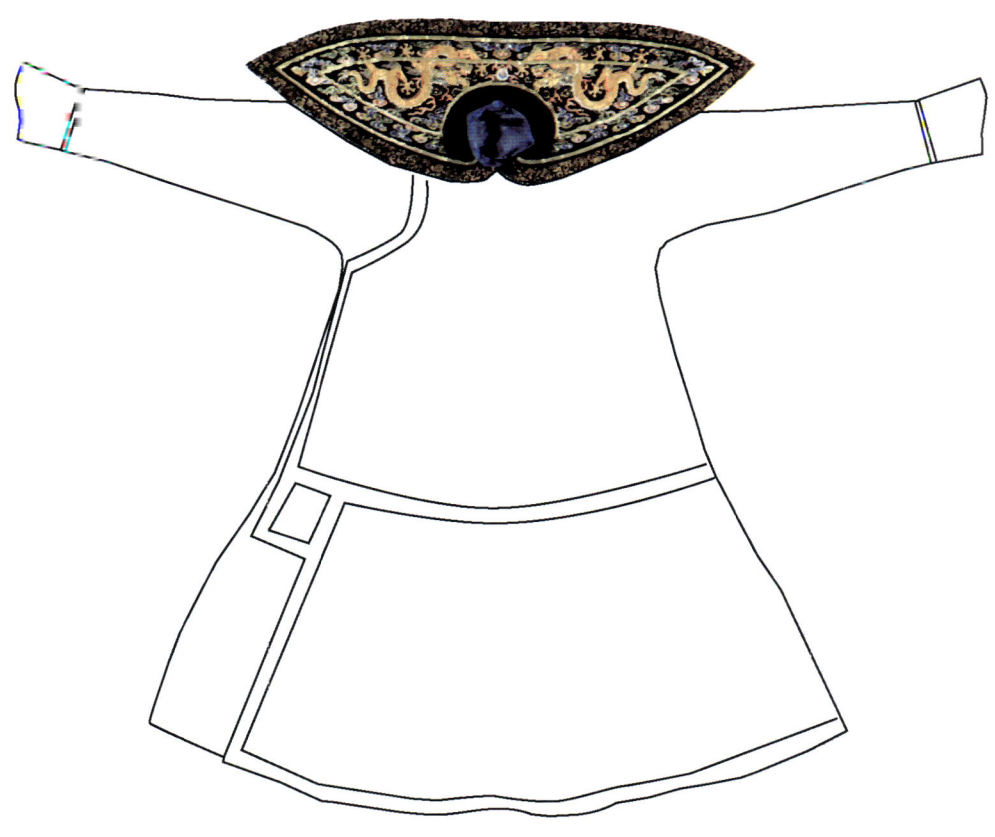

图四　满族披领整体效果图

图五　满族披领使用情境线描图

满族盔甲

图一　满族盔甲主图

　　盔甲，是一类在武力冲突中保护身体的器具，也叫甲胄、铠甲。其中盔与胄都是指保护头部的防具；铠与甲是保护身体的防具，而主要是于护胸腹的重要脏器之用。铠甲的基本形制为上衣下裳制，分甲衣和围裳。甲衣肩上有护肩，护肩下有护腋；另在胸前和背后各佩戴一块金属的护心镜，镜下前襟的接缝处另佩戴一块梯形护腹，名叫"前挡"，间左侧佩"左挡"，右侧不佩挡，留作佩弓箭囊等用。围裳分为左、右两幅，穿时用带系于腰间。在两幅围裳之间正中处，覆有质料相同的虎头蔽膝。此图为清代满族白缎铜钉铜叶甲，但没有护心镜。

清朝满族时，大量使用的铠甲是绵甲，是在坚厚的绵或绢的布料上镶嵌有铁片，并用铜钉固定的一种铠甲。看上去，就像一件绵大衣一样。绵甲具有一定的防寒性，适合中国北方满族步骑兵使用，厚实的布料中密嵌着铁甲叶，对冷兵器和火器都有一定的防护能力。自康熙二十一年（公元1682年）以来，康熙皇帝每年都要组织大规模的军事演习，以训练军队的实战本领。清朝皇帝和宗室大臣，但凡参加这种活动都要穿盔甲。清朝的满族铠甲多数是以缎布为面，颜色以八旗色为标准。

盔甲，从出土的实物来看，古代战甲，多以犀牛、鲨鱼等皮革制成，上施彩绘；皮甲由甲身、甲袖和甲裙组成；甲片的编缀方法，横向均左片压右片，纵向均为下排压上排；胄也是用十八片甲片编缀起来的。

图片来源
图一　清永陵博物馆
图二　邱珂　制作
图三、图四　张芳兰　制作

图二　满族盔甲线描图

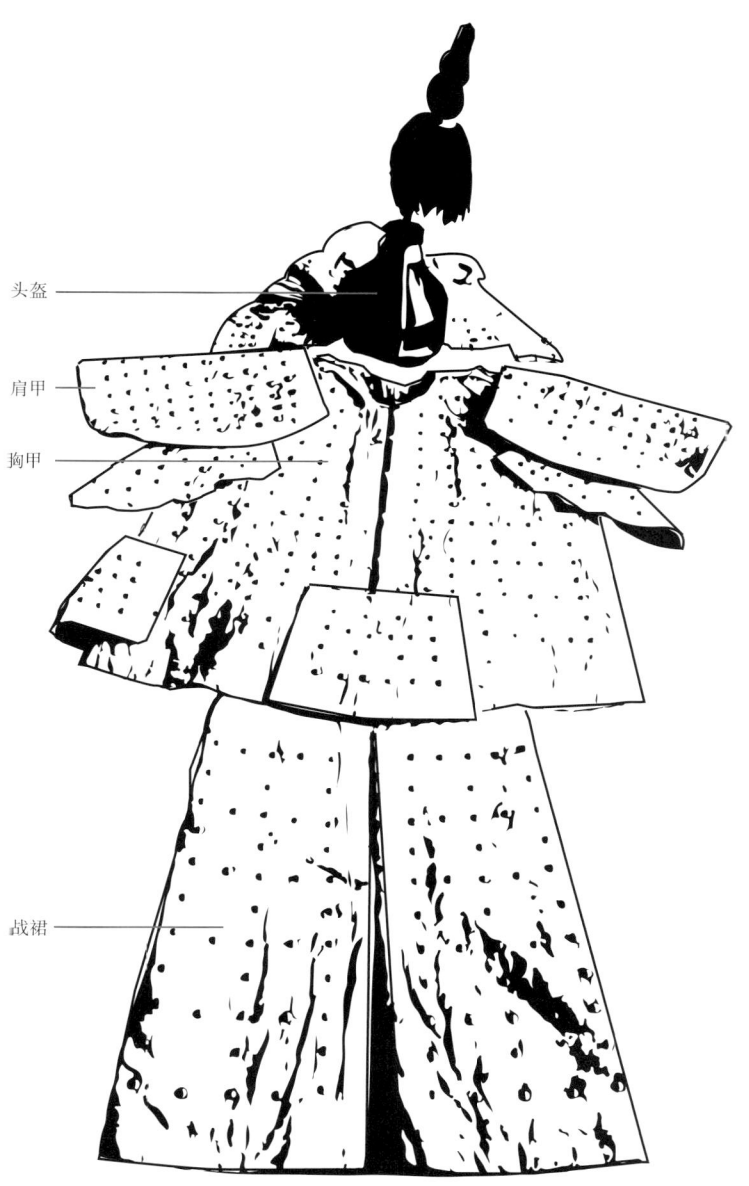

图三　满族盔甲结构名称图

图四　满族盔甲解析图

满族围裙

图一　满族围裙主图

围裙是满族妇女劳动时所穿着的别具特色的裙子。围裙可以说是只有前半身的半拉裙子。其上端，犹如琵琶襟坎肩，但只有前面一片，有一纽襻和上衣的领扣相连接。其下端为方形，盖过膝盖，中间两侧有布带系于腰后。另外还有一种小围裙，是一块小方布，上端有绳系于腰上，十分简便。

围裙多为蓝色，在装饰上多采用黑布剪成的"云子卷"图案，缝制在围裙的上端和四周。之所以采用蓝色，主要还是考虑蓝色可以长期使用，在视觉上也易于让人接受。

围裙是满族妇女进行劳作时穿着的，满族妇女在做饭、喂猪、推碾子、簸簸箕等都要在袍、褂外面系上围裙，起到保护作用。满族妇女勤劳持家，时时离不开围裙。时至今日，仍在使用，只是质料、颜色、长短有所变化而已。现在除了农村，围裙还成为劳动保护用品，是工作服的一种，根据不同需要，用橡胶、塑料等制作。

图片来源
图一　白波　摄影
图二至图四　邱珂　制图

图二 满族围裙展开图

图三 满族围裙图案线描图

图四 满族围裙图案色彩图

满族困秋帽

图一　满族困秋帽主图

"困秋帽"又叫"坤秋帽",是盛行于秋冬季节一种皮冠,也是清代常用的便帽之一。此帽不分男女均可戴,因此,无论贫富老少,几乎人人一顶。其式为圆顶,多用红色、蓝色、素色或绛色缎子做面,帽顶正中缀以珠子,四周皆用皮毛翻沿。本案例中的困秋帽为清式黑貂饰如意花卉红绒结顶帽附龙纹垂带。

女帽的样式略同于男帽,只是形制稍有收束,也为皮檐上仰。帽顶上的盖花是用刺绣,或挖云或平金银为装饰,唯顶部不用珠饰。然后再钉上两条二尺多长、上窄下宽角锐的飘带,颜色材质与帽顶面相同,带上的装饰也与帽顶盖花的式样相同,帽顶盖花如有嵌珍珠者,飘带上亦穿米珠相衬。有的在飘带的锐角尖上,还钉有各色的丝线穗子以为装饰。困秋帽形制多为圆形，主要是在秋冬季节为保暖而佩戴的一种帽子。满族女子的困秋帽设计非常讲究，色彩选择上多以红色、紫色等暖色为主，不仅在感官上给人以温暖的感觉，而且鲜艳的颜色在寒冷的秋冬季节构成一道靓丽的风景，同时鲜艳的颜色在色彩比较单一的秋冬季显得更加突出。

到清代晚期，随着满族贵族女子头式的发展，特别是大拉翅发式的出现，一般满族女子不再佩戴困秋帽了。

图片来源
图一至图五　王欣欣　制图

图二　满族困秋帽线描图

图三 满族囡秋帽上色图

男款囡秋帽

女款囡秋帽

图五 满族囡秋帽男女款式样图

帽结
平式帽顶
围檐
飘带

图四 满族囡秋帽名称解析图

第二章 满族传统服饰

满族蓝底棉风帽

图一 满族蓝底棉风帽主图

满族风帽也称为"风兜",后来又称为"观音兜",因与观音大士所戴的相似而得名,多为老年及儿童抵挡风寒所用。以紫、深蓝、深青色为多,红色一般为高官所用。到光绪间上海地区都戴红风兜,以绸缎或呢为料或加棉缘,戴于小帽之上。老太太以及和尚、尼姑也戴,但都用黑色。

满族的蓝底棉风帽是一顶棉帽,满底绣花、风格粗犷而局部尤为精细。特别在纹样花蕾处用蓝色绒线填充,栩栩如生,令人赞叹。风帽在设计上分为上下两个部分,上部护住头部,下部护住脸颊和脖子,冬季用来抵御寒冷的气候,夏季则可以防风沙。这种设计是与满族生活地区——东北地区的气候相一致,能够充分保证身体温度不会很快发散,因为在严寒的冬季,人的头部是散发热量最多的部位,也是人体最为重要的器官,风帽设计就是为了能更好地保护头部,避免头部受严寒气候的侵扰。

风帽至今仍然在使用。在风帽使用过程中,满族人民还在风帽上加有各种纹饰,各色纹饰不仅很好地装饰了风帽,也使佩戴风帽的人显得更加靓丽。

图片来源
图一、图二 贺琛.《民间服饰》.中国社会出版社,2008年.
图三 杨明华 制图
图四、图五 邱珂 制图

图二 满族蓝底棉风帽背面示意图

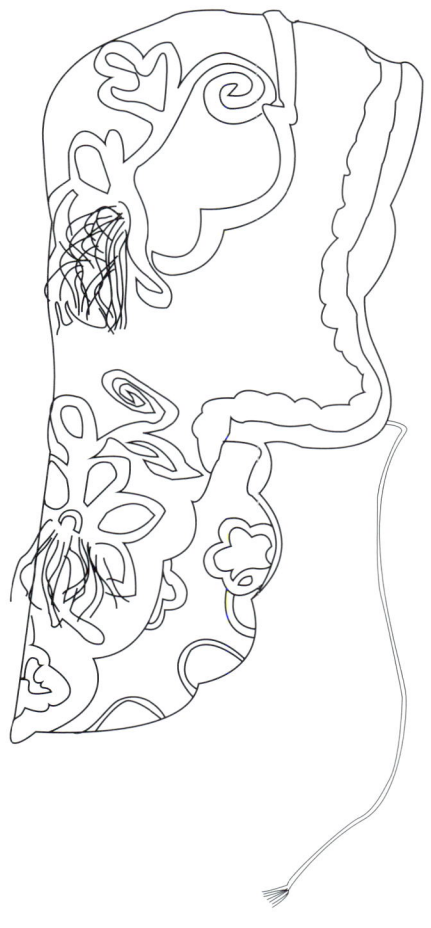

图三 满族蓝底棉风帽线描图

第二章 满族传统服饰

137

图四　满族蓝底棉风帽使用情境图

图五　满族蓝底棉风帽花纹图

满族瓜皮帽

图一 满族瓜皮帽主图

瓜皮帽产生于明朝、流行于清朝的一种男式帽子。其来源于明太祖所创的六合帽，取六合一统、天下归一之意。瓜皮帽也称"小帽子"，属于便帽的一种。从小孩到老年，人人都可以戴它。它虽不能登上大雅之堂，但却是人们日常所必需之物。因其造型呈多瓣状，与西瓜皮有点相似，在民间则被戏称为"西瓜皮帽"，这大概就是"瓜皮帽"名称的来源。这种便帽上锐下宽，以六瓣合缝，有檐口痛，有的底边镶有一至三厘米宽的小檐，有的无檐，只用一片织锦缎（又称片金）包个窄边，前端钉一个玉或翠的饰物，帽顶钉一个"结子"，俗称"算盘结"，都用红色或黑色丝绒线编成，有丧则用黑色或白色。

满族在服饰方面的排异性十分强烈，但这顶瓜皮帽追根溯源却是汉族的"土特产"。满族入关以后，受汉族传统文化影响，也取其"六合一统"之意，加之清朝的发辫，戴它亦很方便，因此开始戴用此帽，并颇为流行，成为清代男子所戴用的主要便帽。瓜皮帽在民国时期仍在流行，至新中国成立后逐渐消失。

瓜皮帽的质料春冬用缎，夏秋则多用实地纱，颜色以黑色见多，夹里用红，富者用红片金或石青锦缎缘其边。讲究点的人，也有在颜色和纹饰上与身上的袍褂配套穿的，正如当时《竹枝词》所云："瓜皮小幅趁时新，金锦镶边窄又匀。"这种小帽式样很多，到清朝初年，在款式上虽然仍以六瓣合缝为之，但有平顶、尖顶、硬胎、软胎之别。平顶大都做成硬胎，内用硬纸板为衬并絮以棉花。尖顶大都为软胎，取其便利，不戴时可折之藏入衣袋之中，曰"军机六折"。帽子又有"结子"，俗称"算盘结"。结子的大小也随时而变，一度崇尚樱桃般的小结，转而又流行大结。清末有以珊瑚、水晶、料珠等代替结子的，其结子小如豆粒，又重蓝色，戴时喜将帽子偏倾于前而半覆于额前。至宣统时，帽檐有重叠多至七八道者。

图片来源
图一至图六　王欣欣　制图

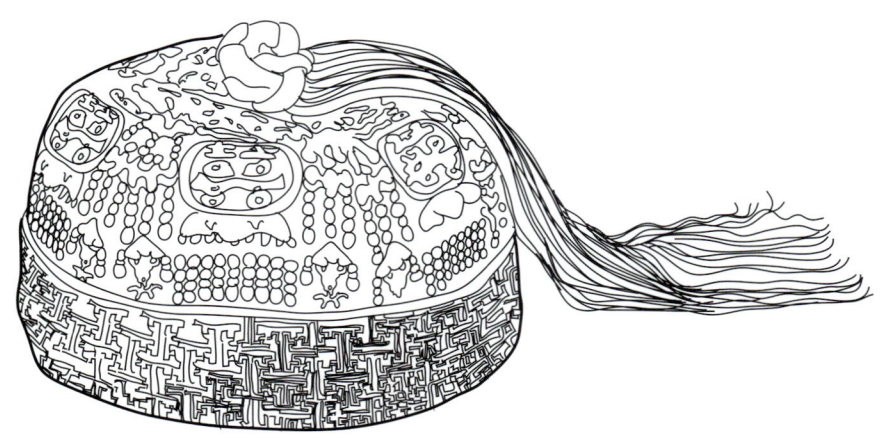

图二　满族瓜皮帽线描图

图三　满族瓜皮帽上色图

图四 满族瓜皮帽式样图

图五 满族瓜皮帽穿戴效果图

结子"算盘结"

红缦

帽缘

图六 满族瓜皮帽名称解析图

满族凉帽

图一 满族凉帽主图

凉帽也属于草帽的一种。但作为满族的礼帽,是立夏以前必须换上的。它无檐,形状颇似东北农村中盖酱缸的"酱斗篷"。也有人形容它为"覆釜"。这种帽子常以草、藤、竹编结而成。帽外裹以白色或湖蓝色纱罗,帽里衬红纱绸。凉帽同暖帽一样于顶部饰有顶珠和翎羽,不同材料、色彩的顶珠和翎羽,是清代划分官吏品极的重要标志及满族冠服制度中的一大风格。编结凉帽的草,满语叫作"得勒苏",是北方常见的草,长得很高,有韧性,中空,牙白色,似麦秸又比麦秸坚硬,至今仍被称为"得勒苏",并被满族人视为一种吉祥之物。

清朝定都北京后,视这种草帽为满族发祥地的"祥物",朝廷给"得勒苏"起了个高贵的名字叫"玉草"。于是,在《大清会典》冠服类卷中,便出现了"夏冠……织玉草或藤丝、竹丝为之"的字样,意思是皇帝或官员们的夏冠,是用玉草编结而成的。因此,得勒苏草帽便被列为贡品,受到权贵们的垄断,本是寻常之物,却变成有身份的人才有资格戴的官帽。

图片来源
图一 祝建平.《清前故里》.
图二至图四 韦紫高 制图

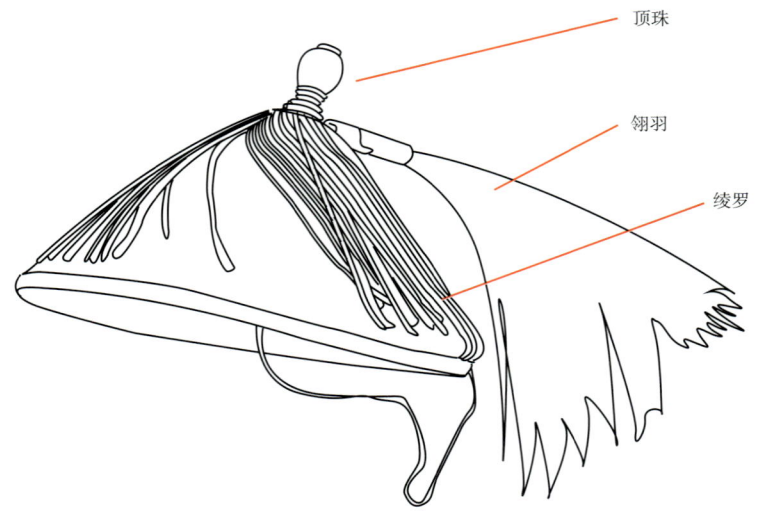

图二　满族凉帽结构名称图

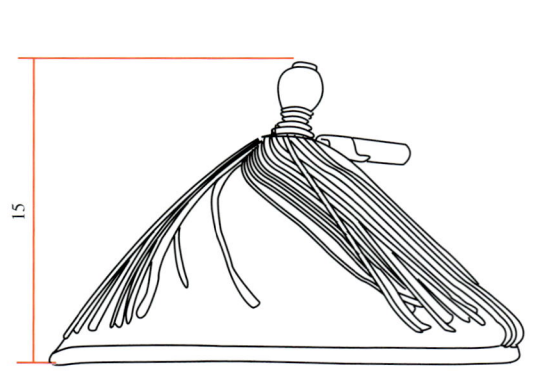
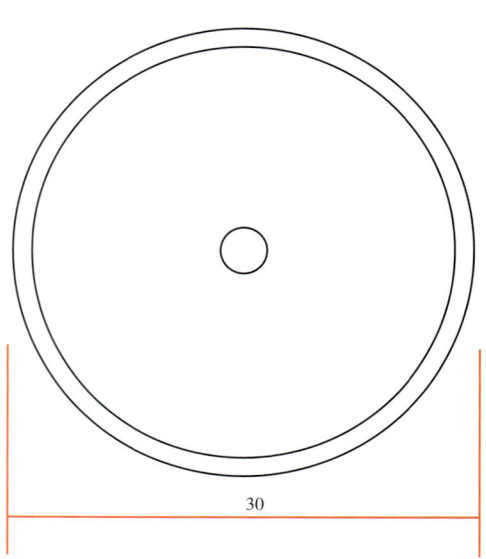

图三　满族凉帽尺寸图（单位：cm）

图四　满族凉帽穿戴效果图

满族暖帽

图一　满族暖帽主图

　　暖帽，清朝男子常带的一种帽子。清朝男子的戴冠习俗，还是源于满族，满语为"玛哈"。因满族没有"二十始冠"之说，所以清朝男子不分长幼，一年四季都要戴帽子。满族的礼帽，一般指出门、拜客或遇到重大事情，以表示某种礼节而戴的。礼帽因季节的不同而被分成两种：一种是秋冬季节戴的礼帽，又叫暖帽。一种是春夏戴的礼帽，又叫凉帽。据《建州闻见录》所载，满族在新宾老城时，所戴的帽子，就是"寒暖异制，夏则以草结成……冬则以皮毛为之"，而且"顶上皆加以红毛一团为饰"。

后世满族人礼帽上的红缨，是对女真旧俗的承袭。入关后，此俗也未改变，寒暖仍为旧制。深秋以后，人们便戴上暖帽。

　　本案例中的帽子是一种黑色的用缎子或呢绒或毡子做成的圆形帽子，周围有大约二寸宽的帽槽，帽横向上翻折，帽顶缀有顶珠和下垂的孔雀羽毛。可按天气的冷暖分别镶以皮毛、呢子或青绒。至于檐上镶嵌的皮子，则有贫富之分，有钱的贵族可用貂皮、獭皮，普通人则只能用鼠皮或狍皮了。暖帽中间还装有红色帽纬，或以丝制等。帽子的最高部分，装有顶珠，材质多以红、蓝、白、金等色宝石。顶珠是区别官职的重要标志。按照清朝礼仪：一品官员顶珠用红宝石，二品用珊瑚，三品用蓝宝石，四品用青金石，五品用水晶，六品用砗磲，七品用素金，八品用阴文镂花金，九品用阳文镂花金。顶无珠者，即无品级。

本案例中的暖帽是当时清朝男子常带的一种帽子，造型简单，且较适合当时人们的佩戴，对后代的研究有着很深的影响。

图片来源
图一至图四　申辰　制图

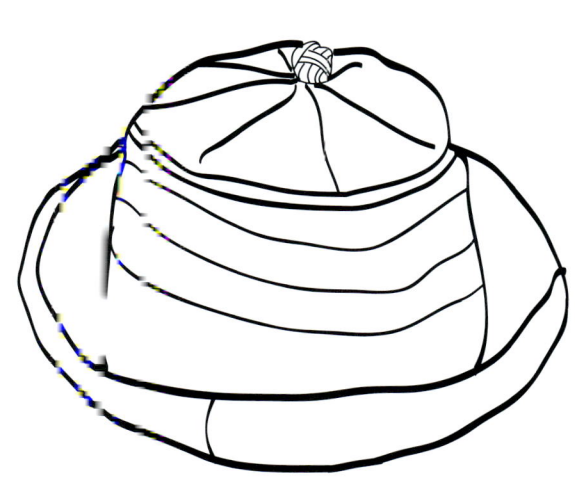

图二　满族暖帽线描图

图三　满族暖帽穿戴效果图

第二章　满族传统服饰

147

图四　满族暖帽式样图

满族帽顶

图一　满族帽顶主图

帽顶，在日常生活中人们又称为顶戴或顶子。清朝会典中，对官员帽顶的使用有着明确的规定。帽顶成了官员品级的象征，清朝帽顶从雍正朝改革后，开始大量用玻璃代替各类宝石以区分官员品级，清帽顶主要分为吉服顶和朝冠顶，制作工艺上基本涵盖了所有当时首饰的制作手法如镏金、缧丝、镂空雕、珐琅彩等，帽顶托材质以金银铜木头为主，基本鎏金，表明品级的各类宝石有红宝、蓝宝、红珊瑚、象牙、红碧玺、青金、水晶、砗磲、东珠、芙蓉石等，雍正朝改革后基本都变为各色玻璃。现在国内精品帽顶极少能见到。

本案例中的嵌宝金帽顶，收藏于南京博物院，这件帽顶高10.5厘米，由金质底座和宝石顶饰组成。被金线贯穿而过，以拴丝工艺镶嵌在座顶，底座看起来像一朵倒立绽放的莲花，帽顶大致作塔状，以纯金锤揲而成。主体以束腰金环分作三部分。底层为呈圆形覆斗状圆盘，边缘作连珠纹一周，其上饰以双层覆莲瓣；中层鼓腹，遍布卷草纹，居中出一葵花纹，于其蕊处镶圆形蓝宝石；上层以如意云纹为托，嵌宝珠状大红宝石一块，宝石色呈紫红，饱满莹亮。

图片来源
图一　南京博物院
图二至图六　袁姣　制图

第二章　满族传统服饰

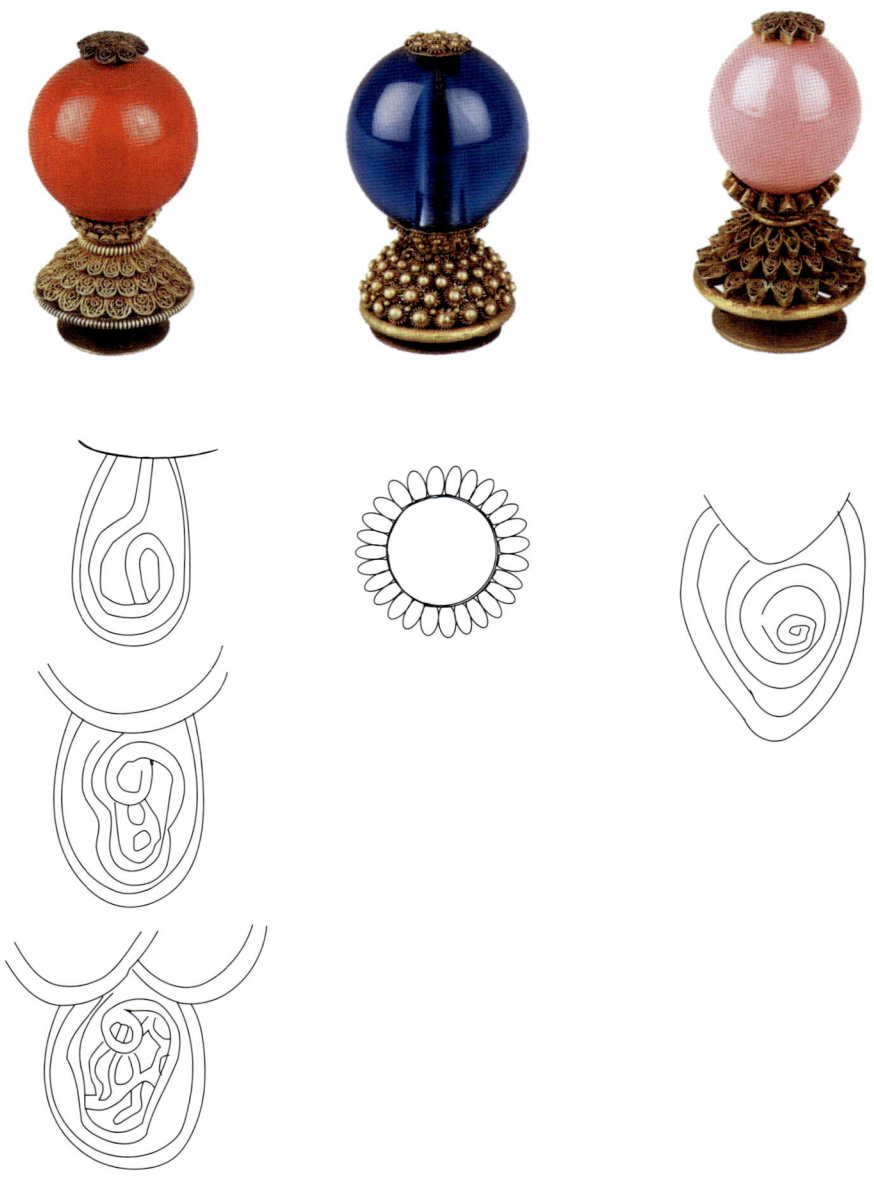

图三　满族帽顶造型纹样分析图

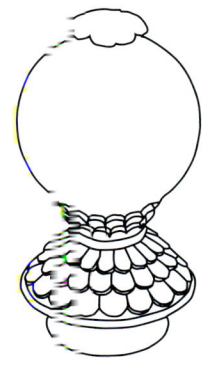 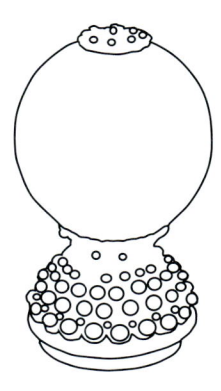 

图二　满族帽顶线描分析图

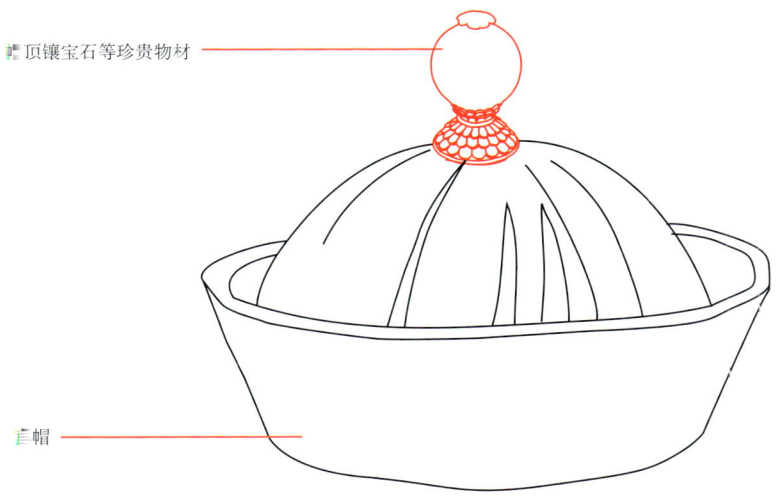

图四　满族帽顶使用状态分析图

第二章　满族传统服饰

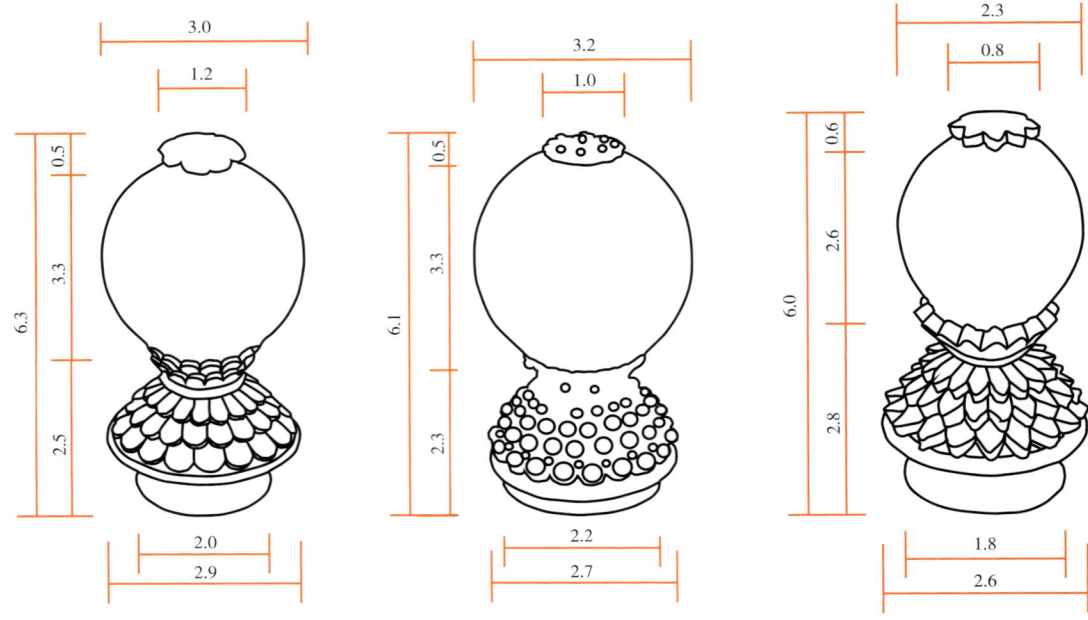

图五　满族帽顶尺寸图（单位：cm）

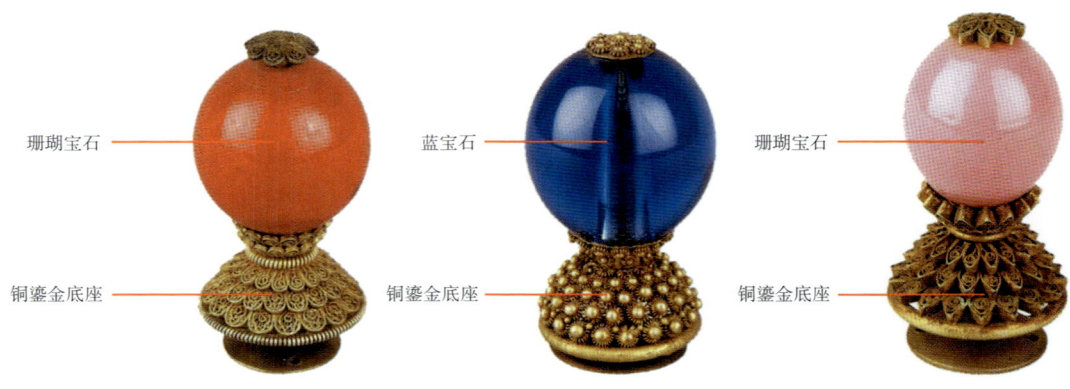

图六　满族帽顶材质说明图

满族扳指

图一　满族扳指主图

扳指，又称"搬指"、"班指"或"梆指"。起初，扳指是护指之物，一般多做成指环状。射箭时戴在大拇指上用以扣住弓弦。放箭时也防止急速回抽的弓弦擦伤手指。后来，扳指演变为满族旗人戴在手上的饰物。至清军入关前，满族人通用鹿骨扳指，呈黄色，年久变为浅褐色，以有眼者为贵。后来扳指一般用铜、玉、翡翠、虎骨制成。

扳指作为狩猎的一种护手工具，戴于勾弦的手指，用以扣住弓弦。由于满人善于狩猎，因此清人有配搭扳指的习惯。清代皇帝十分喜爱扳指，为逢迎帝意，王公大臣以及地方官员纷纷将扳指进贡宫廷，一定程度上促进了扳指的制作发展。此外，满族人入关后，大量贵族子弟不再习武，却仍然佩戴扳指，出于炫富的需要，扳指的质地亦由原来的鹿角发展为犀角、象牙、水晶、玉、瓷、翡翠、碧玺等名贵滑润的原料。由此，扳指完成了从一种狩猎保护用具到首饰器具的完美转变。

本案例所见扳指为青白玉扳指，收藏于故宫博物院。该扳指直径为3.1厘米，高2.8厘米。整体形态为四方形马鞍梨状，鞍面上有黄色桂花皮，玉质洁白莹润。使用时套在大拇指上，较好地起到保护和装饰手指的效果。

图片来源
图一　故宫博物院
图二至图四　邱珂　制图
图五　《天朝衣冠》.紫禁城出版社.

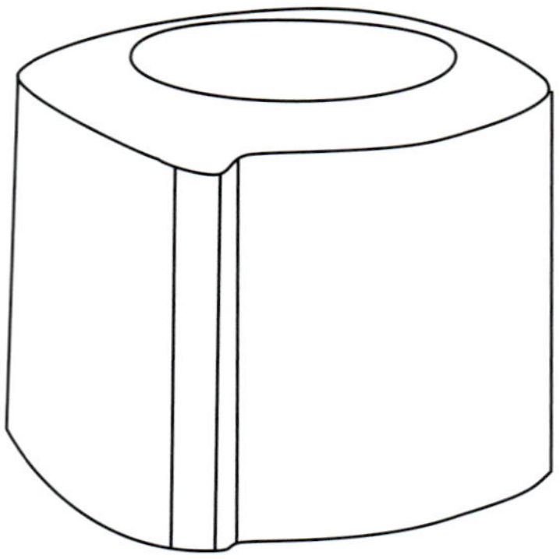

图二 满族扳指结构图

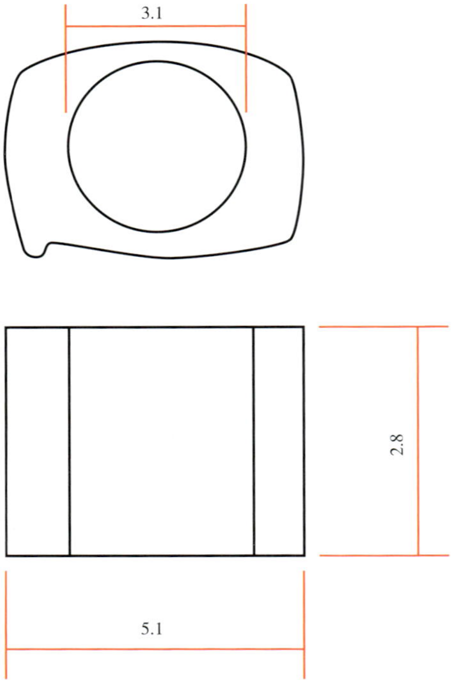

图三 满族扳指尺寸图（单位：cm）

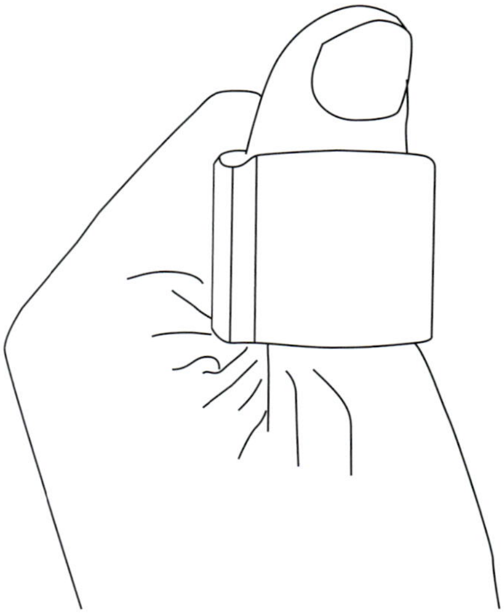

图四 满族扳指佩戴图

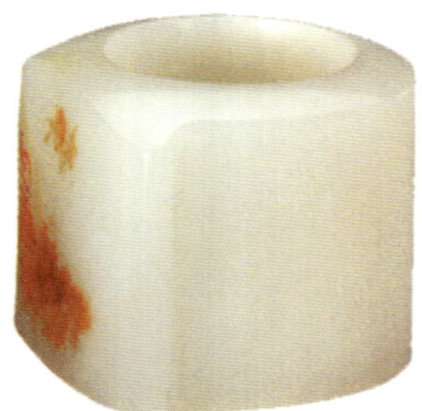

图五 满族扳指款式图

满族翎管

图一　满族翎管主图

　　翎羽在顶珠之下有一枝两寸长短的翎管，多用玉、翠、珐琅或花瓷制成，用以安插翎羽。翎为鹖羽所做，花翎为孔雀羽所做。花翎在清朝是一种辨等级、昭品秩的标志，非一般官员所能戴用。花翎又分一眼、二眼、三眼，三眼最尊贵；所谓"眼"指的是孔雀翎上眼状的圆，一个圆圈就算做一眼。

　　翎管是清三朝特有的产物，是随着冠制的改革而诞生的。清代伊始，便彻底改变了从宋、元、明一直沿行的高冠或帽翅之制，而以礼帽代替。礼帽分两种：一种为暖帽，圆形，有一圈檐边，多用皮、呢、缎、布制成，以黑色居多。暖帽最高处都镶有顶珠，其材料多以宝石制成，由红、蓝、白、金依次纡尊降贵。二为凉帽，无檐、喇叭式，初期扁而大，后期小而高，用藤、篾外裹绫罗制成，多为白色，也有湖色、黄色，上缀红缨顶珠。翎管，就是在顶珠下用来安插翎枝的管子，一般如旱烟管粗细，长两寸左右。翎管的等级与官帽的等阶相匹配，用料和色彩也各异，这标志着满族人造物的智慧。

　　本案例中瓷翎管，现藏于南京博物院。翎管在尺寸上，一般如旱烟管粗细，长两寸左右。其内中空，呈圆柱状，顶端有圆形小钮，可缝缀于帽顶，多用玉、翠、珐琅或花瓷制成装置在顶珠下用来安插翎枝的管子。翎管以白地粉彩为主，绘有勾莲、蝙蝠、如意、寿字等图案。整体形态与装饰颇为精致、华贵。

图片来源
图一　南京博物院
图二至图五　陈昊　制图

图二　满族翎管线描图

图三　满族翎管颜色分析图

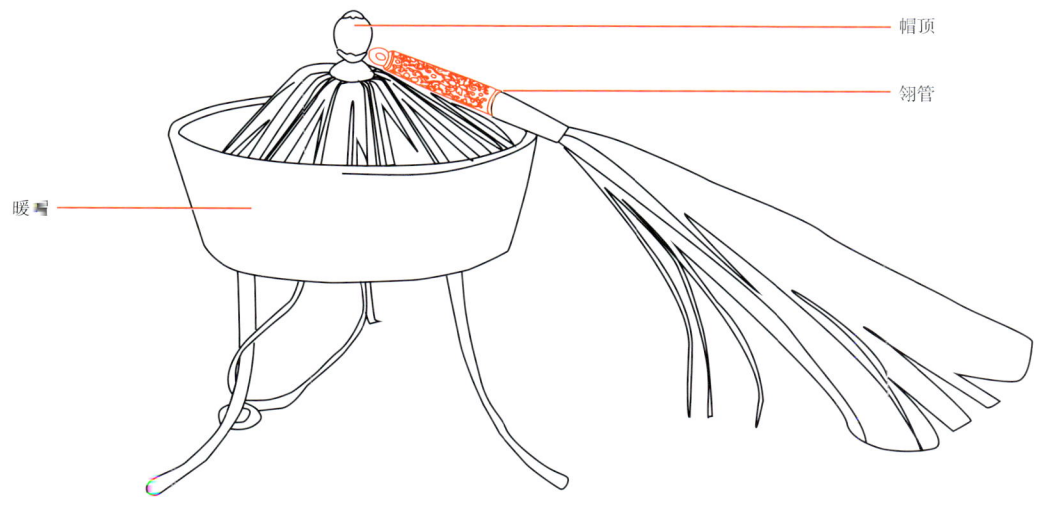

图四 满族翎管使用示意图

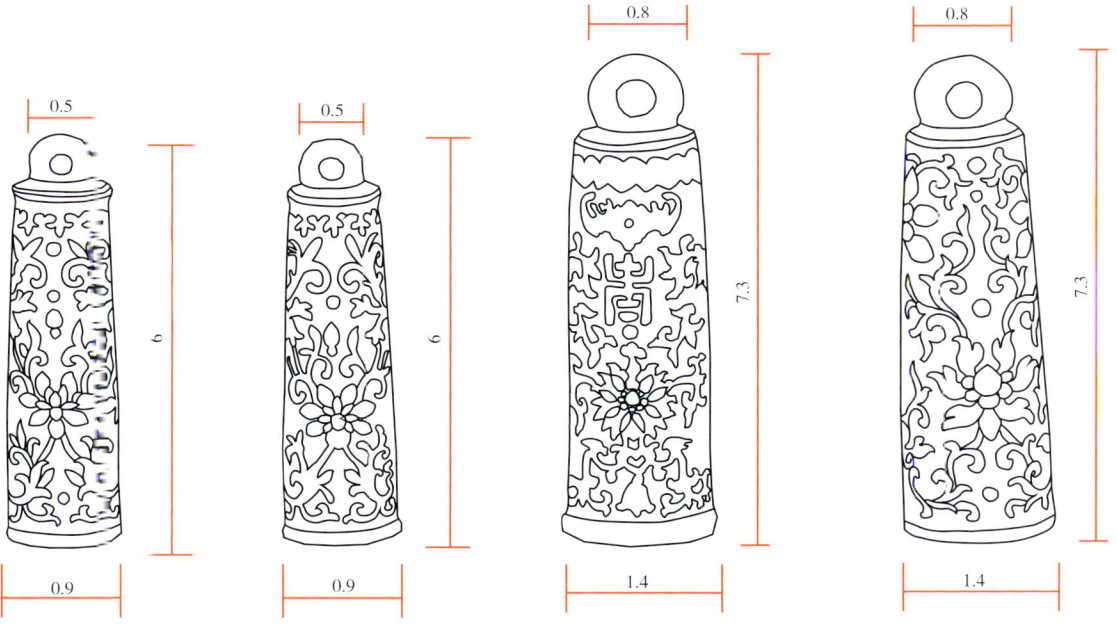

图五 满族翎管尺寸图（单位：cm）

第二章 满族传统服饰

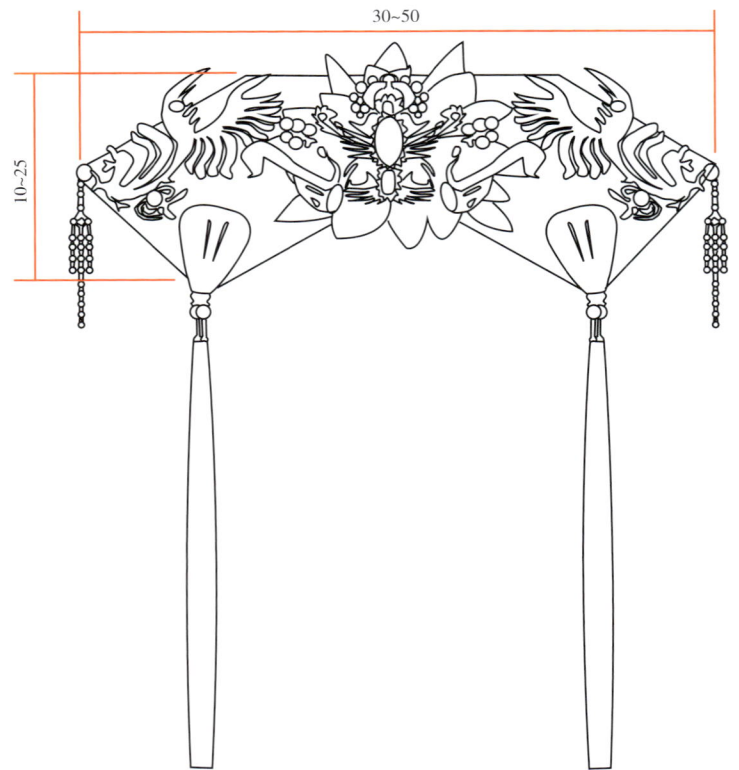

图三　满族大拉翅尺寸图（单位：cm）

图四　满族大拉翅发饰正面线描图

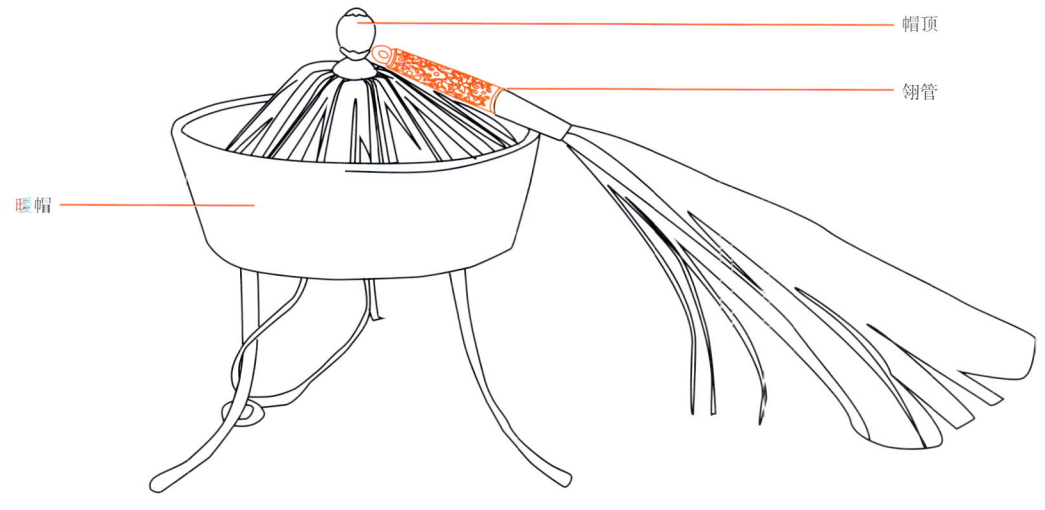

图四　满族翎管使用示意图

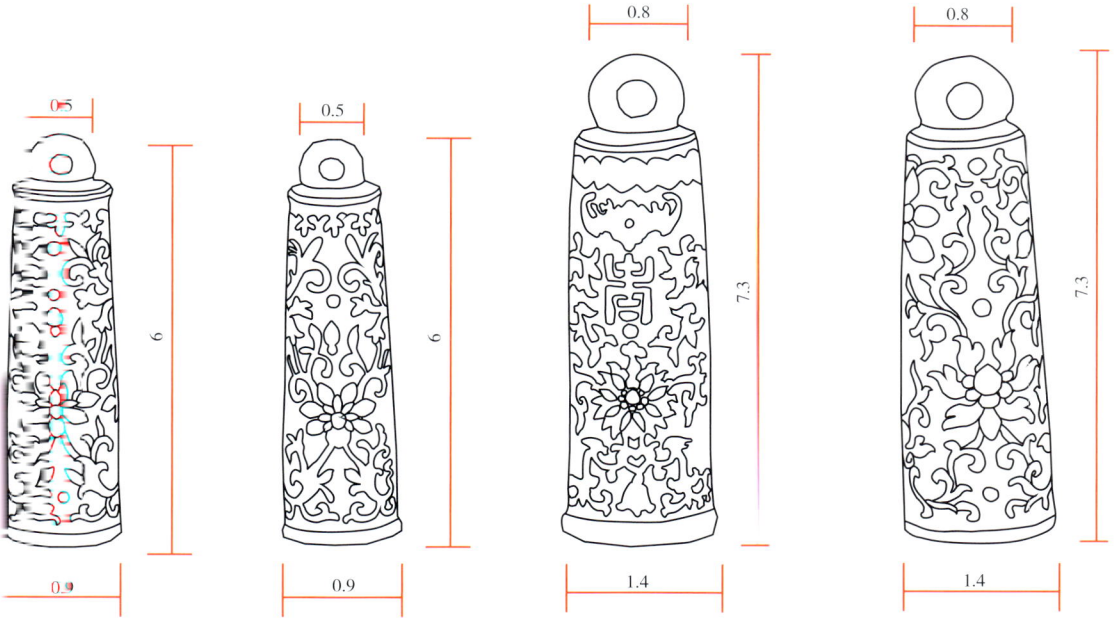

图五　满族翎管尺寸图（单位：cm）

第二章　满族传统服饰

满族大拉翅

图一　满族大拉翅主图

大拉翅是满族女性传统头饰，一般满族女性梳大拉翅是用青素缎、青绿或青纱蒙裹成的长三十多厘米、宽十多厘米的发冠，佩戴时固定在发髻之上，上面还常绣有图案、镶珠宝或插饰各种花朵、缀挂长长的缨穗。

大拉翅是满族贵族妇女的常用装饰，实际上就是在妇女头部安装一个头架和假发，正面饰花，侧面饰穗，主要是由扁方和支架组成。支架使用细铁丝弯曲成圆形支架，在两侧有展开的铁丝作为支撑，外面再蒙以青素缎、青绿或青纱。随着满族妇女发饰的丰富，其发饰越梳越高，大拉翅即为了保证高耸的发饰保持稳定而出现的。满族妇女头戴大拉翅，身穿旗袍，脚穿高足旗鞋，显得身不言笑，亭亭玉立。

但是大拉翅比较重，妇女头部受重比较大，特别是大拉翅梳理比较麻烦，在贵族生活中，满族妇女有大量时间进行梳理，但随着清朝的覆灭，满族贵族的衰落，满族妇女无暇顾及繁琐的头饰，转而追求比较简单的发饰，大拉翅也就逐渐消失了。

图片来源

图一至图三、图六　韦紫高　制图

图四　韦紫高　张少求　制图

图五　张少求　制图

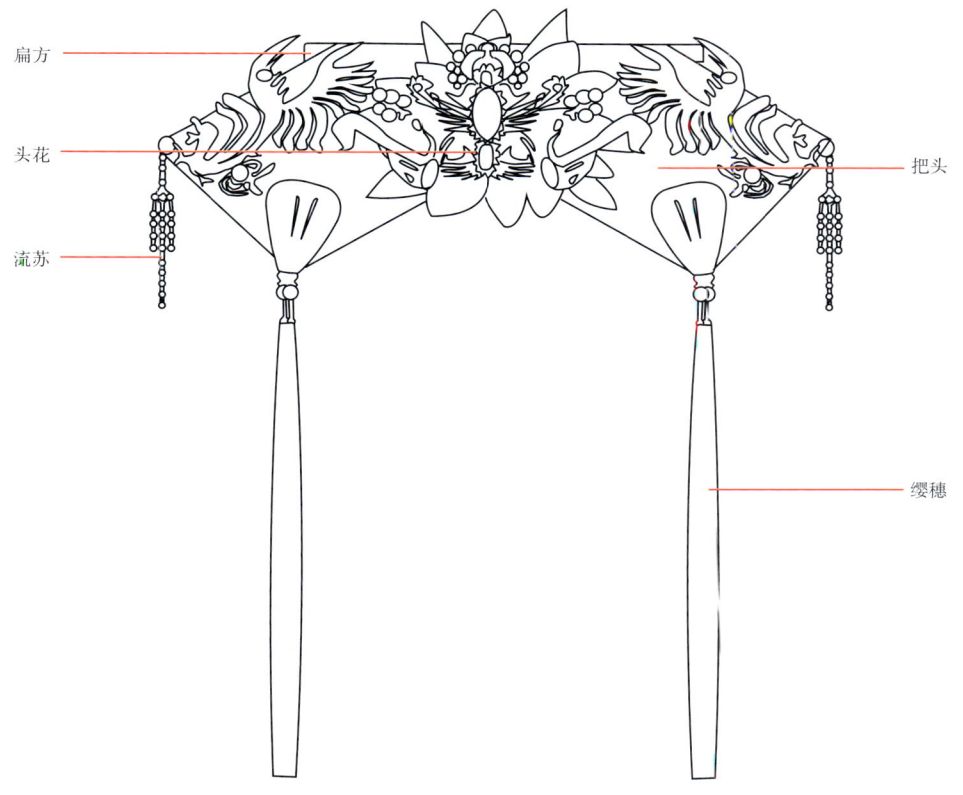

图二　满族大拉翅线描图

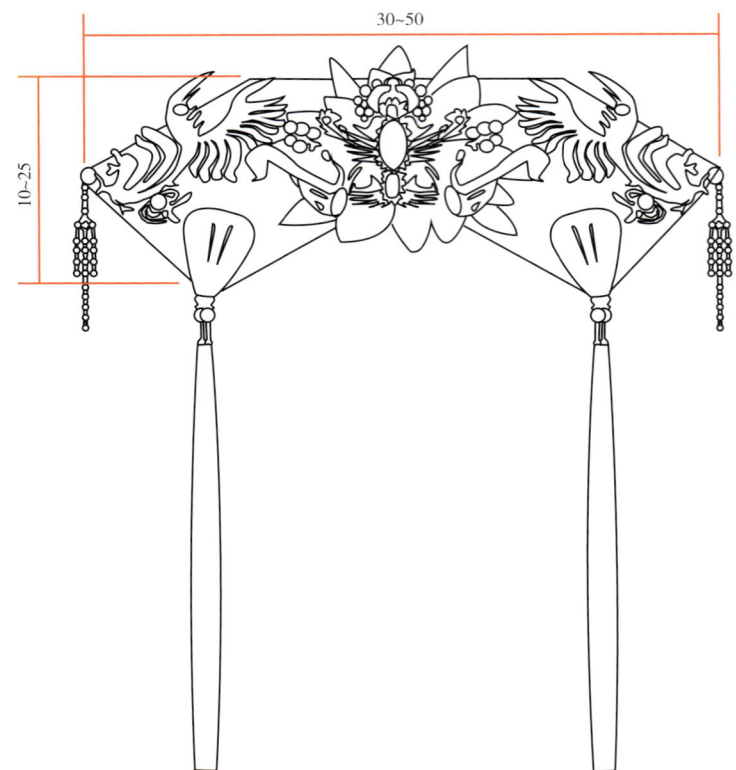

图三　满族大拉翅尺寸图（单位：cm）

图四　满族大拉翅发饰正面线描图

图三 满族大拉翅发饰背面线描图

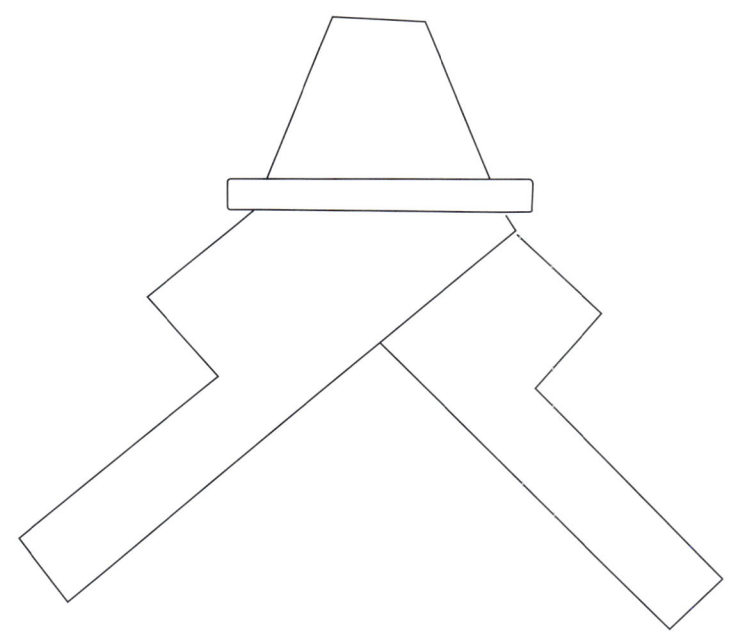

图六 满族大拉翅展开图

第二章 满族传统服饰

满族勒子

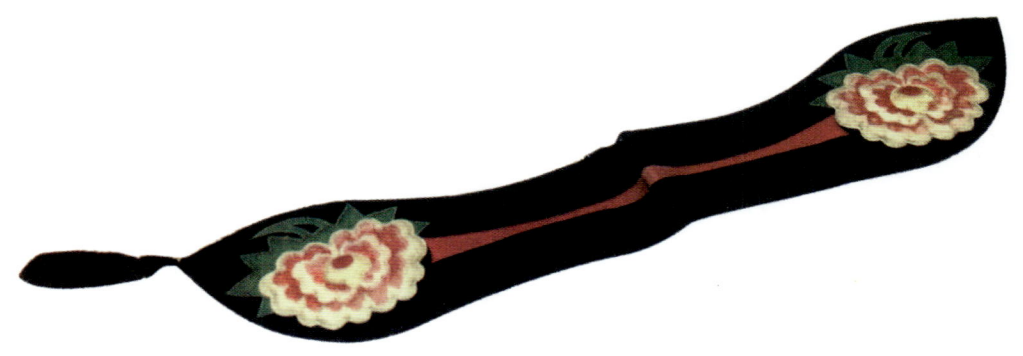

图一　满族勒子主图

勒子，也称"眉勒"、包头。满族妇女包于头额、束在额前的巾饰，一般多饰以刺绣或珠玉。勒子，起初并非玉石玛瑙，是绳子于生产劳动中的应用附件，将兽皮包卷绳上两端并用细绳系紧，后发展为更加耐用的石玉材料，直至成为饰品等等。既可用来做装饰之用，又可用来避寒。满族的勒子主要是束在额前，作为装饰之物，做工讲求精巧，常绣以各种吉祥花色图案。

清代，贵族妇女和百姓人家都流行这种服饰，在戏曲和影视剧中都能看到抹额的装束。比较典型的是在曹雪芹的《红楼梦》中，宁荣二府的老夫人和少奶奶们都有各种不同材质的抹额，比如王熙凤的"攒珠勒子"。勒子发展到民国初期，形制发生了变化，由刚开始中间宽两头窄变成中间窄两头宽，似纳底鞋样。

图片来源
图一　冯骥才.《民间服饰》.河北少年儿童出版社.
图二、图四、图五　张敏　制图
图三　邱珂　制图

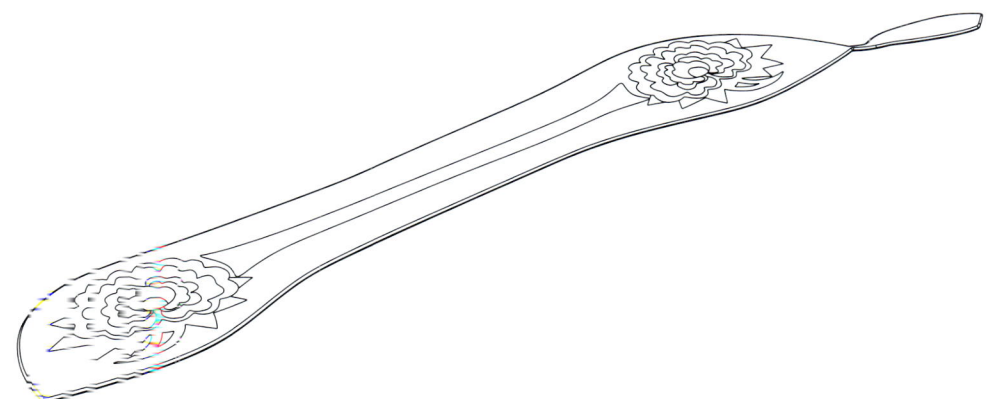

图二　满族勒子线描图

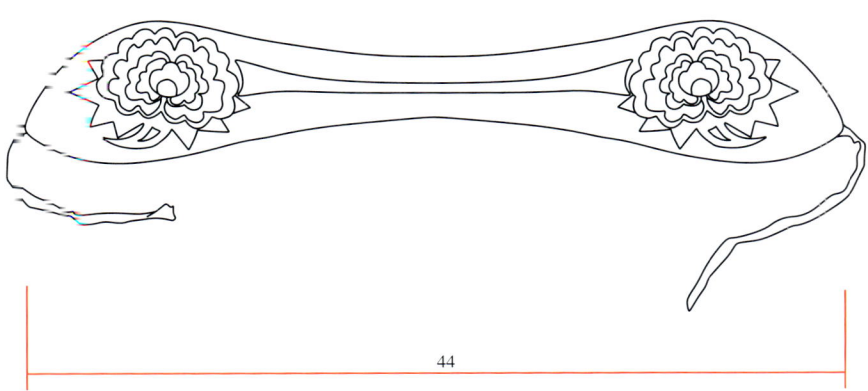

图三　满族勒子尺寸图（单位：cm）

图四　满族勒子纹饰线描图

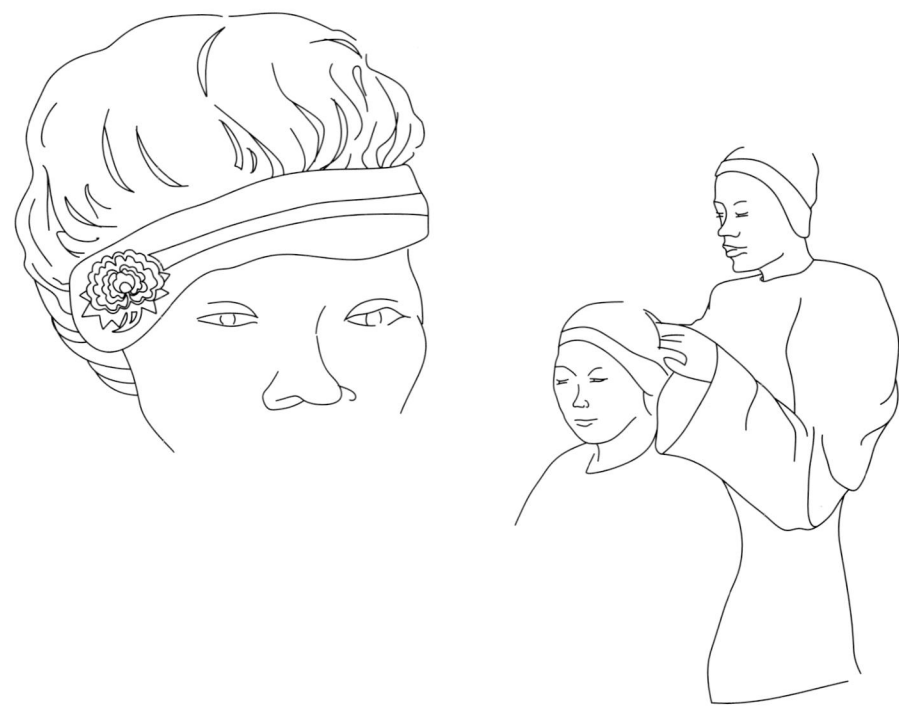

图五　满族勒子穿戴情境图

满族荷包

图一　满族荷包主图

满族不分男女老幼，均喜佩戴荷包。清代荷包由于制式不同，其名称也有所不同。有的形似葫芦，称为"葫芦荷包"。有的形似鸡心，称为"鸡心荷包"。据说这种荷包最初是男子用来盛烟叶的，后来大家认为美观，争相效仿，不论男女都爱用它。

满族荷包又称为香囊、香袋，是系于腰间或挂在马鞍上的盛物的小口袋，早期为皮质。后来用丝绸、布料，有刺绣图案和装饰物。其由实用品转向佩饰性物品，成为定情、生日和节庆的重要礼品。

戴荷包源于满族先民的一种遗风，满语将其称作"法都"。当女真猎人出游或行猎时，腰间常挂一个皮子做的"囊"，里面装些食物，外观很像荷包。后来演变成一种精巧的佩饰。满族荷包属于手工艺品刺绣类，材质主要是绸缎，有几何图形、动植物形、器物形等造型，用手工刺绣花鸟鱼虫、吉祥用语、戏曲人物、神话传说、祥禽瑞兽、脸谱、古董等纹样，并配以珍珠、玛瑙、琥珀、玉石、流苏等装饰物件，广泛应用于婚恋定情、亲友馈赠、收藏把玩和装饰装潢。特别是端午节庆活动中，荷包用于消灾避邪、祈福呈祥，成为最具特色、最受欢迎的民俗标志性工艺品。满族荷包从功能上分类，大致有两种：一种是香囊，内装香草，几十年

第二章　满族传统服饰

香味不尽；另一种是盛物式的实用性荷包，像烟荷包、钱荷包、首饰荷包等。满族荷包的规格也有多种，最小的1.5厘米×1.5厘米，最大的30厘米×24厘米。

在戴荷包时，人们常常在荷包、香囊上拴一个玉佩，女子一般将其挂在"大襟嘴"上或旗袍领襟之间的第二个纽扣上，年龄大些的也有戴在腋下与中子挂在一起的。年轻的妇女儿童，在戴荷包的同时，往往配其他一些小物品，如小怀镜、香串、香牌之类。男子多挂在束腰带的两侧，有时还兼佩些解食刀、火镰、耳勺、牙签、眼镜盒、扇带等日杂用品。

作为满族现存的"活态文化"之一，满族荷包是满族民俗文化的重要组成部分，具有很高的历史价值、艺术价值和实用价值。体现了满族人民的聪明才智和对生活的气氛调节。

图片来源
图一　周夏　制图
图二　王中正　制图
图三　朱英哲　制图
图四、图五　邱珂　制图

图二　满族荷包线描图

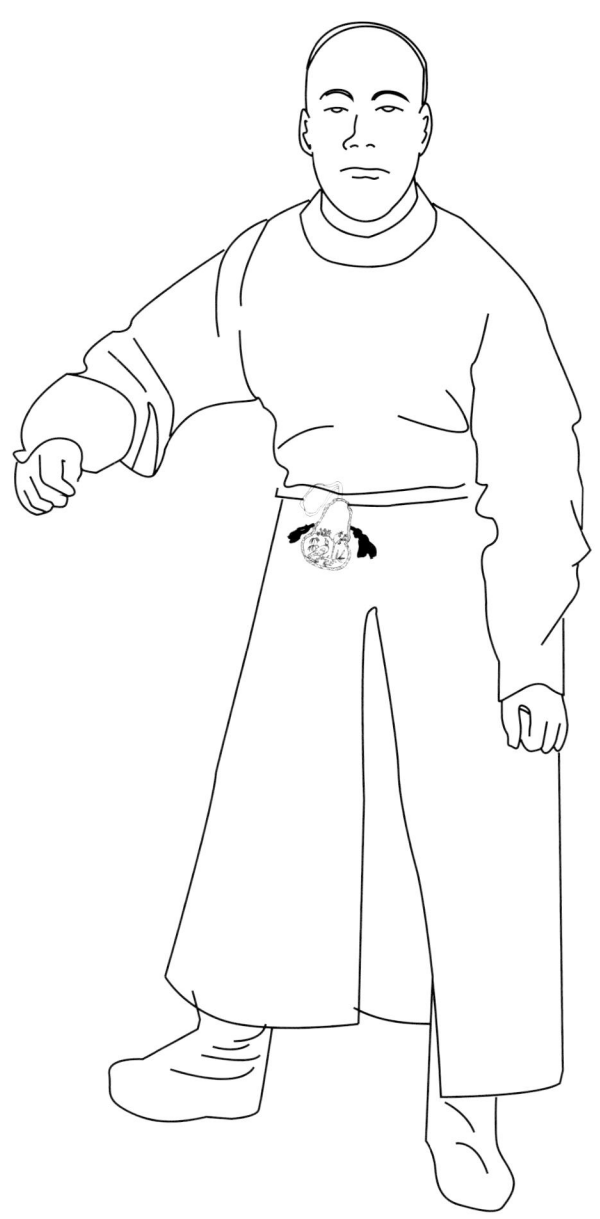

图三　满族荷包使用情境图

图四　满族荷包名称图

图五　满族荷包样式图

168

满族高底鞋

图一　满族高底鞋元宝形鞋底主图

在清代，汉族妇女仍穿着各种各样的弓鞋，而满族妇女则穿着用木制的平底或高底平头旗鞋。因这种鞋为旗人所穿，故称为旗鞋，是满族妇女特有的鞋饰。旗鞋，从底上分为两种，一种为平底，一种为高底。

高底鞋是清代最富民族特色的女鞋，其最大特点是在鞋底的中间，即脚心的部位起一个高十多厘米的底，高底均用纳好的几层细白布裹缝。这种高底按其形状可分为马蹄、花盆、元宝三种。安上马蹄底，就叫马蹄底鞋；安上花盆底，就叫花盆底鞋；安上元宝底，就叫元宝底鞋。鞋的名称是根据鞋底的形状而叫的。高底鞋的鞋口多镶边，有的镶一道，有的镶两三道不等，鞋面多绣各种花卉及动物纹图案。

制作方法是用各种手法的刺绣和堆绣（用各种彩绸剪成各种图案，用线把图案钉缝在鞋面上）的工艺。这种高底鞋有夹、有棉，夹鞋多为短脸敞口，棉鞋多为长脸紧口骆驼鞍式鞋，清代满族百姓家的妇女平时所穿着的旗鞋为平底鞋，在结婚或节日等庆典活动时才穿着高底鞋。

这种高底鞋的优点一是可以增加身高，使人显得挺拔；二是可以在雪地或泥泞处行走时保持鞋面绣花不受污损，缺点是行走不便，所以清灭亡后，这种鞋在百姓生活中就消失了，但在现代节日庆典中，它还作为满族传统服装的一部分来展示。

图片来源
图一、图二　故宫博物院
图三至图五　韦紫高　制图

第二章　满族传统服饰

图二 满族高底鞋花盆形鞋底主图

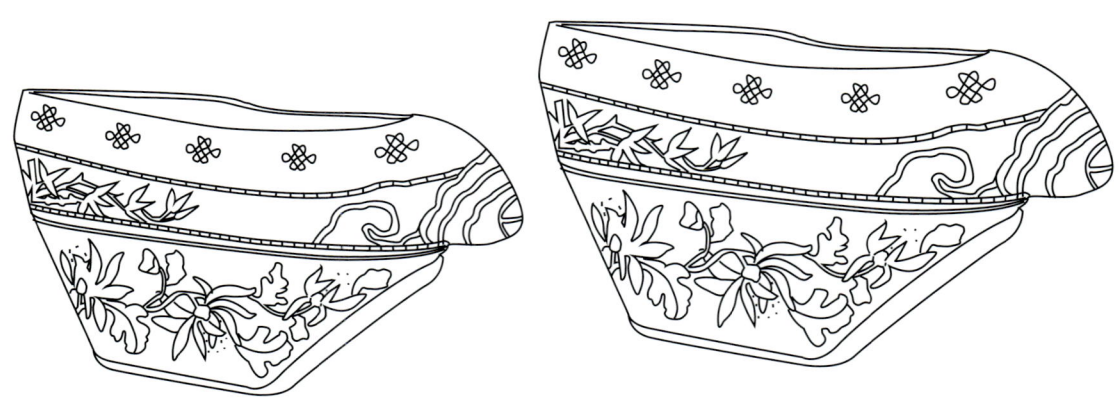

图三 满族高底鞋线描图

图四　满族高底鞋使用情境图　　　　　图五　满族高底鞋尺寸图（单位：cm）

第二章　满族传统服饰

171

满族靰鞡鞋

图一　满族靰鞡鞋主图

　　满族男子所穿用的鞋履主要有鞋和靴两类。在早期，男子主要穿鞋、靴特点兼而有之的"靰鞡鞋"。这主要是因为满族当时生活在关外地区，气候严寒，满族男子就用牛皮等为原料制作鞋，内放乌拉草以抵御寒冷的气候。

　　靰鞡，又写作"乌拉"，是用"方尺牛皮，屈曲成之，不加缘缀，覆及足背。"穿这种鞋在冰天雪地中行走、砍柴、狩猎，均能保暖，应用普遍。当年努尔哈赤及诸将都穿用这种鞋。

　　靰鞡鞋多用野兽皮或猪、牛、鹿等兽皮缝制而成，形状为前尖后圆、方口，前脸上纳皱，鞋帮上贯以六个鞋耳，鞋口近脚处垫以衬布，鞋跟上端有三寸长的细皮条，靰鞡绳捆外面起到固定作用。有的靰鞡鞋后跟钉上两个圆铁钉，使后跟不易磨破。在穿靰鞡时，用长带子穿上耳子，放上靰鞡勒子，内垫锤软的乌拉草，捆绑在小腿上，非常牢固。靰鞡鞋一般较宽大，便于穿用时在鞋内充垫乌拉草。由于靰鞡鞋质柔量轻，穿起来轻便、暖和，行动自如，既可防寒，又有利于军事征战及冬季狩猎、跑冰时穿用，故得以沿用下来，是满族传统的防寒靴鞋之一。

满族入主中原后，由于环境的变化与经济条件的优越，已不必再穿那种粗糙且笨拙的靰鞡鞋，改用绸、绒、布等质料制鞋，或夹或棉，可适季而用，也不再铺垫乌拉草，而是演变成了各种式样式的靴子。靰鞡鞋多为农村一些偏僻山村的底层满族人民冬季穿用，今日在东北农村已难得一见了，农民冬天多穿棉胶鞋，并子它称为"胶皮靰鞡"。

靰鞡鞋的买卖部是通过称重量实现交易的。靰鞡鞋的设计比较巧妙。其选用整张的猪牛皮革制作鞋底和鞋帮，鞋底与鞋帮一体，没有分割线，通过褶皱来调节余量。采用这种工艺方式制作的鞋，不会因为磨断线而出现开裂现象，从而减少了修补鞋的几率，配以牛皮材料，最大限度地延长了鞋的使用寿命。

图片来源

图一　蒋玉秋.《民间服饰》.河北少年儿童出版社.
图二至图五　邱珂　制图

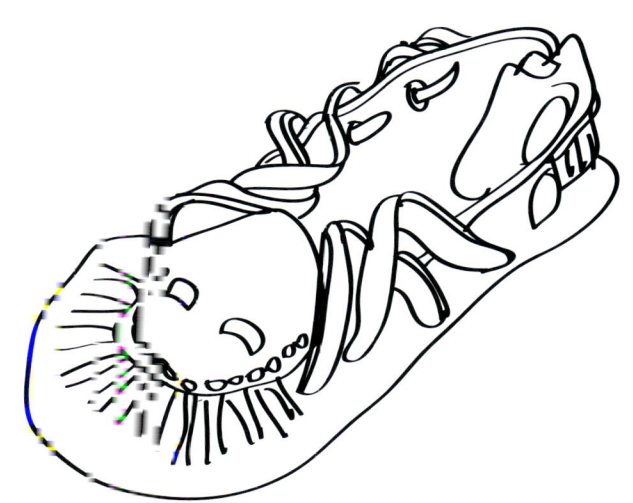

图二　满族靰鞡鞋线描图

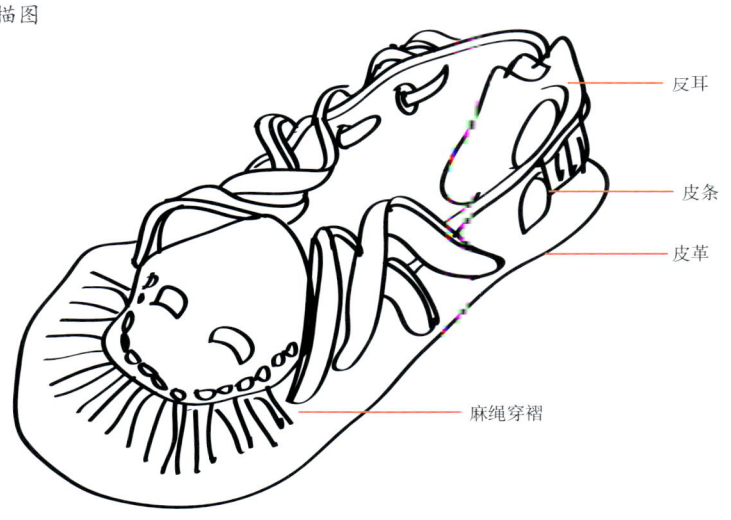

图三　满族靰鞡鞋名称图

图四　满族靰鞡鞋尺寸图（单位：cm）

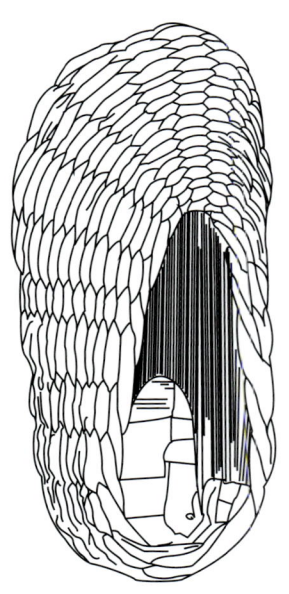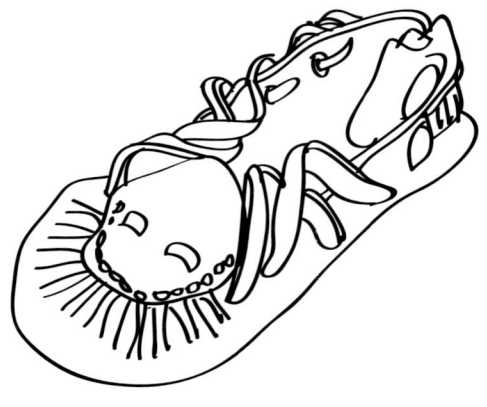

图五　满族靰鞡鞋对比图

满族毡疙瘩

图一　满族毡疙瘩主图

在东北寒冷的冬季，满族人穿着一种用羊毛擀成的毡靴。按约定俗成的说法，老百姓都叫它毡疙瘩。毡疙瘩是用精细羊毛擀压而成的，从上到下通体无缝，既无胶粘，也无线缝，如同编织出来的，只是具有鞋子的形状。毡疙瘩有多种形状，有不带腰的鞋，也叫毡窝。带半腰的还有高筒的靴子，通常人们都叫毡靴。人们把这几种通叫作毡疙瘩。

毡疙瘩是用羊毛擀制的一种高腰靴子，擀制的过程比较繁琐，一般要经过捡羊毛、弹制、洗毛、擀毡、造型、晾干等步骤，整个靴子都由羊毛制成，是一体的，里边垫上毡鞋垫，是东北群众冬天脚上御寒的主要服饰。新的毡疙瘩一般都要再缝上一层牛皮底，还要在鞋跟打上两个铁钉，这样鞋底就特别耐磨，一双毡疙瘩能穿好多年。

毡疙瘩的防风御寒功能是一流的，但穿上它并不舒适，首先是靴底不平整，走起路来摇摇晃晃，因为它底厚，较沉，质地硬，走快了容易摔跤；其次毡底、毡帮都很硬，穿的时间长了，脚会打泡，所以一般人在寒冬出门远走时不穿它。而穿它的人大都是长时间在户外劳动或骑马坐车，脚和腿不常活动的人，因为毡疙瘩挡风御寒能力强，一般

第二章　满族传统服饰

的寒风吹不透它,而且不缓霜不沾雪。

随着社会的进步和人们生活水平的提高,保暖材料的更新和地表温度的升高,近几年很少看见有人穿毡疙瘩了。这种鞋子在人们的生活中逐渐销声匿迹了。

图片来源

图一　白波　摄影

图二至图四　邱珂　制图

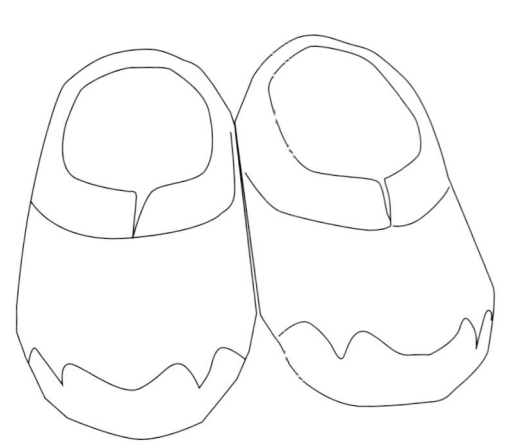

图二　满族毡疙瘩线描图

图三　满族毡疙瘩使用情境图

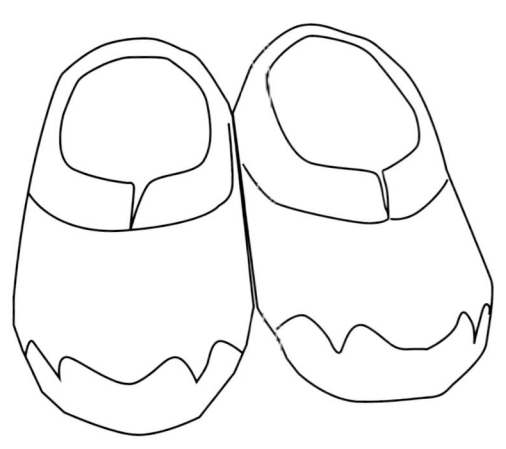
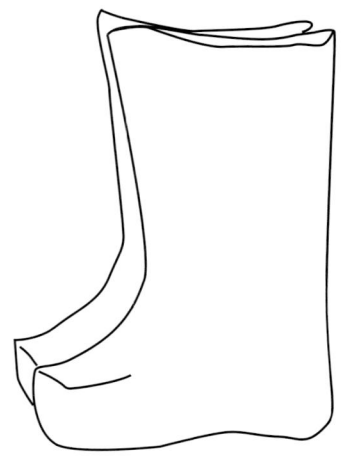

图四　满族毡疙瘩对比图

满族棉袜

图一 满族棉袜主图

在北京故宫所展示的文物中可以看见满族靴鞋用品号常用的棉袜。贵族所用面料一般为织锦绸缎，上面刺绣了宫廷风格浓郁的富丽繁复花草纹样；普通人家一般用布制作。棉袜结构为传统样式，没有袜底，袜底与袜腰相连，缝合线在脚底中间。清代帝后的袜子有高腰、低腰两种，高腰两接，袜口为马蹄状。男女袜薄厚有单、棉之分，装饰以丝织、刺绣、手绘为主。男袜多用云龙纹样，女袜是龙凤花卉。

棉袜，不仅是满族常用的冬季用品，也是北方其他民族的常用服饰，主要源于防寒需要。在东北寒冷地区的冬季，人们在穿靴鞋时会先用皮革或布包裹住脚以后再穿高腰"靰鞡"。裹脚布逐渐演变成布袜。在金代时期就能看到与今造型相同的布袜。黑龙江的金上京文物中出土了很多这种布袜以及连袜的裤子。我们可以看到布袜的结构非常合理成熟，袜腰处的线条与人的腿部曲线相吻合，有开口和不开口两种。即使是不开口的袜腰，因为袜腰比较宽大，穿脱过程也非常方便顺利。实际穿着时是将袜腰放进靴鞋中，或是扎在裤中。布袜基本属于量体裁制，即根据穿着人的尺寸来裁剪袜底，然后再配裁袜腰。布袜大致可以分成前后期，前期的布袜以兔皮和兽皮为主，底和腰不分，选用连裁方法。前期考虑人体的因素不鲜明，袜腰开口式的居多。北京故宫的布袜是连裁结构，袜腰曲线和袜身开门更适合靴鞋造型。后期的布袜袜底和袜腰是分别裁断的，以棉布制品为主，更加关注人体腿部变化，袜腰也以不开口的居多。

棉袜，在今天的生活中已经不是必需品，但在北方各民族的生活中都曾经有过它的影子。将北方不同民族使用的布袜结构进行对照，整体造型基本相同，装饰风格及装饰手法也基本一致。

图片来源

图一　满懿著《旗装弈服——满族民族服饰》，人民美术出版社，2013年2月.

图二至图五　张红庆　制图

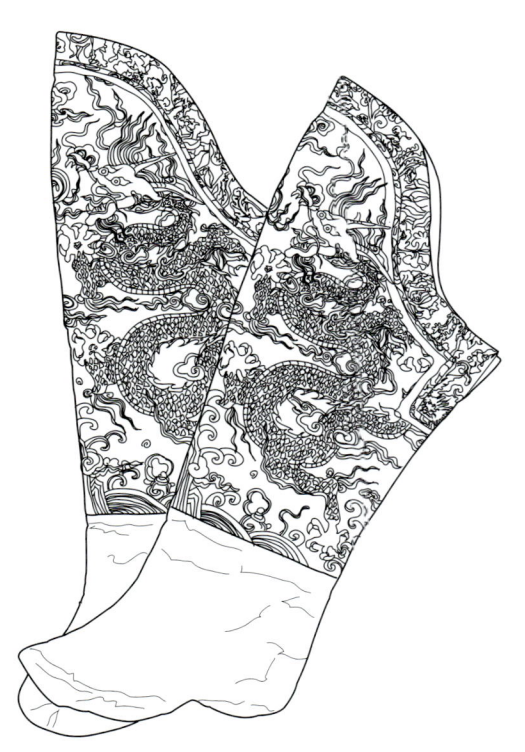

图二　满族棉袜线描图

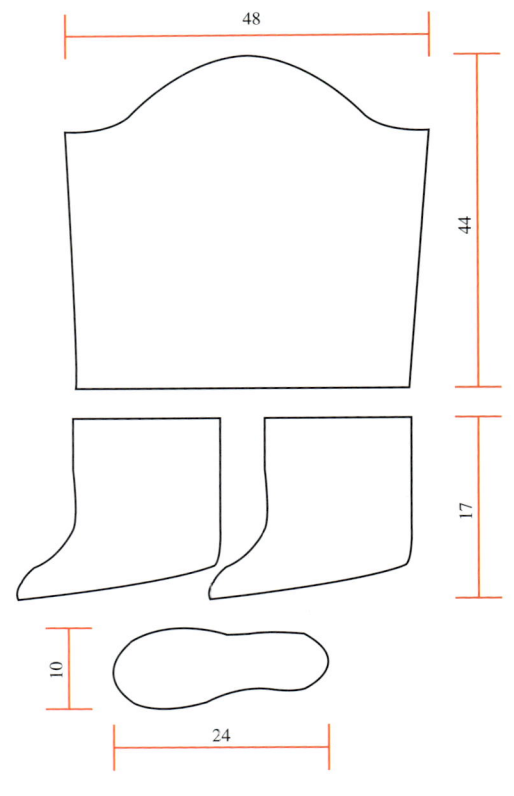

图三　满族棉袜尺寸图（单位：cm）

棉袜

图五　满族棉袜上色图

厚棉袜

图四　满族棉袜式样图

第二章　满族传统服饰

179

满族头花

图一　满族头花主图

　　头花是由簪发展而来的首饰，由花头和针挺两部分组成。由于满族妇女发式是由软翅头发展到两把头，进而成为架子头，最后产生大拉翅，头上的发式也越来越宽大，于是一种覆盖面较大的头饰——头花，便应运而生。头花大多以珍珠、宝石为原料，因此需要一个稳定的依托，即在簪的基础上做了某些相应的改动，在针挺的顶端加焊一个十字形横托，并于十字横、竖交叉点做头花的主体。起装饰作用的花草枝叶、鸟兽虫蝶、吉字祥符等环抱四周，簇拥着主体。这样互相搭配既使构图的主次关系明显，又使以珍宝为原料的头花本身合理地分担了承受能力。满族妇女在梳头时，把大朵头花戴在两把头正中，称为头正，也有选用两朵相同颜色和造型的分插两把头的两端，俗称压发花，又称压鬓花。

　　满族妇女的头花在初期主要是应时鲜花，清王朝建立以后，满族妇女所插戴的头花也随之抬高了身价，转而采用珍宝质地的头花。头花的作用也由美饰转为身份的象征。清晚期，随着满族贵族生活水平的下降，头花也由昔日的纯金变成镀金、包金，珠宝大花变成了绒花、绢花，甚至是纸花、通草花，就连羽毛点翠的头花，都用茜草染色代替了。

图片来源
图一至图四　莫婷　制图

图二　满族头花的线描图

图三　满族头花的材料分析图

第二章　满族传统服饰

181

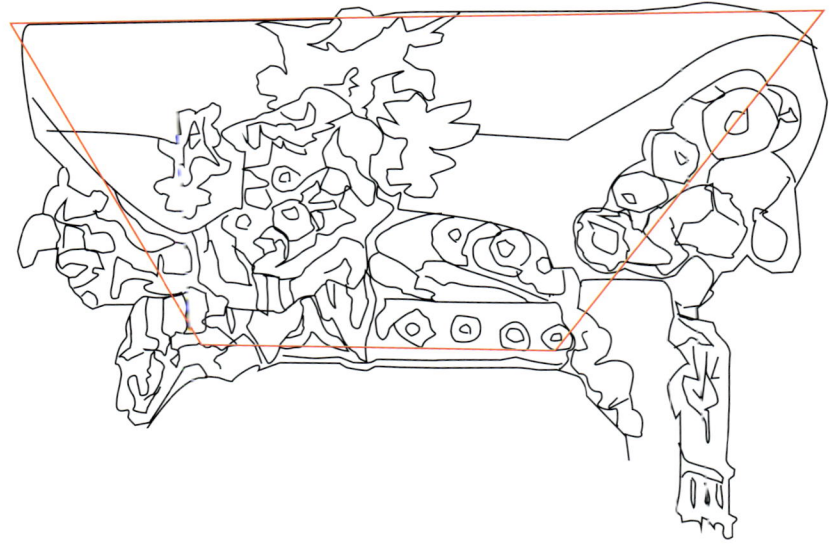

图四　满族头花的造型示意图

满族簪子

图一 满族簪子主图

　　簪子是满族妇女梳各种发髻必不可少的首饰。通常满族妇女喜欢在发髻上插饰金、银、珠玉、玛瑙、珊瑚等名贵材料制成的大挖耳子簪、小挖耳子簪、珠花簪、凤头簪、龙头簪等。材质最珍贵的是以珍珠装饰，与珍珠相提并论的还有金、玉等上乘材料，另外镀金、银、铜制，也有玉石翡翠、珊瑚象牙等等。佩戴各种簪环首饰，装饰在发髻之上。入关以后，由于受到汉族妇女头饰的影响，满族妇女特别是宫廷贵妇的首饰，就越发讲究了。

　　从清代后妃遗留下的簪饰来看，簪分为两种类型：一种是实用簪，多用于固定发髻和头型所用；另一种为装饰簪，多选择质地珍贵的材料，制成图案精美的簪头，专门用于发髻梳理后戴在明显的位置上。头簪作为首饰戴在头上，不仅起到美饰发髻的作用，而且簪头的寓意吉语还有托物寄情、表达心声意愿的美好追求。民间的簪子材质，富裕人家多为玉质银质，比较贫困的家庭则用骨质。一般家庭在嫁女的时候，也陪嫁银簪子，因其比较贵重，故比较珍视，代代相传。

　　本案例中的簪子在设计上采用了头部比

第二章 满族传统服饰

较尖细，尾部比较宽大的设计，头部设计较细，便于簪子插入发髻之中，尾部比较宽大的设计则可以保证簪子在发髻中的牢固程度。簪子的长度为三四寸，长度大小适中，既约束了头发，不至于散乱，又防止因尺度太长而影响了行动。从装饰效果上看，扁簪子可以很好地展示装饰图案，具有明显的装饰意义。

图片来源
图一　故宫博物院
图二至图五　申辰　制图

图二　满族簪子线描图

图三 满族簪子上色图

图四 满族簪子尺寸图（单位：cm）

图五　满族簪子式样图

满族指甲套

图一 满族指甲套

指甲套是明清以来在贵族妇女中流传广泛的护指装饰，除拇指外，余下各指均可戴，以在无名指和小指上蓄甲为乐。为保护指甲，选用金、银、翡翠、玳瑁等硬质地材料制作成符合手指活动的指甲套。指甲套长度一般为5.5厘米，口径0.5厘米，呈现弯弓形，可以根据手指粗细调解曲度，自口到指尖逐渐变细，套戴上以后与手指固定成一体。道光年间绘制的《喜溢秋庭图》中皇后与妃嫔们在无名指和小指上都套有金指甲套。翡翠指甲套需要做出外形之后，再将中间镂空，四壁薄厚一致。指甲套不仅可用金属镂空雕花，还常用字和珠宝进行镶嵌装饰。

指甲套是满族贵妇人的专属用品，制作精良，价格昂贵，一般满族妇女根本使用不起，且指甲套仅为装饰，实际用途仅仅能保护指甲不会断裂。指甲套的材质来源稀少，王公贵族一般以金、银、翡翠等奢侈品为原料，制作考究，纹饰繁多，有的甚至在金质原料上再镶嵌玳瑁、珠宝等，更显奢华。随着清代满族政权的灭亡，指甲套也逐渐退出历史舞台。从这一点上说，无论任何产品如果没有多少实际使用价值，即使其价格昂贵，最后必然结果是消失。

图片来源

图一　故宫博物院
图二至图五　邱珂　制图

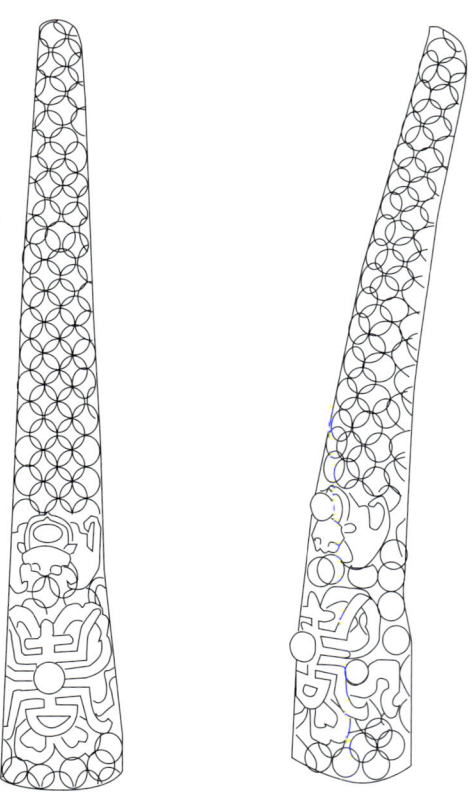

图二　满族指甲套线描图

图三　满族指甲套尺寸图（单位：cm）

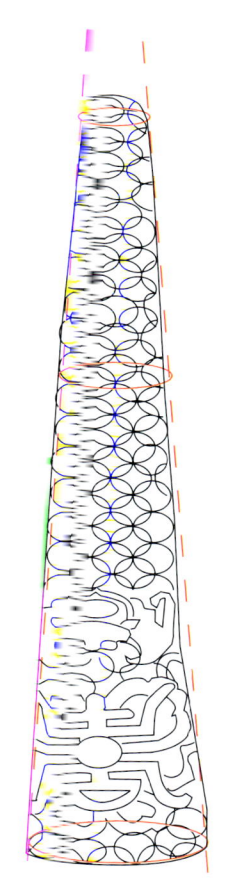

图四　㐅族指甲套骨式图　　　　　图五　满族指甲套款式图

满族领约

图一　满族领约主图

领约，又称为项圈，满语原意为"箍住"，后来随着这个词性的发展，逐渐变成首饰的一种。其是一种用金丝做托、上面镶有珠宝的圆形项圈。清代妃嫔将其套于颈间，压在朝珠和披领之上，以所镶嵌的珠宝数目、材质和垂在后背的绦条颜色，作为身份和级别的标识。主要是清朝命妇行大礼时所佩戴的东西。而在民间，穿吉服的时候，偶尔也会单独使用领约。

形状为环形活口开合式，环上镶嵌长条形青金石四块，红色料石两块，其上又嵌红宝石两颗，蓝宝石两颗，珍珠一粒。活口处饰錾花云蝠纹，各系明黄色绦带一条，绦带中间饰红色料石结珠，末端垂红宝石坠角。皇后的领约上镶嵌有东珠11颗，每颗之间以珊瑚为间隔，活口处的绦子颜色用明黄色。普通大臣之妻的领约上，就只有红、蓝小宝石5颗，绦子颜色用石青色。领约是挂用在脖颈上的。要先穿上朝服袍和朝服褂，再挂好朝珠，最后再戴上领约。所以领约是压于披领、朝珠之上的。

图片来源

图一　故宫博物院
图二、图四　马慧　制图
图三　邱珂　制图

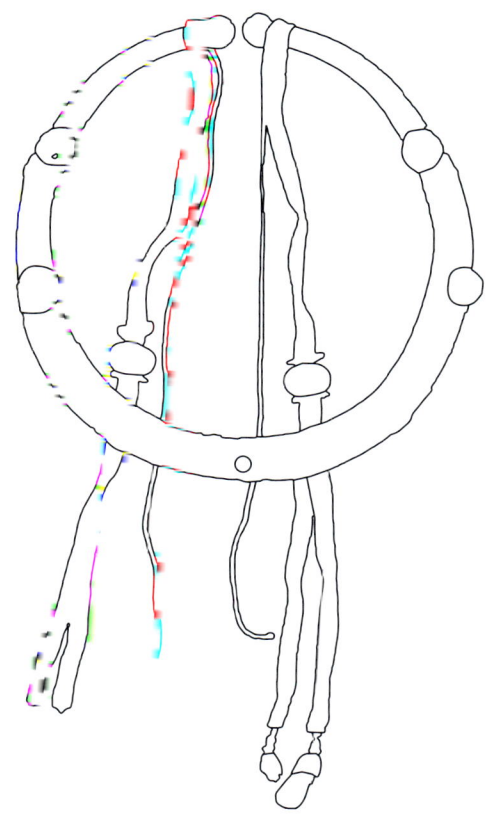

图二　满族领约线描图

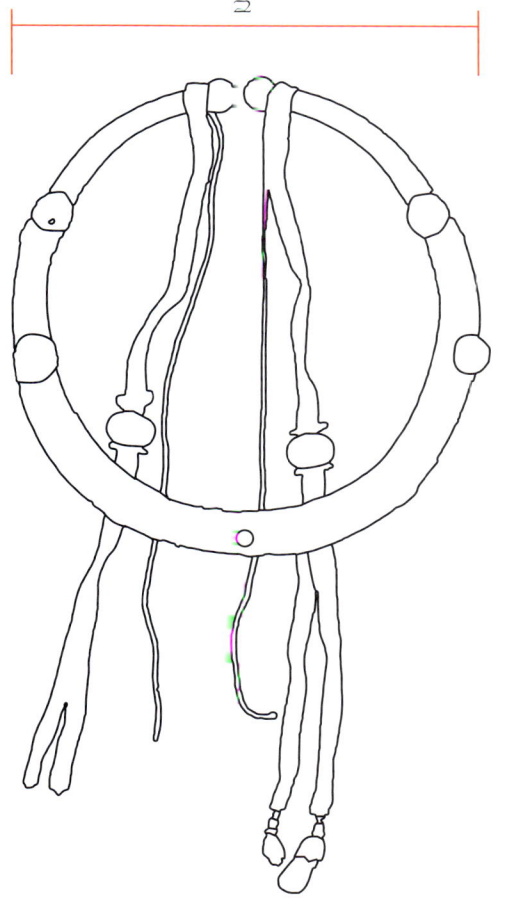

图三　满族领约尺寸图（单位：cm）

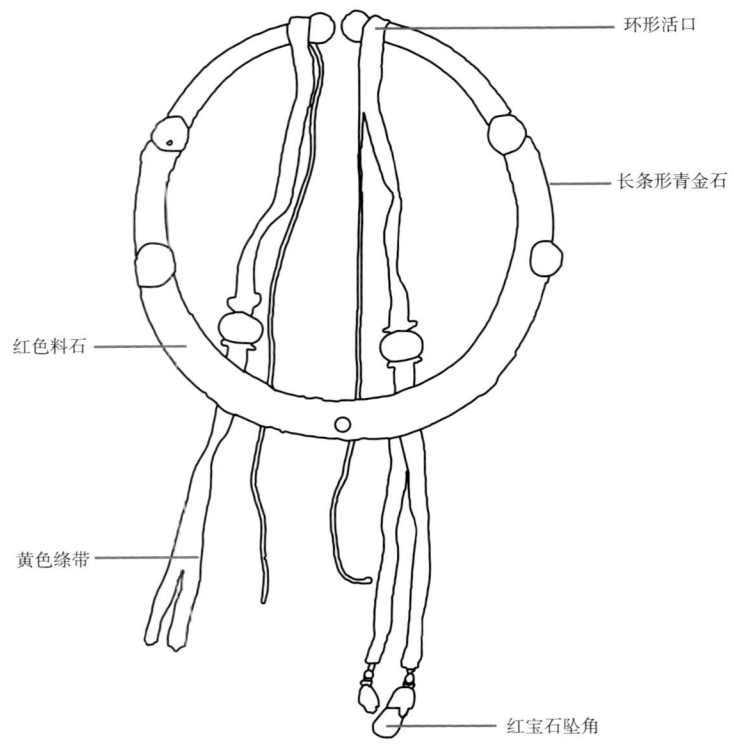

图四　满族领约结构名称图

第三章 满族传统餐饮

满族白肉血肠

图一 满族白肉血肠主图

白肉血肠是满族的一道菜肴,现已是流行的满族风味,其源头也出自满族先民的萨满祭祀中的供品。女真诸部定于满洲统一后,满族祭祀的供品也由各部落的野味特产,逐步演变为用毛色纯黑的公猪,而且必须是阉割过的,其肉鲜嫩。杀猪前,在神案前有庄严的领牲礼,杀完后,用鲜血灌肠,即制成血肠,也是敬神的供品。其肉煮八分熟,按猪原来部位在神案前摆列成一头整猪,俗称"摆腱子"。在神案前祈祷后,再放入水中煮熟,用刀片切食。因是敬过神再食,故称"福肉",满语叫"阿木孙"肉。因为白肉用刚宰杀的新鲜猪肉制成,又是清水炖煮。保持了猪肉的本色本香,十分可口。当今,东北城乡仍有白肉血肠馆。

现在满族农村过年或过节期间杀猪,都用大锅把新鲜猪肉烀上一部分,往往是一条猪腿、几大块五花肉;把猪血加肉汤及调料灌进收拾干净的猪肠子内,放在锅内煮熟,称为血肠。再在火盆上生上炭火,坐上火锅,盛入烀猪肉的汤,加入酸菜丝、粉条、熟猪肉片等,炖在一起,炖开锅后,再加入若干寸许长的血肠段,再开锅时即可食用。食用时,蘸以蒜末清酱。食用过程中,始终保持火锅下的炭火热度,食材都可随时添加。这道菜,肉片肥而不腻,酸菜香而不酸,血肠鲜嫩爽口,蒜酱微辣提味,尤其在冬季食用,味道非常鲜美。

图片来源
图一 刘辰 摄影
图二至图四 张慧芳 制图

图二　满族白肉血肠原料图

图三　满族白肉血肠搅拌图

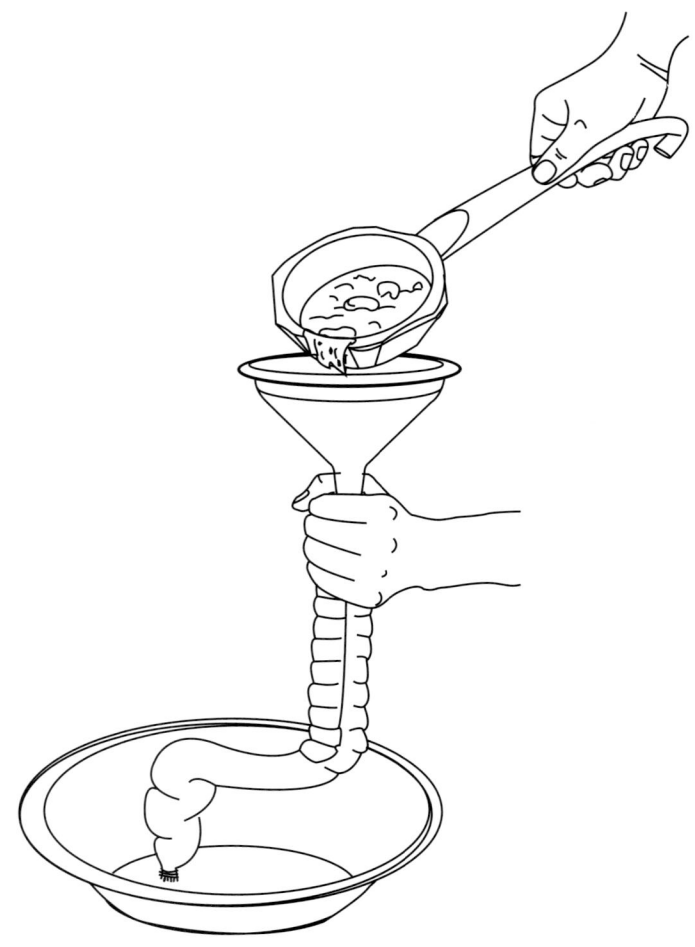

图四 满族白肉血肠制作图

满族大饼子

图一　满族大饼子主图

大饼子是满族传统家常面食，又称作苞米面饽饽，满语称为"饿苏"。

大饼子有两种：一种是发面的，将苞米面加水和匀，使其自然发酵，再加入碱调和，去除酸味；另一种是烫面的，就是将苞米面用开水全烫，或者用滚开水烫三分之二，再加水和匀。大锅底部烧开水，把和好的面用手团着甩到锅壁上空余的地方，盖上锅盖，加旺火连蒸带烙做熟。这种饼子，底部是焦黄的胡嘎儿，上面是喧呼呼的发面饼或晶莹剔透的烫面饼，口感独特。满族妇女贴大饼子往往和芸豆炖土豆一起进行：用芸豆炖土豆代替锅底的开水，结果是菜好了，饼子也熟了，大饼子沾上炖菜的油和咸味，色泽更加金黄，油汪汪的，更好吃。

贴大饼子是满族妇女展示家务活技术水平的活计，家口多的人家，一次要把一大盆面统统贴到锅上，而且不能有的生有的焦，可不是件容易的事情，好的主妇，两个手来回倒腾着面，麻利地甩到锅壁上，贴出一溜十几个个头均匀、布局完美的大饼子，体现了满族妇女勤劳持家的优良品德。

图片来源
图一　白波　摄影
图二至图六　周蕾　制图

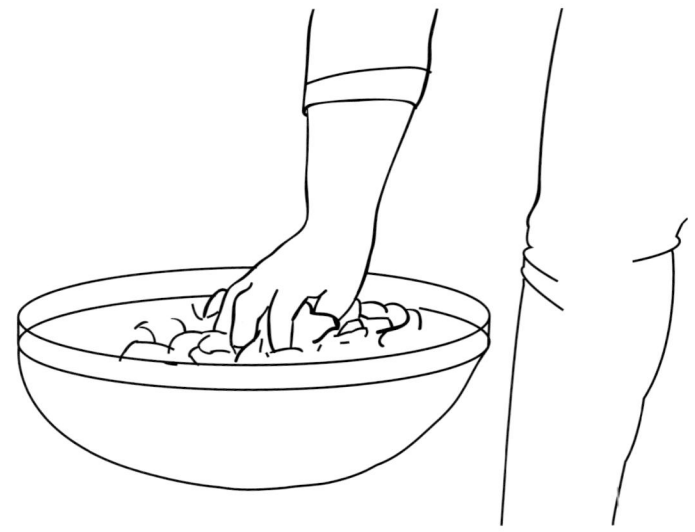

图二　满族大饼子制作过程图1

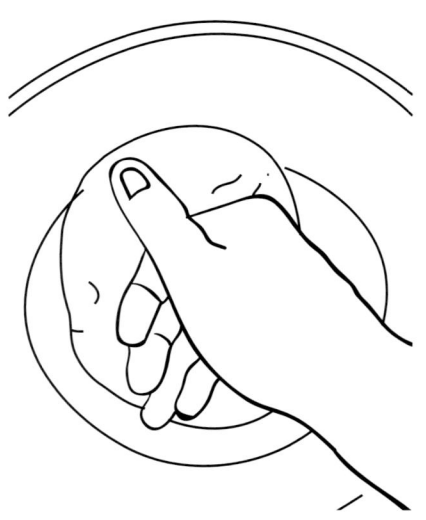

图三　满族大饼子制作过程图2

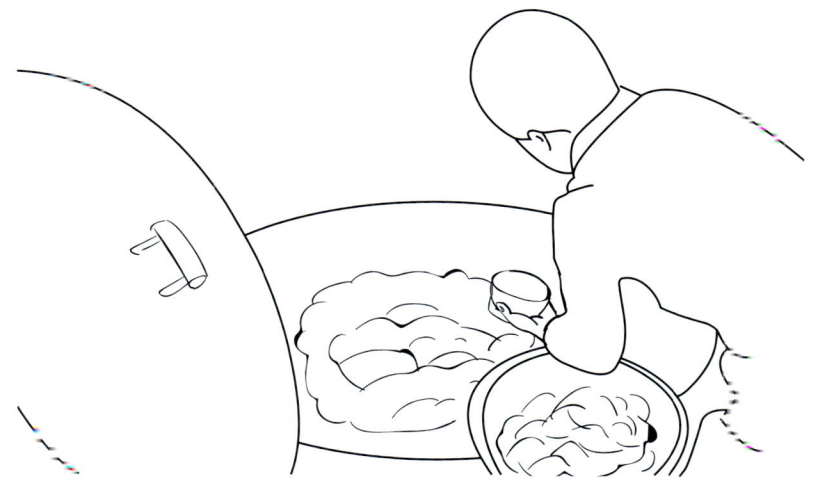

图四 满族大饼子制作过程图3

图五 满族大饼子制作过程图4

满族包儿饭

图一　满族包儿饭主图

　　包儿饭，又称"吃包儿饭""菜团子""卷儿饭""菜卷儿"等，由于做法非常简单，又便于携带，所以是满族的家常饭食。包儿饭是将白菜酸菜等叶子放在手掌上，再把已煮熟的米饭（过去以小米饭为主）、炒菜和小葱、大酱放在上面，用双手将菜叶合上，或包成长卷形，以手握而食之。

　　包儿饭的具体做法是把时令蔬菜的肥大嫩叶，择洗干净，比较常用的如白菜叶子、生菜叶子、莴苣叶子等，平放在掌中或盘中，把干饭、炒菜、小葱、大酱等放在菜叶上，卷成卷儿。这是将饭菜集于一体的吃法，虽然较为粗放，但味道却是清爽可口。这一做法为古代打仗将士提供了吃饭的方便，解决了饭无法携带的问题，便渐渐地普及开来，成了满族民间的习俗，形成了满族的一种独特的食品并一直流传到今天。

　　包儿饭是满族渔猎生活的遗风，是为了适应逐水草而居的游牧生活而出现的。包儿饭食料来源方便，做法简单，在实际使用中可以大幅度缩减做饭时间，节省餐具使用，在营养搭配上蔬菜和其他食品的组合也非常符合营养学的要求。

图片来源
图一　白波　摄影
图二　周夏　制图
图三、图四　邱珂　制图

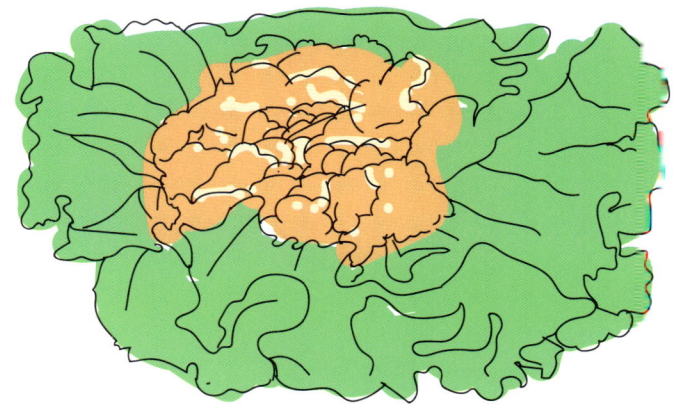

图二　满族包儿饭上色图

图三　满族包儿饭饭包解析图

图四　满族包儿饭材料解析图

满族燎猪皮

图一　满族燎猪皮主图

燎猪皮，是满族的传统菜肴，也称"烤皮"。燎猪皮原是满族祭祀中崇祭自然诸神的一种祭肉，后成为满族的一种特殊风味肉食。

燎猪皮的做法是将猪开膛后，摘去内脏，但不用褪毛，从猪腿扒开，将整个皮肉扒下来，剩下骨头、割去头颅，用九根柞木杆撑开并由几个人撑着，放在篝火上燔燎，直至其毛烧焦、皮冒油后结束烧烤。将烤好的燎毛猪从火上移开，此时皮略有焦黄色。

菜肴做完后再由锅头（即祭祀中管供品的人）将其切开，制作者必须烤焦黄皮，洗净后再放锅里煮，去除肉片上的肥肉，让肉质变得软糯，煮到只剩瘦肉再吃。主祭萨满将其拿来敬火神等众神。祭祖仪式完毕后，燎猪皮由众人分享。作为满族传统菜肴，"烤皮"多剩瘦肉，香味扑鼻，酥烂可口。

实际上，满族先祖还曾经采用这样燔烧燎烤方式制作虎、熊、犴达罕、野猪、鹿、山兔等肉品，只是近世满族，已难以得到其他野兽，步入农耕时代的满族已经可以圈养的猪为主食材。和猪皮冻一样，燎猪皮体现了满族充分利用食物的一种态度，而且经过烧烤的猪皮口感独特，肉质鲜美，是一道不可多得的美味。

图片来源
图一　白波　摄影
图二至图四　周夏　制图

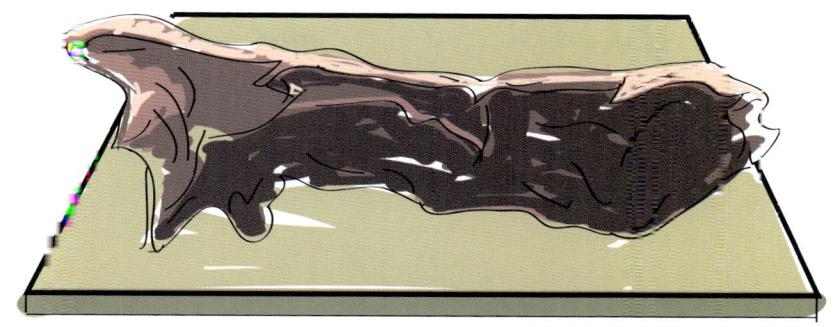

图二 满族燎猪皮上色图

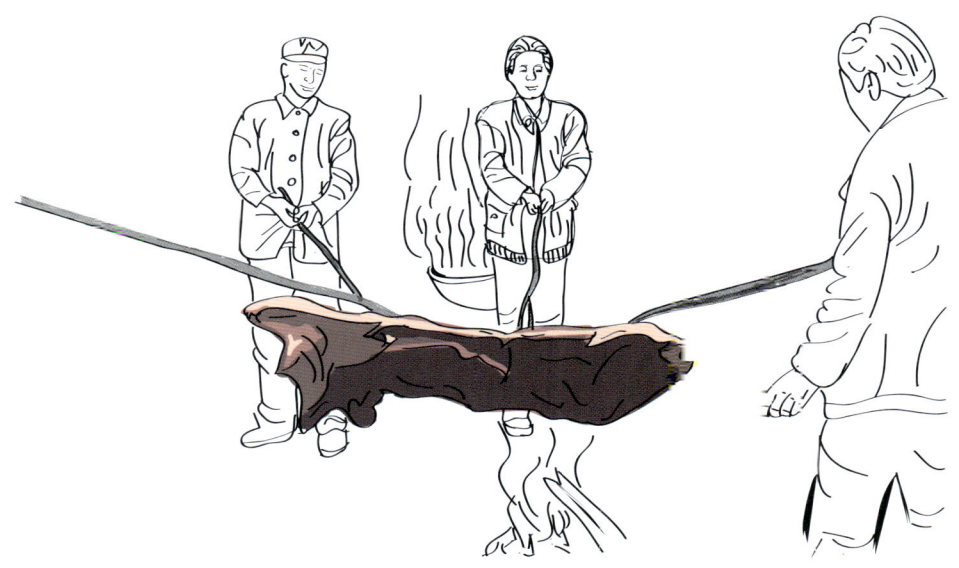

图三 满族燎猪皮制作流程图

图四 满族油拌燎猪皮食用图

满族猪皮冻

图一　满族猪皮冻主图

猪皮冻是满族人的典型菜肴之一，是一种用猪皮熬制而成的传统特色美食。因为是冷却后食用，冷却可以说作是冷冻，所以叫作猪皮冻。猪皮冻一般作为下酒的小菜，满族人称为"冻儿"，有清冻和浑冻之分。猪皮冻是满族祖先充分利用食材的一个例证。猪皮韧性大，食用时不易消化，一般民族多弃之不用。

满族人制作猪皮冻的方法：首先把猪肉皮洗净，切成碎块或细条状，下锅、加水，在火上熬煮。其次在汤呈粘液状时，加入各种调料，倒入盆中，一般冬天放到户外，待冷却凝固后，成为冻状就可以切块食用，称浑冻。而清冻，则是在倒入盆中冷却之前，需要把碎猪肉皮全部捞出，只留汤液，冷却凝固后做成清冻的猪皮冻，晶莹剔透，嫩滑爽口，口感更好。

满族人民采用熬煮的方式，将猪皮煮烂，并与熬制的汤汁混合形成猪皮冻，既解决了猪皮不易食用的问题，同时在外观上色泽莹润，视觉效果非常好，可以说是一道外观漂亮、食用可口的佳肴。满族猪皮冻是特有的满族民族特色菜肴，猪皮冻的制作利用东北冬天极冷的天气制造而成，从侧面反映满族人的菜肴制作和创新有非常鲜明的地域色彩和民族特色。

图片来源
图一　张晶　摄影
图二、图四　周夏　制图
图三　邱珂　制图

图二 满族猪皮线描图

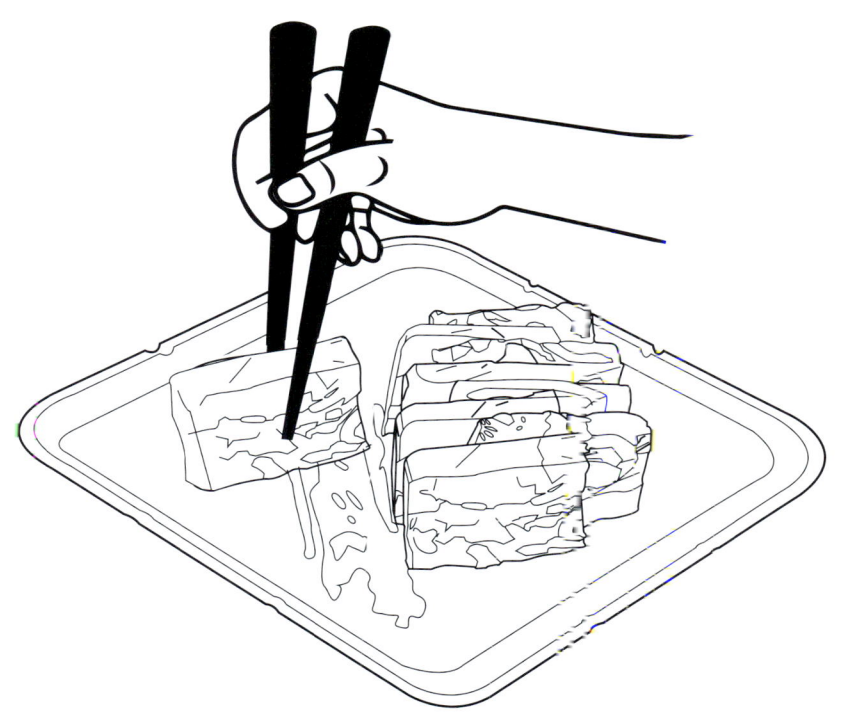

图三 满族猪皮冻食用图

第三章 满族传统餐饮

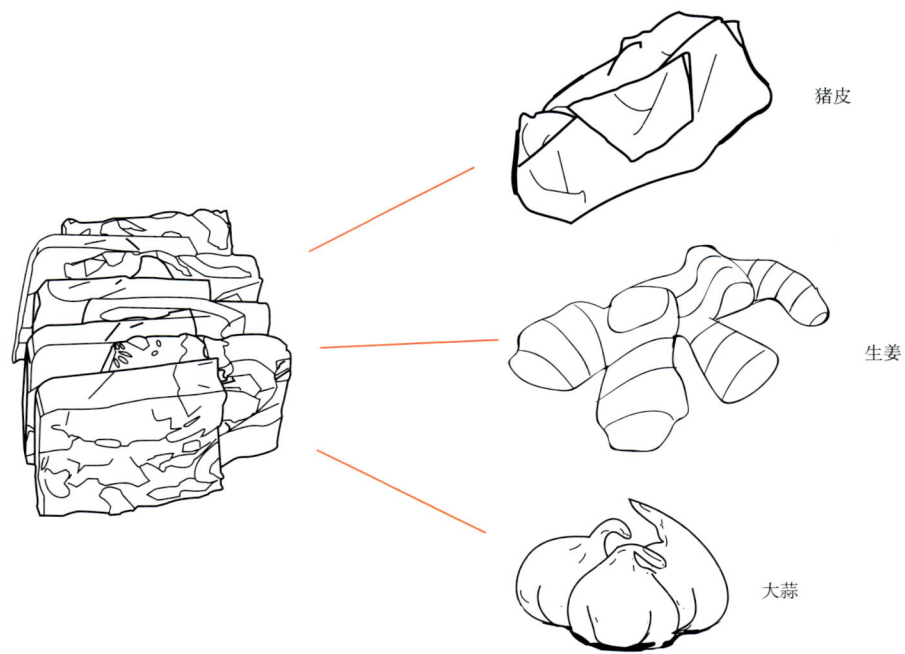

图四　满族猪皮冻食材图

满族馒头

图一　满族馒头主图

馒头，满族人称为"饽饽"，是用小麦、杂面等面粉制作的食品，是满族人的主食之一。满族的饽饽是满族妇女智慧的结晶，经过多年总结和发展，样式更多。除了食用之外，在满族生产、生活的各项活动中，都能看见饽饽的存在。

过去，满族的饽饽原料来源广泛，有黏食类的，如黏面饽饽、笨面饽饽和菜馅饽饽等，随着满族生活的发展，馒头一词出现，一般是指以小麦面、杂面等面粉制作的食品。满族馒头的主要原料是产自东北平原的小麦，东北的小麦虽受气候条件限制，产量不高，但面粉筋性高，是做馒头的优质原料。馒头为发酵食品，是将小麦面加入水混合后，再加入碱，发酵后揉制成面团，上屉蒸熟。过去满族妇女在发酵面粉时，常常使用老面为发酵种，老面就是发面蒸馒头时剩下的一小团面，由于里面有丰富的酵母菌，下次发面时作为菌种使用。现在一般以酵母粉代替了老面。

馒头作为满族人的主食之一，为满族人提供充足的热量和营养，在冬季时满族妇女常常一次蒸出大量的馒头，在室外寒冷的环境中冷冻，需要食用时加热即可，节省时间。而且满族还拓展了馒头的用处，除了食用之外，在祭祀祖先、建造新屋等场合，作为祭祀食品使用，赋予了馒头新的含义。

图片来源
图一　白玫　摄影
图二、图五　唐夏　制图
图三　郭珂　手图

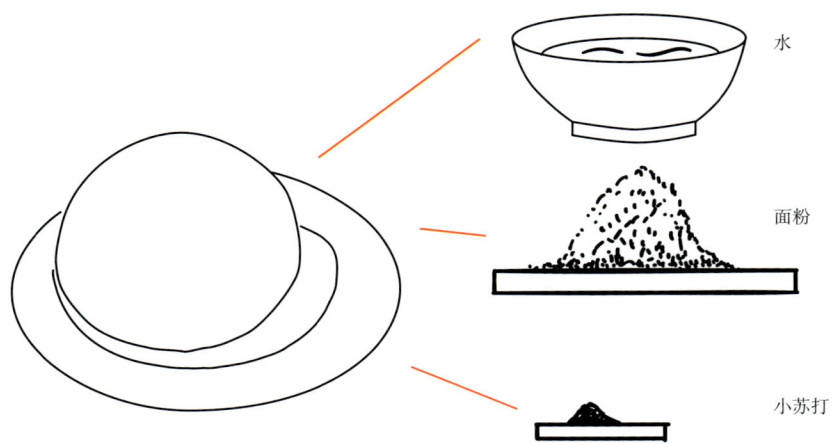

图二　满族馒头材料图

图三　满族馒头场景图

步骤1　和面

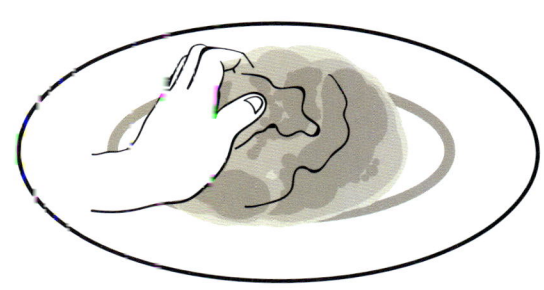

步骤2　和面成型

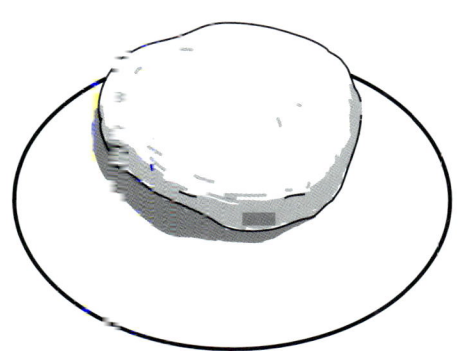

步骤3　和好的面

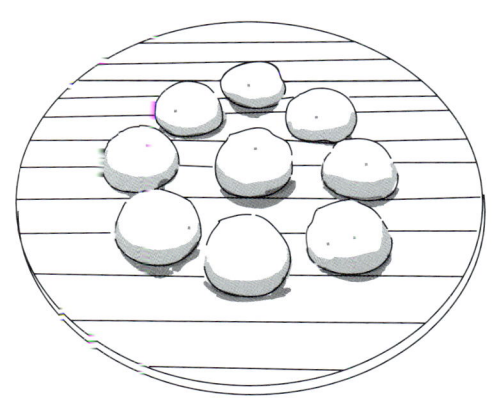

步骤4　入锅蒸

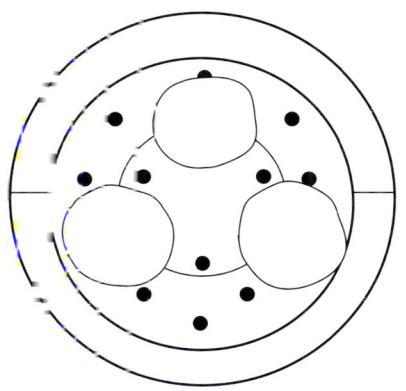

图四　满族馒头制作流程图

满族黏糕

图一　满族黏糕主图

　　黏糕是满族最喜爱的黏食之一，也称为年糕。满族的黏糕一般用黏米及小豆制成，称撒年糕。吃起来可口，做起来却相当费事。制作黏糕时，需要将黏高粱磨泡好并磨成细面，然后在蒸锅上蒸制。

　　做法是先将黏高粱米、黏大米、大黄米或黏苞米用水淘净，加工成细面，将小豆烀至半熟；在大蒸锅内铺好蒸帘屉布，往屉布上撒一层面，再撒一层小豆，掸上适量的水，再撒一层细面、一层小豆，掸适量的水，如此重复多次，直到约10厘米厚。盖上盖蒸熟之后（数量不同时间也不同，越厚蒸的时间也越长），可以当即食用，也可切成块状、片状冻置，食用时，重新蒸热。用黏高粱米做的颜色为赭红，用黏大米做的呈白色，大黄米做的呈金黄色。也可将各种面相杂撒进，蒸熟切开后形成条纹。其味皆腻如脂，黏且香。

　　黏糕之所以为满族人所喜爱，主要是黏糕所含的高热量能够为满族人提供充分的能量，在野外活动中保持体力。另外一个原因是易于保存，特别是在冬季，在室外冰冻的黏糕可以保持很长时间，如需食用时，上锅蒸热即可食用，简单方便。

图片来源
图一　白波　摄影
图二至图五　周夏　制图

图二　满族黏糕线描图

大黄米　　　红枣　　　红豆

图三　满族黏糕材料分示图

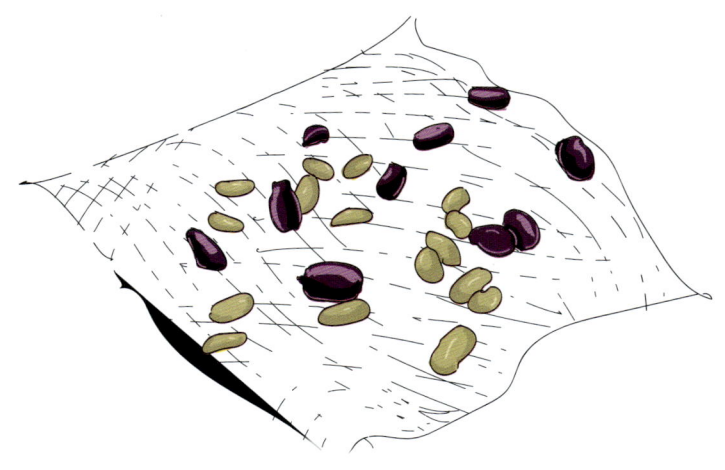

图四　满族黏糕步骤图1　蒸

图五　满族黏糕步骤图2　黏粉

满族苏叶饽饽

图一 满族苏叶饽饽主图

苏叶饽饽是满族非常有名的小吃，传统黏食之一。制作材料有苏子叶、黏高粱米面、小豆、白糖等。苏叶饽饽是满族民族特色小吃，饽饽制作利用东北特有苏叶制造而成，有清凉消暑的作用，让小吃具有解暑功效。从侧面反映满族人的小吃制作和创新，有非常鲜明的地域色彩和民族特色。

苏叶饽饽是一种夏季的小吃。其做法，一般夏季时首先将黏高粱米用水浸泡后，上磨磨成水面，加适量的苞米面和匀。其次制作馅料，先将豆煮烂后，加糖拌成豆沙馅料；同时用苞米面包住馅料做成饽饽的形状。最后采集新鲜苏子叶，洗净，在上面涂抹食用油；将加好豆沙馅的饽饽摊在苏子叶上，合拢包严后，上蒸锅蒸熟即可食用。食用时为了更加可口，满族人一般蘸点白糖食用。

今天做苏叶饽饽已不限于用黏高粱米水面，满族人用较贵的糯米面替代。主要是因为用糯米面不必掺杂苞米面，直接用凉水和面就可以了。苏叶饽饽是满族的传统美食，也是满族人在举行仪式和节日中必备的糕点。苏叶饽饽既有黏食的甜香味，又有苏子叶的清香味，吃起来黏甜鲜香，是夏季不可多得的美味食品。

图片来源
图一至图四 周夏 制图

第三章 满族传统餐饮

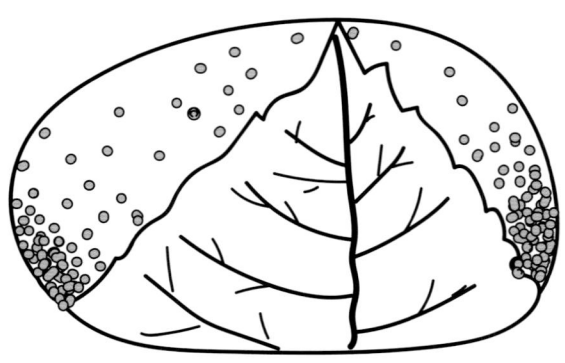

图二　满族苏叶饽饽素描图

图三　满族苏叶饽饽场景图

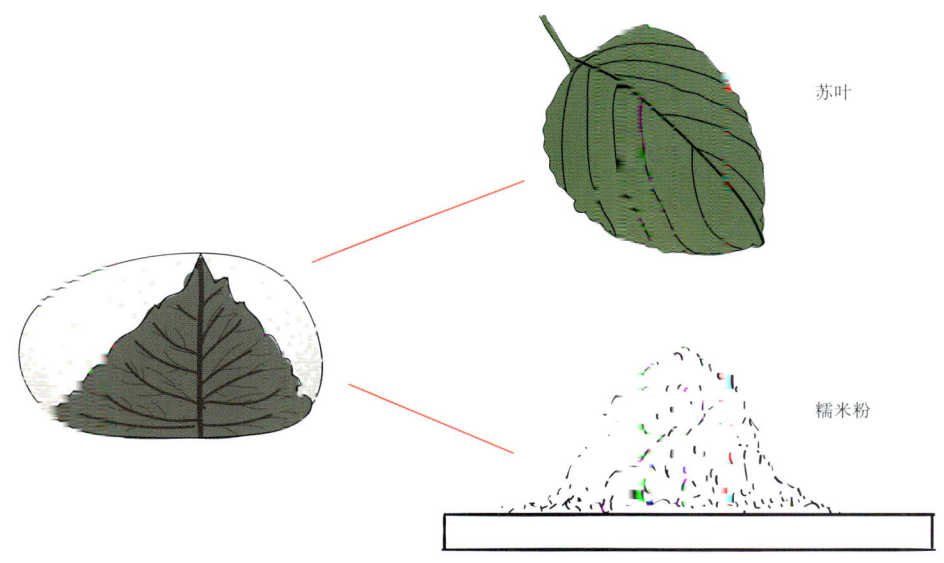

图四　满族苏叶饽饽材料图

满族萨其马

图一　满族萨其马主图

　　萨其马是满族一种最具民族特色的点心，更是驰名全国的民族糕点。萨其马原本是满族祭祀时使用的祭品，《燕京岁时记》中记载，萨其马被称为满洲饽饽，使用冰糖、奶油和白面食材，做成糯米状，烤熟后切成方块，甜腻可食。随着满人入关后，萨其马由北方传遍全国，并逐渐流行开来。

　　萨其马最初的做法是将鸡蛋加进面粉和匀，擀成薄片再切成细条，油炸后，淋上糖稀，撒上芝麻即可。后来萨其马制作更趋精美：在面粉中兑入鸡蛋、奶油等和匀揉好，擀成薄片，切成寸许长条，以油炸之；用冰糖熬制的糖稀，将面条拌匀，倒入铺有花生仁、芝麻、青红丝、瓜子仁等的木槽内压平，切成方块形。

　　萨其马的前身是满族传统糕点——搓条饽饽。搓条饽饽的做法和打糕大体相同，即把蒸熟的米饭放到打糕石上用木槌反复打成面团，然后蘸黄豆面拉成条状，油炸后切成块，再撒上一层较厚的熟豆面即可。搓条饽饽是往昔满族主要供品，所以称为"打糕穆丹条子"。后来，用白糖代替了熟豆面，成了"糖缠"，更名为萨其马。

　　萨其马味道香甜，便于携带，热量高，满族青年出征和狩猎时，常常随身携带。现在，萨其马成了一种精美的糕点，还有一种面带红糖、颜如芙蓉的萨其马，又有了一个漂亮的别名——芙蓉糕。

图片来源
图一　邱珂　摄影
图二至图六　贾晨茜　制图

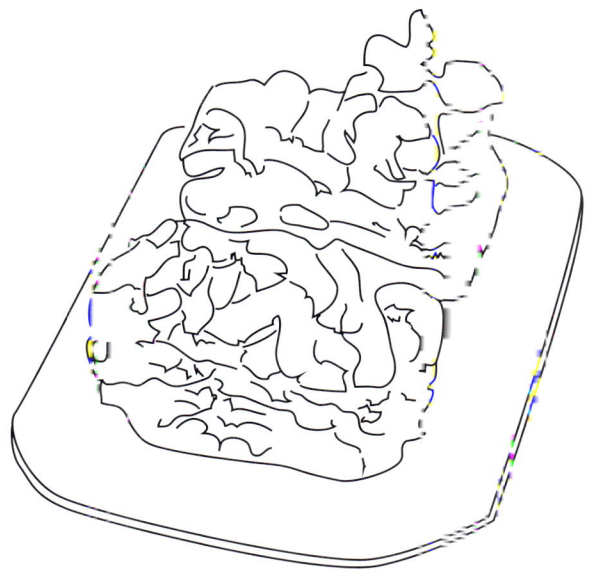

图二 满族萨其马线描图

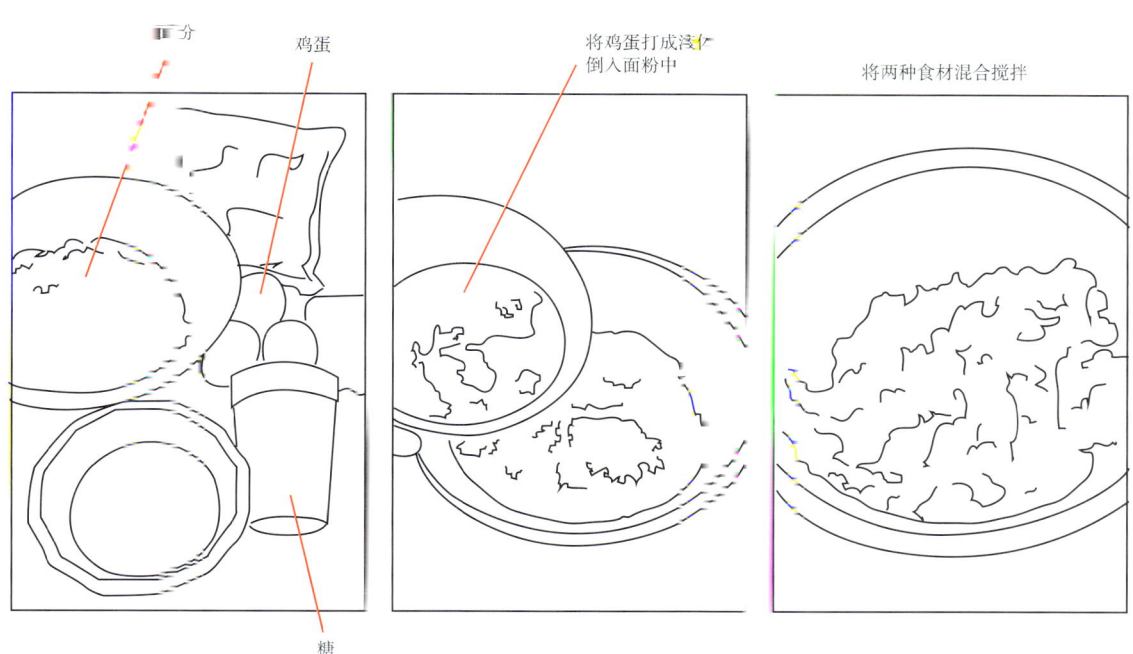

图三 满族萨其马制作流程图

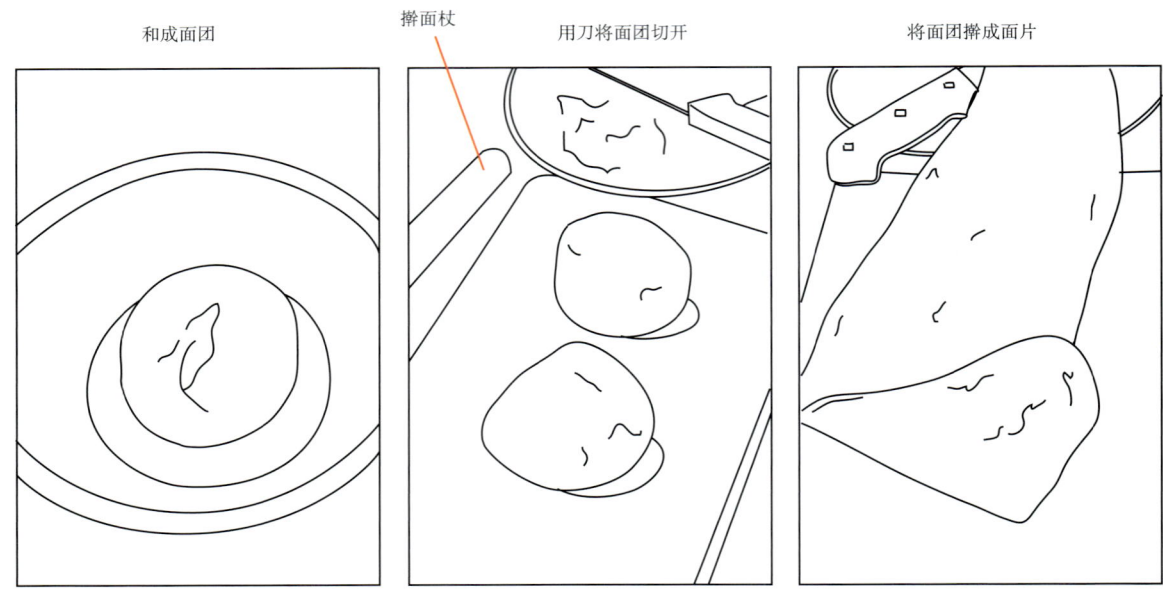

图四　满族萨其马制作流程图2

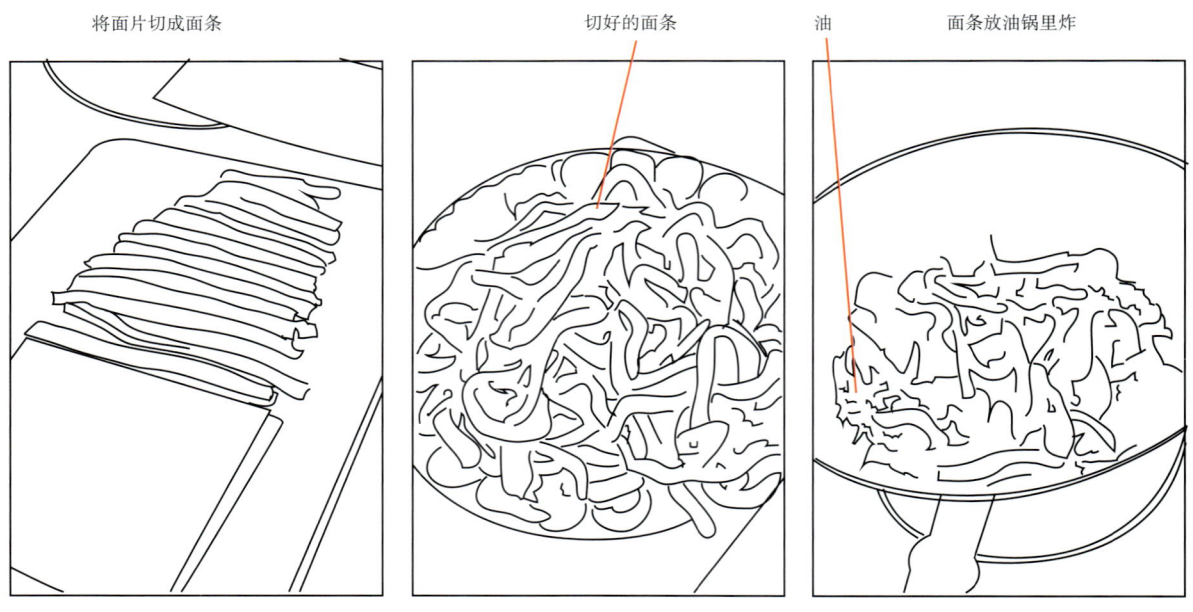

图五　满族萨其马制作流程图3

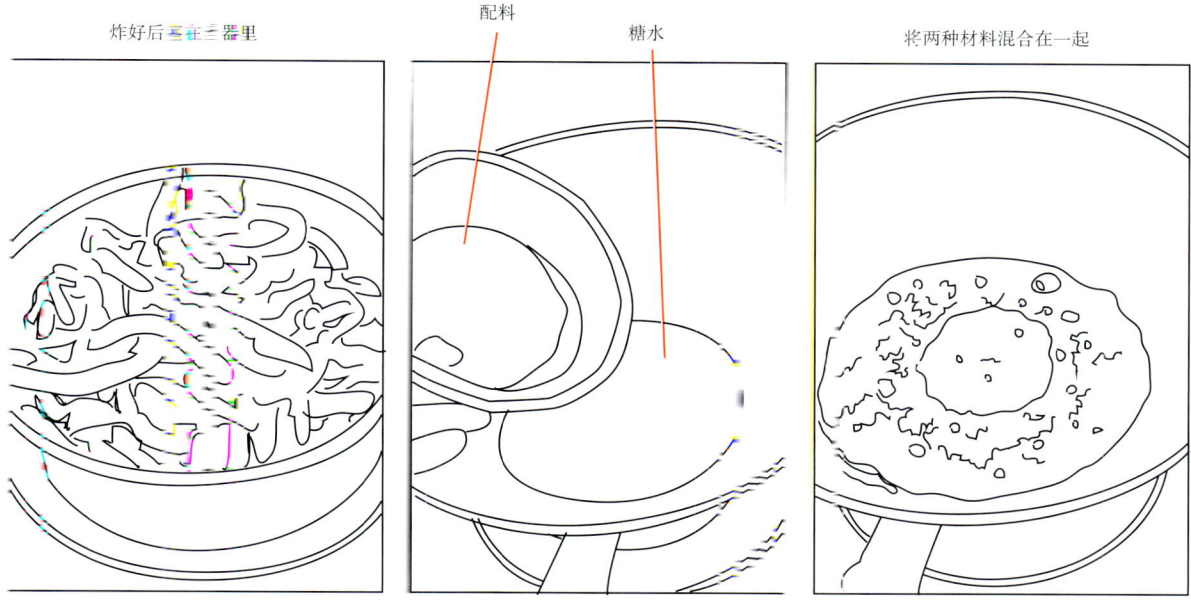

图六 满族萨其马制作流程曰二

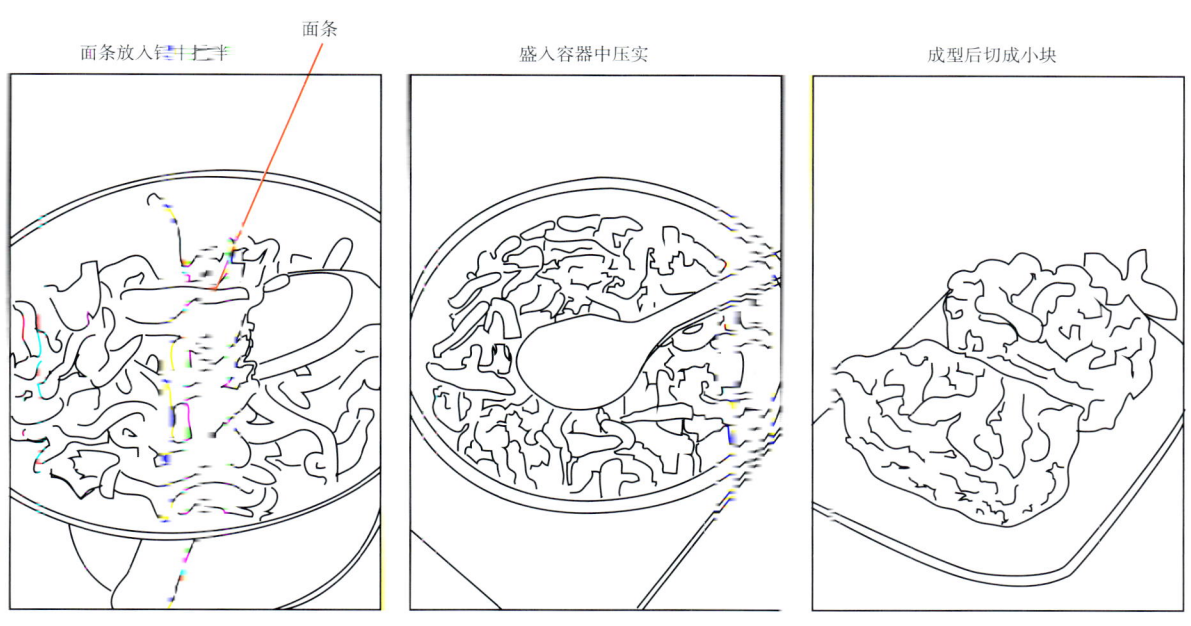

图七 满族萨其马制作流程曰三

第三章 满族传统餐饮

满族火锅

图一　满族火锅主图

　　火锅是满族人的名肴,在满族已有千年以上的历史。现在的火锅最初是从满族人的祖先女真人狩猎野餐时用篝火烧陶壶、陶罐来煮食品演化而来的。由于满族是游牧民族,常常在野外食宿,所以他们需要一种方便携带,便于烹煮的锅具,起初他们用陶制器皿进行烹煮,但陶制器皿重量重、易碎的缺点让满族先民很是头疼。后来,随着冶金技术的发展,金属制品开始得到广泛的应用,满族先民便将锅与篝火部分相结合,做成了一体化,在一个小型的金属锅下连接了一个中空的小灶,用来放燃料,锅的材料一般是铜质的,铜质锅对人体的健康也是非常有好处的。由于这种锅具有携带方便、不易损坏的优点,很快它便成了满族先民出猎的必备随行炊具。

　　满族风味的火锅典型的有雀火锅、天上锅、水中锅、地上锅。虽然叫法不同,但它们都有一个共同的特点——火锅的材料都是以飞禽走兽为主的,这与满族人游牧的习性以及它们浓烈的灵禽崇拜观念有很大的关系，由于材料多为野味，其汤水非常美味可口，汤料味道鲜美，这与南方的麻辣锅底有很大的区别。火锅作为满族人最广泛的食品，就连清代的皇帝也很喜爱。

图片来源

图一　富育光.《图象中国满族风俗叙入》.山东画报出版社.

图二至图三　张敏　制图

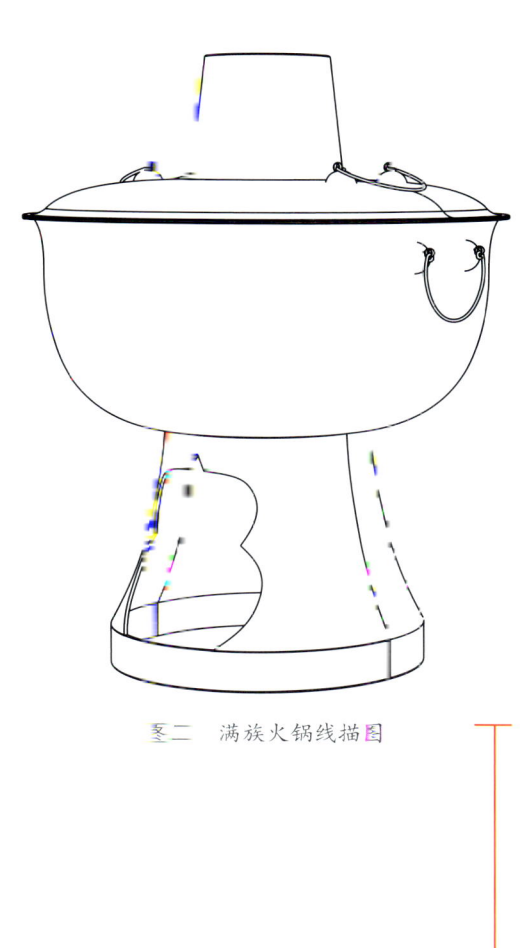

图二　满族火锅线描图

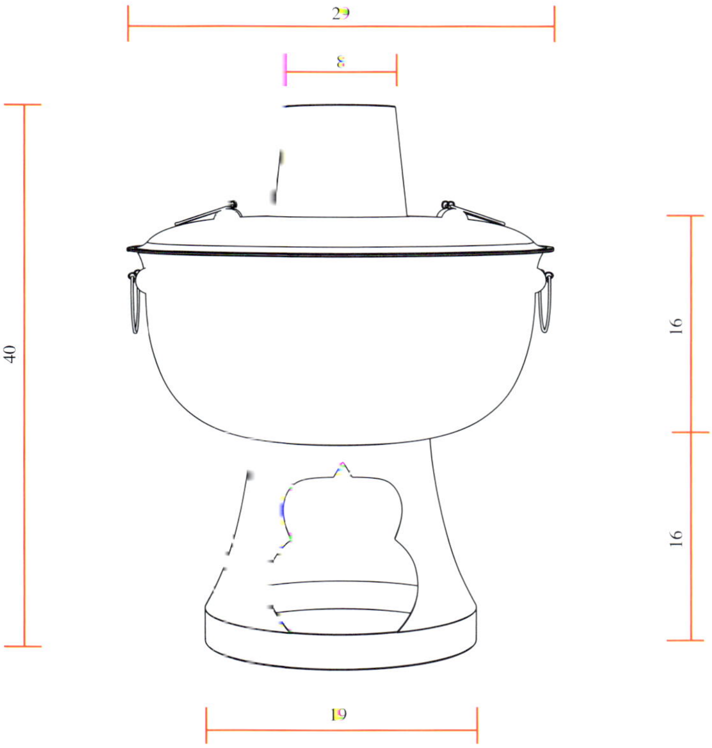

图三　满族火锅尺寸图（单位：cm）

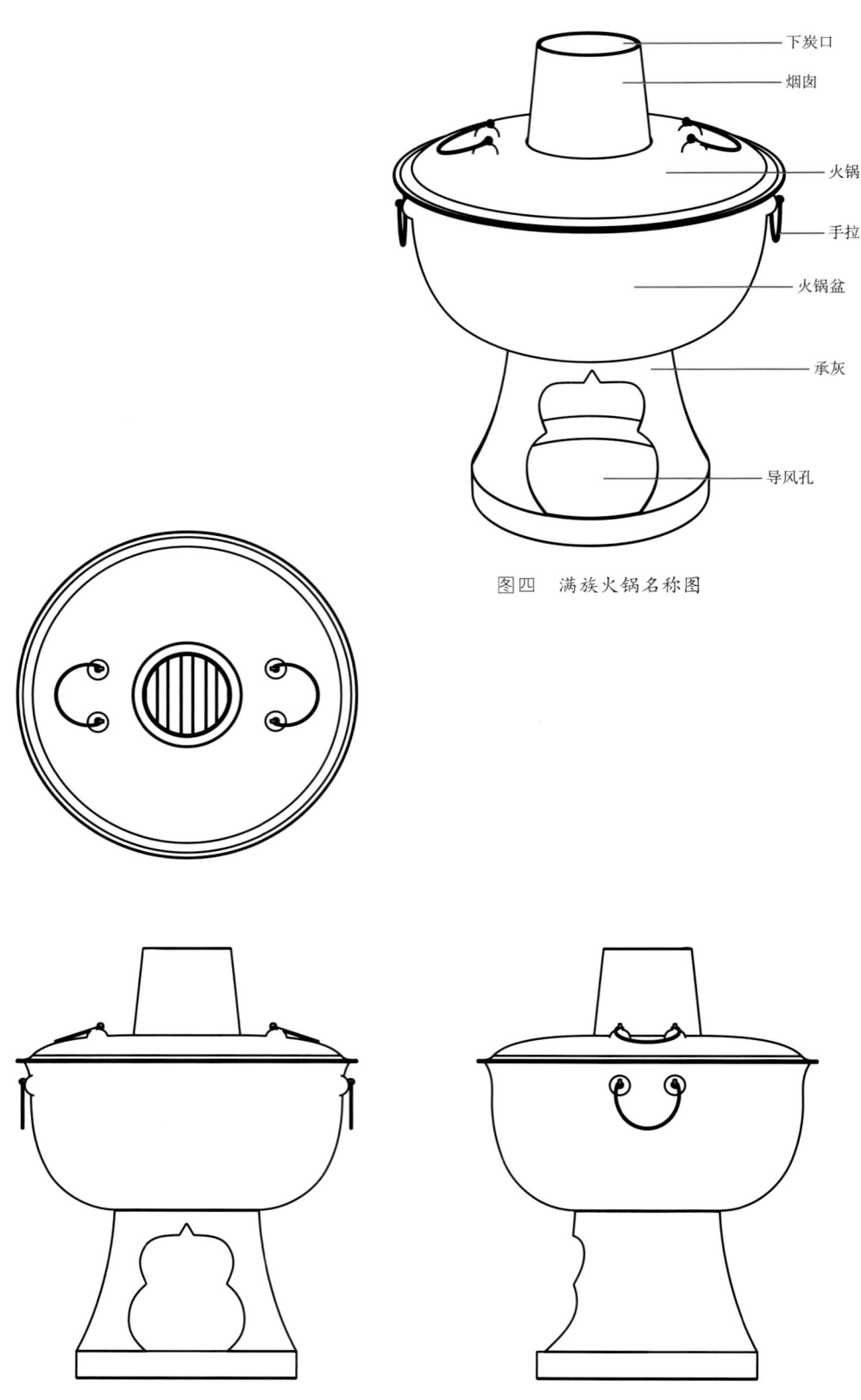

图四　满族火锅名称图

图五　满族火锅三视图

图六　满族火锅使用情境图

图七　满族火锅解析图

满族酸菜

图一　满族酸菜主图

酸菜是东北地区满族冬季的主要食材之一，是满族制作的腌制食品之一。因其味道为酸味，故称之为酸菜。

制作时间一般在冬季，选用的材料为个大饱满的秋白菜，有生腌和熟腌两种方法。生腌过程如下：首先挑选好白菜，去除残根烂叶。然后将白菜在室外晾晒两三天去除水分，晒到白菜表皮不脆，开始打蔫即可。将晒后的大白菜用清水洗净后，整齐地摆放在陶制大缸中，在每层白菜中间放置食盐。每层白菜要压紧，最上部一般都放置一块大石头，加满凉开水，以免白菜与空气直接接触而变质。密封存放，在寒冷的环境中让菜慢慢紧缩，发酵，一般腌制时间为一个月左右即可食用。腌制酸菜的室温为5—10℃，温度过高酸菜易腐烂变质，温度过低则容易冻住。熟腌与生腌略有不同，其过程如下：先烧一锅开水，把洗净的白菜放在锅里烫一下，放凉后再压进缸里，这样腌30天后就能炖熟食用了。腌制酸菜需要注意使用陶制大缸而不可使用塑料桶和金属容器。其次不可将油滴入缸中，否则酸菜会坏掉。

酸菜是满族人民为了解决东北地区寒冷的冬季蔬菜供应问题而出现的。东北地区冬季漫长，蔬菜无法生长，新鲜蔬菜也无法长期保存，而腌制的酸菜则可以长期保存，从而解决冬季蔬菜供应问题。酸菜口感略酸，含有丰富的乳酸，可以很好地刺激味蕾，口感好，同时对人体有利。但酸菜含有大量的亚硝酸盐，如长期食用容易引起结石。

图片来源
图一　刘辰　摄影
图二至图四　于水苗　制图

挑选白菜
第一步

晾晒白菜，去除水分
第二步

清洗
第三步

放入缸中腌制（30天左右，5℃—10℃）
第四步

取出食用，制作完成
第五步

图二 满族酸菜制作流程1

挑选大白菜
第一步

切白菜
第二步

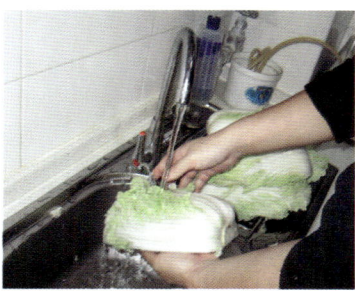
清洗
第三步

开水烫
第四步

放凉
第五步

放入大缸中腌制（30天左右，5℃—10℃）
第六步

图三 满族酸菜制作流程2

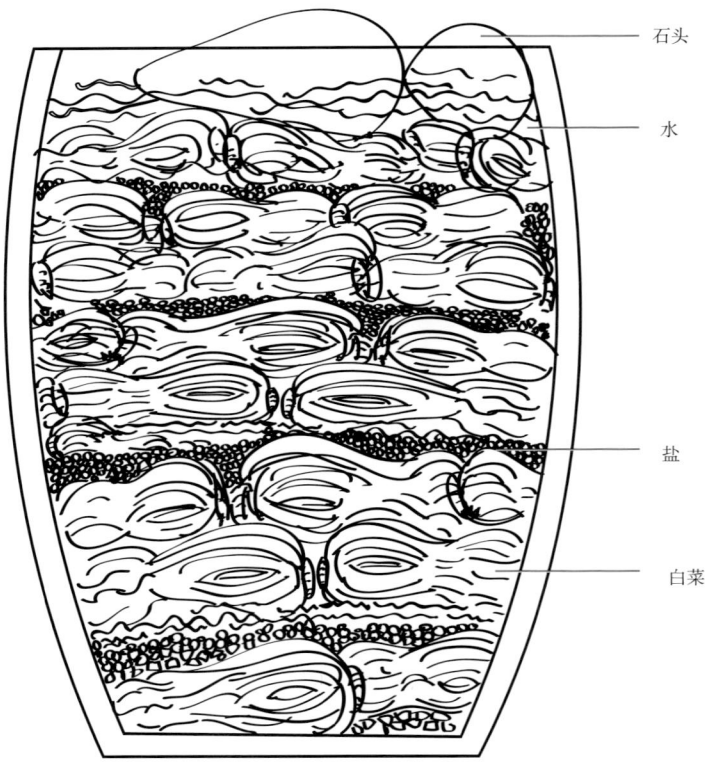

图四　满族酸菜腌制示意图

满族酸汤子

图一　满族酸汤子主食

酸汤子，又称汤子、搁豆子（做法略有不同），是满族夏季常吃的一种传统特色美食，流行于辽宁东部、吉林东南部及黑龙江一带。是用玉米水磨发酵后做的一种粗面条样的主食。口感细腻爽滑，营养健康，是一道绿色营养美食。

它的具体做法是：将玉米碎（苞米碴子）洗净，置厨房内阴凉处，用冷水浸泡十余日（时长要室温而定），使其自然发酵。待微有酸味时，捞出清洗后，用水磨磨成糊状（俗称水面），再用布口袋控去适当的水分，之后取出放在阴凉处或者是团起来放在室外冷冻，以避免腐败变质。在食用时，锅内放清水烧开，待水烧开后，将成团的汤面放入锅里氽一下，等到表面呈半透明状时，捞出置于盆内，用勺子或筷子将面团打散，再用勺子取适量开水倒在汤面上，同时不断搅拌，使汤面更多地熟化，产生足够的粘度，搅拌均匀备用。维持锅内的水沸腾，取适当大小一团汤面合在双手中间，双手十指用力一合，压在面团上，使其在压力作用下进入夹在一个指缝内的汤套里。（汤套：是将一薄铁片剪成一个锐角的扇面，然后将其卷成一喇叭状小铁筒。制成的汤套大约一寸半长，大头比手指略粗，小头比筷子略细，使用时大头朝手心方向，小头从指缝间穿出。）同时需要甩动双臂，使得汤面从汤套内蹿出后在空中被甩成弧线状，落到下面沸腾的开水锅里。挤一下，蹿出一条，需要避免甩到锅外面，也不要锅内的面条堆积一处，粘连成团。如果成堆，及时用勺子搅开，等到面全挤完后煮上片刻，即可连汤盛起食用。如没有汤套，也可用手攥，让面从虎口挤出，只是这种条粗细不均。因为是用双手"攥"出来的，所以做这种食品的过程叫"攥汤子"。当然也可以依据个人口味加一些辣椒油或胡椒粉，或者在攥完后，在汤子中下些嫩白菜或菠菜之类蔬菜，加盐和调料煮熟。

图片来源
图一　周夏　制图
图二至图五　李帅　袁雯钰

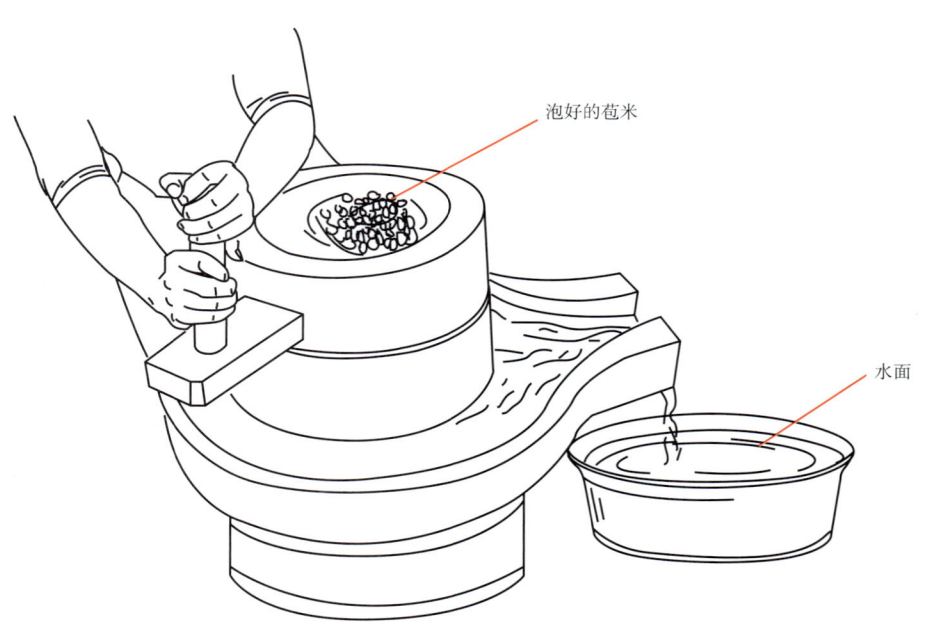

图二　满族酸汤子制作流程图1

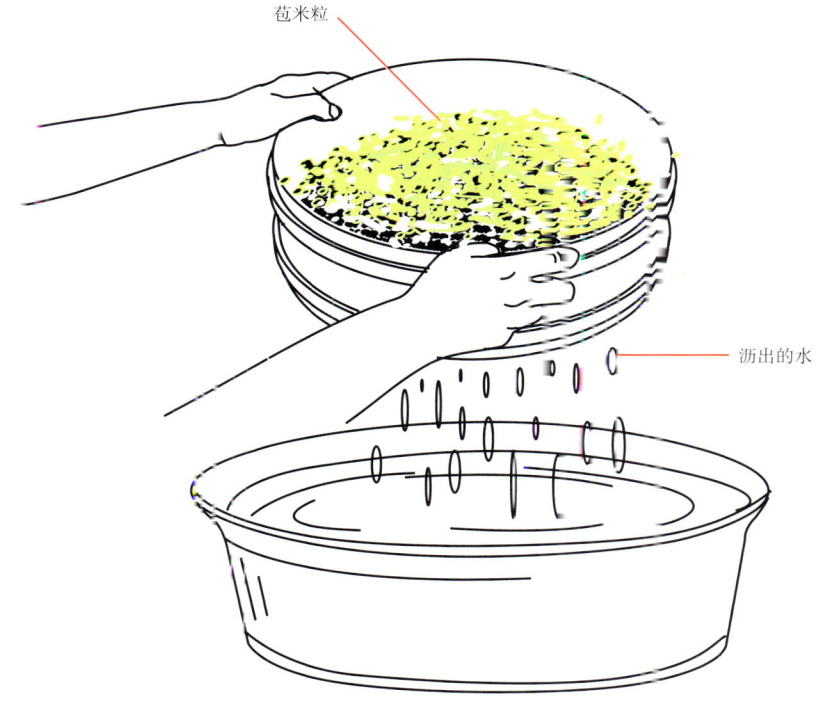

图三　满族酸汤子制作流程图2

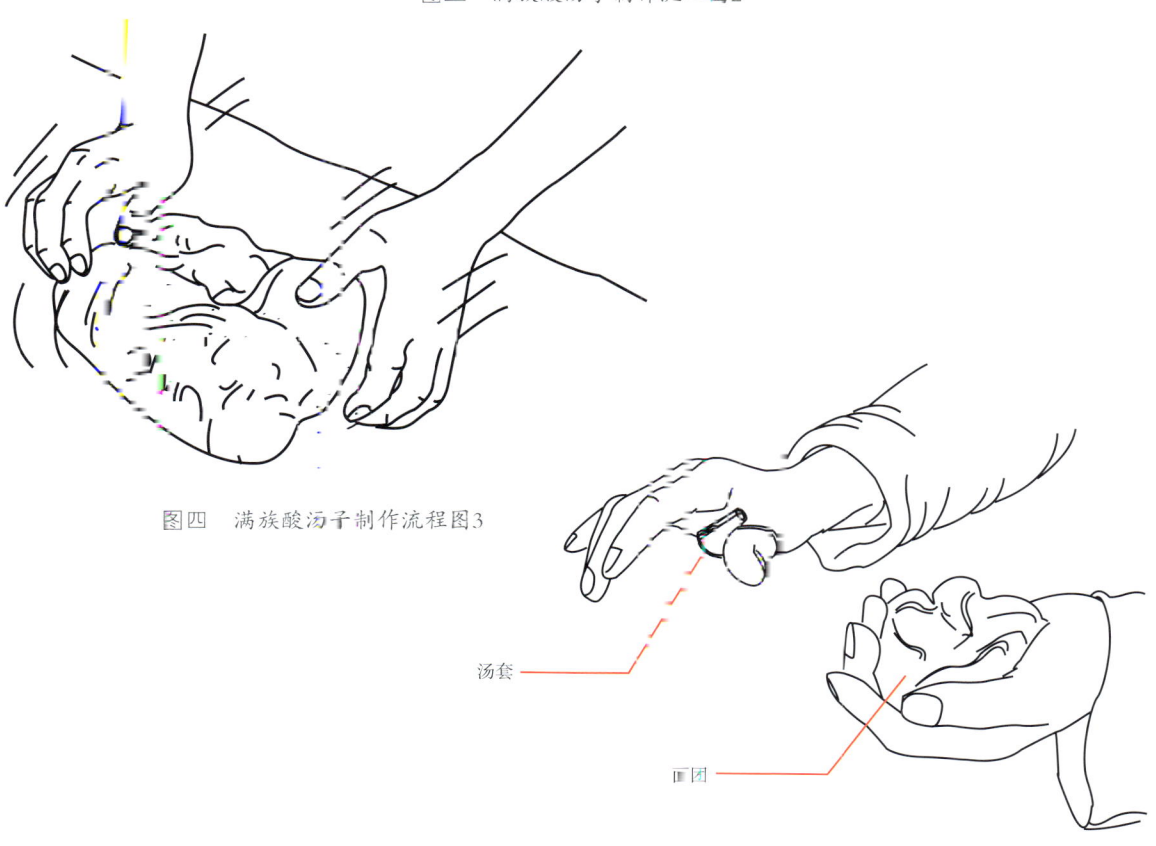

图四　满族酸汤子制作流程图3

图五　满族酸汤子制作流程图4

满族下豆酱

图一　满族下豆酱酱耙主图

满族下豆酱历史悠久。一般用糊熟的黄豆做成块，放在大缸里发酵一个月即成。以酱作原料，可以做成许多美味的菜肴。依山者，把各种山珍野菜做成酱菜；近水者，把鲜鱼做成鱼酱；而肉酱、鸡蛋酱，更是家常便菜。生菜蘸酱，是满族沿袭其先人的习俗。

制作下豆酱是一般满族家庭必备的一项活动。制作过程是将大豆精选，剔除坏的、变质的豆粒和其他杂质，用清水洗净，放进锅里加水煮熟，绞碎制成均匀豆泥。酱泥干湿适宜，过干则难以团聚成坯，影响正常发酵；水分过多则酱坯过软难以成形，坯芯易伤热、生虫、臭败。酱坯大小一般以三斤干豆原料为宜，易于发酵酶变。于室内阴凉通风处晾至酱坯晾干（三到五日），然后在酱坯外裹以一层牛皮纸（防止蝇虫腐蚀、灰尘沾污等），放在阴凉的地方通风处，坯件间距约一寸，酱坯多时可以分层摞起，但以细木条隔开，约一周时间将酱坯调换位置继续贮放如前。发酵到一定的程度，里面都长白毛了才好。待之农历四月十八或二十八开始下酱。去掉外包装纸后将酱坯倒入清水中仔细清洗，刷去外皮一切不洁物；然后将酱坯切成尽可能细小的碎块，放入缸中。缸要安置在窗前阳光充分照射之处，为避免地气过于阴凉，一般要将酱缸安置于砖石之上。随即按比例将酱料与盐用清净的井水充分融化，去掉沉淀，注入缸中，水与碎酱坯大约是二比一的比例。然后用洁净白布蒙住缸口。三天以后开始打耙。每天用酱耙子打耙，大约坚持打耙一个月时间，每天早晚各扛一次耙,每次二百下左右。把沫子盛出来丢掉,等酱发了就可以吃了。

下豆酱是满族为了增加食材来源及丰富口感而采取的制作方法,经过加工的大酱可以长期保存,成为满族不可缺少的佐餐佳品。利用大酱,满族可以做成各式各样的菜肴。在制作过程中,酱料发酵时间的选择也说明满族对于气候的精确掌握,每年农历四月十八至二十八,正是东北地区气候开始逐渐升温时期,而这种气候条件非常适合酱料的发酵。大酱现已经成为东北地区各族人民所喜好的食物之一。

图片来源
图一至图四　邱珂　制图

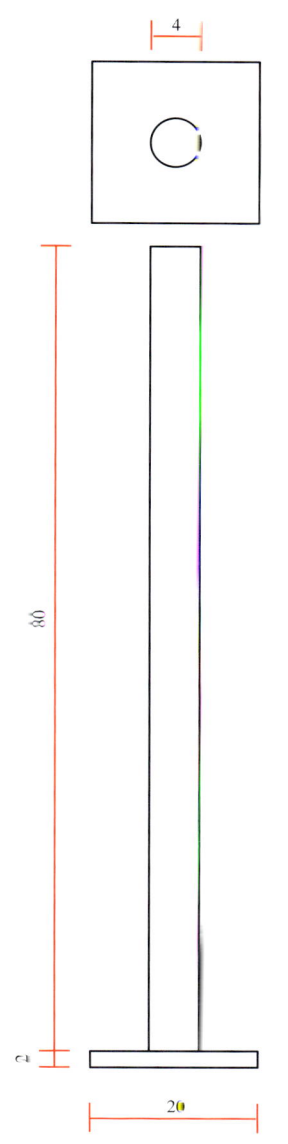

图二　满族下豆酱酱耙尺寸图(单位:cm)

图三　满族下豆酱制作场景图

1. 洗豆，并在温水中泡发8~10h

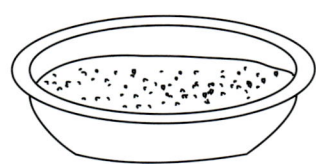

2. 先用大火后用小火煮2h,不开锅再焖6~8h

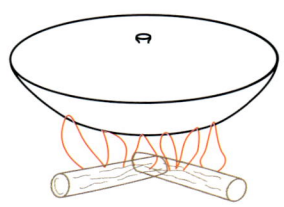

3. 搅拌机绞碎

4. 用纸包住拍实的体积30*20的豆泥，阳光下晒约7天发酵

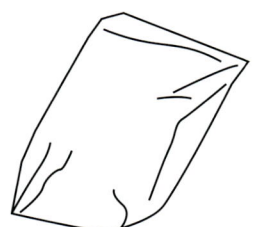

5. 清洗酱块表面后，掰成小块晒3~4h后放入缸中，缸里再加入大火烧好的盐水，盐水比0.5：1，水与酱块比2：1

6. 用干净白布盖口晒1个月

7. 每天早晚用酱耙各打一次酱，每次打200下，并把浮上来的沫盛出来丢掉

8. 一个月之后酱便制作完成

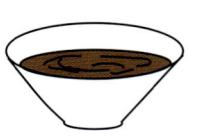

图四　满族下豆酱制作流程图

满族炒面

图一 满族炒面主目

炒面是中国许多民族的食品之一，满族在游猎时代也经常食用炒面。但各个民族之间的炒面也有所不同。

炒面的制作方法是先将米面磨成细粉，前提是准备好基本的炒面工具。俗话说"巧妇难为无米之炊"，要想做炒面，必须使用大铁锅，还得用小火慢熬。

炒面要选择平底铲子，平铲子便于快速地翻炒面粉，还能一铲到底，直触锅底，以防面粉炒糊粘锅，最关键的作用是还能在翻面的过程中压碎粉疙瘩，使疙瘩重新以面粉的形式入炒，还能防止面粉变煳。在炒面时，一次最好用一瓢半的面下锅，这样的量能保证每粒面粉都能得到最好的翻炒，都能和热锅面有重复的接触，使得入锅的面粉能获得均等的机会。

面粉入锅以后，要格外小心，这是炒面成功的重要环节。要用平底铲子不停地翻炒，因为面粉最怕炒煳，一个不小心，锅底煳了，整锅的炒面也就毁了。此时还需烧火工的配合，要使火苗一直以慢火持续燃下去，直到炒面出锅。

烧火这个过程是漫长的，这道工序完成，炒面也就完成了80%。判断炒面炒好的标准就是看炒面的颜色。当面粉由白色变成棕色再到暗红色，俗称胶泥色的时候，炒面就可以出锅了。把炒面盛出大铁锅的时候也要小心，速度一定要快。不然，颜色就要变了，还有可能糊掉。农家厨房最常用的也是最适合晾晒食物的用高粱莛纳的锅拍就登场了。可以把出锅的炒面均摊在锅拍上。

炒面出锅以后还不算完，这只是完成了整个过程的90%。还有一个容易遗漏的过程，就是掸面。即使制作者再小心，也会有因水汽而凝结的炒面疙瘩。最后掸出来的疙瘩可以用擀面杖给碾碎，还可以食用。至此，炒面的制作过程也结束了。

等炒面的温度冷却下来，就可以烫炒面糊糊了。烫炒面也有技巧，需要先放炒面后放热水，还要求边倒水边用筷子搅拌，这样炒面的香气就能溢出来了，这样烫出来的炒面才是一碗真正的炒面，更能勾起你的食欲。

然后在锅中放入植物油，东北地区一般放从大豆提炼出的豆油，待油温升高后放入磨好的细粉，炒熟，然后放入盐、花生米、核桃仁、黑芝麻等，制成炒面。

炒面携带方便，保存时间长，同时又有较高的热量，可以为满族人提供充足的营养和热量，是满族游猎生活中一个重要的食物来源。炒面食用方法简单，冲热水即可食用，满足了满族人狩猎生活的需求。

图片来源
图一、图三、图四　白波　摄影
图二　周夏　制图

图二　满族炒面食材图

图三　满族炒面制作流程图1

图四　满族炒面制作流程图2

满族春饼

图一　满族春饼主图

春饼，又称为荷叶饼，是满族人民喜欢吃的一种食物。春饼薄厚均匀，通常使用春饼包和卷的方式加入馅料一起食用。每年到立春、农历二月二或冬春之交，满族人都喜欢吃春饼。满族人认为吃春饼寓意着春天来了，又是开始播种的季节，期望当年秋季五谷丰登。这个时候大地开始复苏，而满族冬季长期使用窖藏蔬菜和肉类，需要变换口味，于是口味清新、营养丰富的春饼就应运而生。

春饼是一种用白面烙制的薄饼，厚度非常薄，制作时面粉加入少量精盐和一小勺猪油，用三分之二的沸水烫面，再加入少量凉水揉成面团，团醒后制成剂子。压扁后制饼，在饼上刷好油，放到锅里煎制而成。有些烙制的春饼都可以透过光亮。吃春饼时，还要有配菜，一般是炒熟的酸菜丝、土豆丝、蒜苗等，另外还要有葱、酱，吃时将各种配菜和葱、酱混合包裹在春饼里，别有一番风味。

春饼的做法是从汉族传入的，经过了满族人民的加工，如加入酸菜丝和东北大酱等等。满族春饼是满汉民族饮食习惯共同作用的结果。从营养学上讲，将各种菜肴混合在一起使用，既增加了口感，同时又保证了各种营养的摄入。

图片来源
　　图一　邱永君.《满族》.中国水利水电出版社，2004年8月.第46页.
　　图二至图四　梁曾艳　制图

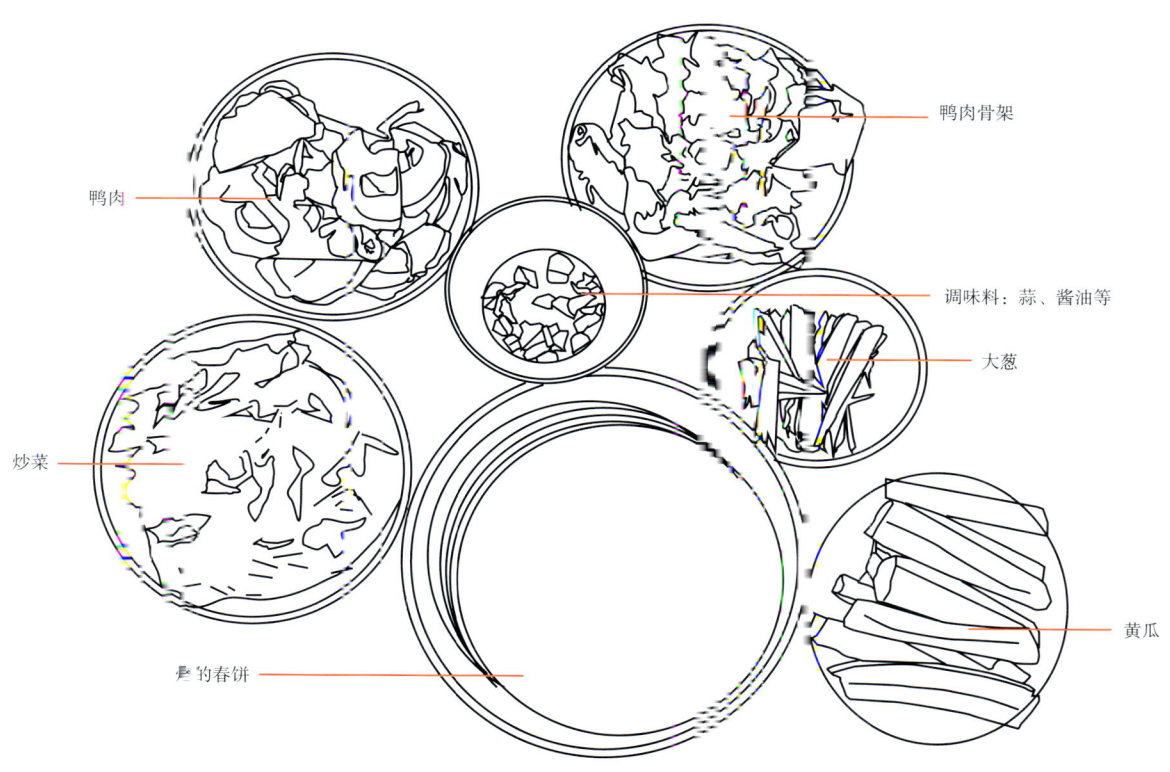

图二　满族春饼和配菜线描图

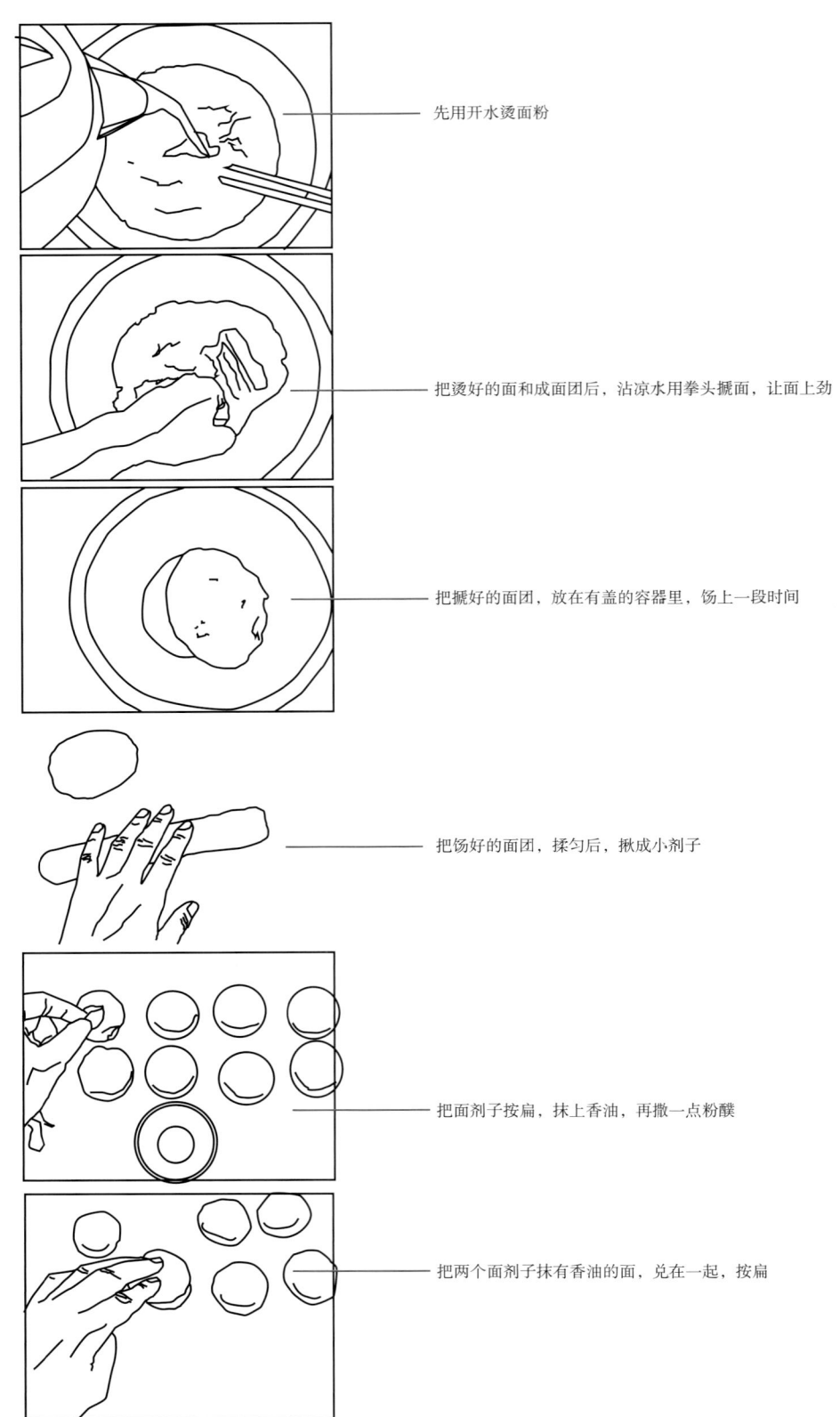

图三　满族春饼制作流程图1

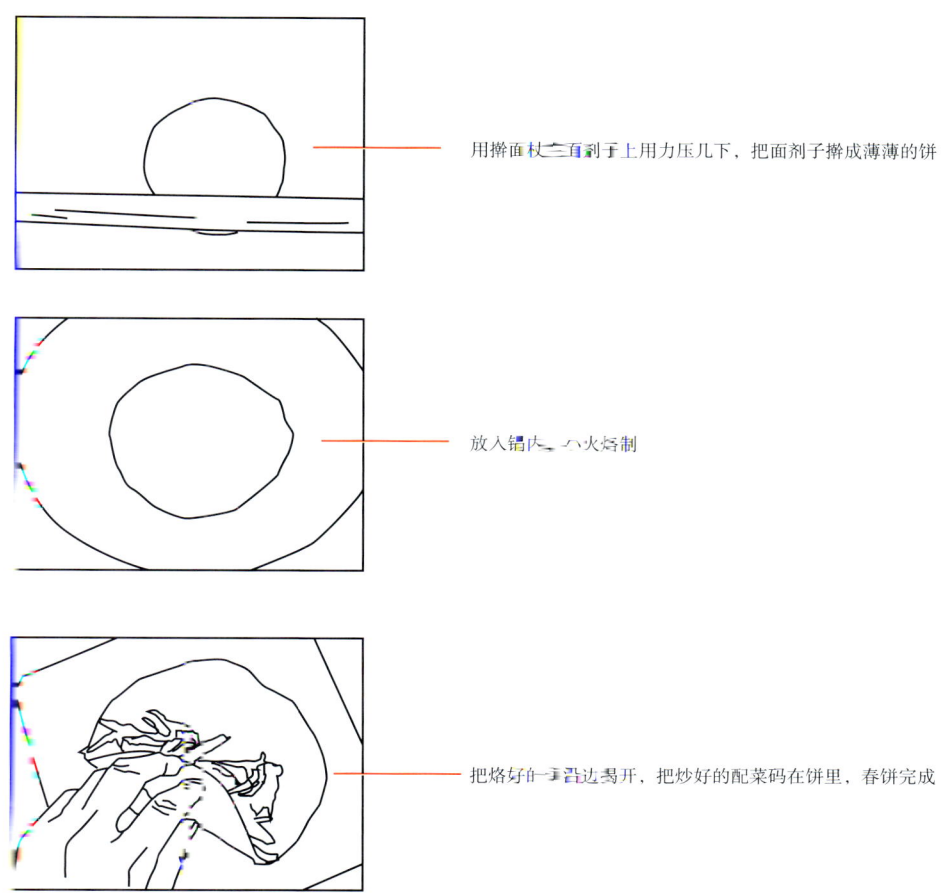

图四 满族春饼制作流程图2

满族疙瘩汤

图一　满族疙瘩汤主图

　　疙瘩汤，是满族人的传统主食，北方的满族老人可能印象最深了。由于那时疙瘩汤制作简单并且时间很短，很多满族家庭为了省事和节约，晚餐常常喝这道既算汤菜又算主食的疙瘩汤。疙瘩汤是热河一带满族的传统吃法。

　　相传，乾隆在热河私访时，在一家猎户家吃过这种汤，后来把它列为御膳。其做法是将锅烧热，放入油，用葱姜爆锅，放入肉丝，加精盐花椒、大料水翻炒；再加些时令菜蔬，添汤烧开；苞米面放小盆内，用饭勺舀锅内热汤浇在面上，用筷子扒拉，苞米面自然会形成很多面疙瘩，把面疙瘩扒拉进锅内，就这样不断重复直到所有苞米面都扒拉成疙瘩，进锅煮熟。金黄疙瘩的苞米面加上碧绿的菜叶，在沸水中飘滚，黄绿相间，十分好看，故有一个雅号"金豆翡翠汤"。因在汤内加酸菜芯、红辣椒丁，所以味道浓烈，吃后满口生津，浑身发热。

　　满族人的疙瘩汤实际上是一道集饭和菜为一体的饭食，既有肉香，又有菜香和面香，疙瘩有劲道，吃起来有滋有味。也可以用小麦面做疙瘩汤，方法与苞米面相同。疙瘩汤制作简单，营养丰富，热量高，是满族经常食用的美食，满足了满族人日常生活需要。

图片来源

图一　白波　摄影
图二　梁曾艳　制图
图三　袁娇　制图
图四　马超　制图

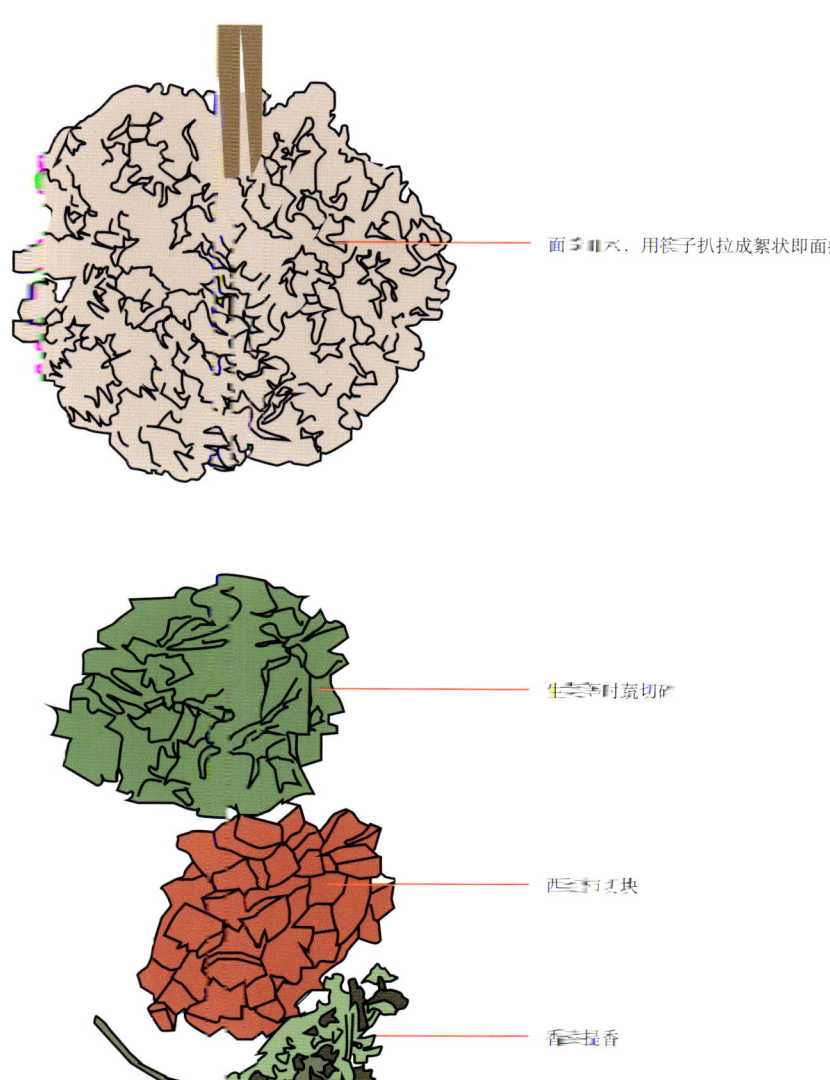

图二 满族疙瘩汤原料加工线描二色图

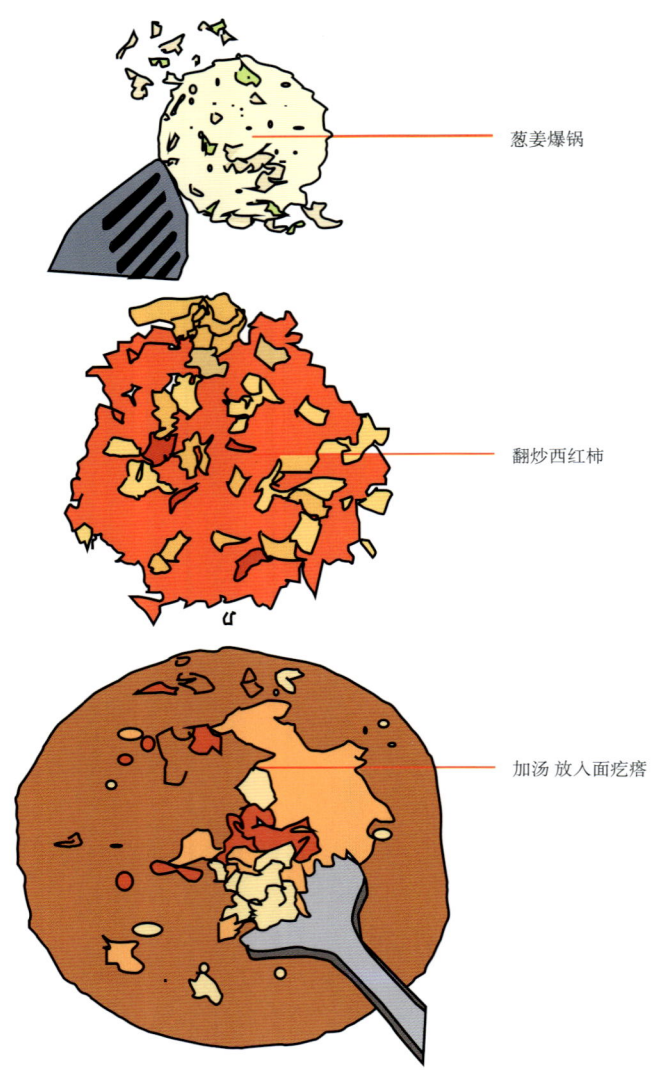

图三　满族疙瘩汤制作流程图

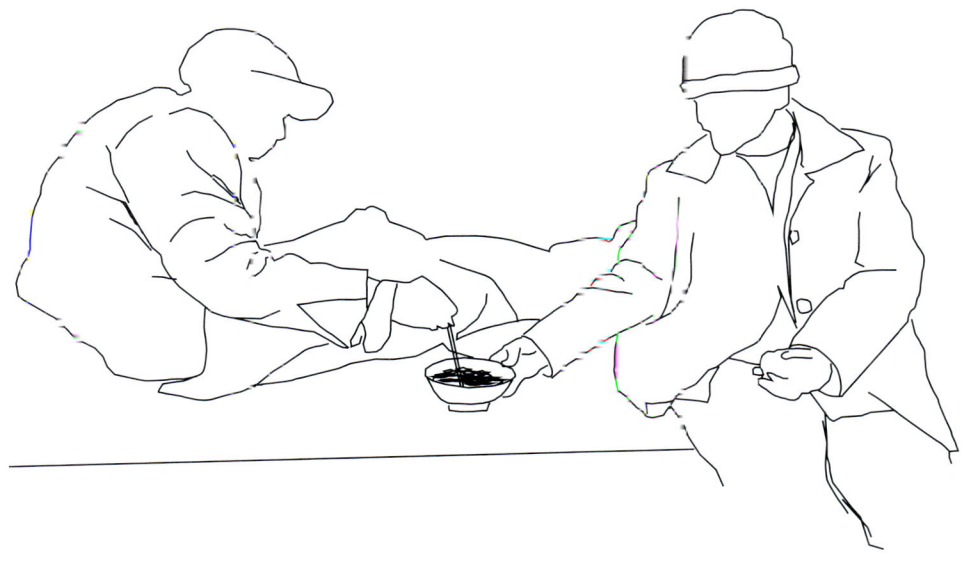

图四　满族疙瘩汤食用示意图

第四章 满族传统生活用具

满族木勺

图一 满族木勺主图

满族生活的东北地区物产丰富，粮食品种众多，满族人的食品来源广泛，在日常生活中所使用的木勺种类也较多。

木制木勺，长度20厘米左右，木柄宽度6厘米，厚度为2厘米，勺宽度大约10厘米。是用整块木片削制而成，在木柄上有一钻眼，以绳穿系用以悬挂。木勺主要是盛米饭、高粱米等食物的，直到现在这种木勺仍在使用，只不过材质发生变化而已。

长柄木勺长度大约为50厘米，其中木柄长度为40厘米，木勺部分为圆筒形，直径为10厘米，深度为12厘米左右。长柄木勺仍由整块木头削制而成，主要是用来盛稀饭、汤类。长柄木勺制作不易，特别是圆筒形的勺部，制作更是困难，所以一般家庭制成长柄木勺后多传世使用，现满族人中已很少制造了。

盛饭木勺长度比长柄木勺略短，为40厘米左右，由木柄和勺部组成。木柄长度大约为25厘米，整体为圆柱形，在顶端削成弯钩状，用来悬挂之用。勺部为半球形，直径大约为15厘米，深度为8厘米左右，厚度2厘米。盛饭木勺主要是盛比较粘稠的食物，如满族人很喜欢吃的大渣子粥就是用这种木勺盛食。盛饭木勺也是用整块木块削制而成，费时费力，但制成以后可长期使用，使用周期长。

图片来源
图一　张慧芳　制图
图二、图四、图五　周夏　制图
图三　肖珺　制图

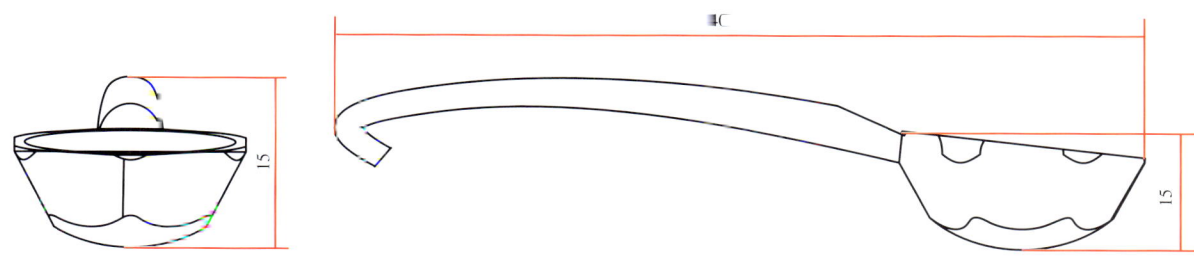

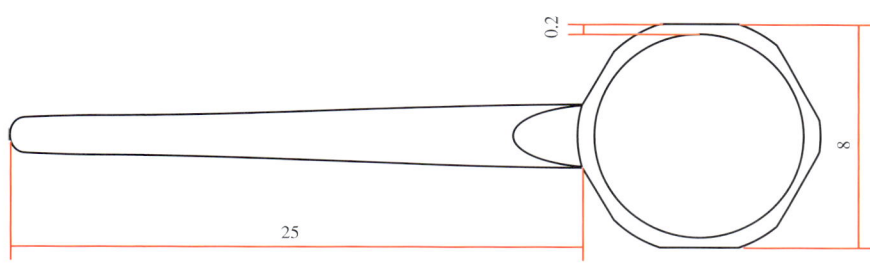

图二 满族木勺三视图（单位：cm）

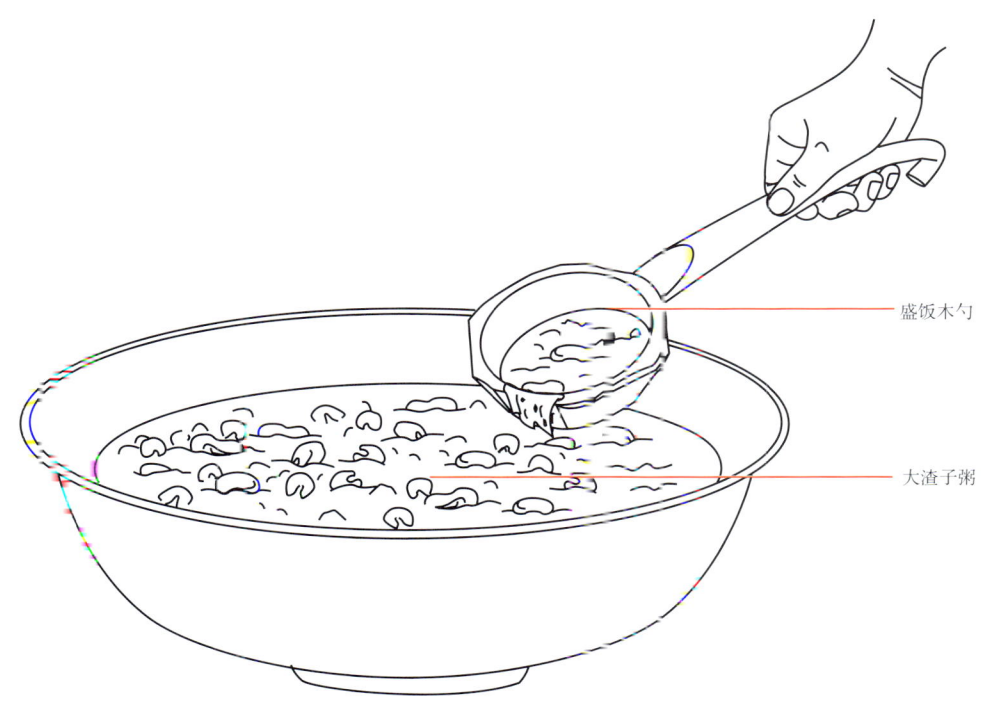

图三 满族木勺使用场景图

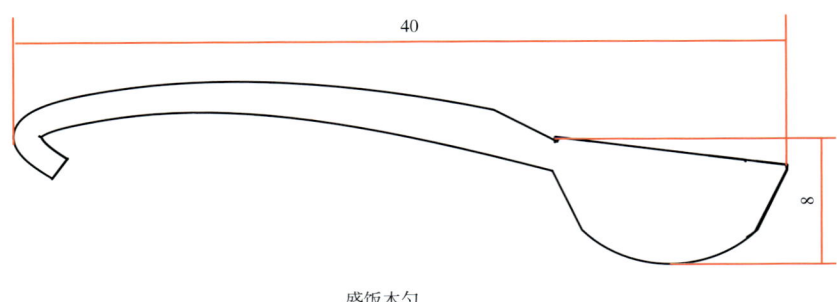

盛饭木勺

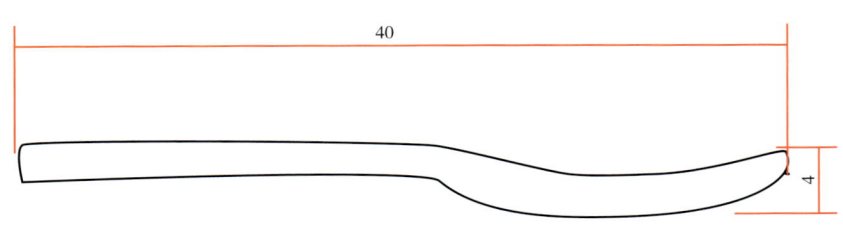

普通木勺

图四　满族木勺尺寸图（单位：cm）

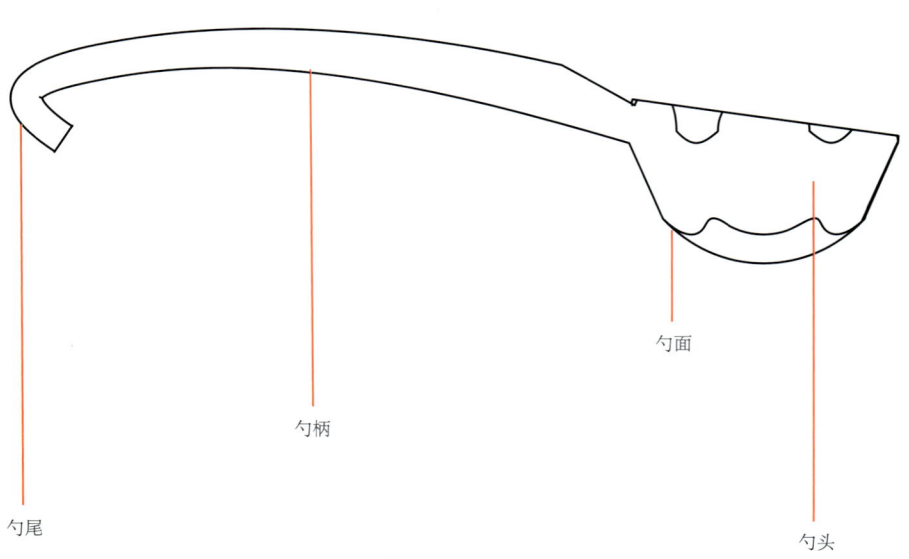

勺尾　　勺柄　　勺面　　勺头

图五　满族木勺名称图

满族漆皮铜镀金鞘小刀

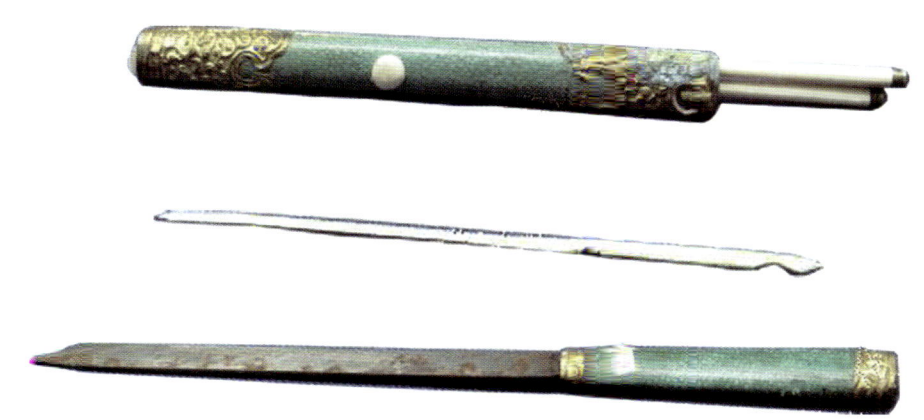

图一　满族漆皮铜镀金鞘小刀

清初期，满族人以武力开国，八旗官员时常统兵外出征战，腰带上必备有荷包、解食刀等用具。而满族漆皮铜镀金鞘小刀就是早期的便携餐具，无论出行、行军等使用非常方便。

解食刀由刀、箸等组合而成，是古代以游牧为主并接受了中原汉文化的贵族阶层所使用的进食工具。满族生活于我国东北地区，为传统的渔猎民族。受到当地物产、气候条件影响，满族的食品颇具少数民族特色，而且影响到整个北方地区。满族人最初以狩猎、采集为主要生产方式，靠捕获山林野兽、飞禽和采摘各种山珍野果为生。因此，满族人的传统饮食是以特产的肉类和黏性食品为主。由于满族人经常到山野进行围猎，又是按八旗形式外出征战，要于野外集体过食，所以他们都要随身携带解食刀，用以分割食物。

至清代中晚期，八旗子弟所用餐刀就附有金、银、玉、象牙、牛角、鲨鱼皮、漆等各种不同质地的装饰物。餐刀一般在宫廷大小宴会上使用，而且在祭神仪式中也是皇帝手中必不可少的器物。每年的元旦或春初秋末，皇帝都要在坤宁宫祭神，并同文武大臣一起吃祭神肉，由皇帝亲自用御刀将肉分割给大臣们一同享用。

图片来源
图一　吉林省博物院
图二至图四　邵帅　制图

第四章　满族传统生活用具

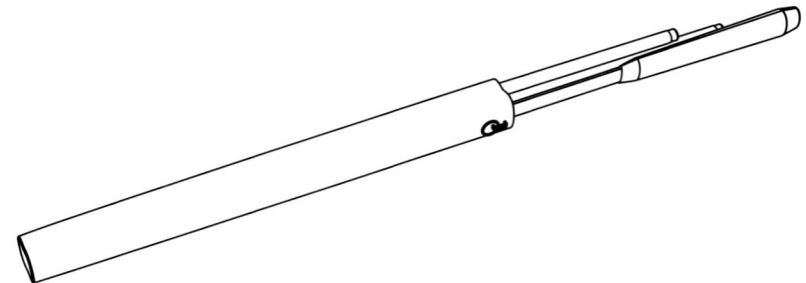

图二　满族漆皮铜镀金鞘小刀收纳图

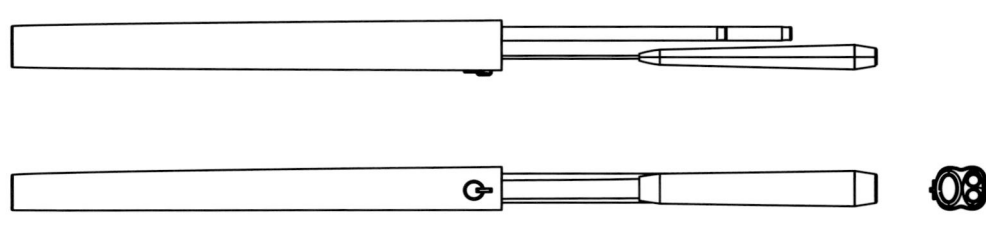

图三　满族漆皮铜镀金鞘小刀三视图

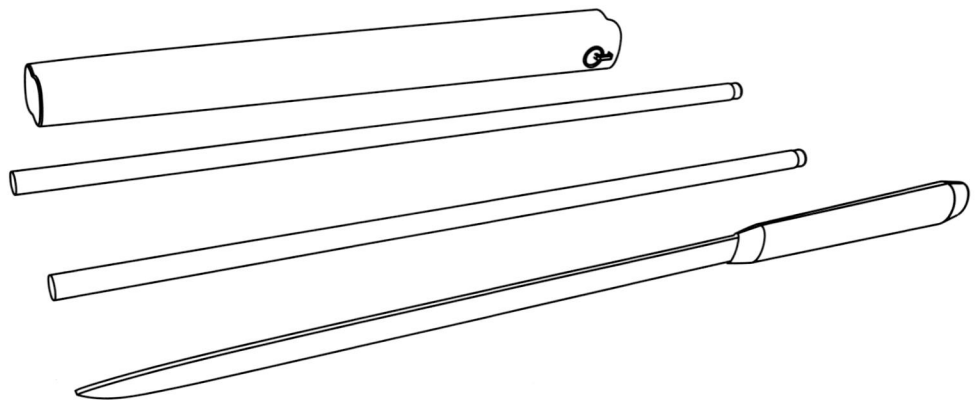

图四　满族漆皮铜镀金鞘小刀展开图

满族叫瓢

图一　满族叫瓢主匿

叫瓢就是满族乡间粉坊里面经常出现的一种加工粉条的工具，有的地方叫漏粉瓢。用一根大粗绳子将叫瓢挂在大锅的上方，漏粉师傅坐在大锅周围的台子上稳稳地扶住叫瓢，还要有技巧，尤其是敲打叫瓢的力度和频率要均匀。叫瓢类似碗状，瓢底为圆形，瓢底上有很多圆眼儿，此时，抱瓢师傅坐在锅台之上，胸前端抱着叫瓢，另一只手不停地敲击瓢沿儿。让淀粉团儿从孔洞中缓缓漏出，开始时粗粗的，经过一定高度的坠落拉伸，落到锅里就成为细丝状，称之为粉丝。还有一种宽型孔的叫瓢，这种叫瓢做出的是粉皮。

抱瓢者是掌作的技师，除了负责打芡和面外，并负责漏粉，粉条的宽窄厚薄，是根据叫瓢的高度和敲击频率控制的，叫瓢挂得越高，漏出的粉条就越窄越细，叫瓢挂得越低，粉条就越宽越厚，敲击的频率越快，粉条就越薄越窄，敲击的速度越慢，漏出的粉条就越厚越宽。流落到开水锅里的粉条，瞬间即可成型。因此叫瓢是满族人们制作粉条最主要的工具。

图片来源

图一、图二　田雨心　制图
图三　陈清霞　制图
图四　白波　摄影

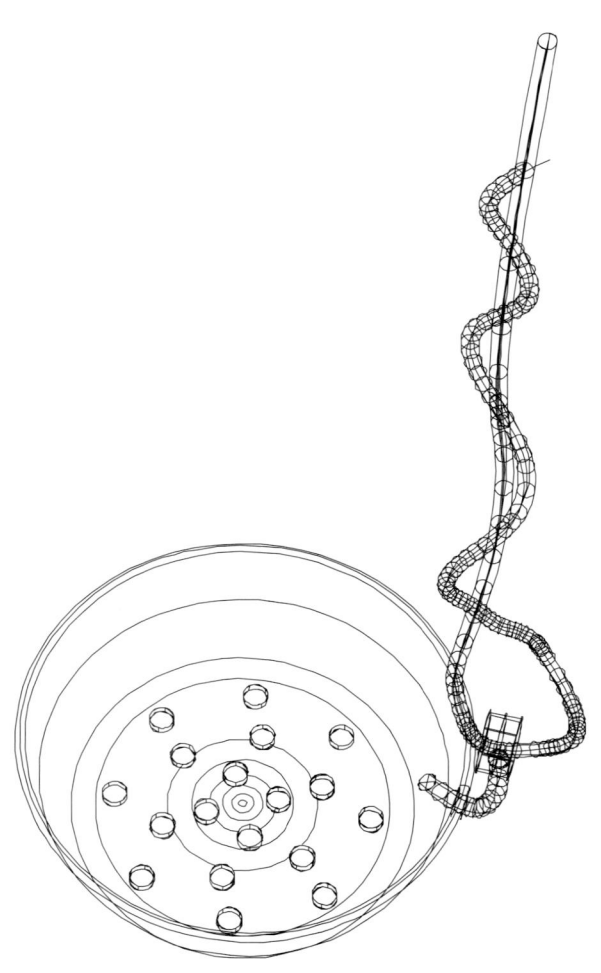

图二　满族叫瓢线描图

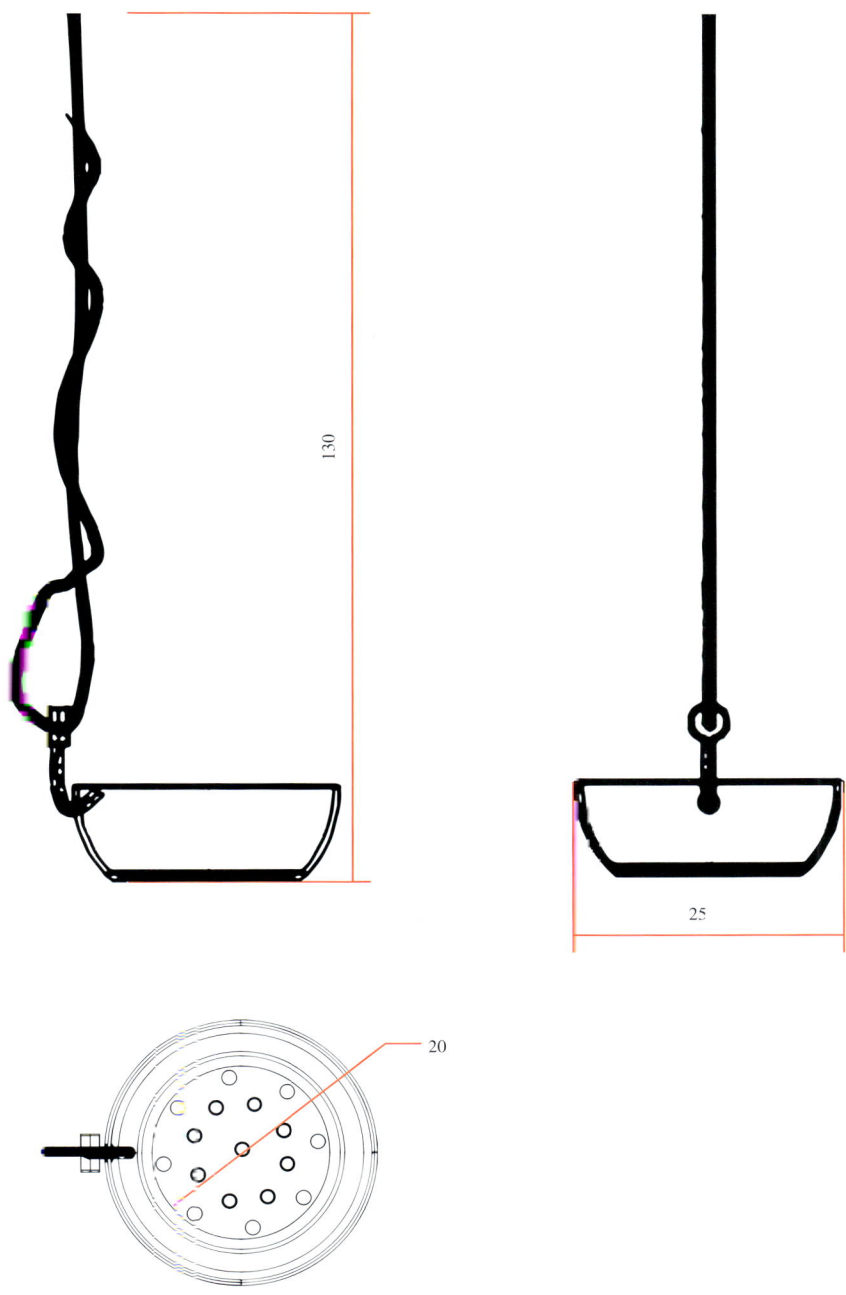

图三 满族叫瓢三视、尺寸图（单位：cm）

图四　满族叫瓢使用场景图

满族鹿角椅

图一　满族鹿角椅主椅

鹿角椅是清朝皇帝的至宝。它的妙处在于鹿角，拼接根根到位，具有奇特的点穴功能，曾让乾隆皇帝爱不释手。清帝每年到外打猎，把所获的鹿角制成鹿角椅，既可炫耀自己谨守祖宗之制，又将其作为教育后代的教具。根据乾隆的诗文可知，在盛京有太宗鹿角椅，在避暑山庄有圣祖鹿角椅，乾隆时又制作了鹿角椅并作诗文刻于其上，以示严守社稷。

该鹿角椅，高131厘米，宽92厘米，纵深75厘米，沈阳故宫博物馆藏。满族工匠巧妙地将满族的狩猎材料制作成座椅，椅为圈椅式，椅背用一只鹿的全角制成，角根连于鹿的头盖骨上。角上的枝杈恰巧代替圈椅的弓脖和镰柄棍。后背用两支鹿角作支架，中间镶板。座面用黄花梨木制成，前沿和两侧微向内凹，侧沿以牛角包边，当中镶一道象牙条作为界线。座面两侧及后部嵌骨雕勾云纹坐牙，与鹿角圈背连接。座面下前后用两只鹿的回支角制成，角叉对称向里恰巧形成托角枨，角根部分向外又形成外翻马蹄。椅前另附脚踏，用两头小鹿之角制成四足。此椅将鹿角的自然形态与椅子的造型及使用功能巧妙地结合，显示出匠师大胆创新的精神和高超的艺术才能，成为清代特有的家具品种。

图片来源
图一　沈阳故宫博物馆
图二至图六　梁曾艳　制图

图二　满族鹿角椅线描图

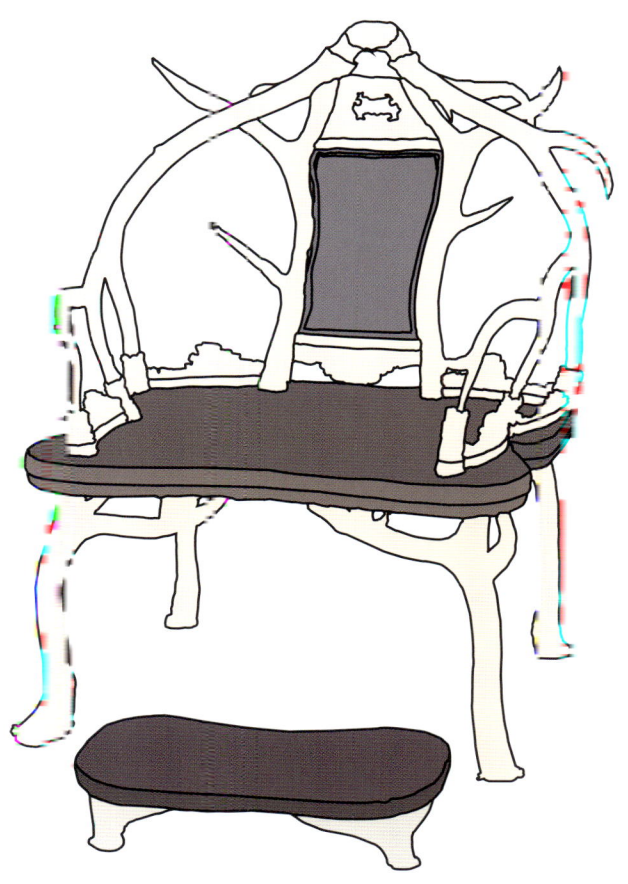

图三　满族鹿角椅上色图

图四　满族鹿角椅仿生图

第四章　满族传统生活用具

图五　满族鹿角椅靠背细节图

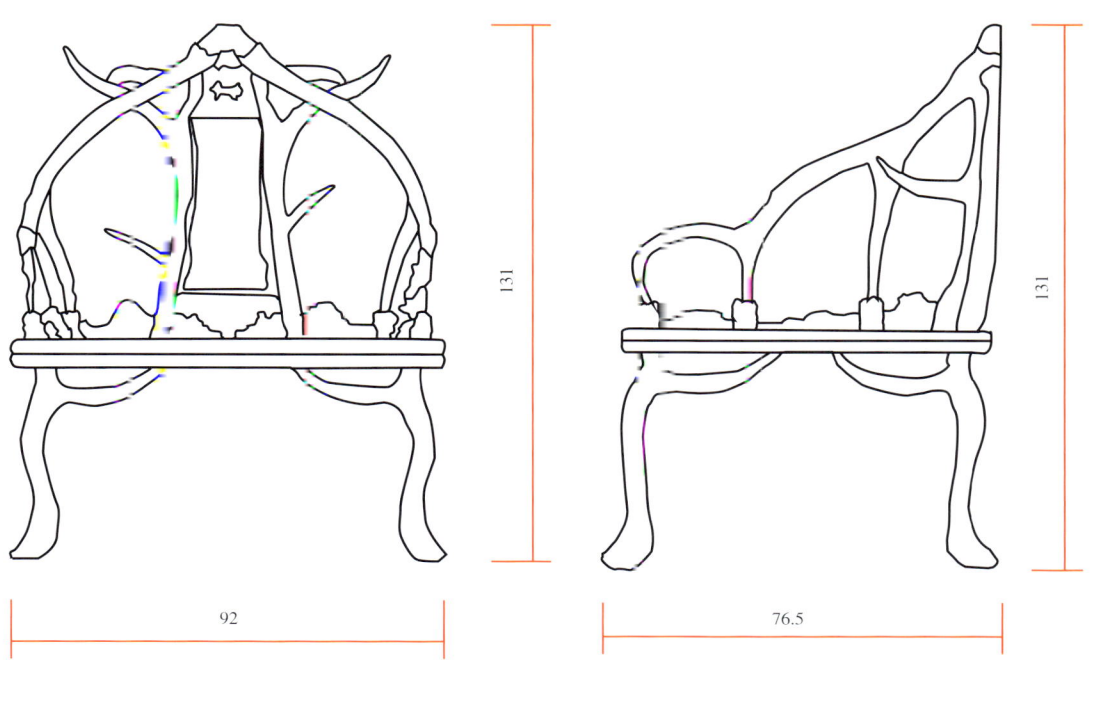
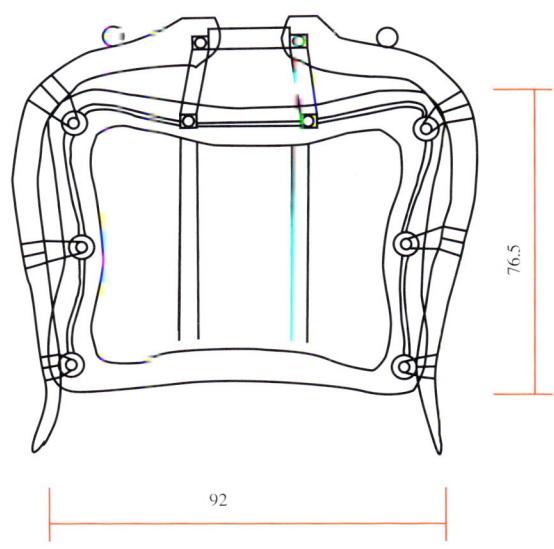

图六　满族鹿角椅三视、尺寸图（单位：cm）

满族耳套

图一　满族耳套主图

耳套，也称耳罩、耳包，唐人称"耳衣"，明人称"暖耳"。是满族人们冬季御寒，保护耳朵的一种饰物。这种暖耳是用黑色绸缎制成一个头箍，宽约2寸，两旁用长方形貂皮裘垂于两肩，这种暖耳只能是官员所用，民间禁戴。

满族地区自古以来冬季长，气候寒冷。耳套，为满族民间御寒护耳而制，在满族地区常见，多为女子所用，分内外两层，外层绣有花卉图案，内层为一耳形窄边，戴时将内层窄边套于耳轮之上，即可挡风保暖。形状多为桃形，用各色丝绸精制而成，上绣各种吉祥纹样，一般多絮有薄棉，有的还在外侧边缘镶有裘皮，更为华丽美观。满族的耳套多以单色黑、白、蓝、红等为底子，配上五彩的刺绣，丝线的配色根据内容的不同而定，大多色彩柔和雅致，非常和谐。以前闺阁之中女子手工制作的耳套，常绣有各种花卉、动物图案，称为老绣花耳套。在满族老绣品中绣花耳套非常独特，就看那小小的空间，被巧手的女子绣上花鸟鱼虫、动物植物、吉祥的诗句和祝福的话语。其绣工细致、别具匠心，真是老绣品中的一朵奇葩。做工之细可以和南方的刺绣工艺相媲美。

图片来源
图一　袁仄、蒋玉秋.《民间服饰》.河北少年儿童出版社.
图二至图四　唐洁　制图

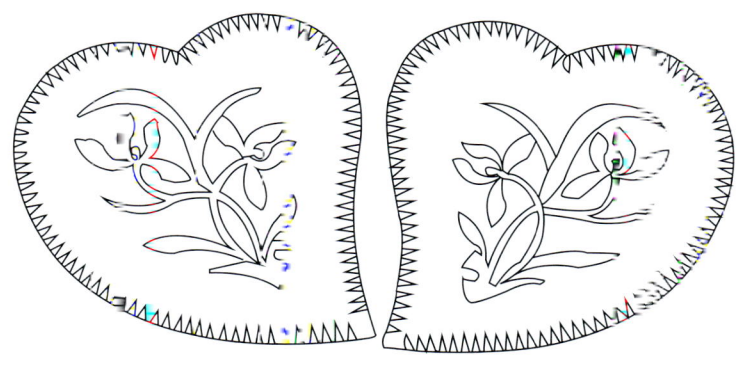

图二　满族耳套线描图

图三　满族耳套图案线描图

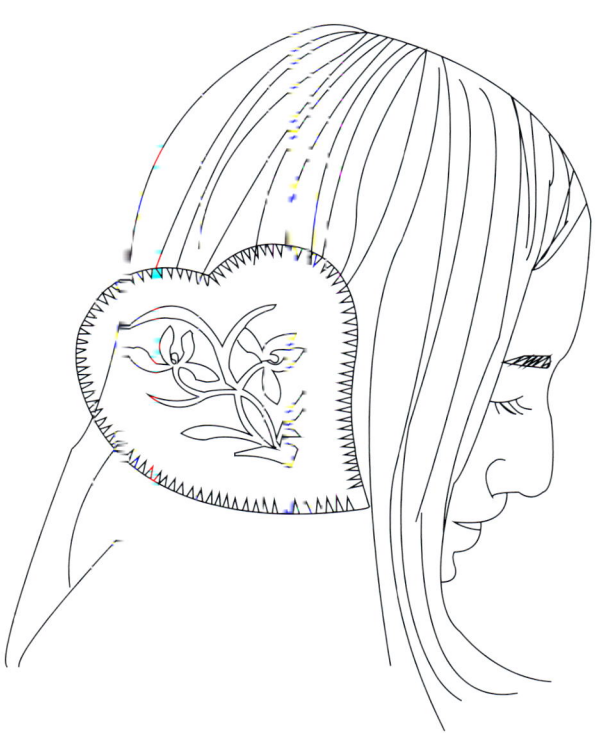

图四　满族耳套使用情境图

第四章　满族传统生活用具

满族八角鼓

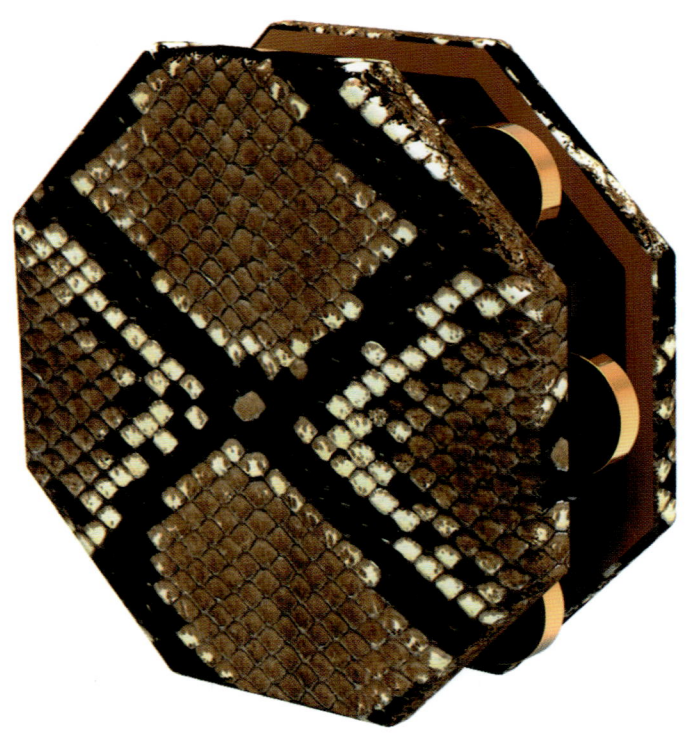

图一　满族八角鼓主图

古时满族人用于自娱的一种拍击膜鸣乐器，因鼓身有八个角而得名，又称单鼓。鼓体扁小，鼓面呈八角形，代表当时清朝的八旗。鼓框由八旗首领各献一块最好的木料嵌拼而成。七面框边内各嵌两至三枚小铜钹，一面嵌钉柱缀鼓穗，寓意五谷丰登。八角鼓明代中叶以后开始流传北京。演奏时，左手举鼓，右手掌击，用于民间歌舞伴奏。

八角鼓的鼓框是木制的，蒙蟒皮。鼓的七边的木框上各开一孔，每孔间装有两个很小的钹形铜片，其余一边的木框上装有两根穗子。演奏时，左手执鼓，鼓面竖立，右手用指弹指搓等方法演奏；有时也用左手食指弹击鼓的背面。这种鼓是北方曲艺音乐单弦牌子曲的主要伴奏乐器。八角鼓规格尺寸有异，常见者鼓面对角长16.5厘米～19厘米，鼓框高4.8厘米～5.5厘米，单面蒙以蟒皮、驴皮或马皮，以小鳞蟒皮为佳。四周边缘亦镶嵌骨片作为装饰。在鼓的七面边框木板中间，均开有海棠花瓣形的透孔，中间用铜钉各穿一对铜制小钹。另一面框板上装有一个小铜环，系以鹅黄色或大红色丝绳花结，下垂两束丝制鹅黄色或大红色长穗为饰，表示谷生两穗，象征丰收。外观小巧玲珑，制作精细，除可作为乐器演奏外，还有着较高的艺术欣赏价值。八角鼓自乾隆末年以后，盛行于满族旗籍子弟中间，多组织票房，编词演唱以自娱。

八角鼓体现了中国少数民族的聪明才智和少数民族的多才多艺。

图片来源
图一 图七 吴远亮 制图
图二 图四 邱珂 制图
图三 张洪夫 制图
图五 图六 兰庆洋 制图

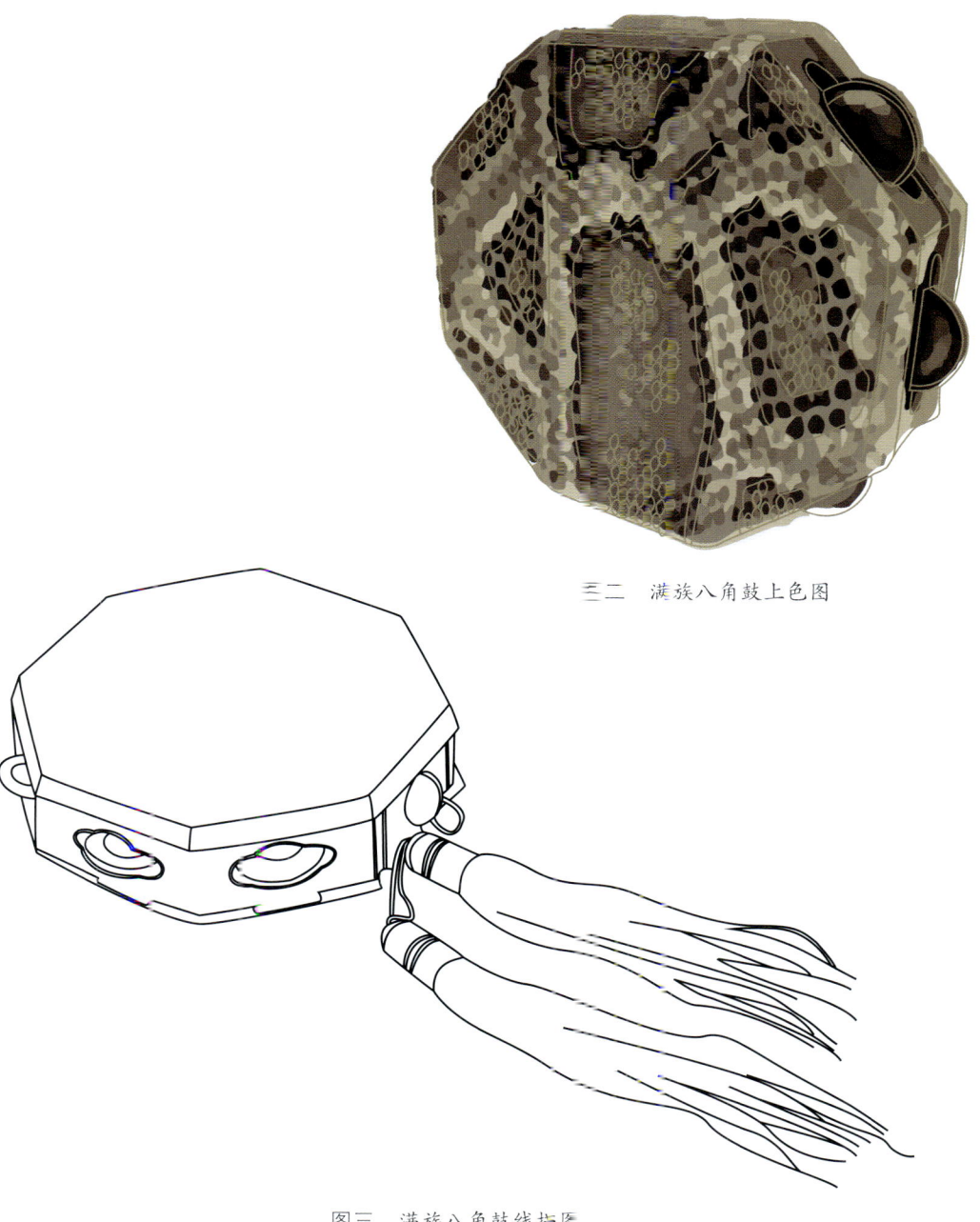

图二 满族八角鼓上色图

图三 满族八角鼓线描图

图四 满族八角鼓使用情境图

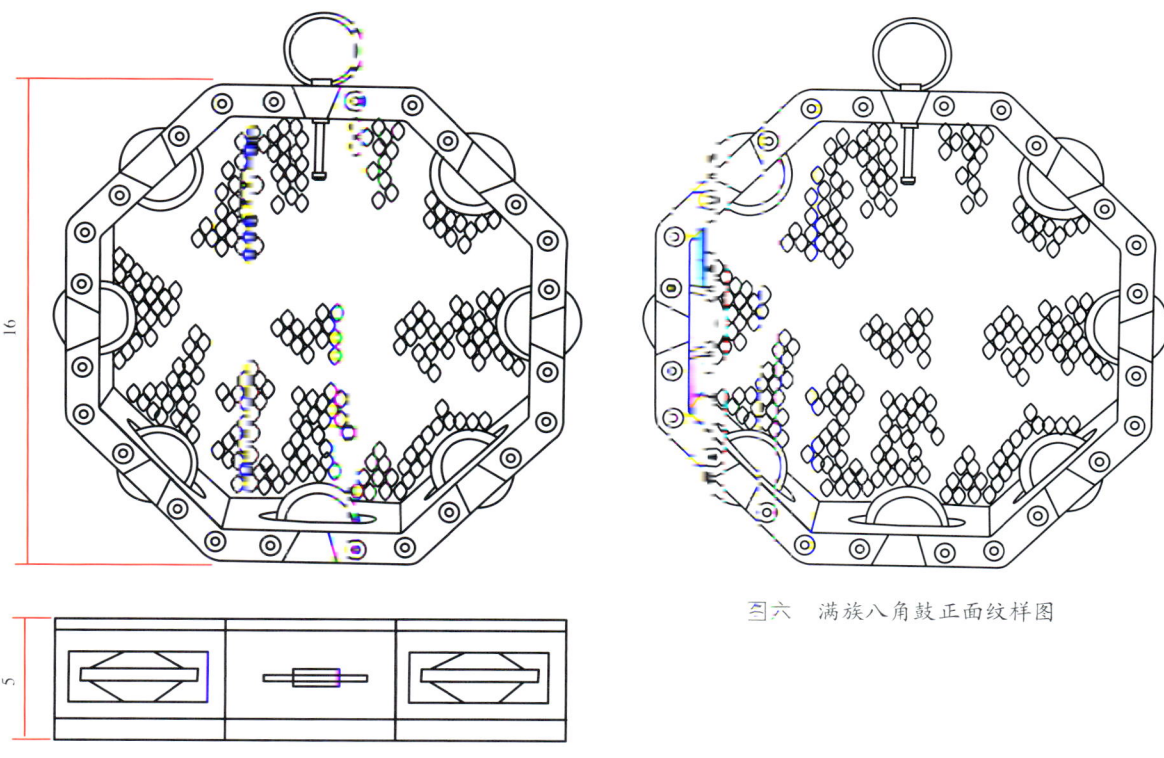

图五 满族八角鼓三视、尺寸图（单位：cm）

图六 满族八角鼓正面纹样图

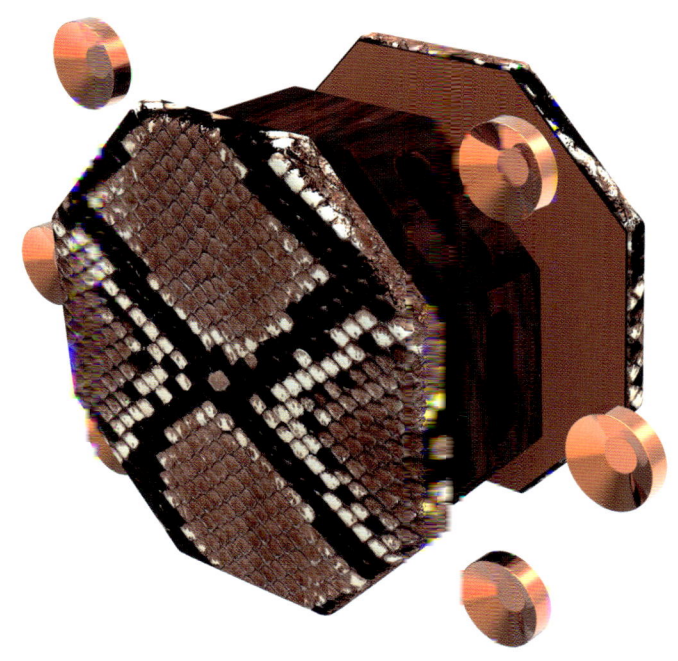

图七 满族八角鼓解构图

第四章 满族传统生活用具

265

满族同肯

图一　满族同肯主图

抬鼓，满语叫"同肯"。形如短筒，内径约25厘米，鼓面径约30厘米，木制鼓框，两面蒙驴皮或马皮，以皮绳双向拉紧固定于鼓框上。演奏时，将鼓夹于两膝中间，用手掌或手指击奏。萨满表演时，以木架支撑或抬着演奏。

同肯的鼓身扁平、双面、蒙皮，用皮绳交叉对拉。双面鼓的相互呼应，构成了鼓体的对称美。它是通过鼓的圆心直线为支点，相对端以同形、同色、同质感的形式，产生了一种平衡状态美。在对称中求得平衡，创造出稳定的视感效果，具有威严、端庄、安详的象征意义。因此，同肯造型的美，主要在于鼓体各部分之间结构与比例协调。这种对称形式，我们称它上下对称。此外，鼓绳在与鼓面两侧斜拉，构成了有变化的节奏美。鼓绳节奏的强与弱，绳扣的长与短，又呈现出微妙的韵律美。绳索的相互交替，构成了形式美的语境。同肯的整体造型圆润朴拙，与同肯粗犷豪放的击打效果，形成了鲜明的对比，在击打中产生激情，在激情中营造氛围，使同肯视觉、听觉达到艺术升华。

图片来源
图一至图五　戚建丽　制图

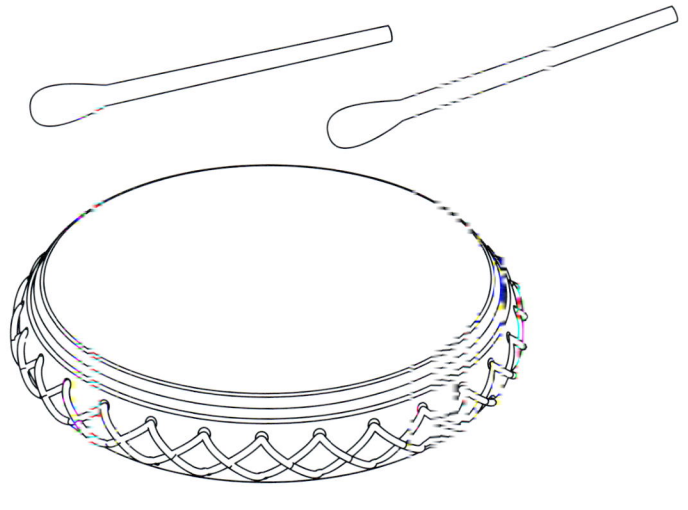

图二 满族同肯线描图

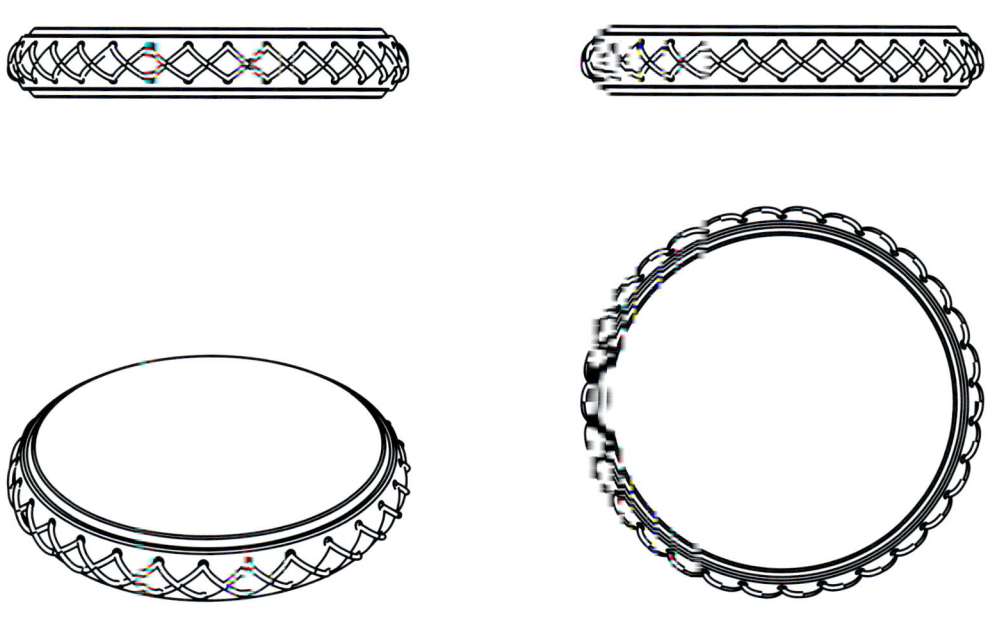

图三 满族同肯三视图

第四章 满族传统生活用具

图四　满族同肯使用情境及名称示意图

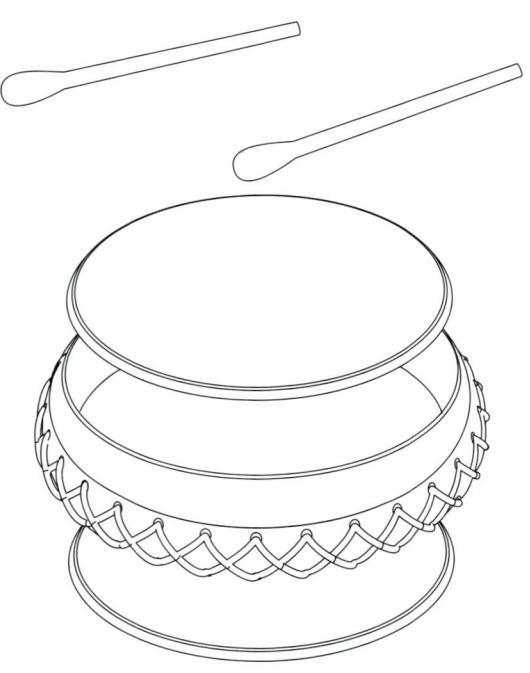

图五　满族同肯解析图

满族单鼓

图一 满族单鼓主图

单鼓，是满族萨满所用伊姆钦的另一种类型，由于它长期在满汉杂居地区流行，已无满语称谓可考。单鼓属握执型的单面鼓，以其形制特征而名之。亦称"单面鼓""单环鼓""太平鼓"等。

单鼓的基本鼓形与依姆钦一样属不规则的圆形：扁圆形、团扇形、桃形。清代的太平鼓活动中，亦见有八角形的单鼓。与依姆钦不同的是，它的横径长于纵径，一般为40厘米左右。单鼓的鼓面以革蒙制，如牛、羊、马皮等，以羊皮居多。蒙鼓面时，将皮革浸至软。为防止鼓皮与鼓圈结合时打滑，鼓内衬一圈麻绳。过去的单鼓鼓面常常绘制一些带有吉祥、太平寓意的图案。鼓面绘制图案者，今已鲜见。鼓圈以扁平的铁条弯曲而成，它比依姆钦的木制鼓圈要窄细得多，有1厘米左右。鼓圈弯曲至合拢抻直，即为鼓柄，约12厘米。鼓柄外部用布条或薄皮缠裹，也有用麻绳缠绕者，以防铁柄磨手，易于握持。此外，还可以起到将鼓圈与鼓尾连接在一起的作用。鼓环一般以2—3枚为一组，直径约为4厘米。鼓尾的样式由于流传地域不同而有所区别。其中，以辽东、辽西、北京郊区的鼓尾样式最具代表性。鼓鞭的顶端倒磨成圆头，以防击打时损坏鼓面。靠近顶端之处，往往加以削刻，以增加鼓鞭的弹力。鼓鞭的尾端也常常以彩色布条拴挂成穗，为装饰用。直径较大的单鼓，其鼓鞭相应也较长、较粗，因而鼓鞭的鞭杆也要用布条缠裹起来。

单鼓是满族的特色乐器，体现了我国少数民族的伟大智慧和多才多艺。

图片来源

图一　张守国.《中国满族第一乡》.大连出版社.
图二至图四　邱珂　制图

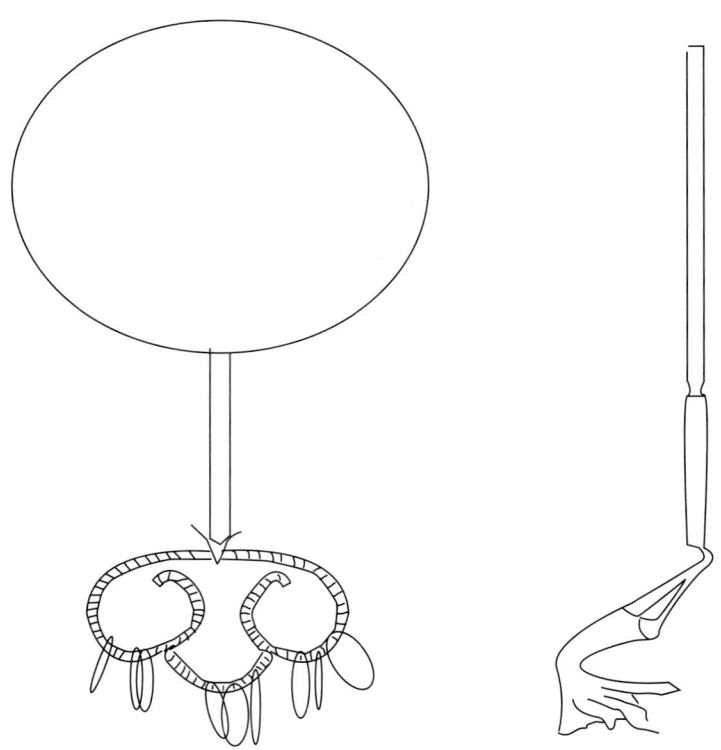

图二　满族单鼓线描图

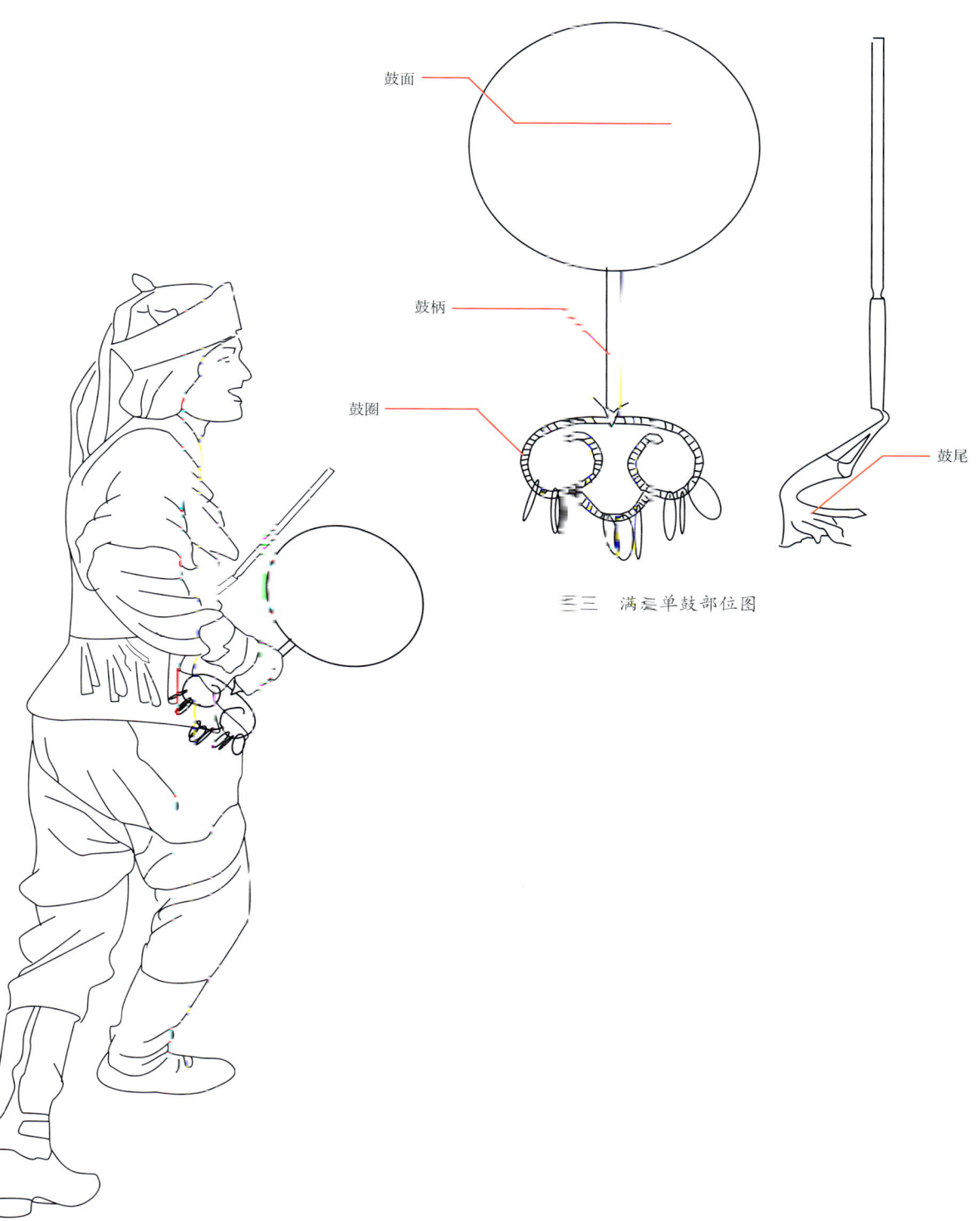

三三 满族单鼓部位图

图四 满族单鼓使用情境图

第四章 满族传统生活用具

271

满族帽架

图一　满族帽架主图

　　帽架，清代也称冠架，是用以放置冠帽的器具，为宫廷日常生活用具。清代官员的帽子，不论冷帽、暖帽，不少带有花翎，使用有一定高度的帽架可以避免花翎折损。在清代，冠架作为一种实用性很强的日用器物与帽筒同时流行，清代制作冠架的材料很多，如瓷、漆、珐琅。北京故宫博物院中还有极为精致的牙雕冠架，但最多见的还是木制。

　　案例中为画珐琅天球式冠架，清雍正年制，通高38.7厘米，球径14.2厘米，座底径16.7厘米。清宫旧藏。冠架铜胎，由冠伞、梃手、底座三部分组成。球形冠伞为水银玻璃质，下承画珐琅碗式托，瓶式柱梃手，覆盘式底座，下置紫檀木座。自碗式珐琅托至覆盘式底座分别以黄、黑、白、蓝等色珐琅为地，绘饰彩色缠枝花卉、勾莲、牡丹、堆花、缠枝莲纹。梃柱中间蓝色方框内署

"雍正年制"仿宋题款。

珐琅釉料的主要原料是石英、长石、瓷土等，它以纯碱、硼砂为熔剂，以氧化钛、氧化锑、氟化物为乳化剂，金属氧化物为着色剂，经过粉碎、混合、熔融后，倾入水中急冷成珐琅熔块，再经研磨而得珐琅粉，或配入粘土湿磨而得珐琅浆。珐琅属硅酸盐类物质，珐琅釉为低温色釉，烧结温度一般在1000摄氏度以下。

图片来源
图一　故宫博物院
图二至图三　张羌芝　制图

图二　满族帽架线描图

图三　满族帽架线描使用情境图

图四　满族帽架尺寸图（单位：cm）

满族鸡架

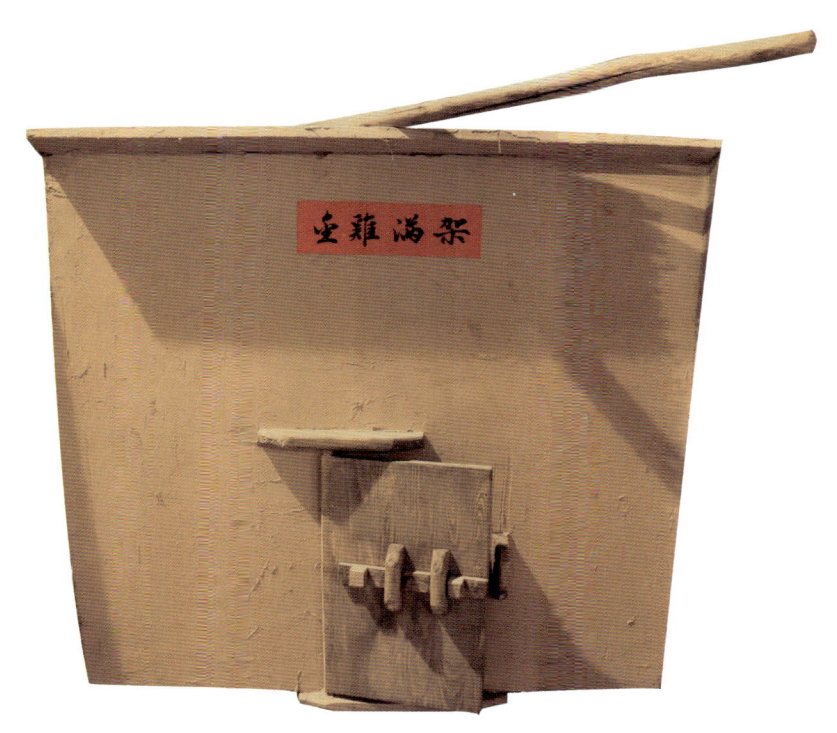

图一　满族鸡架主图

　　鸡架是满族百姓在家中饲养家禽的笼具，一般为木制，主要有两种，一种是由板条制成，主要在夏季使用，冬季时须放置在室内，防止家禽被冻死；一种是木板制成，有门，可在四季使用。

　　本案例的鸡架拍摄于东北师范大学民俗博物馆，长大约为100厘米，高为80厘米，厚度为60厘米，是用木板制成的鸡架。下部有一小木门，木门上有一横插，用来固定木门。鸡架内部分为两层，中间由板条分隔，板条之间有空隙，以便于家禽粪便落入鸡架下部。

　　满族普通民居中的鸡架设置在跨海烟囱与房屋的连接部分，充分利用了烟囱的剩余热量，这在寒冷的东北地区非常重要，家禽虽有羽毛，但仍无法抵御东北地区寒冷的冬季气候。而在烟囱之上的鸡架不仅利用剩余热量，保证鸡架内的温度，同时鸡架主要安放在满族民居的东侧，也与鸡鸭等家禽的生活习惯相适应。

图片来源
图一　白波　摄影
图二、图四、图五　唐洁　制图
图三　马倩　制图

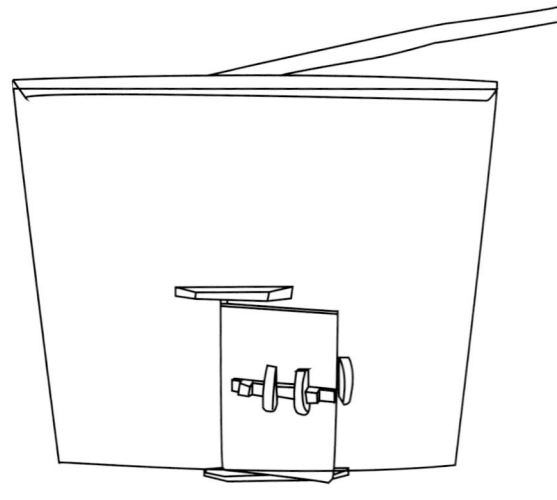

图二 满族鸡架线描图

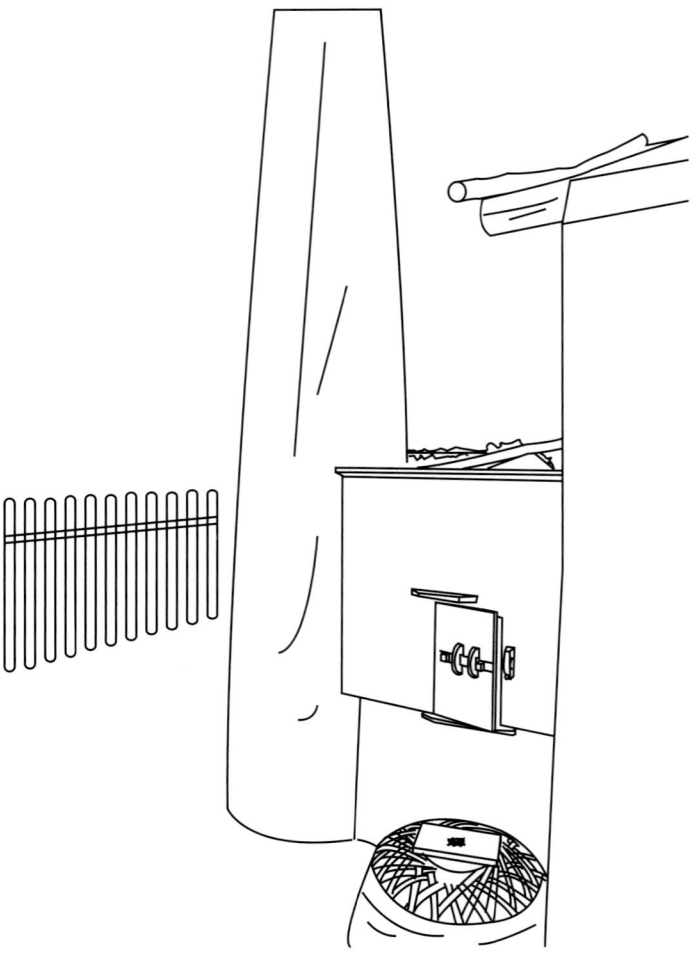

图三 满族鸡架使用场景图

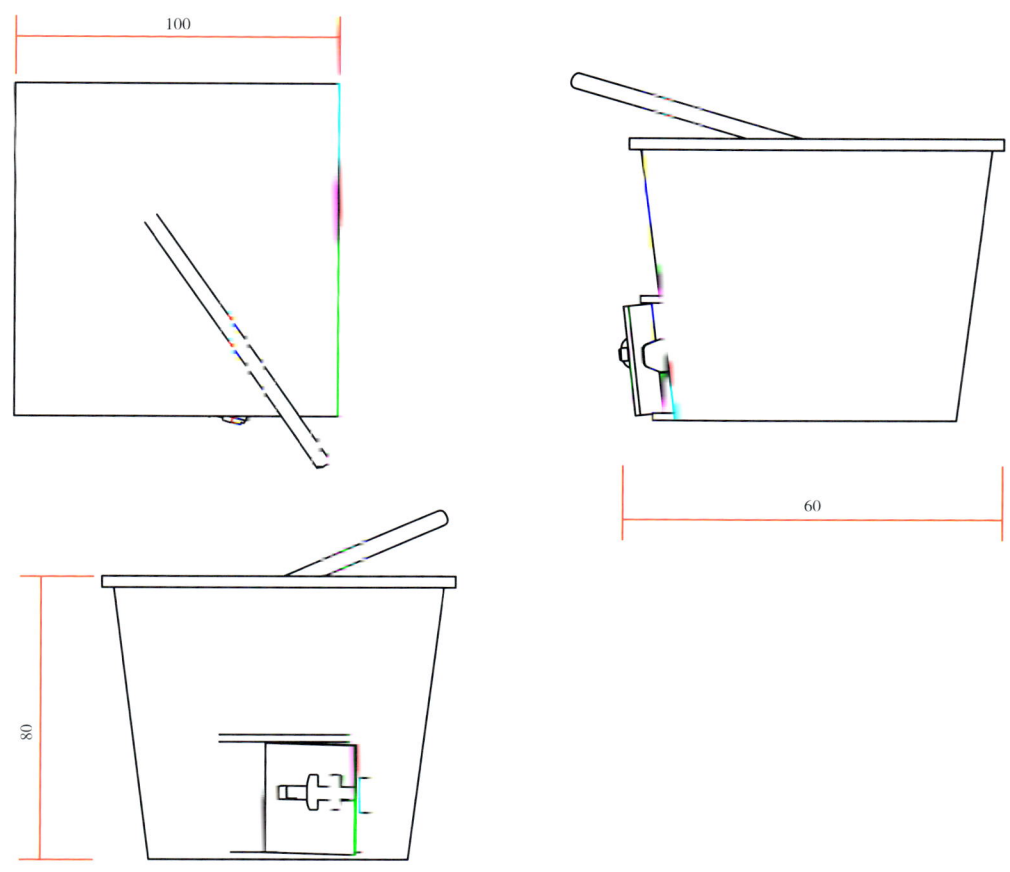

图四 满族鸡架三视、尺寸图（单位：cm）

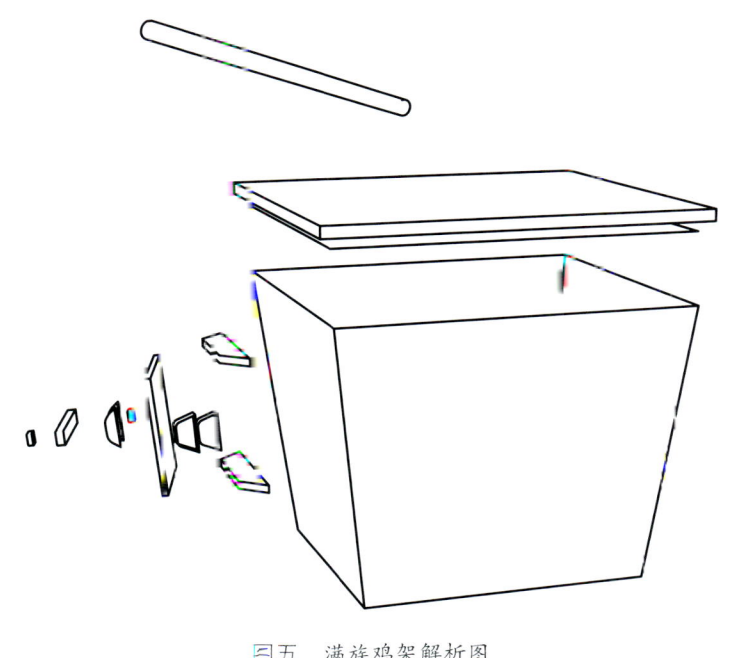

图五 满族鸡架解析图

满族炕琴

图一　满族炕琴主图

炕琴是满族人家在室内火炕上所摆放的一种家具，木质，用来摆放被褥。一般摆放在南北炕炕梢（靠山墙的一端）。炕琴一般是供装衣物的二开门大板柜，柜高三尺，长五尺，柜长与柜面相等，柜上镶有四个圆形的黄铜大折页，八个对称的小铜铆垫，柜门中间有铜柜把手，柜表面涂深色油漆或直接利用木的本色，并绘有金黄色图案。富贵人家炕琴柜门有雕花，镶雕花玻璃或镜子，在柜头处贴有福字或用木炭烙画。柜门的下方一般镶有涤环板，炕琴外形平整大方，坚固耐用。大柜一般分为上下两层，用木板隔开，上层装被褥，柜盖上整齐地叠放被褥、枕头，俗称"被格"。下层装衣物。炕琴绝大多数是木材所制。制作精良的炕琴内部制作极其复杂，中间开门处为两层，格内有抽屉，而且抽屉可来回推拉，能更好地利用空间。

炕琴的设计与满族生活习惯相适应。满族传统居室中，火炕占据室内大部分空间，

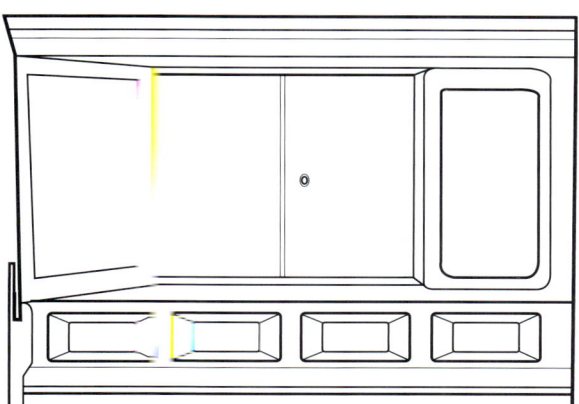

第一道柜门

第二道隐藏拉门

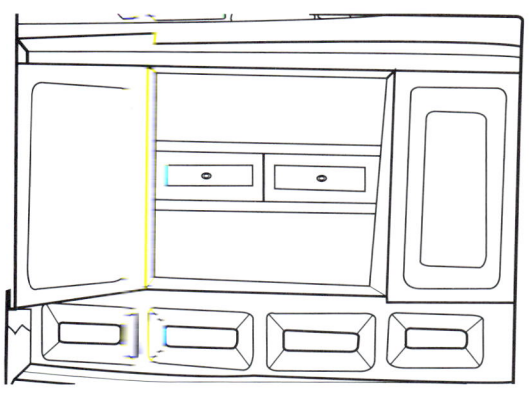

滑动的抽屉

图二 满族炕琴线描图

从而决定了满族室内家具的摆放必须围绕着火炕为中心。炕琴摆放在炕梢，减少了占地面积，扩大了室内活动空间，不至于室内过于狭窄。另外就是炕琴的材质为木质，但摆放地点为炕梢，这是火炕中温度最低的地方，避免因火炕过热而引起的火灾。同时炕梢由于温度较低，一般在夜间并不安排人居住，炕琴摆放在这里，利用了闲置空间。炕琴本身设计也便于使用，柜身并不高，摆放物品方便，而炕琴上丰富的装饰也为满族家庭生活增添了情趣。

图片来源

图一　万雪原　制图

图二、图四、图五　兰庆洋　制图

图三　赵培良　制图

图三　满族炕琴使用情境图

图四 满族炕琴正面尺寸图（单位：cm）

图五 满族炕琴柜门装饰线描图

满族炕桌

图一　满族炕桌主图

　　炕桌，也称"炕案"。是放在炕上的桌子，是满族人家炕上文化的重要部分。炕桌高30~50厘米，长80~100厘米，宽60~70厘米。一般以榆、楸、椴等硬木制成。中间有横挡连接，桌面四周有裙板，四条矮腿有横撑拉连，全为卯榫结构。涂以朱红、黑色漆。宫廷或富贵人家多施以描金、嵌螺钿等装饰。炕桌日常都放在炕上，上面放茶具和烟笸箩，饭前饭后人们围桌而坐，为吃饭、吸烟、喝茶、读书、做活等使用。祭祀时亦摆供品。

　　在许多家庭中炕桌可以接待客人、聊天等，在现今还可以用来做娱乐活动，玩玩游戏，看看视频等。

　　还有一种炕桌，桌面中间有一个直径约为30厘米的圆洞，桌下设火盆，孔中镶一锅，这就是当年的火盆火锅，满族民歌中提到的"火盆桌"。

　　炕桌原料为东北地区容易获得的木材，材质多为硬木制成，使用时间久，现在满族人家仍有使用几代的炕桌。在使用过程中，满族炕桌设计的尺寸非常适合人们在炕上的活动和使用，是满族人长久炕上生活经验的总结。

图片来源
　　图一、图五　白波　摄影
　　图二　隋囡　制图
　　图三、图四　匡宏婕　制图

图二　满族炕桌局部彩图

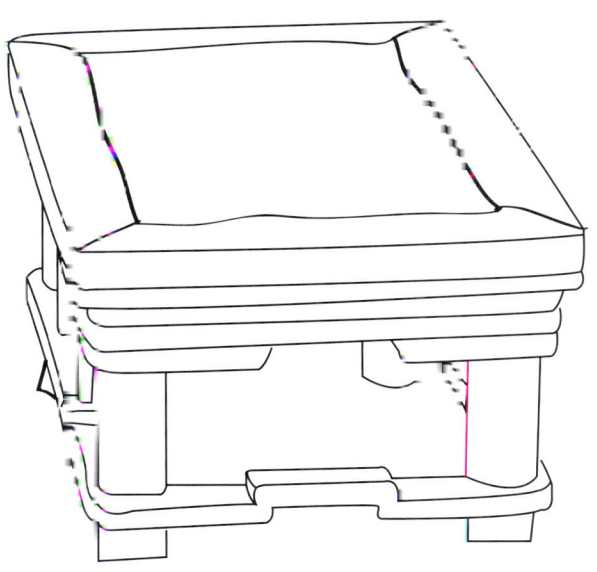

图三　满族炕桌整体图

第四章　满族传统生活用具

283

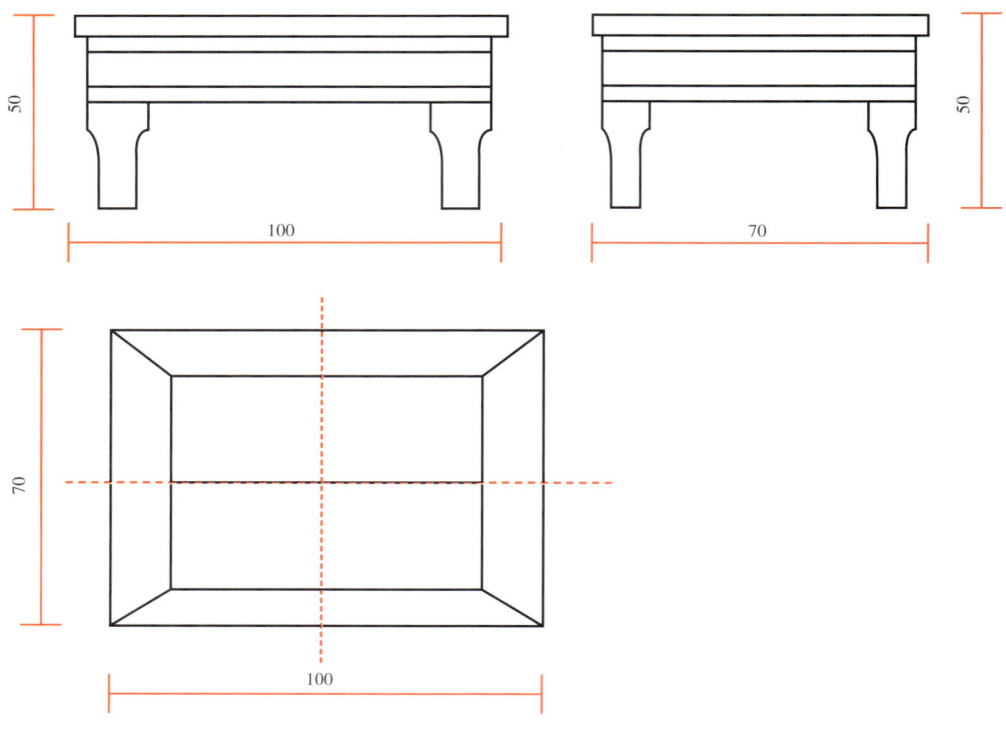

图四　满族炕桌尺寸图（单位：cm）

图五　满族炕桌使用情境图

满族大高桌

图一　满族大高桌主图

大高桌，也叫碗架柜，是造型别有特色的满族民间家具。满族的大高桌与满族人的饮食和生活习惯有关。满族一直生活在气候寒冷的地区，满族人的碗筷和食物不需要进行特别地保存，只需要放置在大高桌的柜子里进行保存，方便实用。

大高桌摆放位置是在满族民居中的外屋，既可以当桌，又可以当柜。长度大约为170厘米，高80厘米，宽60厘米。下面是四条桌腿，桌面下约30厘米处有一层格，上有两个柜门。柜门的开启方式是向两侧抽开，而不是传统的向前开启。大高桌的用料十分结实，桌腿的木方尺寸大约为6×6厘米，桌面木板厚约5厘米。正是由于大高桌用料结实，所以很多满族家庭中的大高桌使用几十年都不坏，甚至还有隔代使用的大高桌。

在满族家庭中，大高桌的用途主要有两个：一是作为吃饭的桌子，从前在农村，家里的男人、孩子、客人要坐在炕上用炕桌吃饭，而妇女、伙计则在外屋围坐在大高桌两边吃饭，一般可以容纳五、六人；二是作为存放餐具的柜，碗、盘、碟、匙以及食物等都放在格板里。关上门不进灰尘，保证餐具干净卫生，吃饭时抽开门，取用餐具方便。而且做饭时，盆、罐等炊具可放在桌面上。

大高桌一般没有任何装饰，制作比较粗放，主要是为了实用，是长白山农家的必备之物，至今仍在使用。

图片来源
图一　蔡若琴　建模
图二　马倩　制图
图三　万雪原　制图
图四　图五　唐洁　制图

图二　满族大高桌线描图

图三　满族大高桌使用情境图

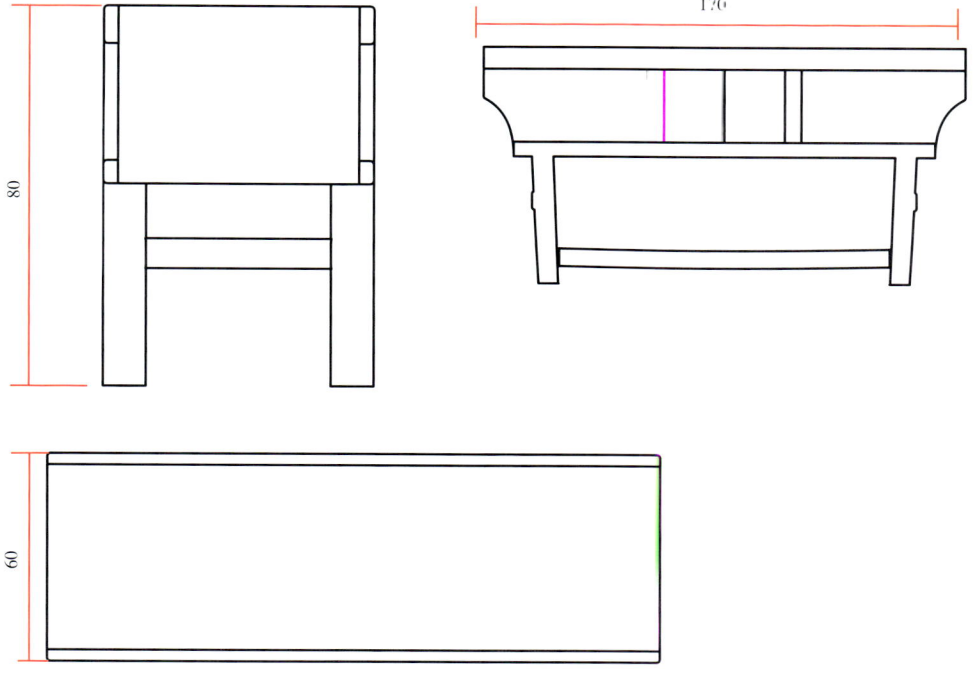

图四　满族大高桌三视、尺寸图（单位：cm）

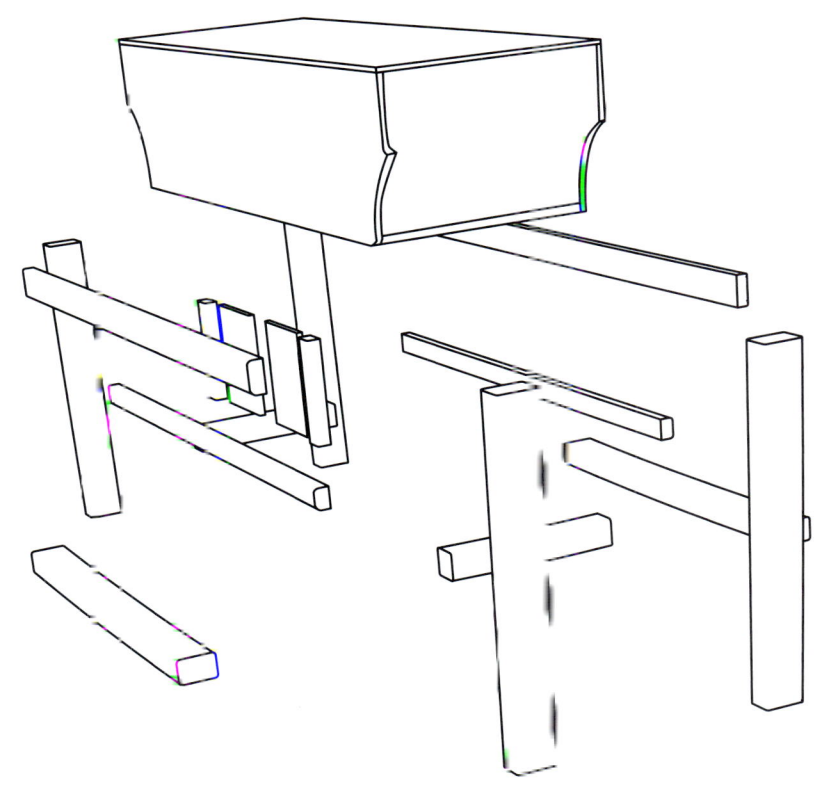

图五　满族大高桌解析图

满族悠车

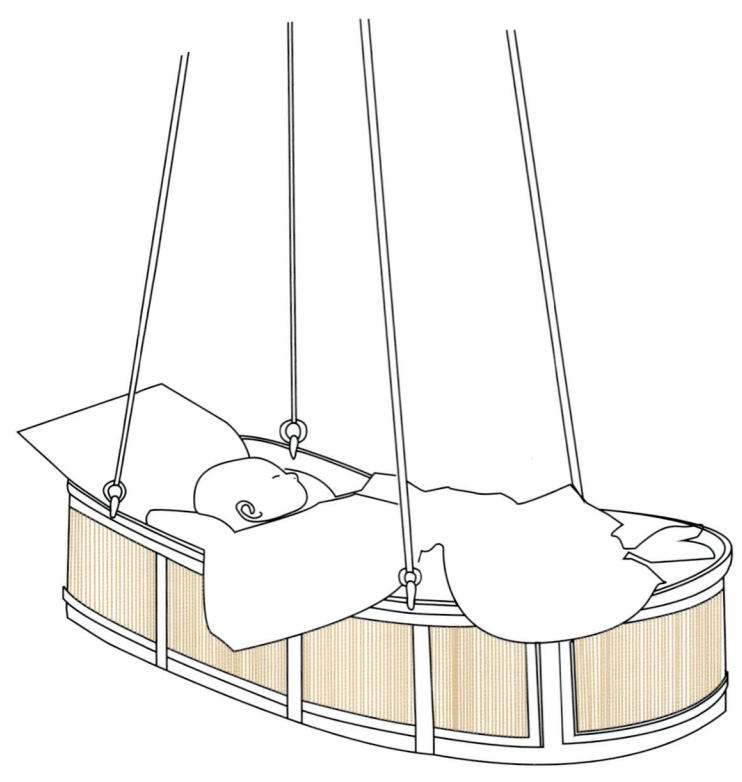

图一　满族悠车主图

满族育儿习俗中最有特色的是婴儿睡悠车，俗称"养活孩子吊起来"，为"东北三大怪"之一。

悠车用薄木片经熏蒸做成，形如小船，外面涂以红黄油漆，并写着"长命百岁""九子十成"等吉祥语。车帮上安装四个铁环、用绳索吊挂在南炕上方的房木上。满族婴儿出生不久就要"上悠车"，所用之车有自家备用的，也有姥姥、舅舅家送的，多个婴儿用过的旧悠车更受欢迎。悠车内铺有被褥及枕头，婴儿上车前要用布带捆缚在肘、膝、踝等部位，既防止其滚爬掉出车外，又可免其胳膊、腿弯曲，发育不正常。由于睡悠车时不能侧卧和俯卧，所以满族儿童后脑勺多为扁平状，俗称"睡扁头"，满族民间以此为美。

"悠车"来源于满族狩猎时代，初期多是以兽皮制成，吊挂在室内或林中的树干上。满族在狩猎生活的时代，因山林中经常有毒蛇野兽出没，把不会走路的婴儿放在地上不安全，放在炕上也会因受热而"上火"生病，于是便想出"吊起来"的办法。早期存猎尚未定局时，多是用兽皮制成兜状的吊袋，两端拴皮条挂在林中大树上。孩子睡在里面既可以防止畜兽的伤害，又能使母亲腾出双手劳动。后来的悠车还可在两侧车帮上沿儿之间横装一根"车弓子"，婴儿睡觉时在上面蒙上荡布，既能防风又能避免蚊虫叮咬。后来逐渐发展成用树皮和木板做成的"悠车子"或称"格车子"。

满族悠车悬挂于房梁之上，节约了空间，同时悬于空中，有利于空气流动，可以很好地享受来自火炕的热量；来回晃动的设计，使婴儿可以很快入睡，而婴儿身缚的绳带可以很好地保护婴儿。

图片来源
图一、图三　丁健晏　制图
图二、图五　卢磊　制图
图四　王天洋　制图

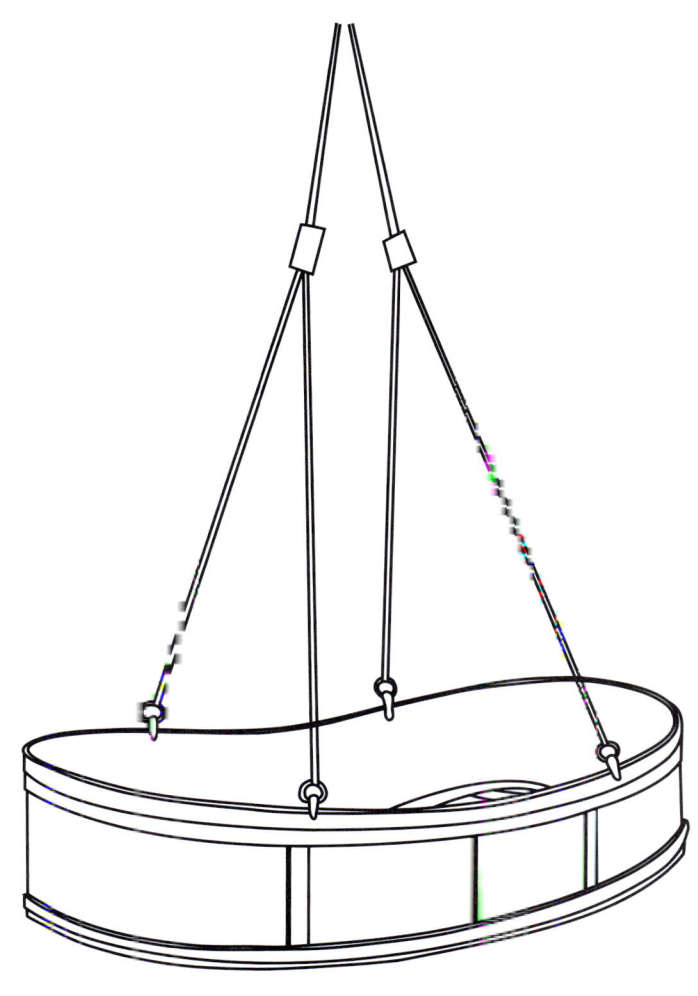

图二　满族悠车线描图

图三 满族悠车使用情境图

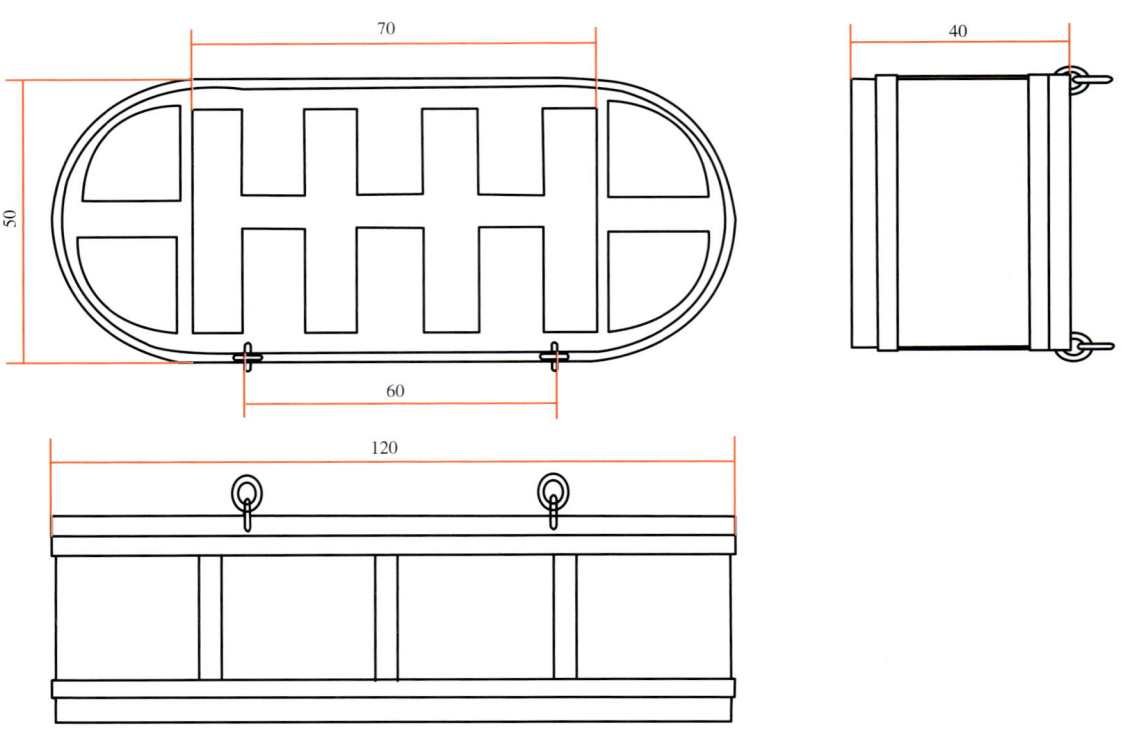

图四 满族悠车三视、尺寸图（单位：cm）

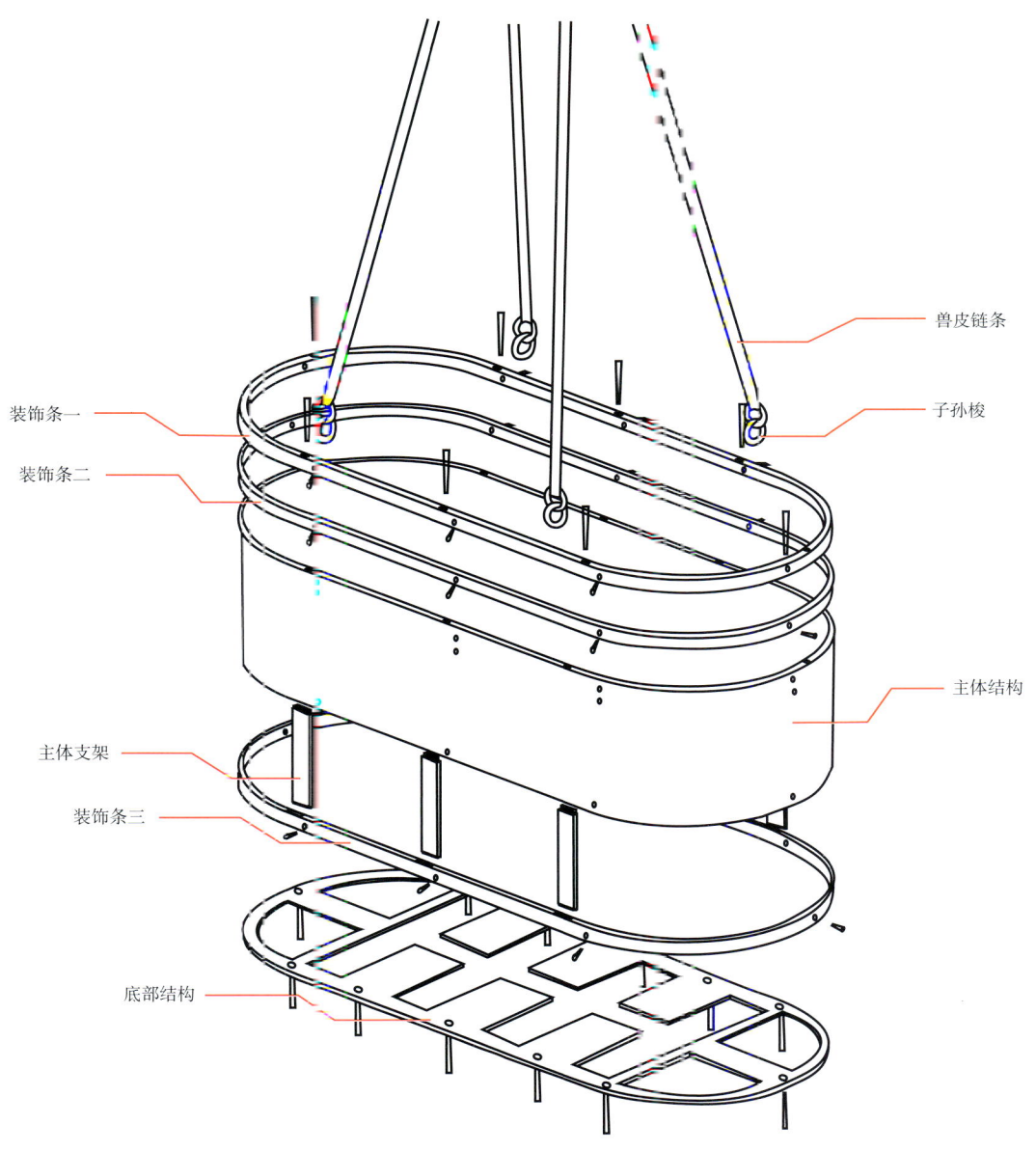

图五　满族悠车解析名称图

满族幔帐

图一　满族幔帐主图

　　幔帐，是满族人为遮挡而悬挂起来的布、绸缎、丝绒等，也称为幔子、帐子，一般与床的大小相当，挂在床头休息时避免头顶受风着凉。

　　该案例通常用红布制作，两副，中间开缝，账面绣以吉祥图案。上面沿横杆有一彩绣横幅作为装饰，叫幔帐帘儿。富裕人家，帐为双层，用红绸、红缎等制成，缀以流苏等装饰物。帐子里层没有纹饰，外层彩绣"榴开百子""松鹤延年""富贵有余"等图案。幔帐平日张挂于横杆上，不用时收拢，用时放下打开，帐中自成一方天地。在满族民居中，南炕靠着南窗，日照充足，温暖干燥，一般供给家里的老人和长辈或者尊贵的客人入寝，以前的满族年轻人结婚后都与父母和长辈同住一屋，年轻人住在北炕上，在炕沿的正上方有一个梁，用来悬挂幔帐，晚上休息的时候放下幔帐，即用于遮挡之用，又可避免头顶受风着凉。

　　满族民居室内从棚顶吊下一根长杆，专门用来悬挂幔帐。用来悬挂幔帐的横杆称为幔杆子，是用来间隔卧室的。晚间睡觉时放下，在南北炕之间起到遮挡作用。有的满族人家把卧室隔为两间，北间靠炕头的叫暖阁，这是为族中老人专设的，那里暖和、安静，以利老人颐养天年。

图片来源
图一、图二、图四　丁健晏　制图
图三　白波　摄影

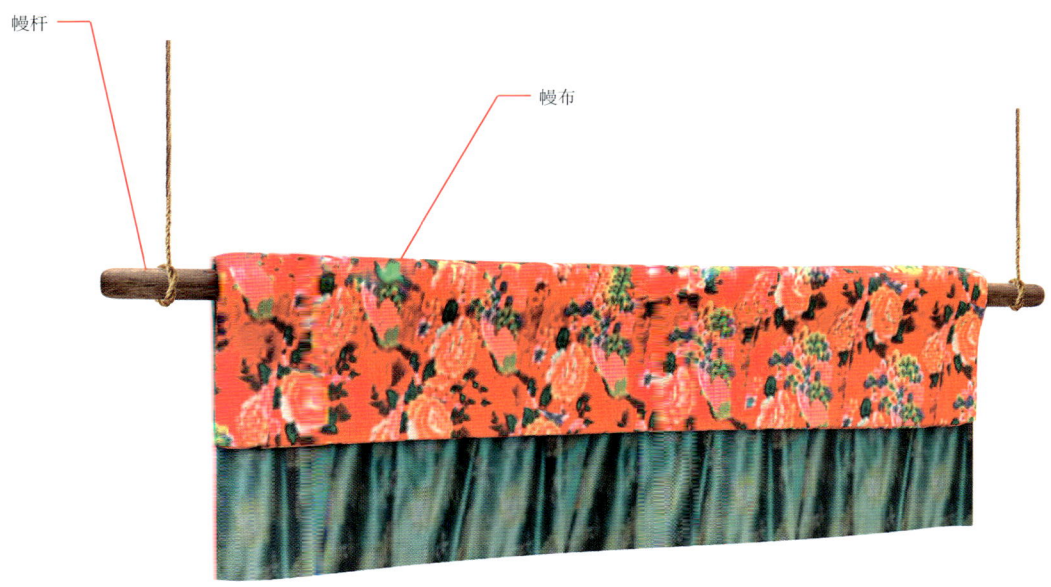

图二 满族幔帐名称图

图三 满族幔帐细节图

图四　满族幔帐解析图

满族木桶

图一 满族木桶主图

　　木桶，是满族用来汲水和装水的用具，有的地区也称为水梢。木桶高度在60~70厘米之间，桶的直径在40厘米左右。用于挑水的木桶，一般采用轻质杉木加工而成。因为杉木不变形，材质适中，利于刨刮加工；用于装油漆的是油桶，但油桶加工工艺要求较高，要求壁薄而轻巧又耐用；用于工地装沙石混凝土材料的是灰桶，要求不高，还有用于农村打米的米桶和古代用于取暖的坐桶。

　　木桶主要由木板和铁箍组成，木板主要是用杉木。因为杉木材质较软，便于使用工具进行加工，而且杉木材质较轻，也适宜作为木桶原料，便于提拉。加工木桶时，要将木料制成弧形，这样才能将木板围成一圈，再加上箍圈，制成木桶主体。木桶上部安装提梁处，在木桶内壁上端再放一圈铁箍，两侧放置提梁环,然后将铁制提梁穿入。在木桶底端用铁箍将圆形木板与桶壁木板结合在一起。木桶制作是一件非常精细的木匠活,只有那些水平高的木匠才能制作木桶,他们被称为箍桶匠。

木桶作为满族的装水工具使用了很长时间,但木桶有很多缺点,首先木桶在制作中要加入桐油,加入桐油是为了防止木桶开裂,在使用中会散发味道。其次如木桶长期不使用,由于木板水分蒸发,会发生收缩,桶箍就会掉下来,木桶也就散架了。再次使用时要重新安装。各种现代材质出现后,木桶已经退出历史舞台。

图片来源
图一 杨丰陌、曾武.《满族民俗万象》.辽宁民族出版社,2008年.第143页.
图二 王中正 制图
图三 赵培亮 制图
图四 兰庆洋 制图
图五 朱明阳 朱英哲 制图

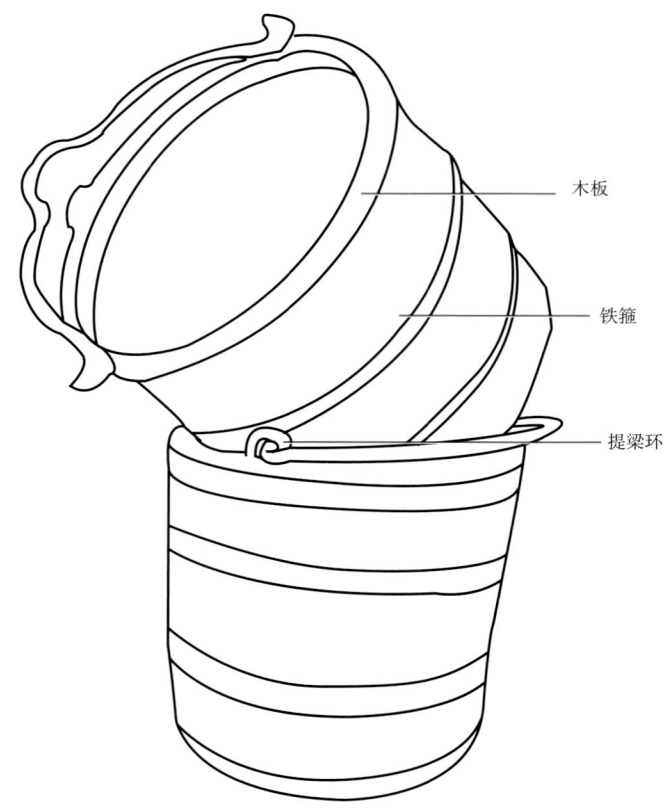

图二 满族木桶线描名称图

图三　满族木桶使用情景图

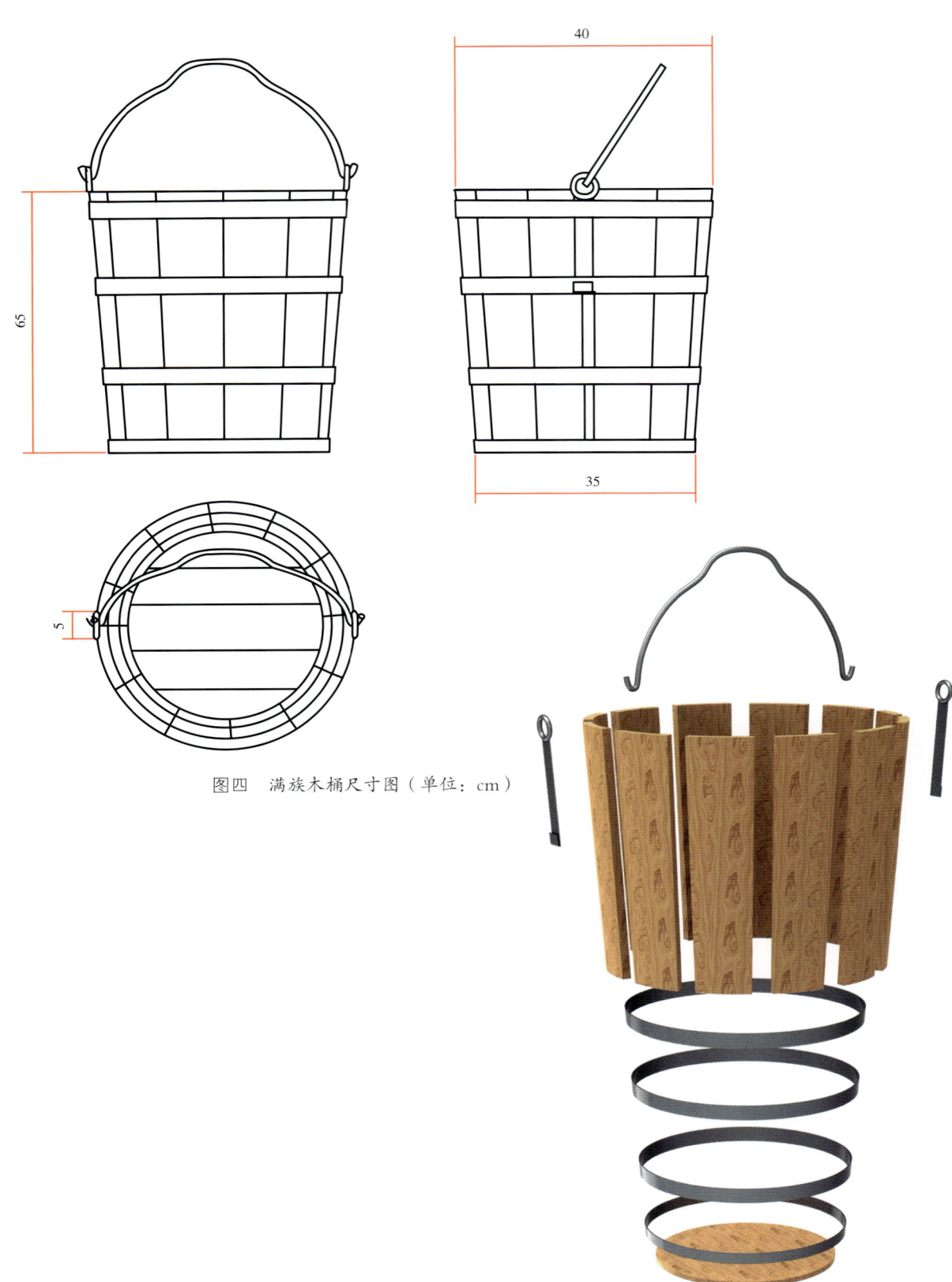

图四 满族木桶尺寸图（单位：cm）

图五 满族木桶解析图

满族开口水瓢

图一 满族开口水瓢主图

用来取水的一种工具,以前的农村都是用水缸来盛水的,取水时就用这种工具。有的地方叫作舀子。水瓢多为圆弧形,主要还是为了使用方便,因为在自来水没有出现之前,每家每户都以水缸存水。圆筒形的水缸内壁与水瓢外形相对应,可以尽量将水缸的水舀干净。另外水瓢底部圆弧形的设计使水瓢可以漂浮于水面之上,不至于翻沉于水缸之中,给人增加麻烦,同时也防止人手接触的把手接触水面,讲究卫生。但毕竟木制水瓢制作不易,现在已不再使用。

本案例水瓢的口形的前端为流线型,收藏于吉林市伊通满族博物馆。长约29厘米,宽约15厘米。水瓢与把手位置相对的口形为钝尖形,其钝尖的曲线与水缸底边的凹部曲线基本吻合。前部的口形曲线比闭口水瓢的略窄,方便在较为狭小的空间内取水或取物。处壁为曲率较小的曲线型。同时,用此水瓢舀铁锅内的水,较圆口形水瓢快。

开口水瓢是少数民族日常生活中必不可少的生活用具,也是满族人饮水和舀水的日常生活用品,其制作方便,易于加工,使用舒适,体现了我国少数民族的聪明才智和丰富的生活经验。

图片来源
图一 白波 摄影
图二 王中正 制图
图三 赵培良 制图
图四、图五 兰庆洋 制图

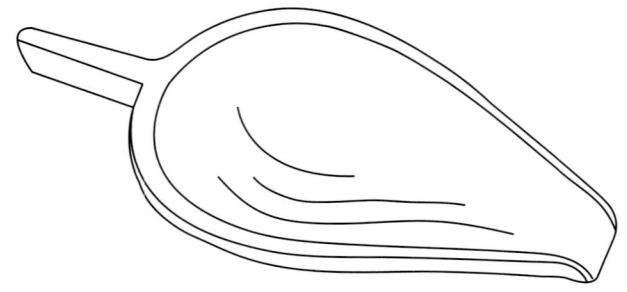

图二　满族开口水瓢线描图

图三　满族开口水瓢使用情境图

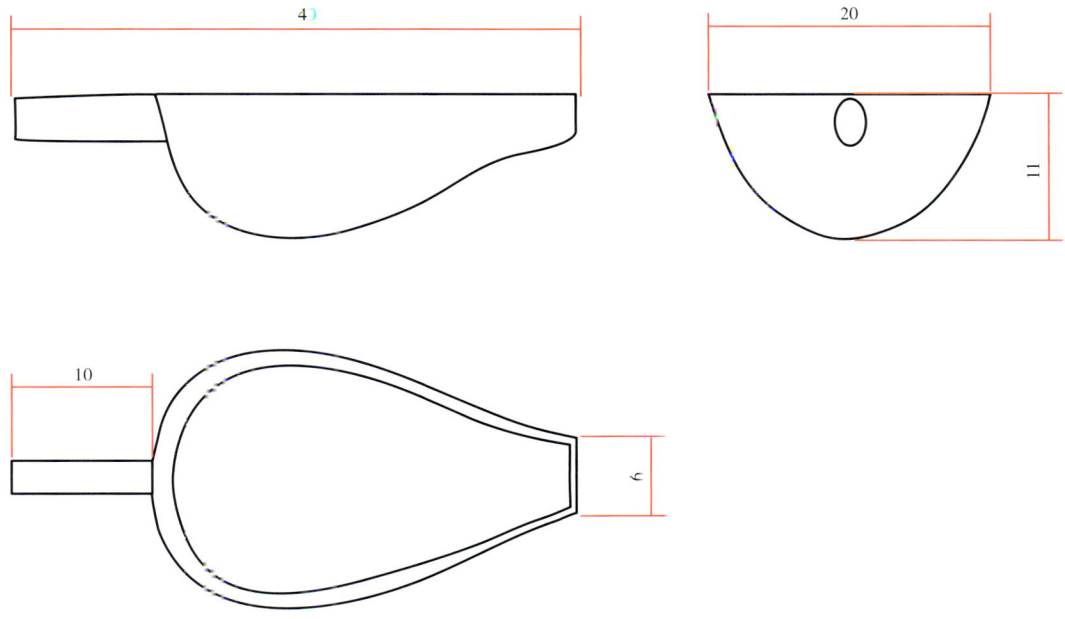

图四　满族开口水瓢三视、尺寸图（单位：cm）

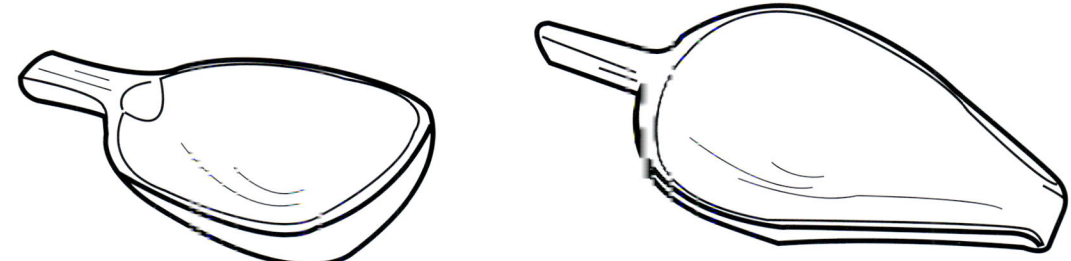

图五　满族闭口开口水瓢对比图

满族爬犁

图一　满族爬犁主图

爬犁又称扒犁、扒杆、雪橇、冰床、拖床、柁床，满语称为"法喇"。东北地区冬天极冷，往往地面结冰，这种特殊的环境催生了满族的造物方式，爬犁就比较适合在冰面上行走。爬犁的制作工艺简单。由两根一丈多长的前端用火煨成弓形并高高翘起的硬杂木杆组成，杆上架一副车架子，宽三尺有余，长七尺左右，右檐有底，无软毂，靠两根杂木杆在冰雪上滑行。用牛、马拉，或几只狗一起拉，行于雪原，或驰于河道冰上，拉人载货，轻巧简便。

上述爬犁体型较为巨大，主要靠牛、马等畜力，主要用途也是用来拉载货物。后来东北地区又出现了多种爬犁，其中有专供儿童玩耍的爬犁。由几块木板横搭在两根木方之上，用铁钉钉牢，木方着地一面一般打磨比较光滑，有的还加上铁丝，以减少摩擦。另外，满族一般家庭主要拥有介于上述二者体积之间的爬犁，体积大小适中，主要依靠人力搭载一些不太重的货物，使用方便。

东北地区冬季漫长而寒冷，大地长期被冰雪覆盖，其他交通工具不适用这种气候。爬犁的出现解决了冬季运输的难题，长途、重货就使用畜力拉载的爬犁，短途、货物较轻的则使用人力。因此，爬犁是满族人民为了适应东北地区气候而发明的一种交通工具，是人民在与残酷的大自然进行斗争时聪明才智的体现。

图片来源
图一至图三　王欣　制图
图四　陈清霞　制图

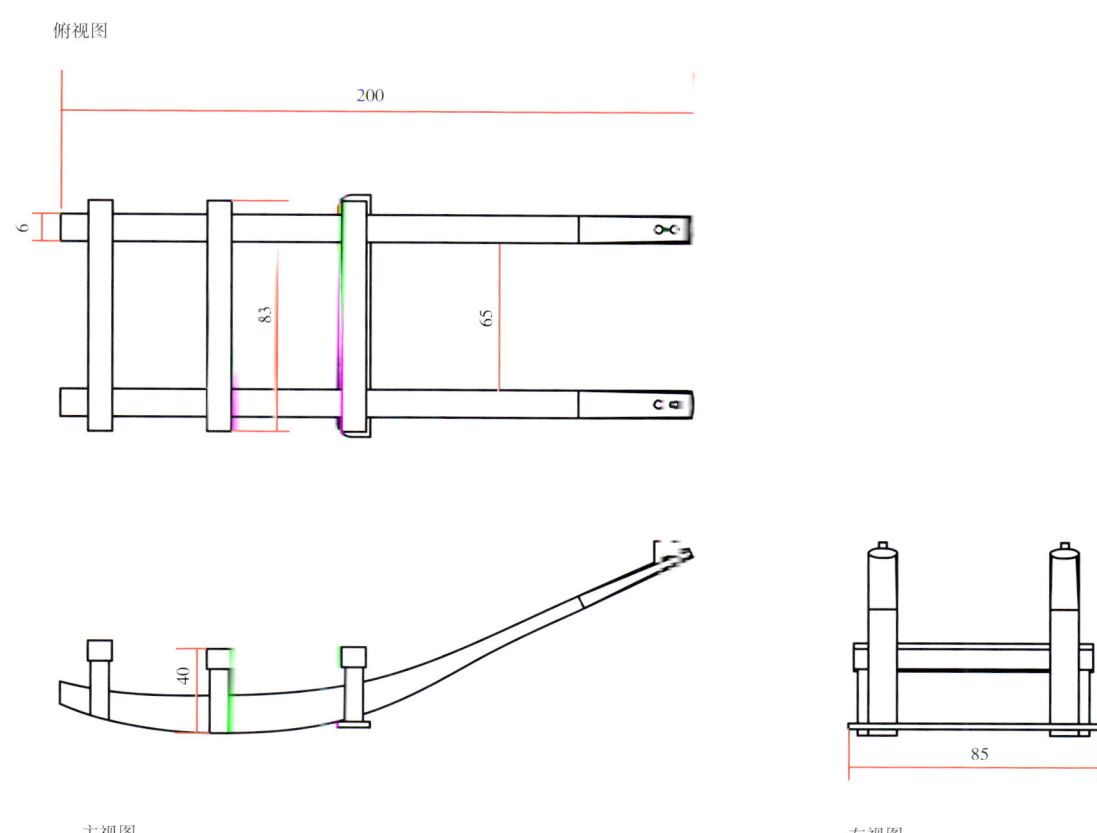

图二　满族爬犁三视、尺寸图（单位：cm）

图三　满族爬犁结构示意图

第四章　满族传统生活用具

303

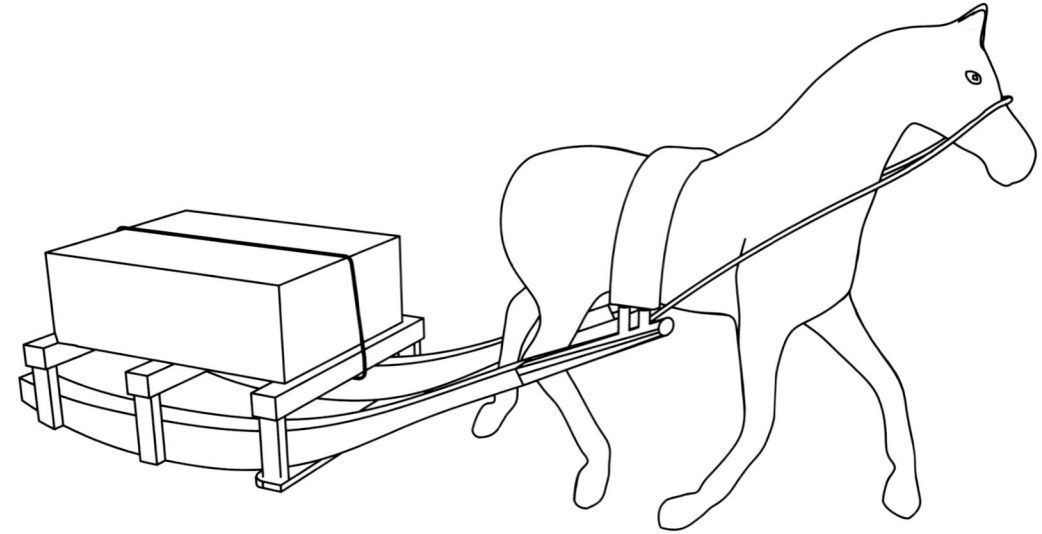

图四　满族爬犁使用情境图

满族花轱辘轿车

图一 满族花轱辘轿车三图

花轱辘轿车是满族的一种交通工具，也称为马拉轿车，实际上就是在花轱辘车上加上一个轿棚。满族的花轱辘轿车是满族商人使用比较频繁的交通工具。其轴承大多都由铁匠打制轴瓦，中间抹上毛油做润滑，车轴上并装有铁制铜条。为了增加车轮强度，其侧面钉满大铆，钉紧轮辐，使车轮子更加耐磨。

花轱辘轿车由轿厢、车辕、车轮、车身组成，车辕上套有马匹。轮圈为铁制，辐条为木制。车轴与车轮之间没有滚珠轴承，而是往里面浇油，使之润滑。所以，一旦油干，就发出吱吱呀呀的声响。殷实人家养的大马。车辕下挂有2~4个铃铛，铃铛外面罩着单也面开口的铜套。车走动时，铃铛就响，声音通过铜套传出，发出撞钟的声响，这就是响铃，用途是壮声势，吓野兽。

花轱辘轿车中最重要的部分就是轿厢，在轿厢为一般铺有柔软的棉被，前面挂有帘子，夏秋季挂布帘，冬季挂棉帘，用以挡风避寒，同时起到保护隐私的作用。这样布置后，即使长途行驶，坐在轿厢内的乘客也并不觉得累。

图片来源
图一 白汶 摄影
图二至图四 邱珂 制图

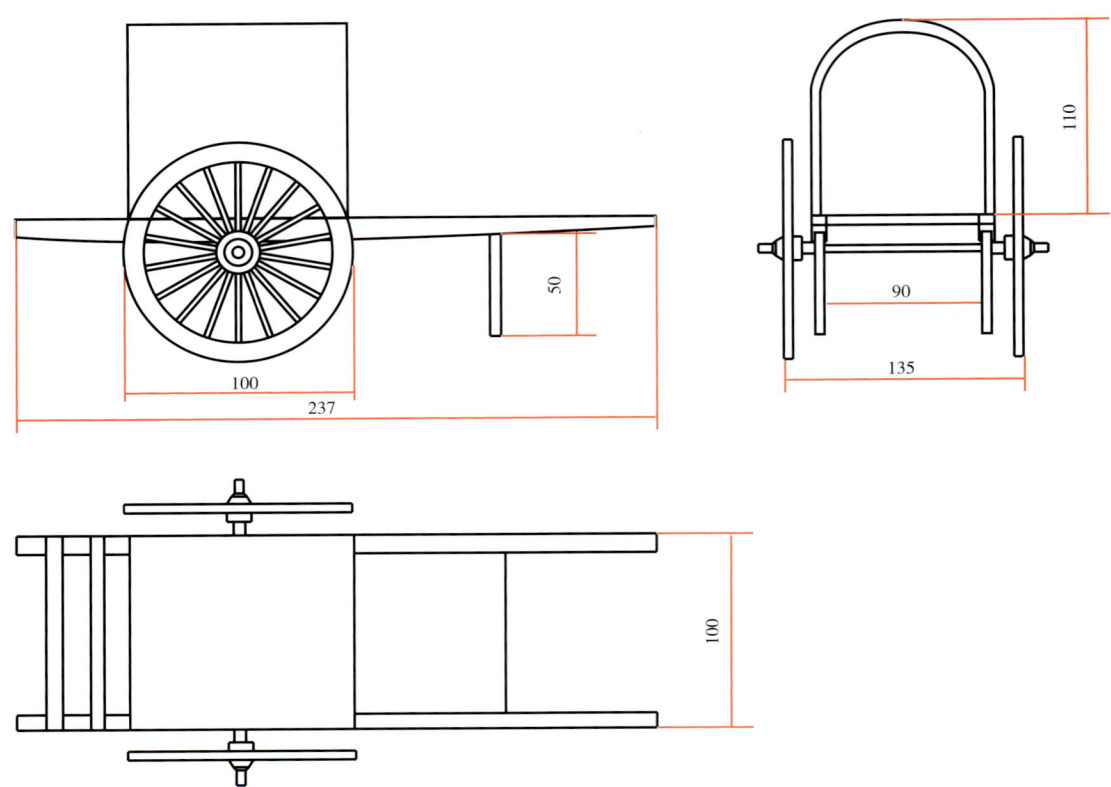

图二 满族花轱辘轿车尺寸图（单位：cm）

图三 满族花轱辘轿车使用情境图

图四 满族花轱辘轿车窗格图

满族洗衣工具

图一　满族棒槌主图

本案例的洗衣工具收藏于吉林市伊通满族博物馆，是满族人用来清洗衣物的工具。满族是一个非常讲究清洁和卫生的民族，仅供清洗衣物的工具种类就有许多，其中常见的有棒槌、捶布石、木盆、葫芦瓢等。

在这些洗衣工具中，尤以棒槌的实用性、艺术性价值最高。棒槌通常为实心木制，长度为40厘米左右，直径为10厘米左右，把手处较细。使用棒槌时，手握棒槌，将衣服浸泡后，放在岸边平整的石头上或者捶布石上，用棒槌捶打来洗净衣服。另可用棒槌捶打浆洗后的被褥，以保持被褥平整。

结合棒槌一起使用的还有捶布石、木盆、葫芦瓢。其中捶布石是一块厚度为10厘米左右，长度80厘米的厚木板，用于放置需捶洗的衣物，在棒槌承受反向的力。木盆则大小不一，制作方法与木桶制作方法类似，只不过木盆比木桶的直径更大、高度更低而已。木盆的作用主要用来装水浸泡、漂洗衣物。此外，干燥、掏空处理后的葫芦瓢则用来舀水进木盆，由于其质地较轻，即使是妇女都可以轻松舀起满满的一瓢水。

此外，满族的洗衣场所根据季节而变化。夏季时主要是在河流旁边，冬季则要融化冰雪进行洗衣。

图片来源
图一　白波　摄影
图二三四五　陈清霞　制图

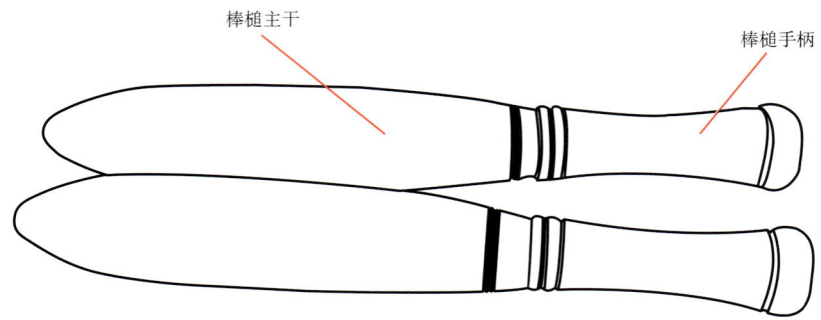

图二　满族棒槌结构名称图

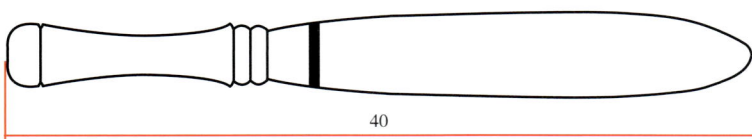 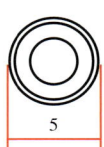

图三　满族洗衣工具棒槌三视、尺寸图（单位：cm）

锤布石

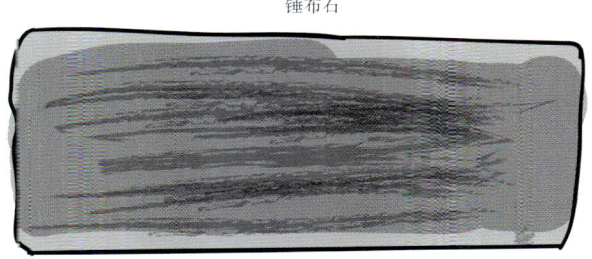

棒槌　　　　　葫芦瓢

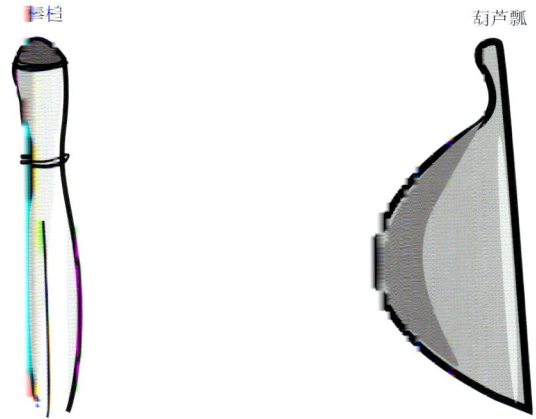

图四　满族洗衣工具侧视图

图五　满族洗衣工具线描图

满族梳妆镜

图一　满族梳妆镜主图

中国早期是以铜为镜，现代意义上的镜子是指玻璃镜，这在中国出现已经是清代的事情了。特别是步入晚清以后，水银玻璃镜引入中国后，迅速传播开来。满族人对于"水银玻璃镜"这一新生事物进行研究，并采用水银玻璃制作各种家具，其中梳妆镜成为满族人重要的生活用品。

梳妆镜是满族妇女用以照容，进行梳妆的镜子，是满族妇女日常生活中不可或缺的东西。满族梳妆镜种类繁多，但主要分为两种。一种为单体式，就是一个简单的镜子，尺寸不大，镜子四周有框，有的加以精美的装饰纹样和造型，在镜子和边框中间有一转轴，使得镜子可以360度旋转。第二种是将镜子与梳妆台结合在一起，一般上面为梳妆镜，下面为梳妆台，梳妆台主要由柜面和抽屉组成，尺寸也不大，但功能齐全，满族妇女梳妆工具和用品皆可放入梳妆台，便于使用和整理。

满族民居为了取暖，炕占据了大部分的室内空间，所以满族的梳妆镜尺寸都不大，一般长大约为25厘米，高大约44厘米。这种尺寸的设计一方面节约空间，保证满族民居室内不至于拥挤；另一方面这样的大小正好可以将人的面部照出，便于进行梳妆。

图片来源
图一、图四　白波　摄影
图二、图三、图五至图七　匡宏婕　制图

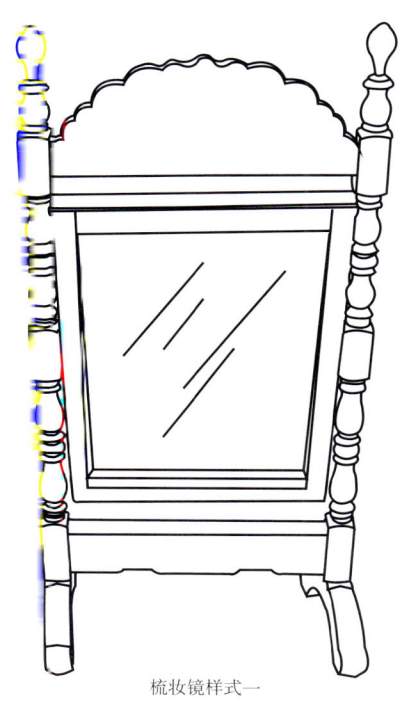

梳妆镜样式一

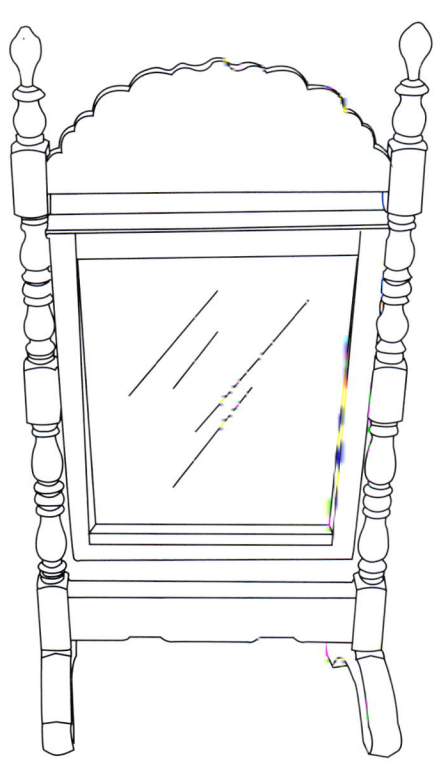

图二　满族梳妆镜线描图

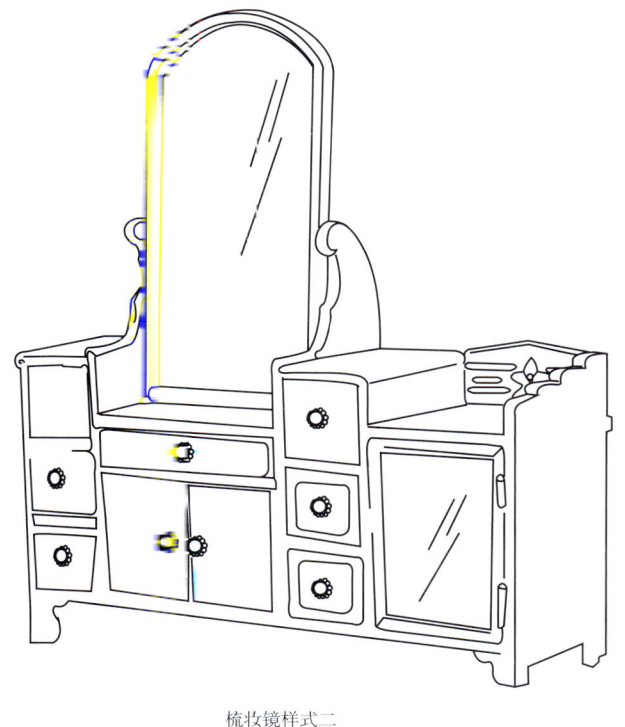

梳妆镜样式二

图三　满族梳妆镜样式图

图四 满族梳妆镜样式场景图

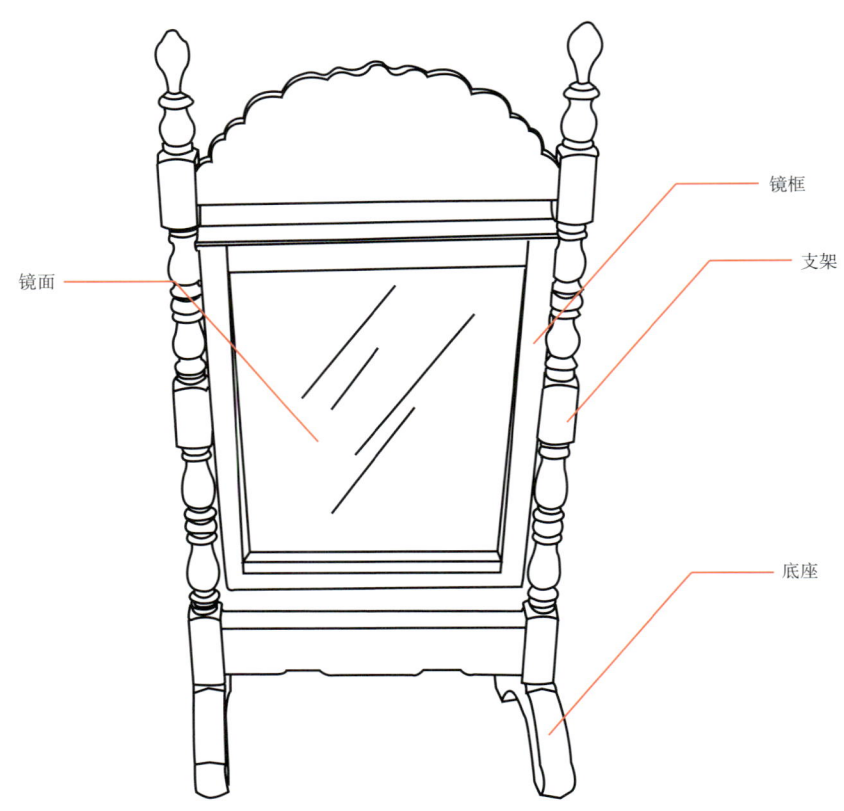

图五 满族梳妆镜结构名称图

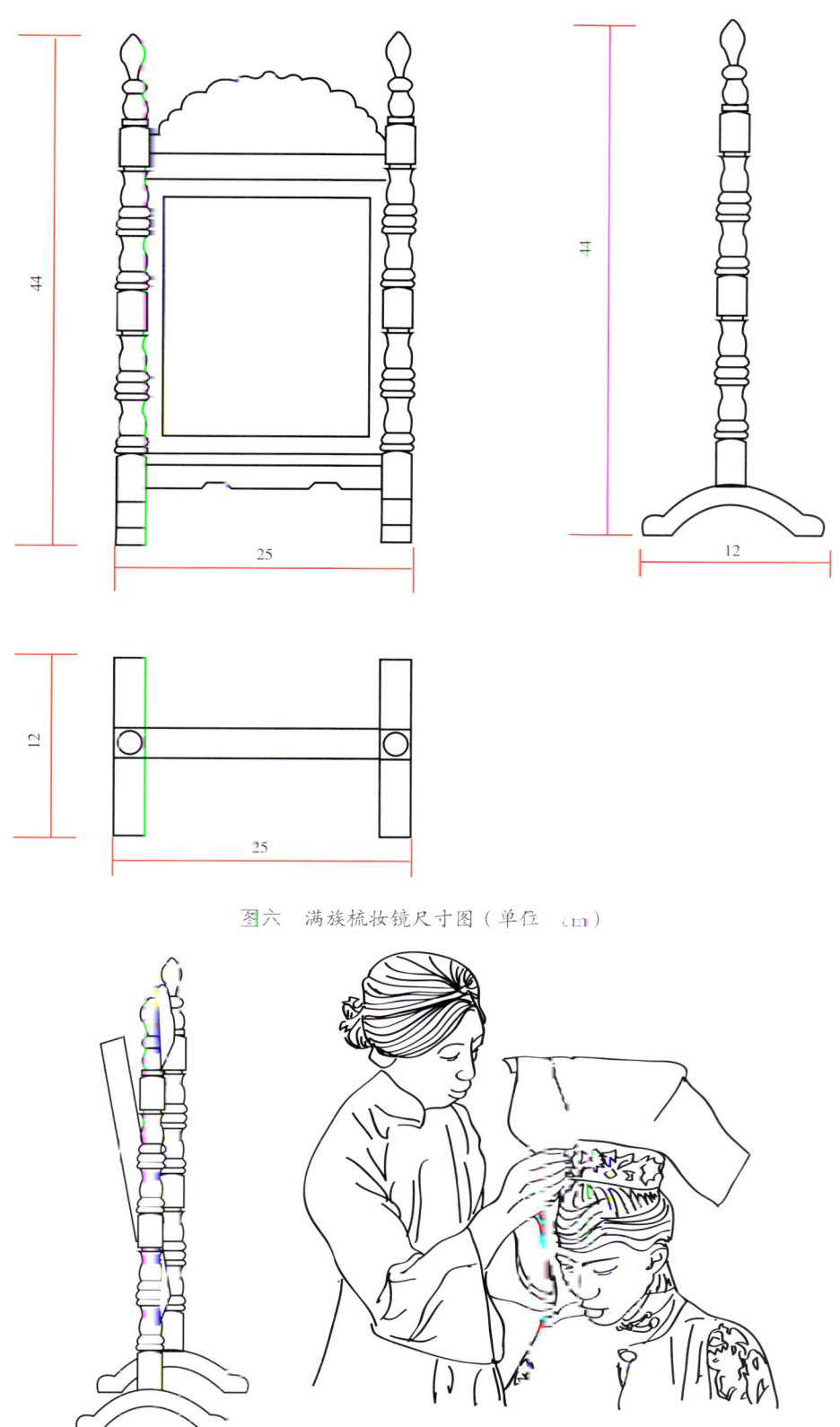

图六 满族梳妆镜尺寸图(单位：cm)

图七 满族梳妆镜使用情境图

满族学步车

图一　满族学步车主图

　　满族学步车是儿童使用的一种学步用具，是在儿童没有学会走步之前使用的。本案例所示的学步车为木制，收藏于吉林市伊通满族博物馆。其形制与现今流行的学步车完全不一致，但其结构巧妙，堪称是现代儿童学步车的鼻祖。从正面看，本案例学步车呈丁字形，在丁字形底架上安插有两根木条，在木条上又横放一根木料作为儿童扶手，在扶手与丁字形底架前端用木方作为支撑。在丁字形底架下面安装有三个滑轮，保证学步车可以前进后退。

　　学步车高度在60~80厘米之间，把手比较细，便于儿童手掌把握。宽度大约是50厘米。在使用学步车时，牙牙学语的儿童将双手握着把手，利用底部的轮子前后推行，慢慢掌握走步技巧。本案例传统学步车虽然没有现代学步车功能全面，但是对于当时设计来说确实有独到之处。

　　学步车的设计根据儿童特点，如学步车的高度、把手的粗细等等，以婴儿实际作为设计标准。另外学步车制作简单，所以在过去一般满族家庭都有学步车。同时学步车也有其设计缺点，即只能前后行进，而不能左右方向行进，在婴儿学步过程中容易摔倒。

图片来源
图一　白波　摄影
图二、图四、图五　胡雨竹　制图
图三　兰庆洋　制图

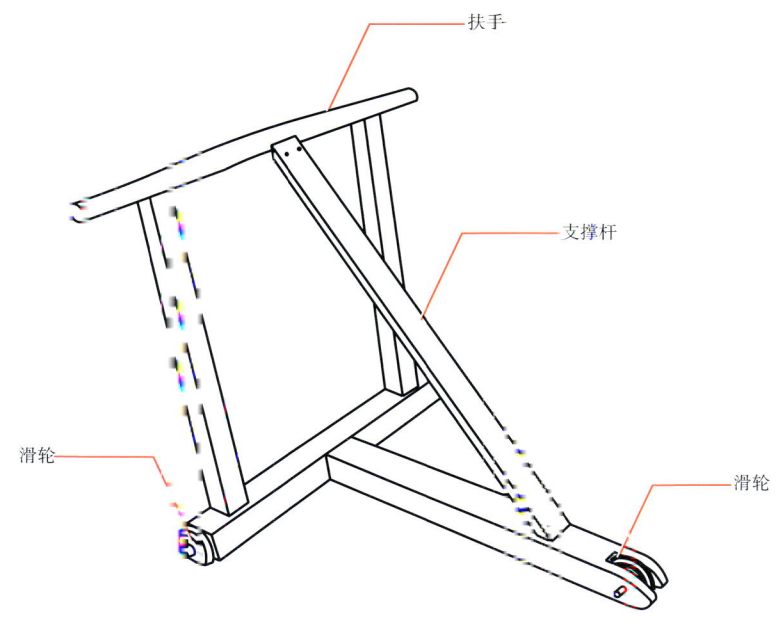

图二 满族学步车结构名称图

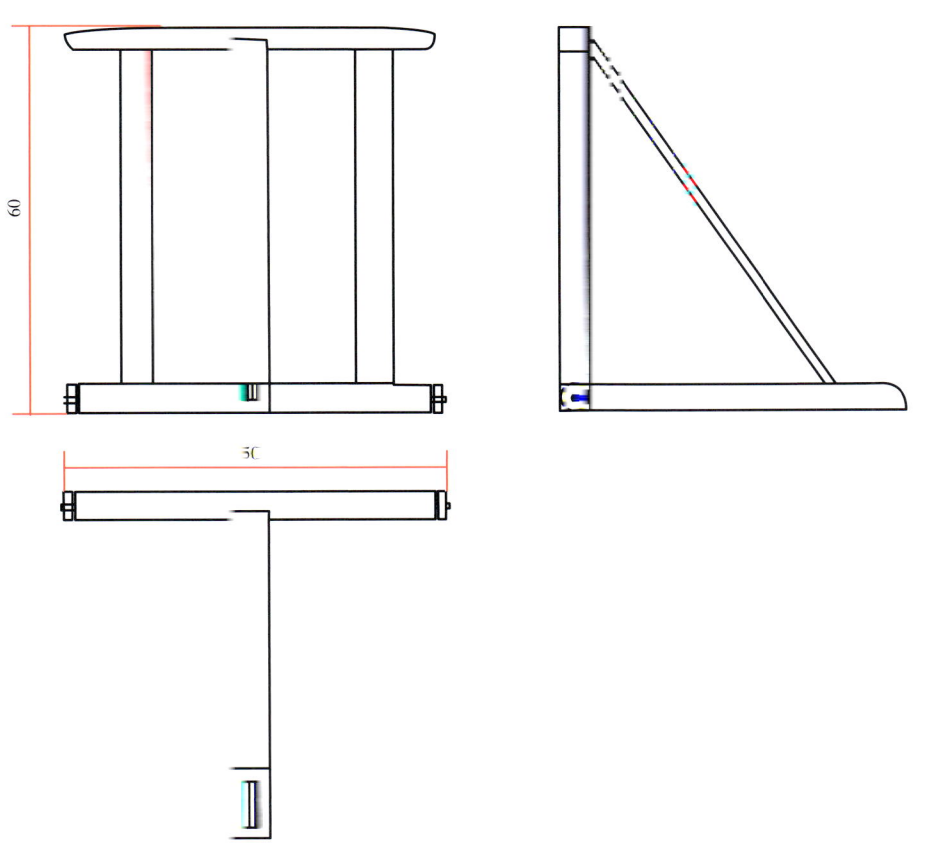

图三 满族学步车三视、尺寸图（单位：cm）

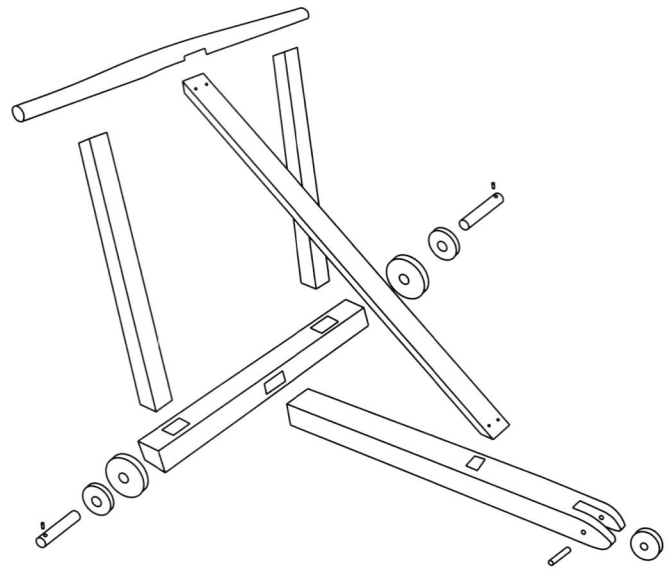

图四　满族学步车解析图

图五　满族学步车使用情境图

满族油灯

图一 满族油灯主图

满族地区的照明别具一格,有熊油灯、鱼油灯、面灯、糠灯,以及近代的煤油灯,至冬季则有冰雪灯、冰蜡灯等。其中油灯是满族古代人们用来照明的主要灯具,油灯种类繁多,规格不一,形式多样。现以在吉林市伊通满族博物馆拍摄的油灯为例。

伊通满族博物馆的油灯有两个,一个为高足油灯,高度35厘米,上部为漏斗形,上有一碗型油兜,边有红长椭圆形把手,把手上有线与铁制的拨灯捻线的铁丝相连。油兜可以分离,下部为细长倒漏斗形,边上有一把手,底部有为一直径18厘米左右的圆盘作为底座。另一个为兽油灯,直径10厘米,实际上就是前一油灯的油兜部分。

满族油灯的主要燃料为兽油,满族人们多生活在山林地区,以骑猎为生,因此满族人经常靠打猎来的动物油脂提炼出来作为油灯的燃料,用以夜晚照明。油灯整体设计精巧,外表圆滑。制作者将油灯的把手设计成火焰式的椭圆形,可以把持,同时把手底部与油兜接触的面积较小,有利于防止长期燃烧导致的把手过热,而且外观非常漂亮。

图片来源
图一　白波　摄影
图二　王中正　制图
图三　赵培良　制图
图四、图五　陈清霞　制图

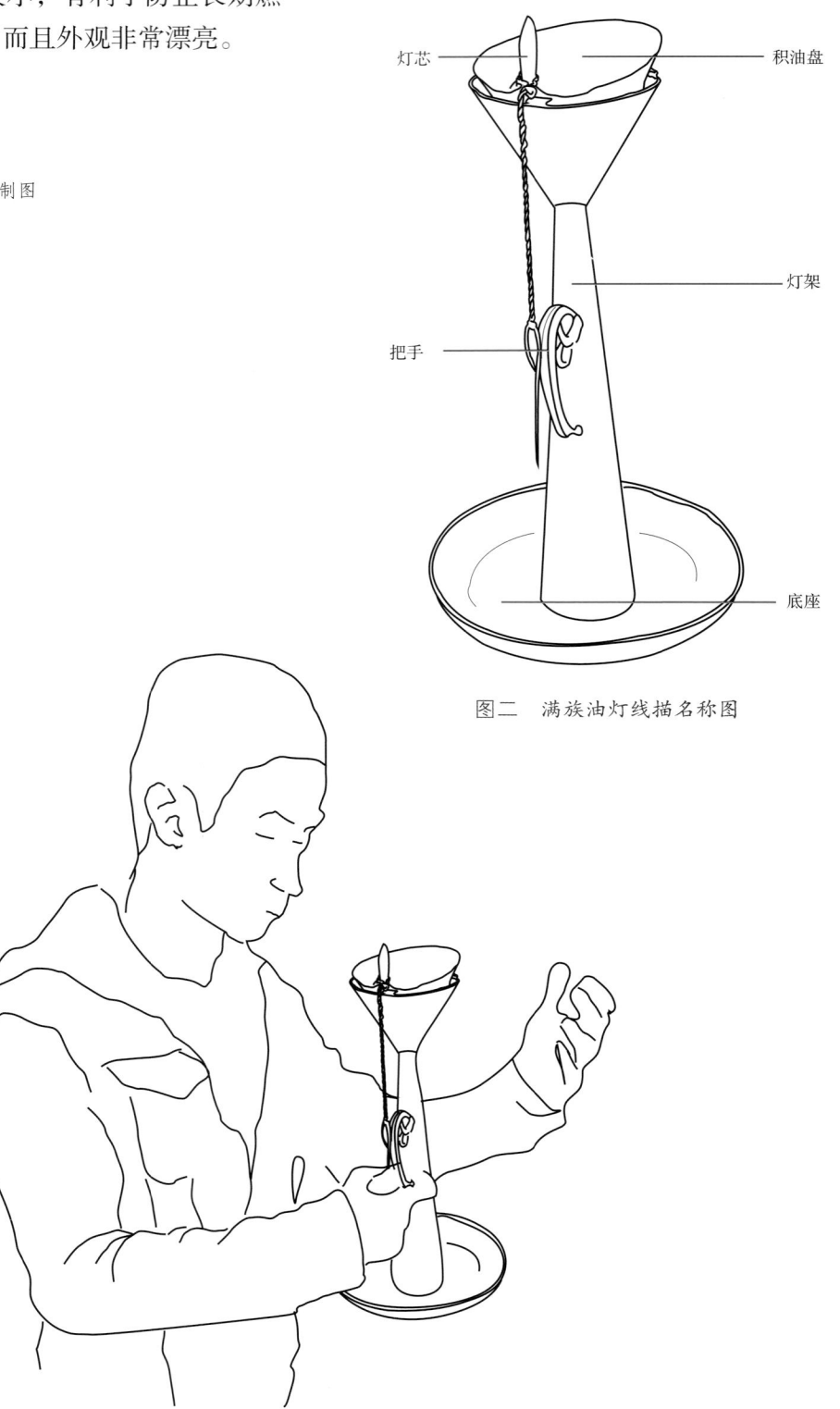

图二　满族油灯线描名称图

图三　满族油灯使用情境图

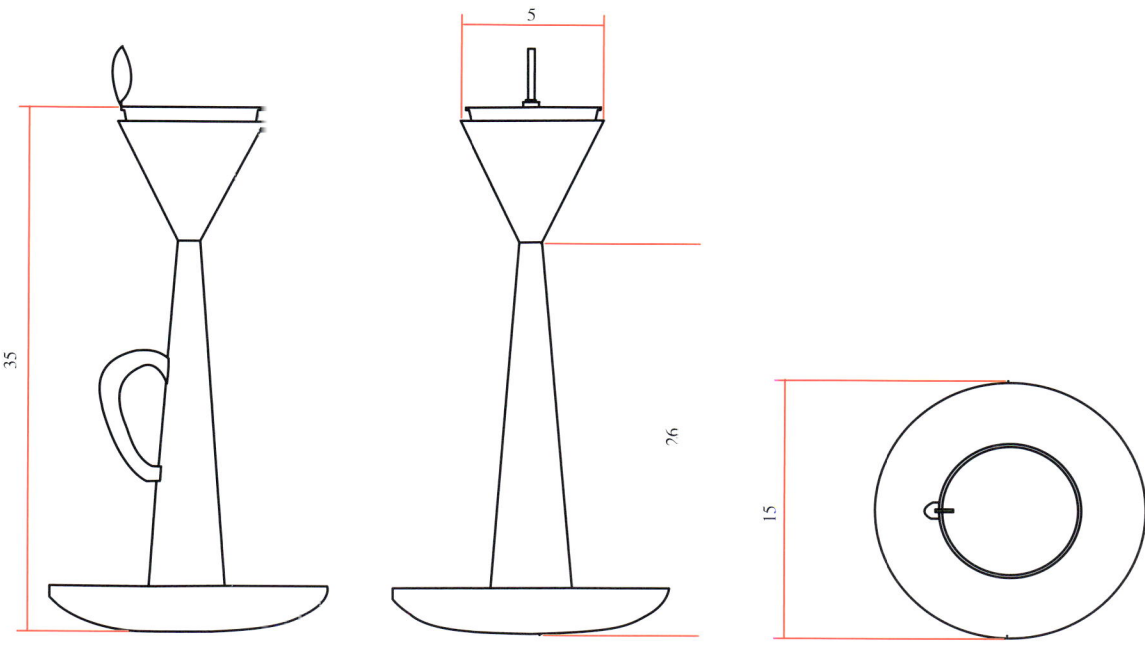

图四 满族油灯三视、尺寸图（单位：cm）

图五 满族油灯解析图

满族笊篱

图一　满族木笊篱主图

　　笊篱是满族人们使用的一种炊具，也是一种中国传统的烹饪器具，用竹篾、柳条、铅丝等编成。像漏勺一样，有眼儿，在烹饪时用来捞取食物，使被捞的食品与汤、油分离，即起到过滤、筛分、沥水的作用。主要用于捞饺子、捞面等。材质有竹编的、金属的（旧时有用黄铜、铝等金属打造，当前多用铁和不锈钢制成）。笊篱把手用毛竹片而制成，长约三尺。

　　满族的笊篱形式多样，根据材质可分为柳编笊篱、木笊篱、铁笊篱等。在吉林长春伊通满族博物馆中分别有柳编笊篱、木笊篱。柳编笊篱长度大约为40厘米，笊篱直径大约为18厘米，采用数股柳条缠绕编织而成。木笊篱长度大约为50厘米，直径大约为15厘米，是将木块掏出碗状，在底部钻多个眼，另外将一长度大约为40厘米的竹片用铆钉镶在木壁边上。

　　柳编笊篱和木笊篱适用于不同环境或炊具之中，柳编笊篱主要在面积较大的炊具上使用，如在大锅内捞饺子等；木笊篱由于竹柄垂直，可以在锅口小、较深的炊具中使用，如煮肉的深锅。不同材质笊篱的出现，表明满族先民对各种材质的充分认识，特别是柳编笊篱利用柳条编制形成的天然空隙，可以捞出食物，同时又节省工序和时间。

图片来源

图一、图四　肖珺　制图
图二、图三　陈清霞　制图

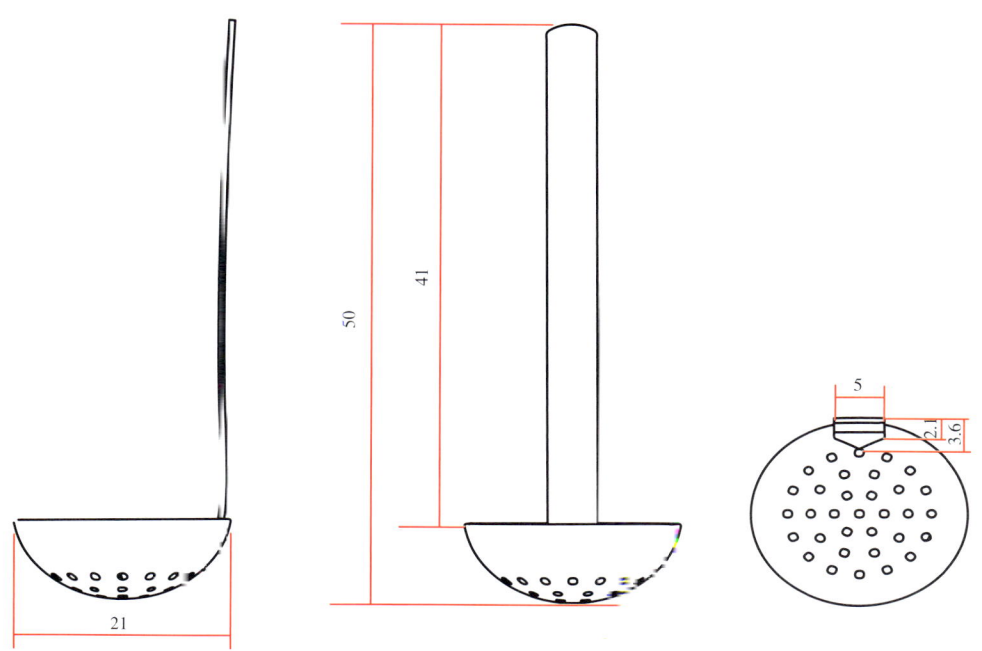

图二　满族木笊篱三视、尺寸图（单位：cm）

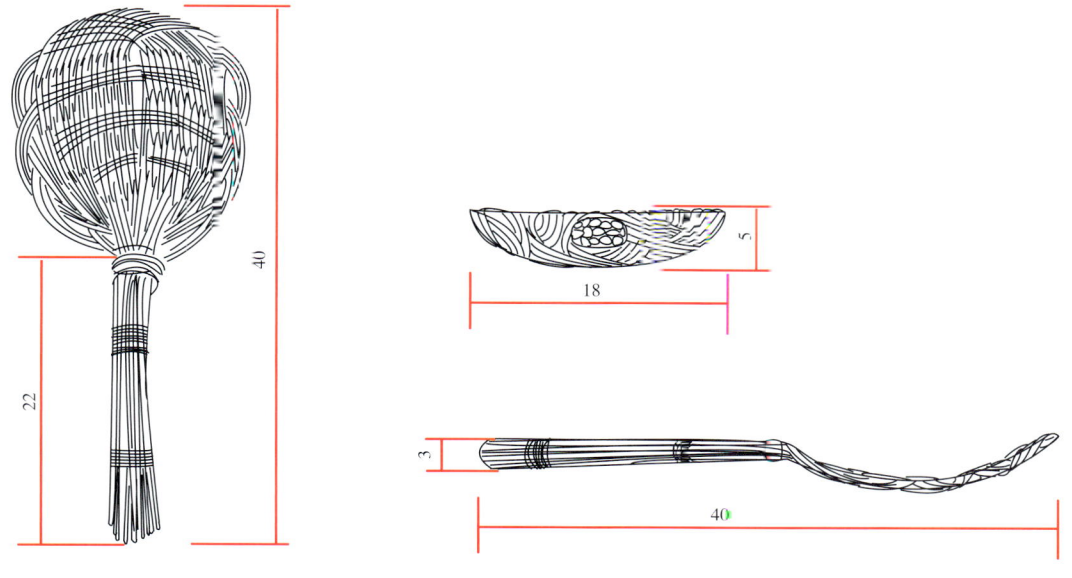

图三　满族柳编笊篱三视、尺寸图（单位：cm）

木制笊篱使用场景示意图

柳编笊篱使用场景示意图

图五 满族木制笊篱与柳编笊篱使用情境对比图

满族冰车

图一　满族冰车主图

满族的先民长期生活在白山黑水之间，寒冷的气候，漫长的冬季，平如镜面似的湖泊，如玉带般的冰河，为其开展冰上体育运动和冰雪活动提供了广阔的场所。

冰车，也是满族一种冰上体育运动。据民国《黑龙江志稿》记载："制如冰床，而不拖铁条，屈木为辕，以露车座低，傍轮前有轭而高，驾以牛或马，走冰上如飞"。一般是一个人蹲坐在上面，双手握着"冰扦子"撑动前进；也有的将冰车放在坡上借着惯性往下冲行；还有的坐二人以上由人拖着在冰上奔跑。

冰车最初是为了在冰冻的江面及河面运输物品时获得更快的速度而制造，后来为了满足北方地区儿童娱乐的需要而改造成了现在的冰车。冰车以木方、木板制作，尺许见方，无辕。接触冰面的两根木方上安装铁条，用两只冰锥同时点在冰面助力，冰车即可在冰上滑行。同时冰车分为几种类别，其中最典型的两种便是双腿冰车和单腿冰车。双腿冰车，是由两根木头制作的冰刀作为冰车的轮子进行支撑，其材料多数是由木板及木方合并组成，再配上一副冰扎。而单腿冰车亦称"单腿驴"或"单腿雷子"，其制作方法与双腿冰车相同，只是比双腿冰车少了一条"支撑腿"，单腿冰车相对于双腿冰车的优势在于速度快，灵活性好，但滑行起来平衡比较难以掌握，所以一般都是年龄稍大的孩子才会玩，但现在这种单腿冰车只有在少数东北农村才看得见。

图片来源
图一、图三　郝秀丽　制图
图二、图四、图五　邵帅　制图

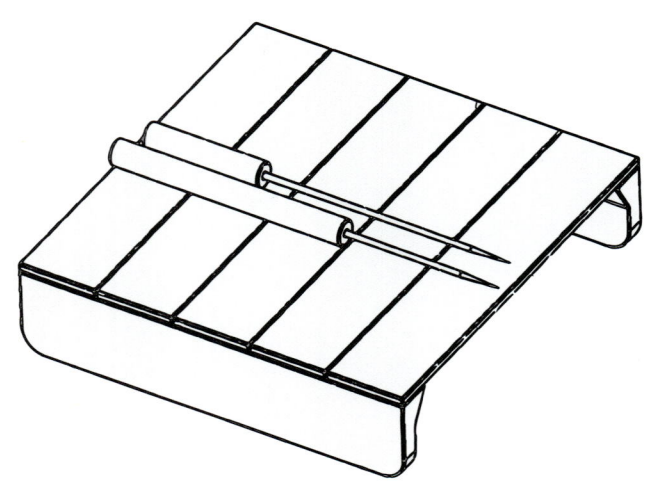

图二　满族冰车线描图

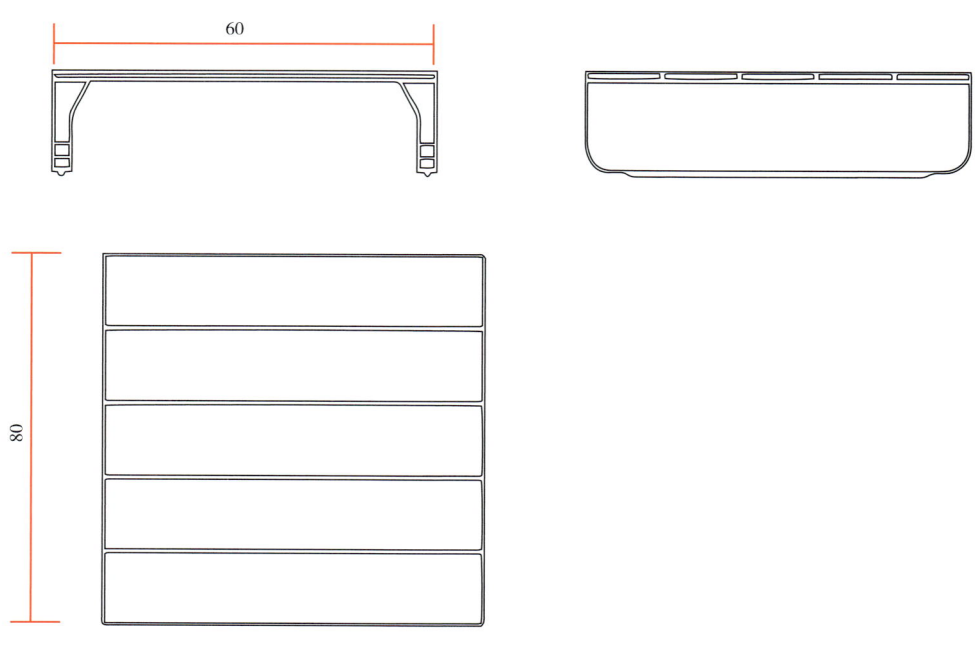

图三　满族冰车三视、尺寸图（单位：cm）

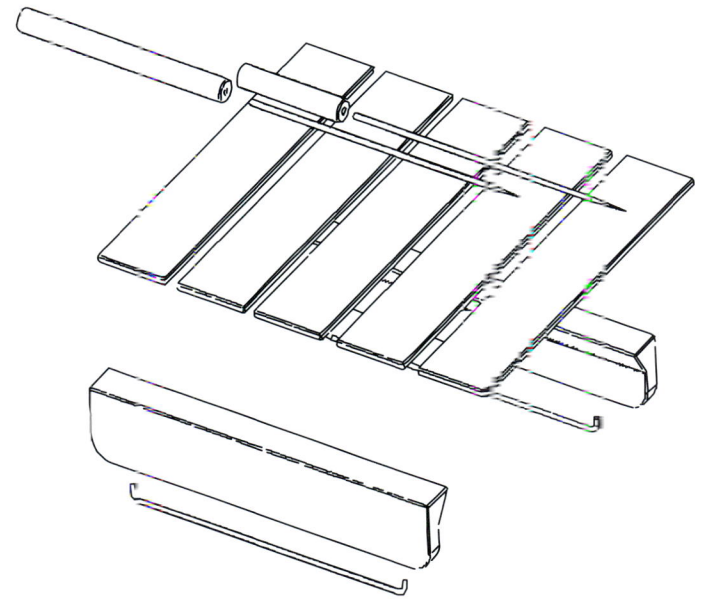

图四　满族冰车解析图

图五　满族冰车使用情境

满族搁板

图一　满族搁板主图

搁板，满语称为"额林"，是满族民居中十分独特的家具。搁板就在外屋（厨房）或里屋（卧室）的墙上钉两个木桩，上面横搭的木板。搁板上多放置瓶、罐、匣、盆等物，以代替几案。由于搁板是开放式的，取物和放物都非常方便，因此在满族民居中使用广泛，特别是清代乾隆皇帝还写诗称赞搁板的作用。

这种搁板是就地取材，搭设方便，一般距离地面高度在两米以上，能够充分利用室内空间，不影响地面人的活动和物品的摆放。搁板又在居室的高处，温度较高，比较干燥，适于存放黄烟、高粱种、谷种和地瓜等，在满族农村中广泛使用。满族人家供奉的祖宗匣，也是放在西墙的搁板上。

搁板是满族民间独特的室内家具，与满族先民的室内居住环境相适应。由于东北地区的地理环境影响，出于冬季保暖的需要，满族先民的民居室内面积并不大，这就使得满族先民在设计家具时要充分考虑室内活动空间不足的问题，搁板的出现充分利用了室内空间的高度，使得室内空间得以延伸。但搁板设计比较简陋，随着满族生活的逐渐改善，搁板已经逐渐淡出满族人的生活。而这种隔板的方式却影响现代家居用品，并广泛地使用在现代家居设计当中作为装饰点缀。

图片来源
图一 至三 白汶 摄影
图二 至四、图五 张芫芝 制图

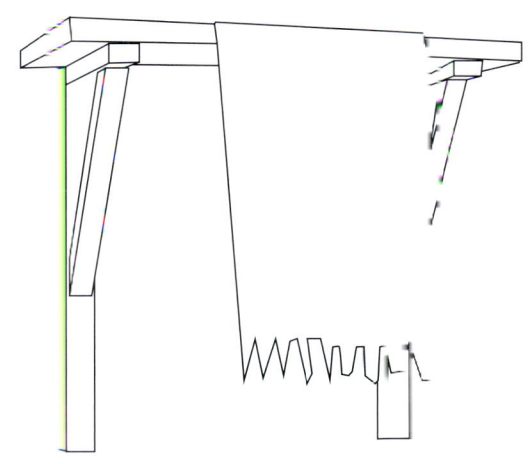

图二 满族搁板线描图

图三 满族搁板使用情境图

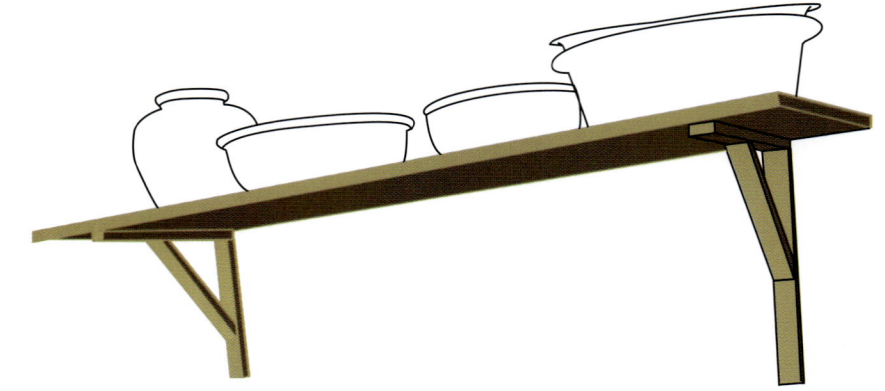

图四 满族搁板使用线描示意图

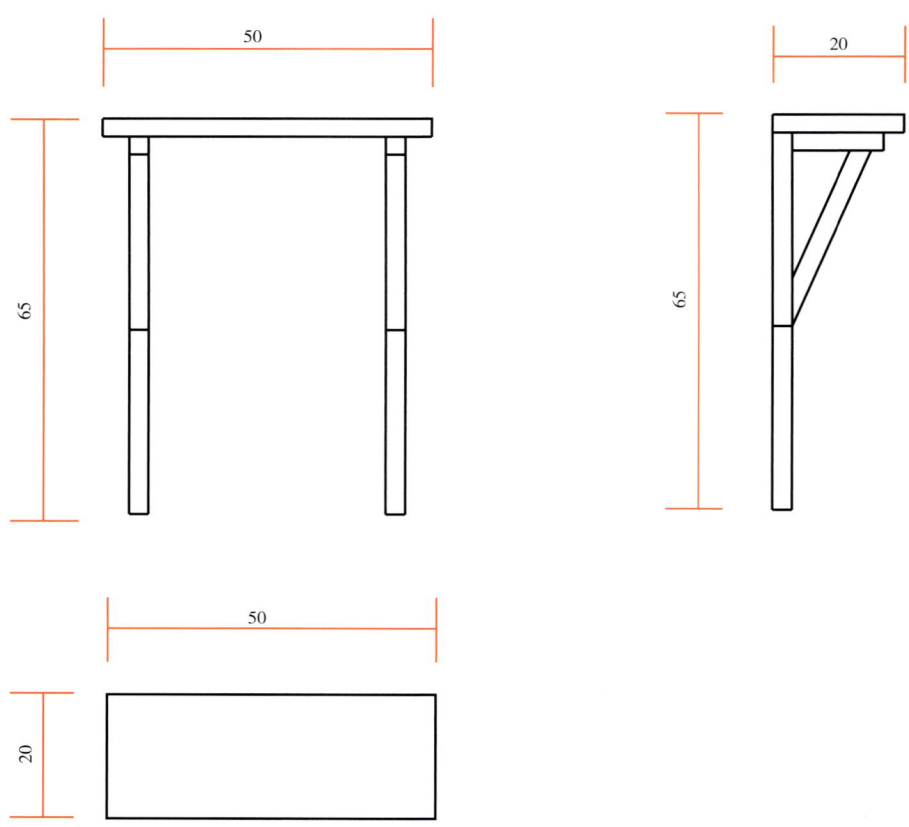

图五 满族搁板三视、尺寸图（单位：cm）

满族马杌子

图一 满族马杌子主图

杌子，四条腿的高凳，因为供上下马踩踏之用，故称马杌子。高而秃的木桩称为杌。马杌子是满族家庭中使用的一种凳子，木制。马杌子的凳面、凳腿和撑都是用卯榫连接，其特色是四条腿都向外撇，所有的卯榫都是斜的，放在地上十分稳固。满族婚俗，踩踏马杌子上轿或下车，寓意为把邪恶踩在脚下，才能避开灾难祸患，求得平安。

由于是上马用具，其马杌子凳面较厚，凳腿比较粗壮，结构十分坚固。常见的马杌子有三种，一种是长条凳，长度1米至2米，高约40厘米，凳面宽度30厘米左右，能坐3—4人；二是单人凳，就是最常见的；三是小马杌子，也称为小板凳，很矮，高度大约为15厘米。本案例为长条的马杌子，收藏于吉林市伊通满族博物馆。

本案例马杌子造型独特，无雕饰，结构坚固、稳定，所以应用普遍，至今仍在使用。马杌子虽坚固，但从使用角度上看，重量较重，不易搬动；虽然满足实用需求，但外观设计上缺乏美感，与现代生活距离较远，故虽为有地区在使用马杌子，但一般都在农村或经济较为落后地区，以及工坊中使用了。

图片来源

图一 白皮 摄影
图二三四五 邵帅 制图

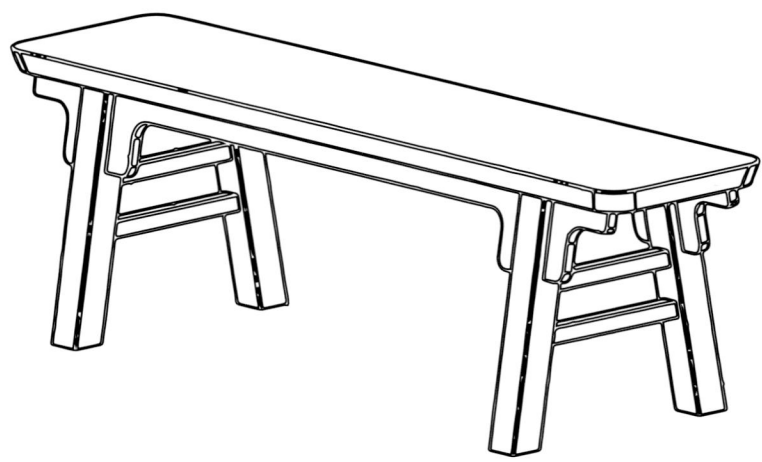

图二 满族马机子线描图

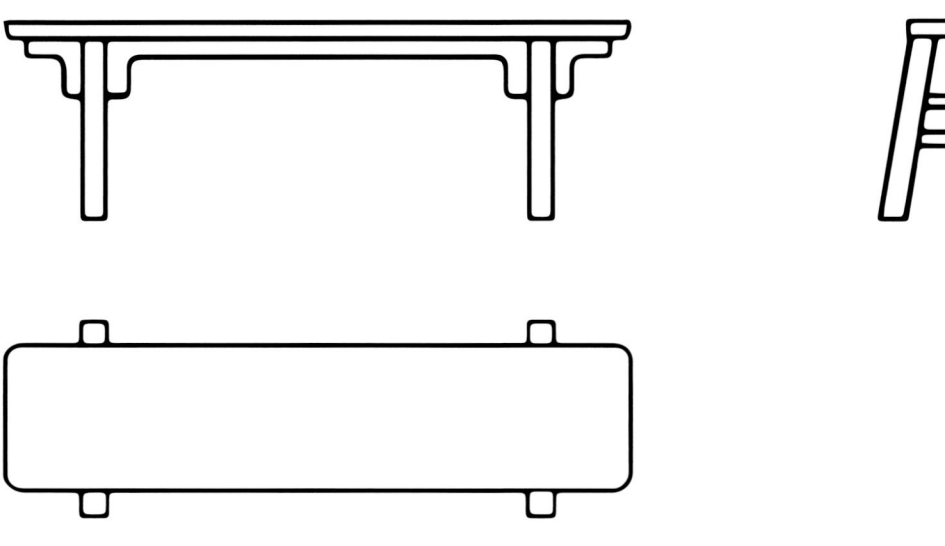

图三 满族马机子三视图

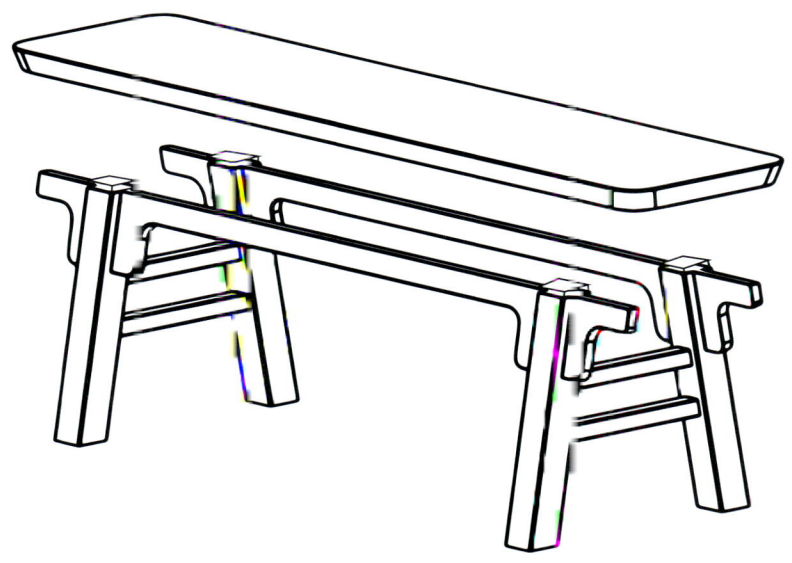

图四　满族马机子解析图

满族威呼

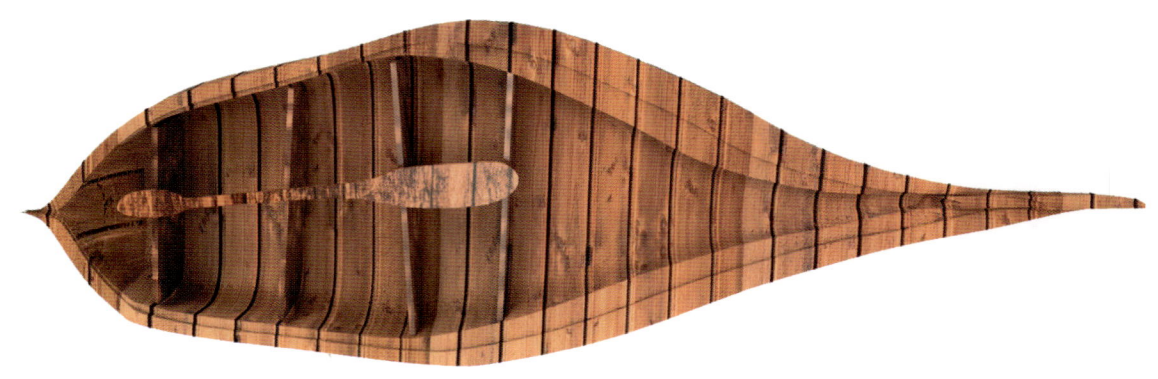

图一　满族威呼主图

威呼是东北地区的满族人经常使用的独木小舟，文献中又写作"威呼""威弧"等，都是满语独木舟的不同汉译。有的地方俗称"快马子"船，是用整根的大树干砍凿制成。威呼是一种船，也是一种文化的载体，它承载着满族当地的风土与文化。威呼是一种民俗，更是满族的一种古老的体育活动。它由划船而变成一种游戏和体育项目，这就是满族的"赛威呼"，赛威呼也称"赛旱船"。赛威呼活泼诙谐，极富娱乐情趣。威呼，只是到了近现代随着机动船的增多和能造独木船的独木树越来越少，威呼才逐渐地远离了我们的视线。

威呼长度大约为两丈，宽度与人的两膝大致，平口圆底，高约40厘米，头部为尖状，尾部为收边，呈尖锐角度，船桨长近一丈，中段是手握的桨把，两端是桨叶板，用时左右交替划行。威呼可装载数人，在水面上滑行速度很快。在日常使用中，可将两支威呼连接在一起，可以增加装载量，将车马等物品载运过河。后来，满族的"威呼"已不再是用独木刳成，凡是类似的木制小舟，也统称为"威呼"。

威呼重量轻，体积小，很好地适应了东北地区多河流的特点。实际上东北地区很多民族都使用类似的独木小舟，这是和当地地形环境相适应的。

图片来源
图一　杨丰陌、曾武.《满族民俗万象》.辽宁民族出版社，2008年9月.第138页.
图二　马倩　制图
图三、图四　唐洁　制图

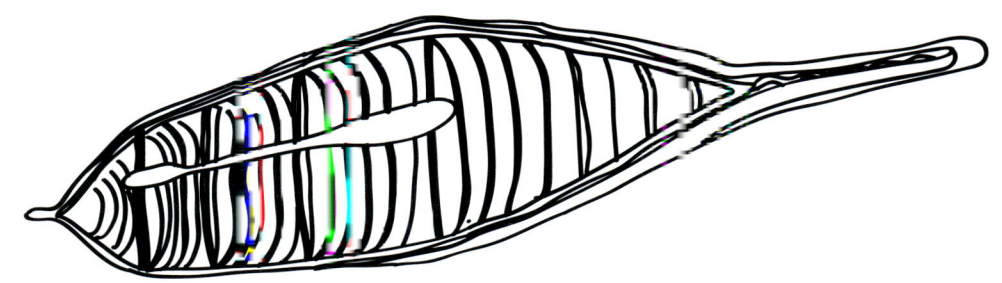

图二　满族威呼线描图

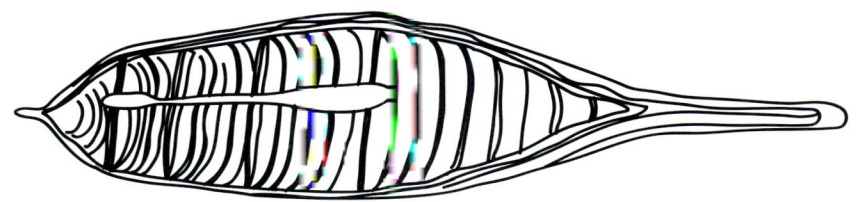

图三　满族威呼三视图

图四　满族威呼使用情境图

第四章　满族传统生活用具

满族辘轳

图一　满族辘轳主图

　　辘轳是东北地区满族所使用的一种汲水工具，一般为木制，高度为120厘米左右，宽度大约为80厘米。辘轳出现时间很早，在西周时就已经出现，到春秋时期已经广泛使用了。满族结合东北地区的生活习惯、气候条件等对辘轳进行了改进。

　　满族辘轳主要由辘轳头、支架、井绳、水斗等部分组成，摄取家中的井水。东北地区木材来源广泛，所以满族所使用的辘轳一般都是木质，支架由三根直径在8~10cm的木棍和一块较为厚重的原木构成，满族人在原木上钻孔，接着插入木制的支架和辘轳来固定。辘轳头是一块圆硬木，中有穿孔，以安装转轴，便于提水。在辘轳头上还安装有一把手，与辘轳头成一定角度，便于省力汲水。满族辘轳是满族人生活中不可或缺的生活生产用具。

在设计上，满族辘轳的支架呈三角形，可以很稳定地架在水井口，保证整个辘轳的稳定性。而且三角支架长度一般在80厘米左右，不会占用太大面积。辘轳头则使用了轮轴原理，可以很省力地将井水提升到地面。这说明了满族人民善于吸收优秀设计，并在自己生活中广泛使用，充分体现了中国古代劳动人民兼收并蓄、勇于创新的精神，值得后人学习。

图片来源
图一　兰汇　摄影
图二至图三　梁军　制图

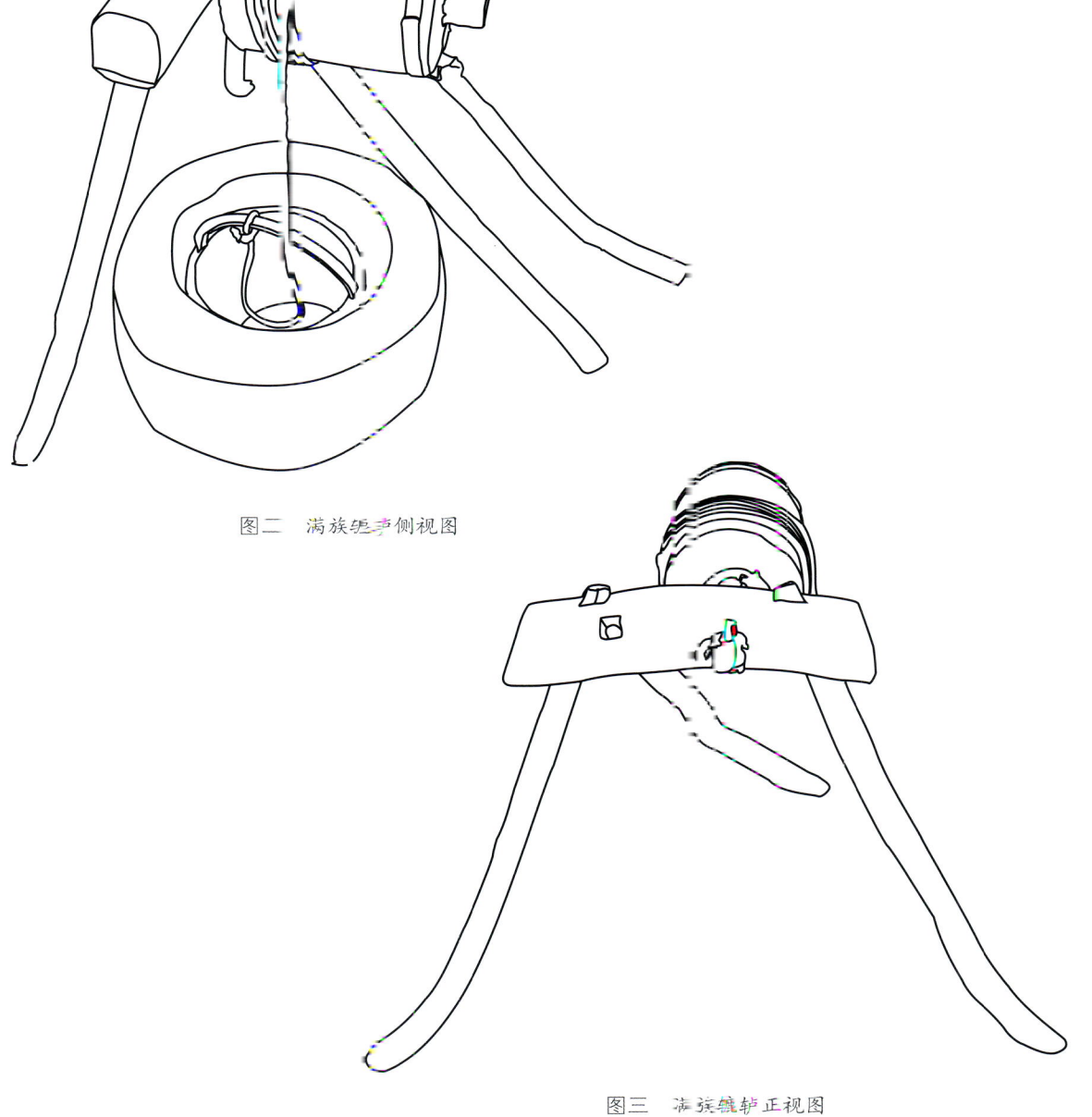

图二　满族辘轳侧视图

图三　满族辘轳正视图

第四章　满族传统生活用具

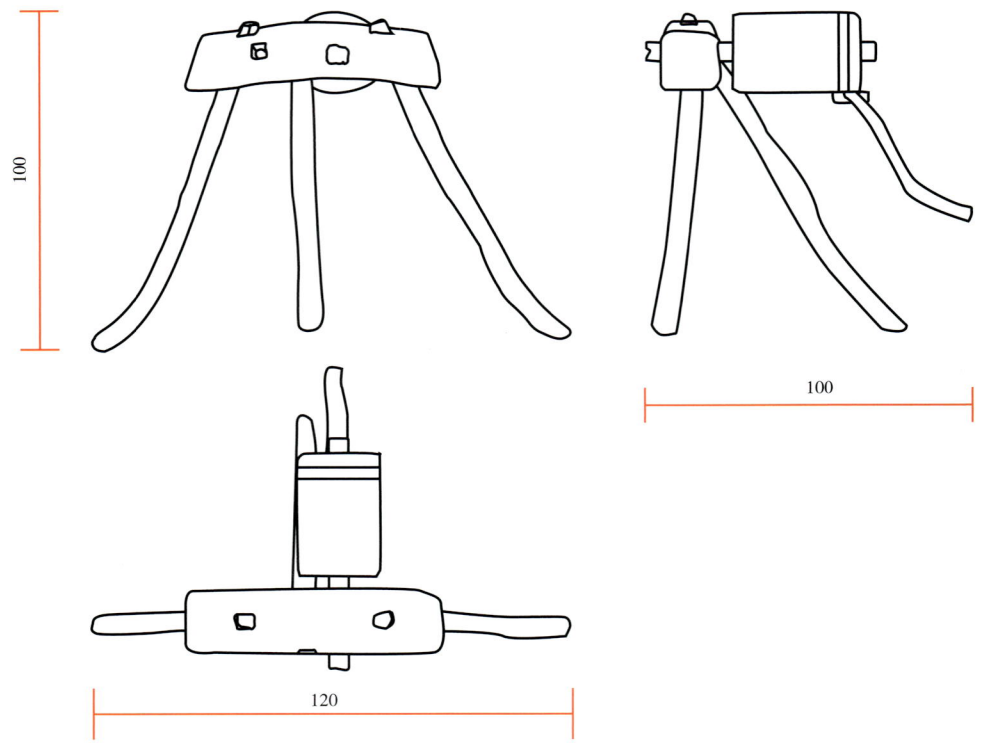

图四 满族辘轳三视、尺寸图（单位：cm）

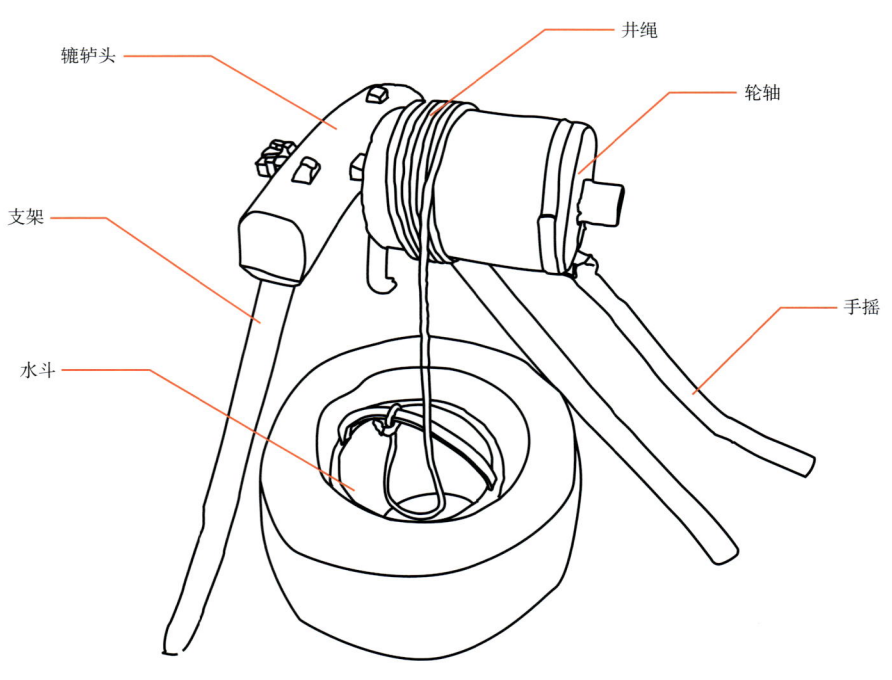

图五 满族辘轳结构名称图

满族木床

图一　满族木床主图

木床是满族用来压"碴子"或"饸饹"的工具，主要由支架、压杆和压头组成。碴子是满族的一种食品，在满族叫酸姜子，在辽宁、吉林才叫"碴子"。碴子主要是由玉米水泡磨面，滤掉渣滓发酵，等有酸味时，压成面条状后，煮熟即可食用。木床就是用来做玉米碴子的主要工具，将玉米面做成玉米碴子，最后做成酸姜子给人们食用。在木床支架上有一圆洞，内装有类似筛子的铁壁，在使用木床时，将发酵好的玉米面放入圆洞中，然后将压头盖在上面，用压杆挤压，在圆洞下面用容器接住挤出的碴子。

木床的设计是利用了物理学的杠杆原理，利用压杆挤压玉米面，可以比较省力地挤出碴子。而且可以大批量生产，其生产效率比一般家庭使用的汤套子高得多。在设计上，木床的三角支架设计保证了木床在使用过程中的稳固，同时其占用空间并不大，也便于在比较狭小的厨房空间使用。支架中的圆洞设计大小适中，一般压一次木床，可以装满一碗，避免浪费。而且压杆设计比较粗大，这样保证了在长期使用中压杆不至于折断，可以长期使用。满族所使用的木床与山西等地流行的压饸饹的工具相似，但更为小巧，使用也更高。

图片来源
图一　王毛毛　摄影
图二至图五　贾韦　制图

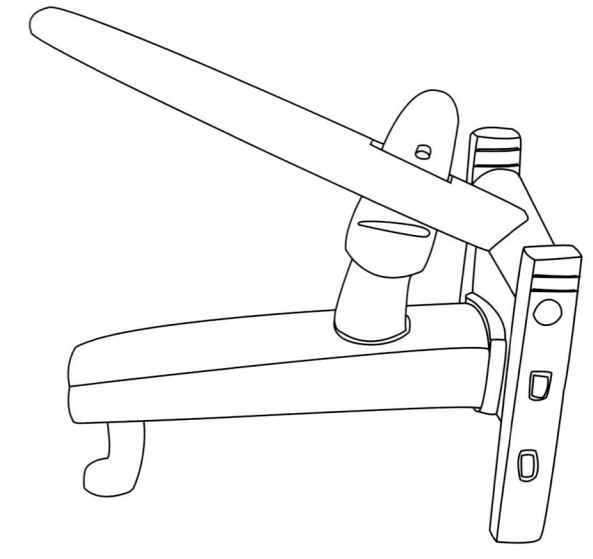

图二 满族木床线描图

图三 满族木床使用情境图

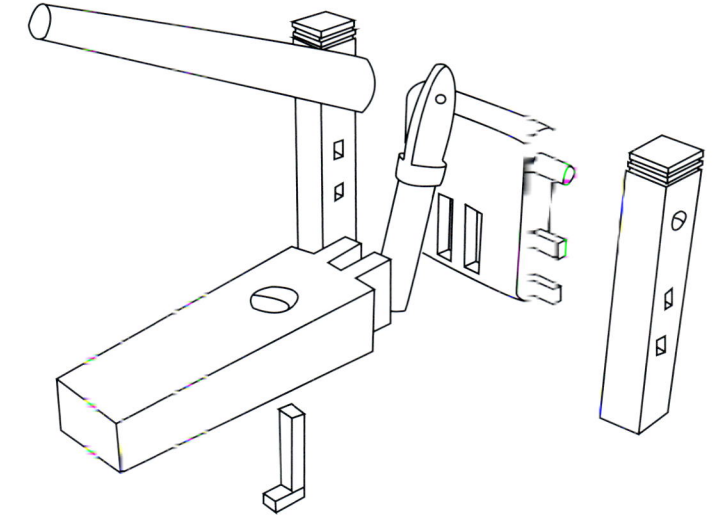

图四 满族木床解析图

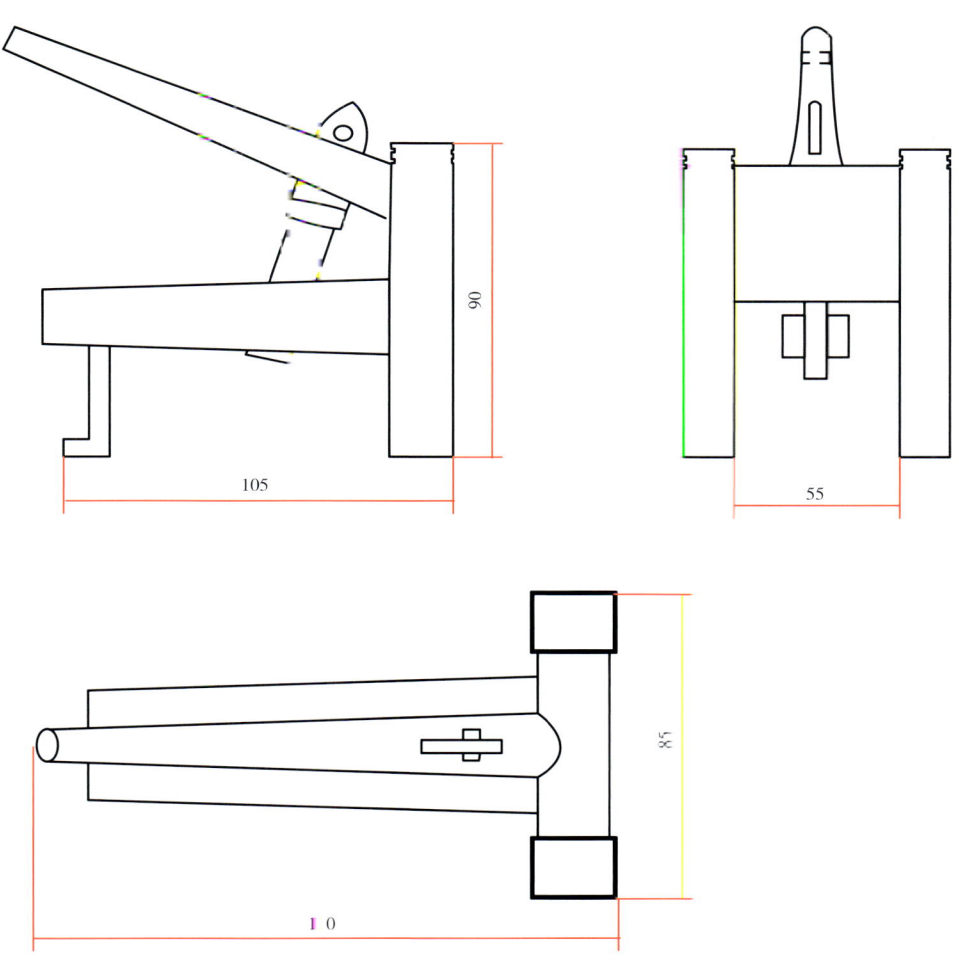

图五 满族木床三视、尺寸图（单位：cm）

满族铜火盆

图一　满族铜火盆主图

　　火盆是盛炭火等的盆子，用来取暖或烘干衣物，也叫"神仙炉"，具有极强的地方风韵与传奇色彩。从前，满族人室内取暖多靠火炕，但屋内的热度往往不易升高，有时虽然把炕烧得滚热，也抵不住外边的风雪严寒，于是满族人就发明了火盆。

　　旧时，物质文明落后，加之农民生活素来清苦，冬日无防寒设备，就用火盆取暖。每年中秋节后，各家就挖泥打火盆。火盆最早是用泥制成的，泥火盆的最大特点是传热慢但保暖性能非常好。后来发展成铁、铜制的火盆，并配有脚。可以直接放在炕上使用，一般用来取暖或烹煮食物。火盆的形状以圆形为主，大小不一，其直径大多都是五六十厘米，有的还在盆边刻上吉祥花图。火盆是满族各阶层都使用的室内取暖用具，不过由于财力的高低不同，火盆的材质也有不同的等级，较为充裕的家庭一般使用铜制火盆，外观漂亮，显得高贵富丽。一般家庭使用铁制火盆，在相对贫困的满族家庭则使用泥质火盆。

　　铜制火盆有三足，但其他材质的火盆一

般无足。但在吉林长春伊通满族博物馆的铁制火盆有木制火盆架。火铲是用来拨火的工具，长度在50厘米左右，顶端一般为三角形，上接一铁制长柄。火盆是满族为了适应东北地区严寒的气候而使用的取暖工具，一般家庭将火盆放置在万字炕上，在寒冷的冬季，亲人、朋友围坐在火盆旁，唠家常，其乐融融。

图片来源

图一　伊通满族博物馆
图二、图三、图五　董洁　制图
图四　王丰玉　制图
图六　兰夫洋　制图

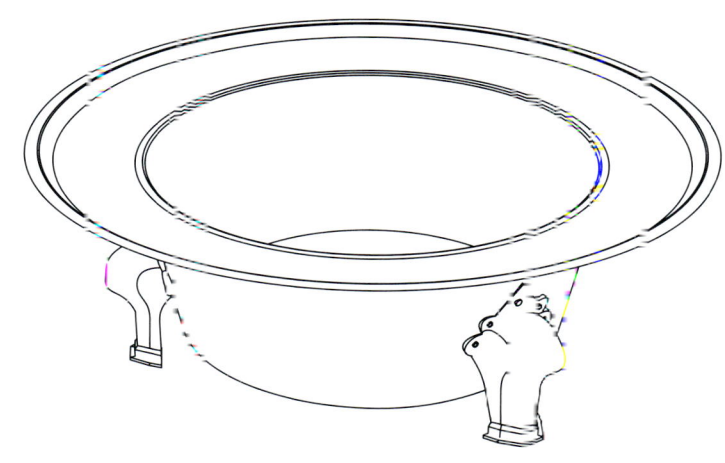

图二　满族铜火盆线描图

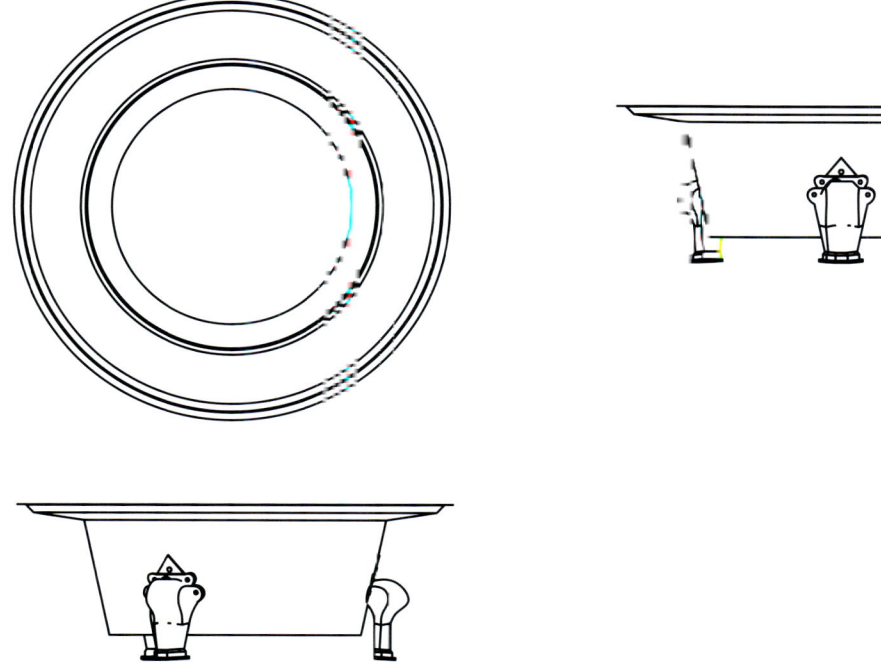

图三　满族铜火盆三视图

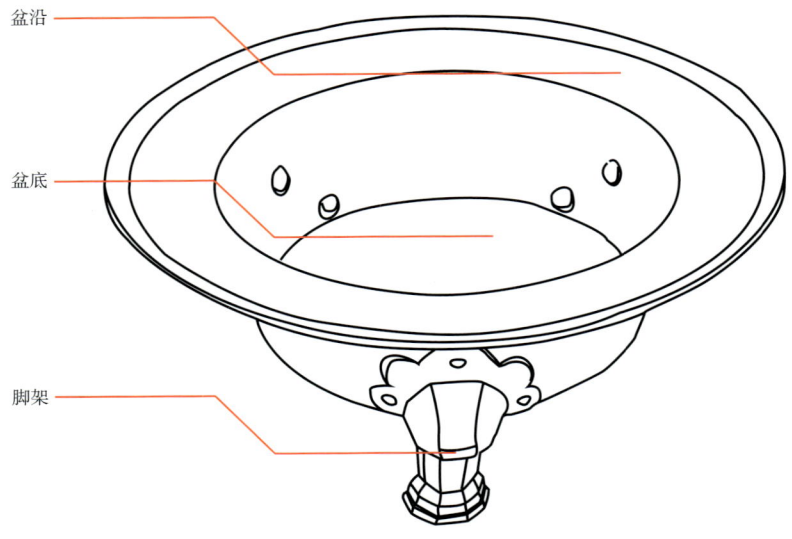

图四　满族铜火盆结构名称图

图五　满族铜火盆解析图

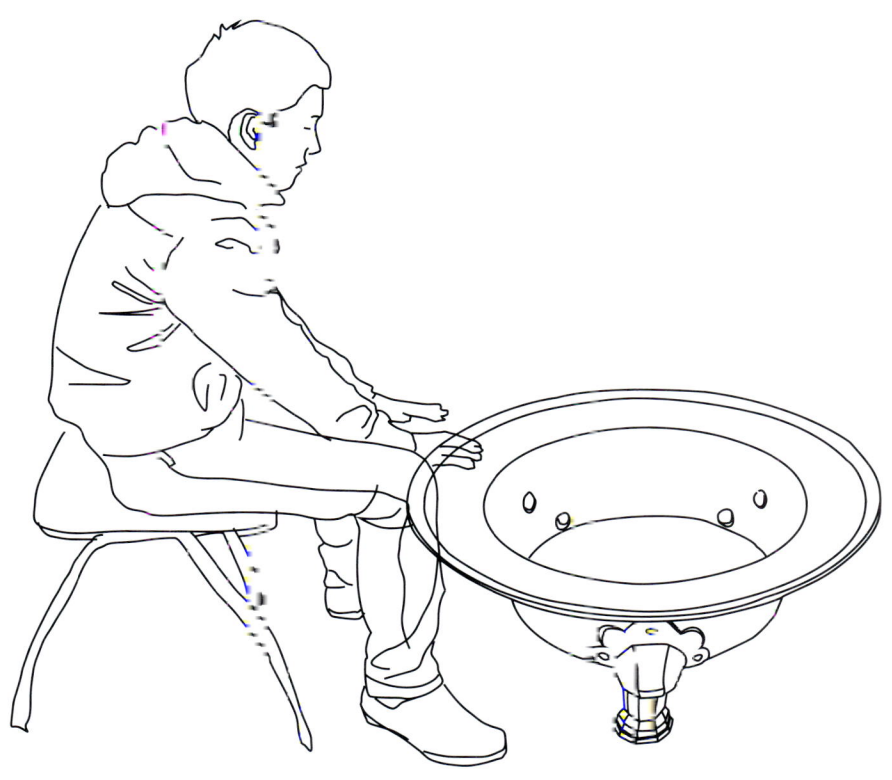

图六　满族铜火盆使用情境图

满族火镰

图一　满族火镰主图

据史料记载，早在入关以前，满族男子外出狩猎时，通常都要随身携带火镰，火镰在满族游牧生活中具有重要作用。火镰，又称火刀，用钢制成，是一种满族比较久远的取火器物，是人们在钻木取火和击石取火的基础上研制出来的。由于打造时形状酷似弯弯的镰刀并与火石撞击能产生火星而得名。

过去，贵族使用的火镰更漂亮，到处缀着金、银、铜做成的装饰，上面镶嵌着红珊瑚、绿松石及各种宝石，珠光宝气，雍容华贵。古代皇室贵族也离不开火镰。火镰盒用丝带连接，与盛香料的荷包等物品一起佩戴在朝服的腰带上，以备使用，体现了马背生涯的满族特点。

本案例火镰来源于吉林省博物院。它基本由三部分组成：火石、火绒、火钢。火镰是男人们的随身附属物件，特别是喜好吸烟的男人们。它不同于鼻烟壶，鼻烟壶是官宦人家的把玩之物，局限于少数人群，火镰则在民众中流行，具有特别的适用性、装饰性和操作性。火镰利用了摩擦起火的原理，使用时反复让火镰与火石摩擦使之发热，然后用力向下猛击火石，产生的火花点燃垫在火石下面的艾绒，把艾绒放在装好旱烟的烟锅脑子上，使劲吸上几口，艾香和烟香气息便随着丝丝青烟弥漫在空气中。

图片来源
图一　吉林省博物院藏
图二至图四　唐洁　制图

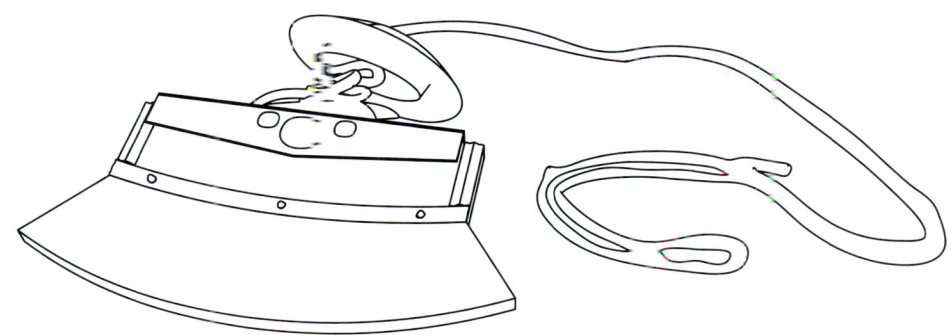

图二 满族火镰线描图

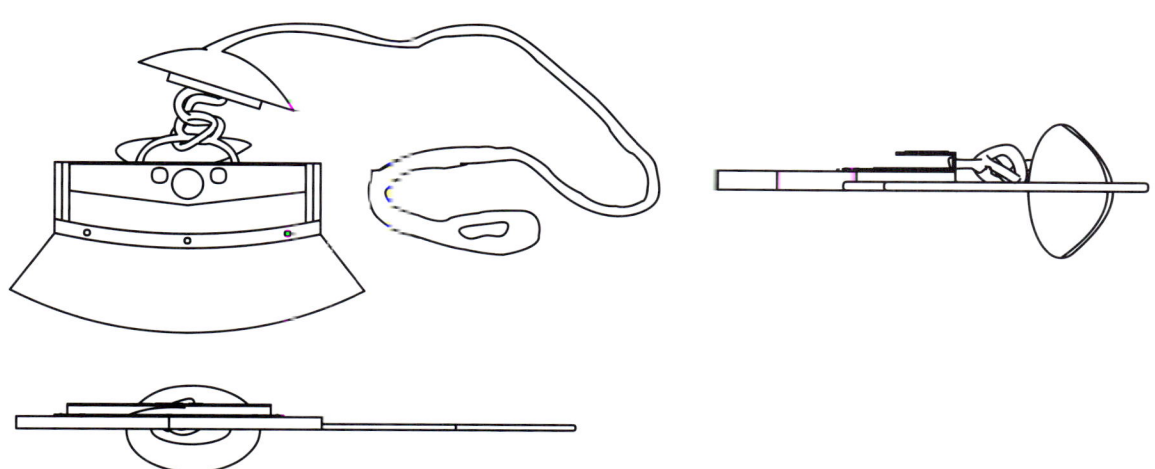

图三 满族火镰三视图

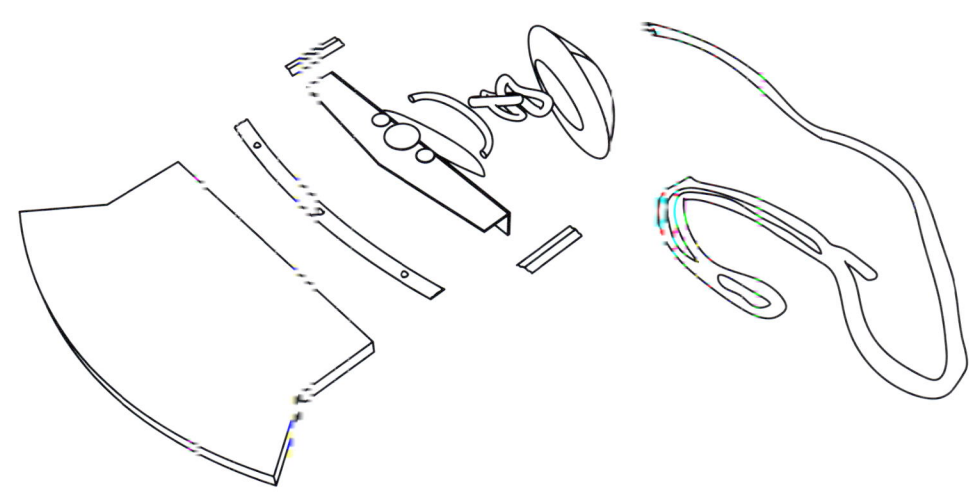

图四 满族火镰解析图

第四章 满族传统生活用具

345

满族闭口水瓢

图一　满族闭口水瓢主图

水瓢是满族民间用来舀水的工具，主要由手柄和椭圆形主体构成，是用对半剖开的葫芦做的舀水用具。水瓢的材质有很多，也有用木头或金属做成的。在吉林长春伊通满族博物馆中的水瓢材质就为木制。水瓢是用来取水的一种工具，以前的农村没有自来水的时候，都是从水井里面挑水存到水缸里，用水缸来盛水、储水，要用水的时候就从水缸里面取水，取水时就用这种工具。这种水瓢在北方的农村地方比较常见，还有的地方叫作舀子。

该水瓢的口形的前端为流线型。水瓢与把手位置相对的口形为钝尖形，其钝尖的曲线与水缸底边的凹部曲线基本吻合。前部的口形曲线与普通家用铁锅的弧形面基本吻合。侧壁为曲率较小的曲线型。这种水瓢有利于在水缸换水时，舀尽缸底积水。同时，用此水瓢舀铁锅内的水，较圆口形水瓢快。闭口水瓢以木头挖制而成。长约29厘米，宽15厘米。

水瓢底部圆弧形的设计使水瓢可以漂浮于水面之上，不至于翻沉于水缸之中，给人增加麻烦，同时也防止人手接触的把手接触水面，讲究卫生。但毕竟木制水瓢制作不易，现在已不再使用。闭口水瓢是少数民族日常生活中必不可少的生活用具。采用方便加工的材料制作，体现了我国少数民族的聪明才智和丰富的生活经验。

图片来源
图一　白波　摄影
图二、图五　郝秀丽　制图
图三　赵培良　制图
图四　陈清霞　制图

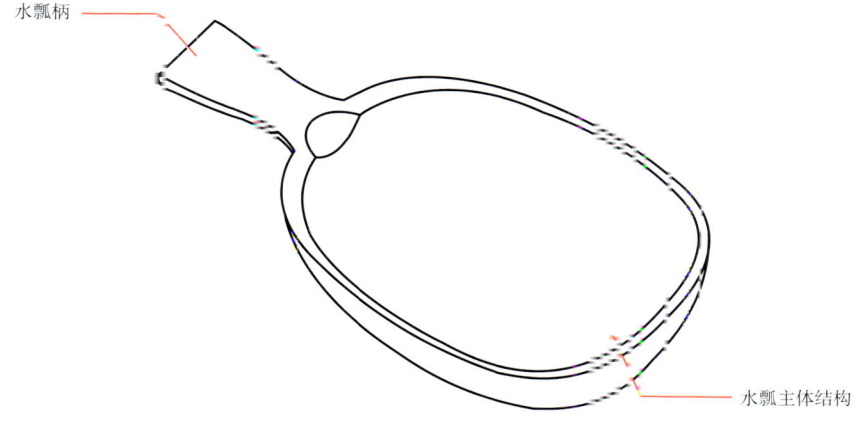

图二　满族闭口水瓢线描图

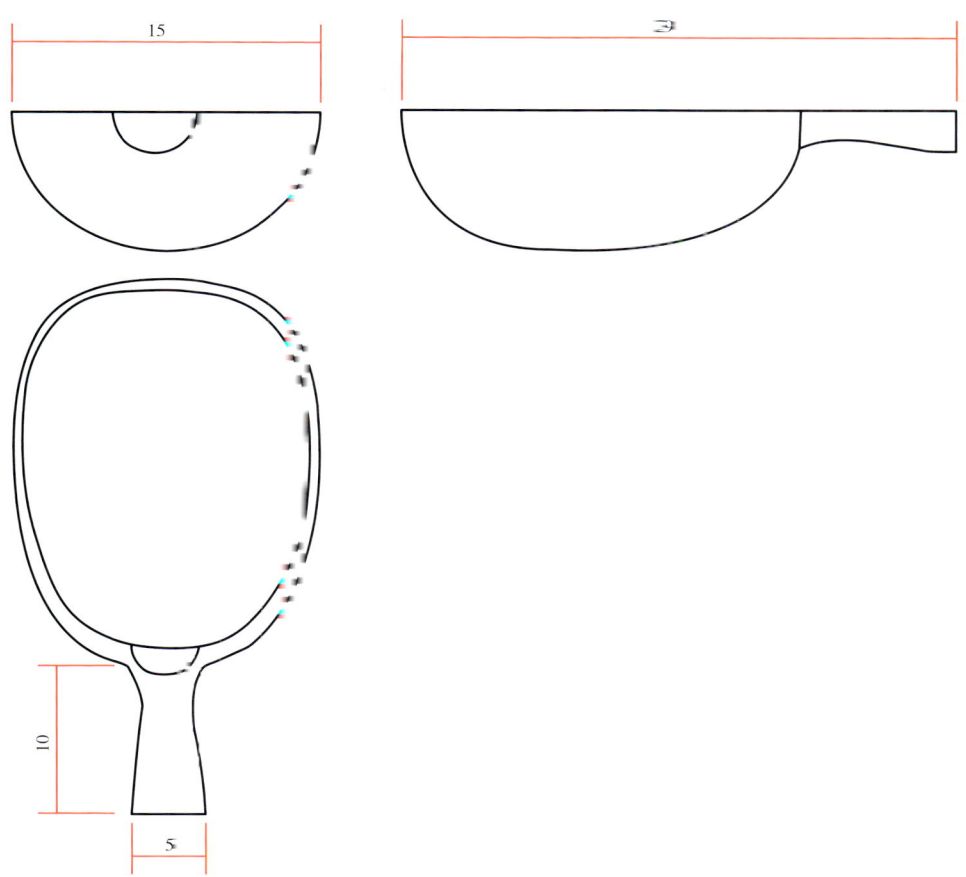

图三　满族闭口水瓢三视、尺寸图（单位：cm）

图四　满族闭口水瓢使用情境图

图五　满族闭口水瓢上色图

满族树皮桶

图一　满族树皮桶主图

树皮桶，是一种流传于我国满族、赫哲族等北方游猎民族中，以桦树皮为原料制成的生产、生活容器。

北方的满族人在条件恶劣的野外狩猎中，想尽一切办法运用大自然中的物品，以求得生存。以桦树皮来缝制成皮碗和树皮桶，用于盛饭、装水或装一些其他物品，就是其生存智慧的表现。传统的桦树皮加工技艺有四个步骤：一是剥取树皮；二是将皮子浸软或煮软；三是剪裁缝合；四是装饰图案。装饰手法有用砸压的，也有用剪贴的，各民族都把象征吉祥、喜庆、平安、丰收的图形装饰在桦树皮制品上。桦树皮制成的器具轻便、易携带、不易破碎，具有良好的防水抗腐性能。

桦树皮制作技艺于2006年被列入第一批国家级非物质文化遗产代表性项目名录，满族人们结合自己所处的地理环境，制作了大量形态各异的桦树皮器皿，创造了多姿多彩的桦树皮文化，桦树皮器皿在生产和生活中代替了铜器和瓷器，体现了狩猎民族的文化特色。

图片来源

图一、图五　曾昌瑞　制图
图二、图三、图四　侯英杰　制图

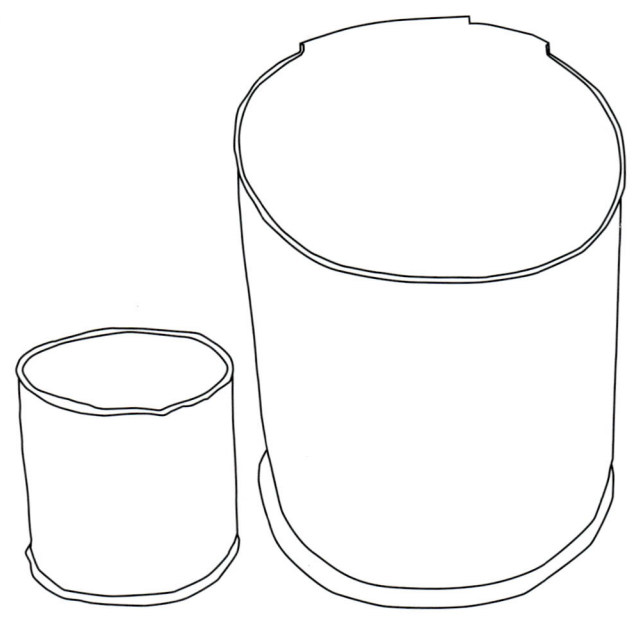

图二　满族树皮桶线描图

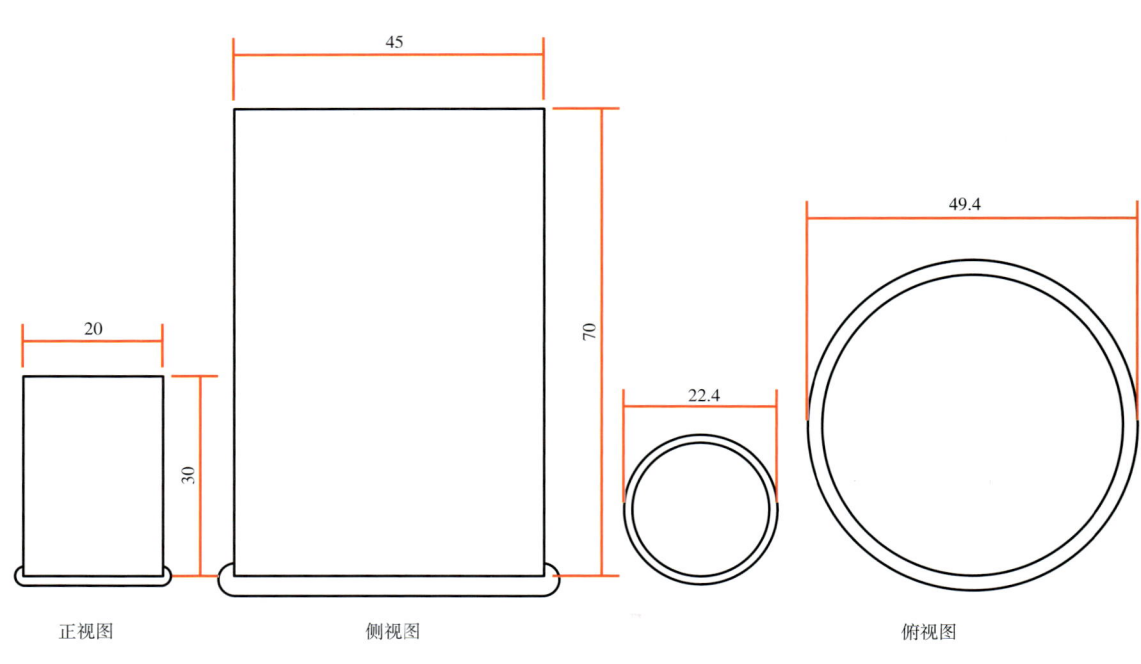

正视图　　　　　侧视图　　　　　　　　　　俯视图

图三　满族树皮桶三视、尺寸图（单位：cm）

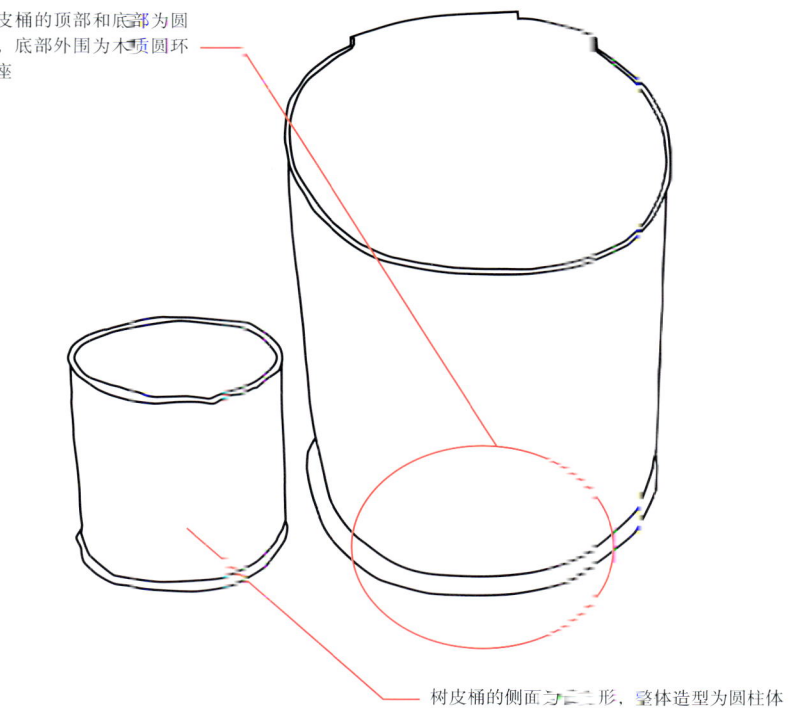

树皮桶的顶部和底部为圆形，底部外围为木质圆环底座

树皮桶的侧面为□□形，整体造型为圆柱体

图四　满族树皮桶外观分析图

图五　满族树皮桶解析图

第四章　满族传统生活用具

满族扇套

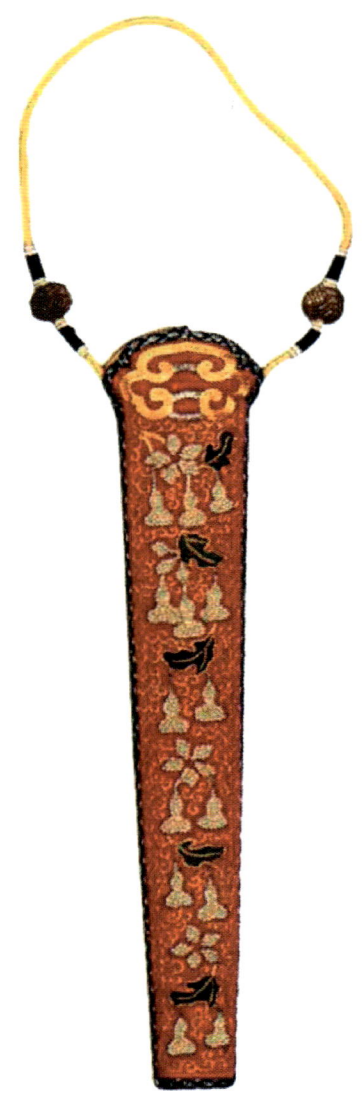

图一　满族扇套主图

扇套是清代满族人常用的装饰品，一般都带有精美的图案，或者是一些诗句等。满族扇套和扇坠一样是扇的附属品，它能让扇子增添一份素雅与华贵，受到满族人的喜爱。而扇套材质多以真丝和织绣为主，题材和花纹非常丰富，其工艺包含刺绣、织锦、缂丝、宋锦等。

本案例红色缎缉米珠绣葫芦扇套收藏于故宫博物院，长28厘米、宽6厘米。它是御用的日常装饰物。扇套呈长条形，能够收纳单个折扇。扇套上为红色素缎底，并配有蓝色花边修饰。在红色素缎底上绣有传统的"葫芦万代"图案，并采用串米珠绣工艺，上面的葫芦和花朵图案略显立体。

扇套的使用也非常方便，由于扇套设计是按照折扇收纳时扇形设计呈梯形的特征，使用时扇头朝下能非常快地插入扇套中。并且扇套上配有黄带可以系在腰带上，方便携带。扇套的工艺非常精致，用拉锁绣技法绣有绵长不断的葫芦枝蔓和叶的图案，而这种精致的技艺也标志着满族人入关后逐渐告别游牧民族生活，追求更为精致的生活品位。

图片来源
图一　故宫博物院
图二至图五　邱珂　制图

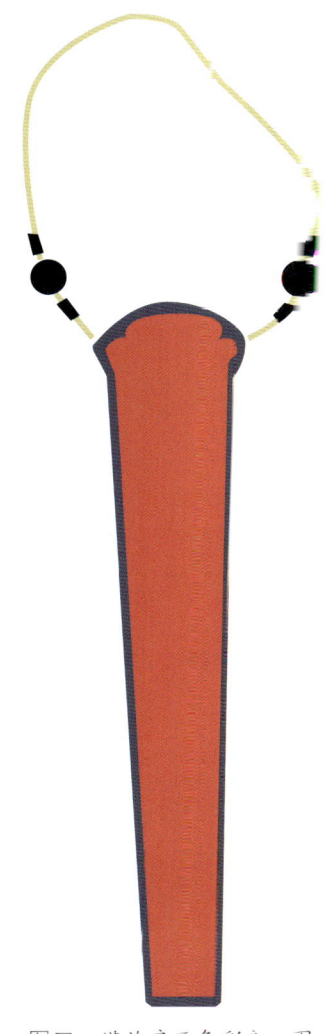

图二　满族扇套色彩分析图

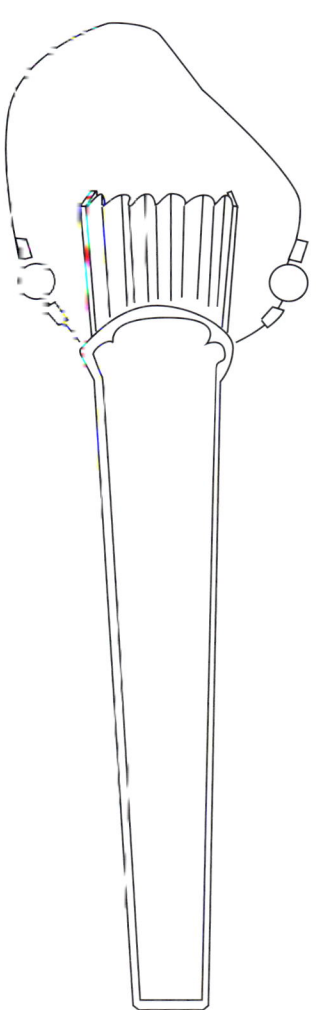

图三　满族扇套线描图

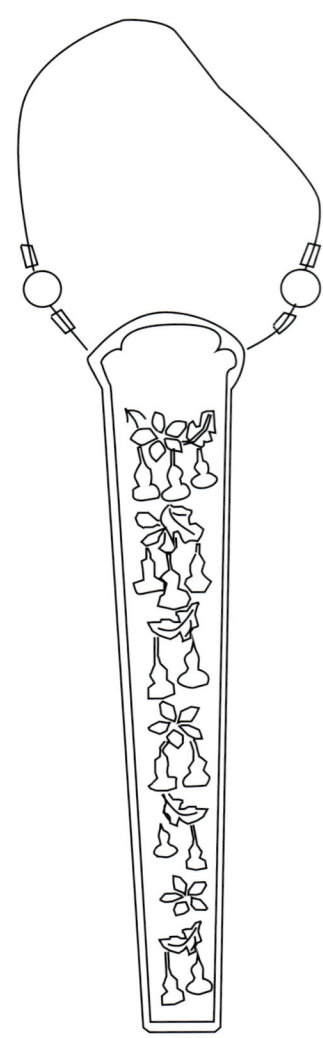

图四 满族扇套纹饰图

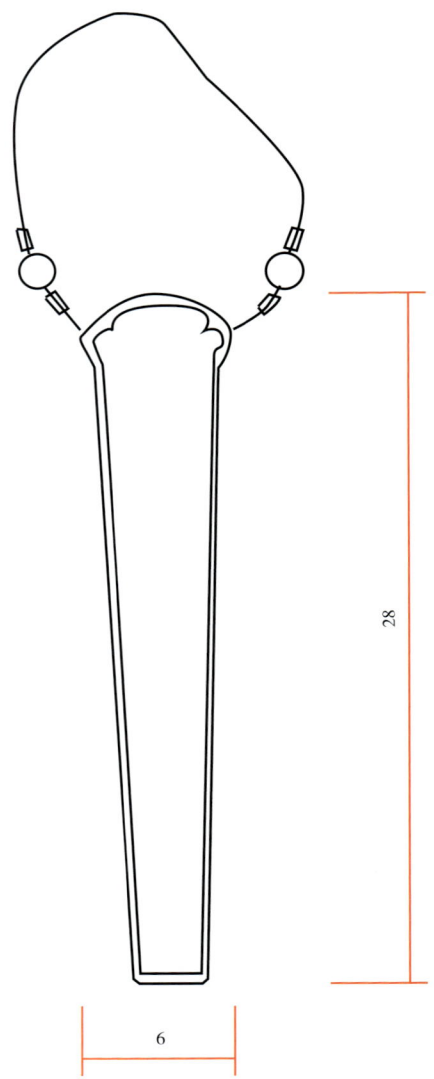

图五 满族扇套尺寸图(单位：cm)

满族兽骨窗钩

图一　满族兽骨窗钩主图

窗钩，是用以固定窗扇的钩子，一般是木制窗钩，也有铁制窗钩。窗钩适用于木窗、钢窗和中悬窗等样式。目前木制窗钩样式老，使用不方便，易脱扣。钢窗的支撑装置件多、工艺复杂，易不一般由支座、导框和钩杆组成。其实质是利用钩的自重及导框导向的原理制作，使开关窗户轻便、制作简单。

满族是一个勤劳、智慧、勇敢的民族。在农耕文化相对落后的时候，广袤的白山黑水养育了这个民族。长白山区满族人有着悠久的狩猎传统，并且继承了女真人集体狩猎的习俗，在长期的捕熊、捕鹿、捕鹰等狩猎生活中，积累了丰富的狩猎方法和经验。满族人们在外狩猎时，想尽一切办法将大自然中的物品运用于日常生活中，例如：用打猎来的兽骨来做成窗钩。兽骨本身造型特别，只要稍作打磨就可以制成一个独特的兽骨窗钩。清朝时期的狍子腿窗户挂钩、鹿蹄窗钩等兽骨窗钩，是用坚硬的石器在兽骨上精心雕磨而成，整个体式呈钩状，雕琢精细，手法简洁古拙。

兽骨窗钩反映了满族鲜明的游牧民族个性，从另一个角度来说，用狩猎所容易获得的猎物骨头做成日常生活用品正表明这种满族造物的巧妙性。

图片来源
图一　张宁国.《中国满族第一乡》.大连出版社.
图二至图四　戚建邢　制图
图五　子霖　制图

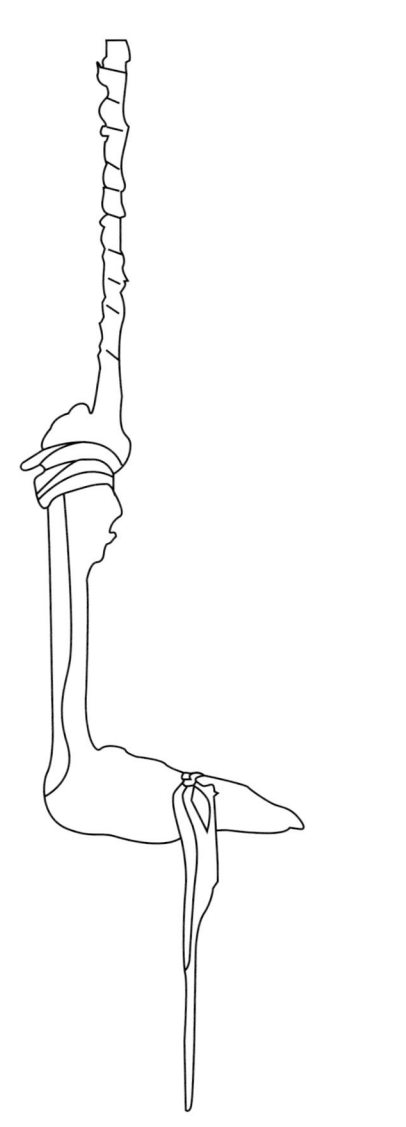

图二　满族兽骨窗钩线描图

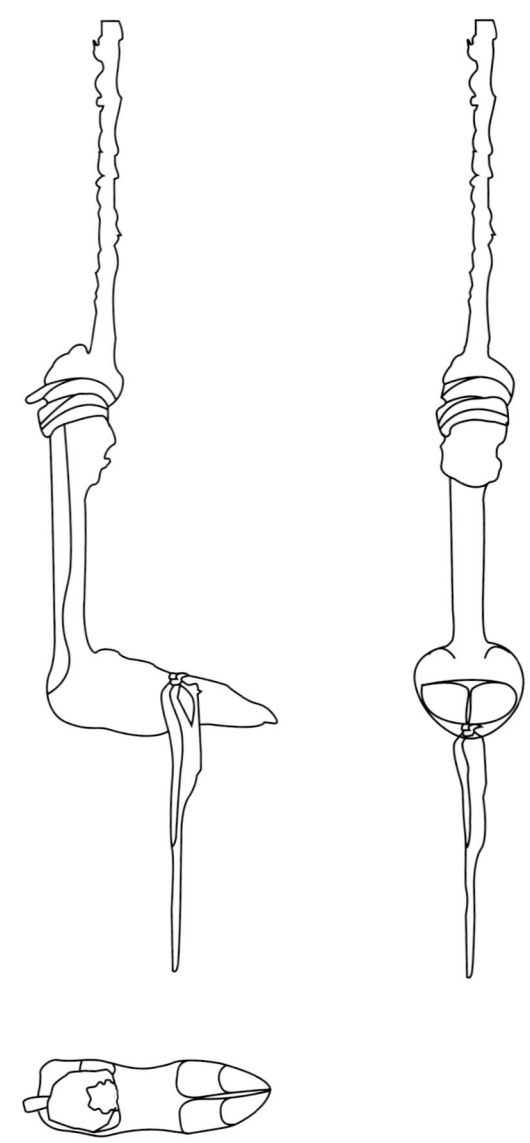

图三　满族兽骨窗钩三视图

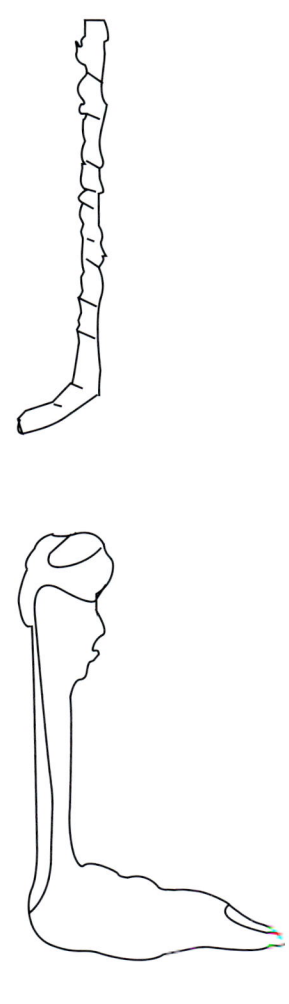

图四 满族兽骨窗钩解析

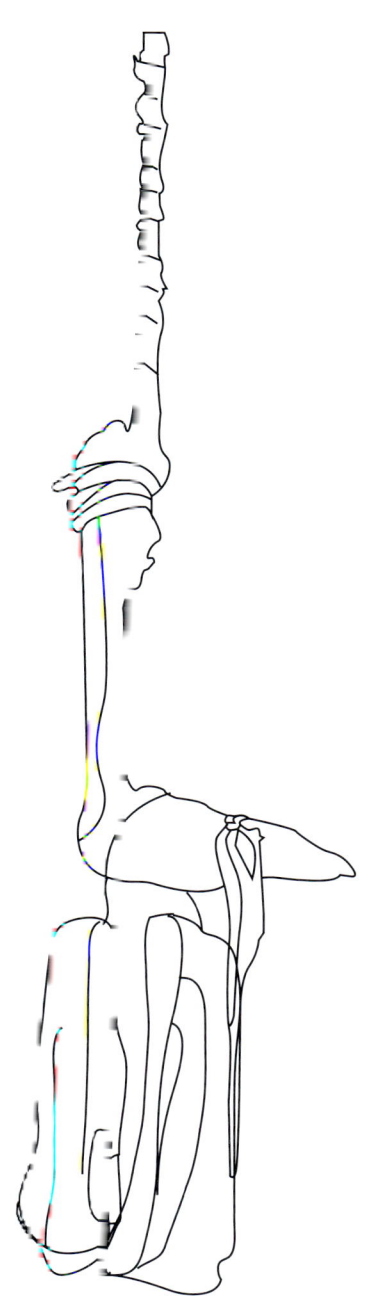

图五 满族兽骨窗钩使用图

满族鸽子哨

图一　满族鸽子哨主图

鸽子哨，即养鸽者放鸽时给鸽子带上的一种特殊发音装置，呈哨管状。由竹、葫芦或高粱秆制成，哨的部分镶象牙或骨，哨的多少不定，最多可达十几个。将鸽子哨系在鸽子的尾部，飞行时空气穿过哨管发出哨音。

以哨的多少大小区分，有二筒、三联、五联、七星、九星、十一星、十三眼、三排、五排、众星捧月、瀛洲学士、子母铃等名目。七星、九星、十三星就比较复杂了，用几种材料制作的大小不同的哨编排而成。如十三眼又叫十三太保，是用一个小葫芦连接一个大筒，前边加一个小哨，两边各加五个小哨，大小共十三哨，故名。三排，是在一块薄木板上摆三排，每排五个小哨，再加两排就成了五排。众星捧月，是一个大葫芦，四周装十二或十八个小哨。子母铃，是一个小葫芦加一个大筒和一个小哨，因响声有高有低，有粗有细，故曰子母。有的鸽子哨上雕刻各种花纹图案和文字。有的还把鸽子哨做成动物的头等形状。精致的鸽子哨也是很好的工艺美术品。

鸽子哨用针别在鸽尾羽的根部，鸽子带哨也须经过训练，一般鸽子只能戴二筒、三联等小型鸽子哨。像众星奉月、十三星这些大型鸽子哨，只有体格健壮的鸽子才能戴得去。图中所见鸽子哨，即是清朝时期的一款。

图片来源
 图一 邱珂 摄影
 图二至图六 苏远亮 制图

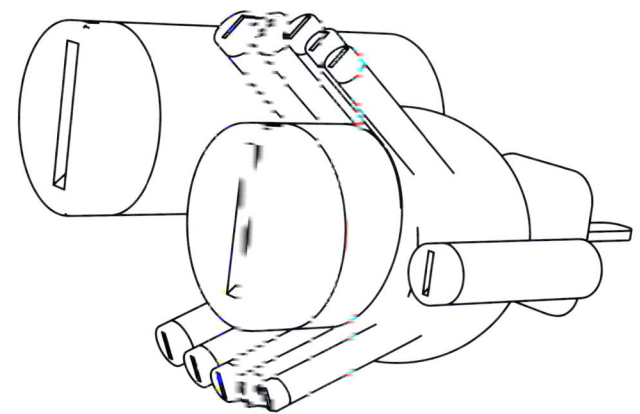

图二 满族鸽子哨线描图

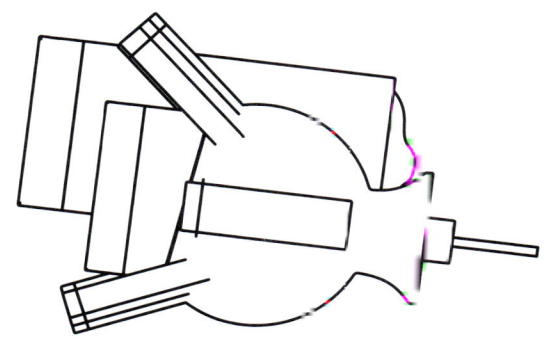

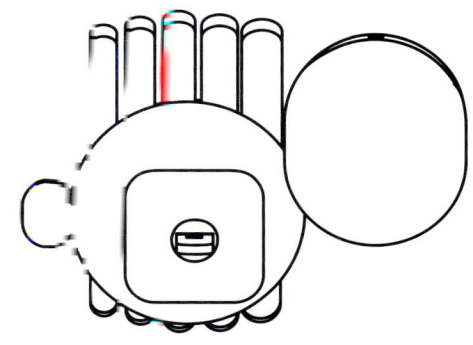

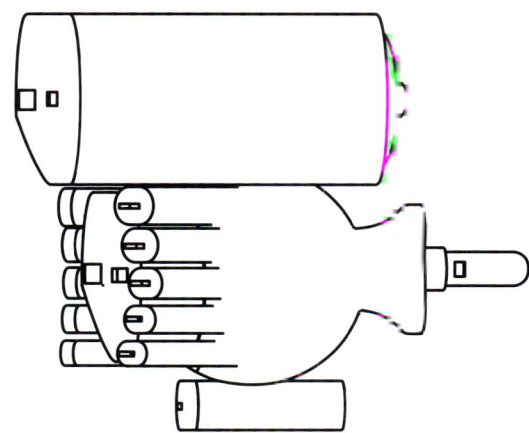

图三 满族鸽子哨三视图

第四章 满族传统生活用具

359

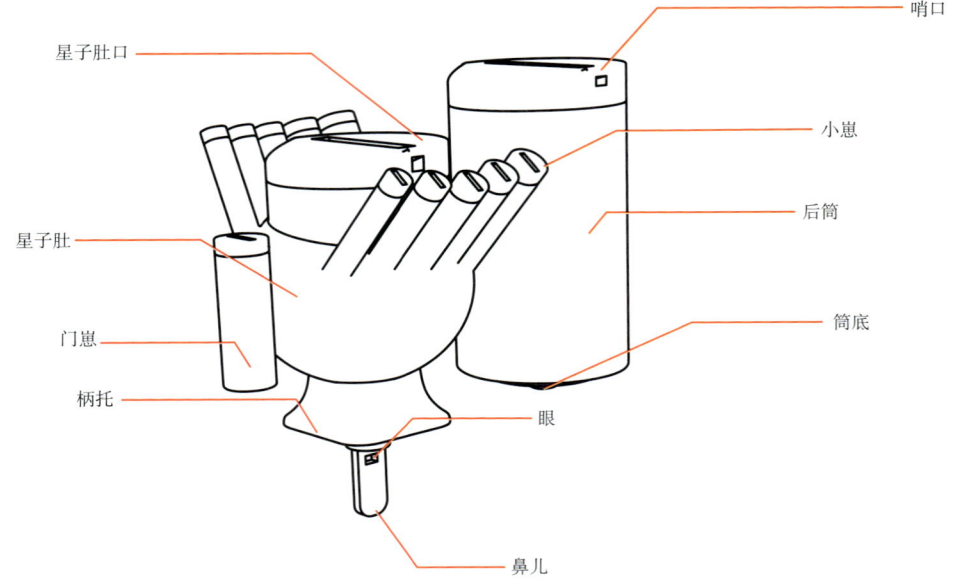

图四 满族鸽子哨结构名称图

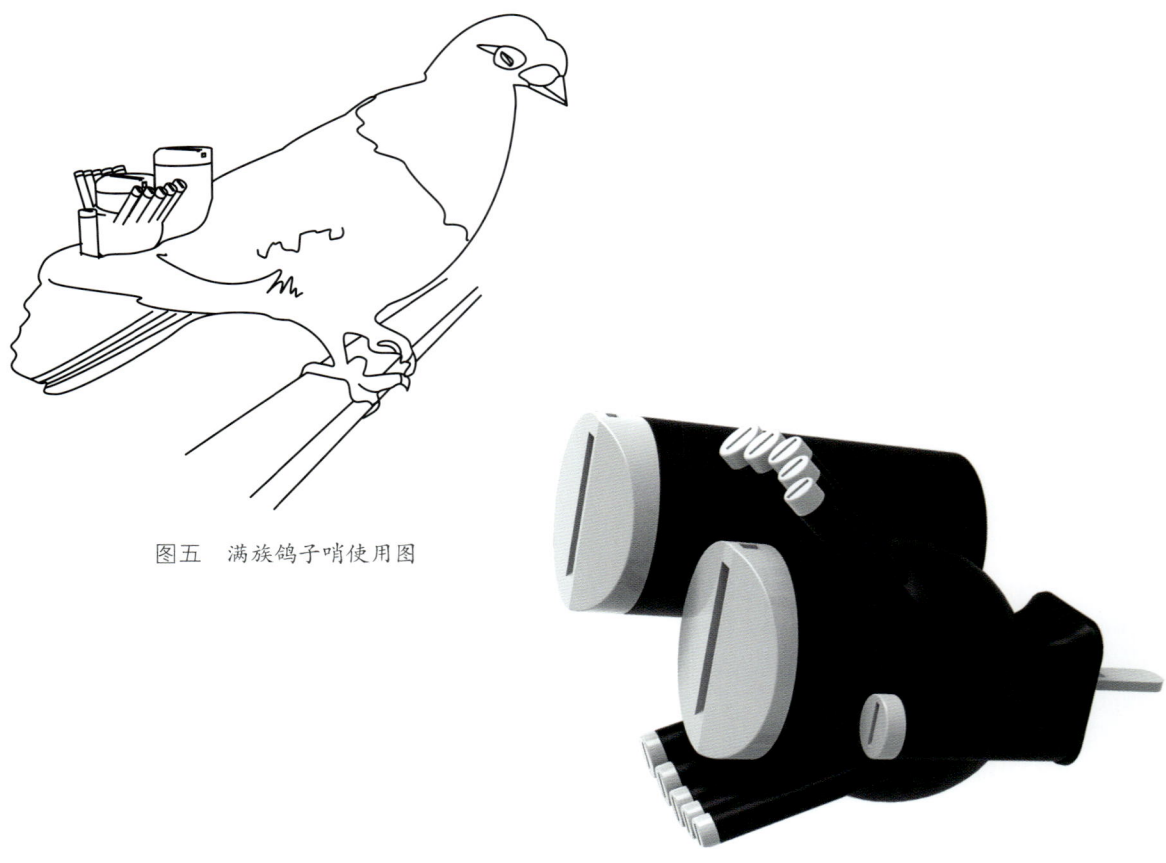

图五 满族鸽子哨使用图

图六 满族鸽子哨效果图

满族旱烟袋

图一　满族旱烟袋主图

　　旧时农村地区的一种吸烟工具，现在已经很少有人用了。前面是一个金属锅，多由铜制成，中间的一段大多为木制空心（多为乌木，也有用竹的）作为杆，后面的烟袋嘴多为玉质。因为没有过滤装置所以吸起来很呛人。

　　满族民族普遍使用旱烟袋，由三部分组成，即烟袋杆、烟袋锅、烟袋嘴。烟袋杆一般用乌木制作，取一根细长笔直的乌木，用刀子刮出光滑的表面，用一个细铁丝将乌木中间的瓤透出，在烟袋杆上涂上黑漆。烟袋杆有长有短，短的有一尺左右，长的达四五尺。长烟袋点起来很费劲，而且不容易清洗，旧时富裕的人还得让别人来服侍。普通的旱烟管不那样长。年轻者喜用短小利索的短烟杆，年长者则偏爱长烟杆。烟袋杆上系有烟坠。烟吸到一定时间就要透一透烟袋杆。烟袋锅子和烟袋杆里积的烟油一般用细铁丝或普通簧透。烟嘴一般都是用翡翠、玉、玛瑙、玻璃、铜等材料制成，比较讲究的烟袋有玳瑁、牛角、象牙、翡翠，尤以翡翠所制之烟嘴为上品，翡翠烟嘴玉石斗，斑妃竹杆镶金银，非常豪华美观，再加上烟坠烟荷包等附件，手执一杆，一步三摇，气派十足。至于烟袋锅子，虽然大小各异，但一律都是黄铜或是白铜的。烟袋的好坏往往是身份与地位的象征。旱烟袋在过去不仅是烟具，而且在生活中具有许多作用。早期旅行多是步行或以马代步，旱烟袋多用便于携带的短烟杆，后来逐步发展成为一种类似棍棒工具的长烟杆，既可击蛇驱兽，又可拨草探路，还可拒敌防身。

　　烟在东北地区如此盛行的原因之一就是借烟御寒。东北地处寒温带，冬季寒冷，抽上一支烟可减轻寒冷，久吸成瘾，互相仿效，逐步发展成为一种时髦的消费品。在东北吸烟除了具有御寒的作用而外,还是一种消遣的方式。东北有句俗语"饭后一袋烟,胜过活神仙",东北人把吸烟作为自己解乏、休闲、排忧的手段。每于闲暇之际,都要抽上一杆烟。

图片来源

图一　朱英哲　制图
图二　王中正　制图
图三　兰庆洋　制图
图四　韦紫高　兰庆洋　朱英哲　制图

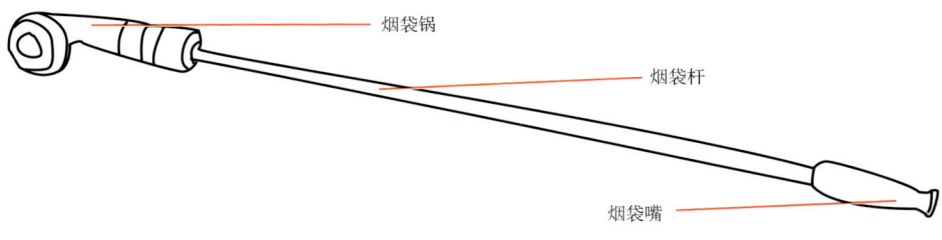

图二　满族旱烟袋线描图

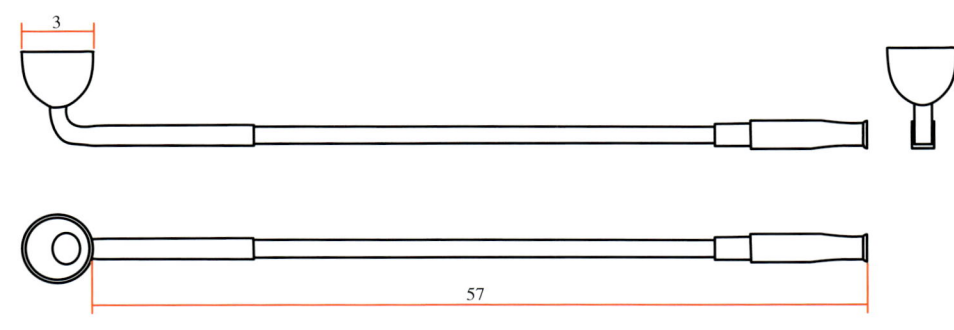

图三　满族旱烟袋三视、尺寸图(单位:cm)

图四　满族旱烟袋使用情境图

满族烟笸箩

图一　满族烟笸箩主图

　　烟笸箩是东北农村家庭装烟叶的用具，直径为30厘米，高10厘米左右，形状多为圆形，偶尔也有方形烟笸箩，是用来装烟叶和点烟工具的容器。

　　烟笸箩是满族人际交往中的重要用具，造型小巧精致，碗状结构，使用十分便捷。取材是各式各样，根据各地区的情况因地制宜。有纸糊的、柳条编的、泥旋的、石抠的、陶泥的、木刻的等等，这也是关东民间的一种生活工艺品。最早的时候材质多为柳编，是从柳编笸箩发展而来。柳编烟笸箩取材白柳去皮，编成笸箩的形状，而取名"烟笸箩"。后来由于它编制烦琐，而白柳的材料又少，相对而言纸糊的简单轻便，而且家家都可以自己动手制作，还耐用方便，涂上颜色美观好看，纸糊的就在各地区逐渐普及了。但由于纸烟笸箩不易保存，故而现在基本已经见不到纸质烟笸箩。由于大多数满族人都是吸食烟叶，所以往往是提前把烟叶像编辫子一样编成一条条的大"烟辫子"，整齐地放置于烟笸箩内，便于之后的保存和使用。由于烟在满族人中的重要地位，甚至关东三大怪中就有"大姑娘叼个大烟袋",所以每到满族家庭中,主人首先要先奉上烟笸箩,让客人吸上一根烟。可以是满族家庭中的生活必备品。

满族人有一个习惯,不管到谁家去串门,进门先招呼客人脱了鞋上炕,然后递上烟笸箩,请客人抽上一袋烟,所以烟笸箩已经成为满族待客礼节的一种标志。由于过去吸食的主要是烟叶,烟叶需碾碎后用纸卷起吸食,且其装入烟笸箩中可以防止烟叶四散,保持室内环境卫生,是满族人民简单的生活用具体现其智慧,同时在漫长的历史长河中,由于自然条件、生活习尚的不同,形成了其独特的民族习俗。

图片来源
图一 马发 摄影
图二、三日、图五 韩迪 制图
图三 毛圭竺 制图

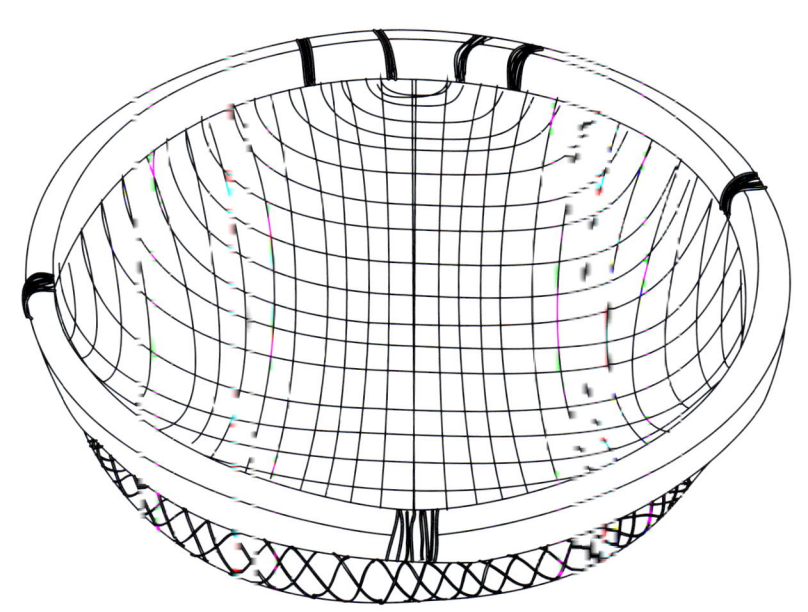

图二 满族烟笸箩线描图

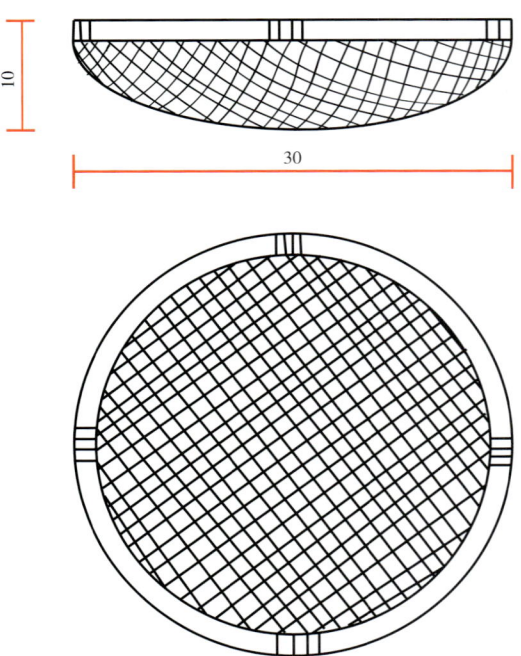

图三　满族烟笸箩尺寸图（单位：cm）

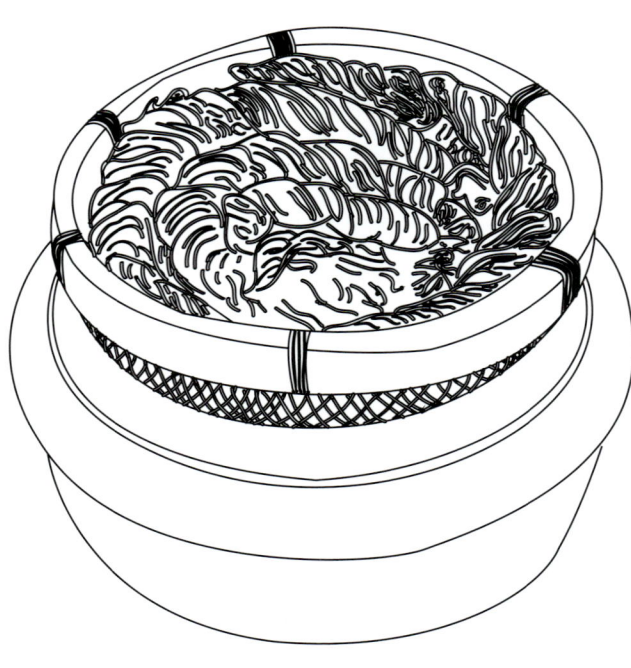

图四　满族烟辫子、烟笸箩线描图

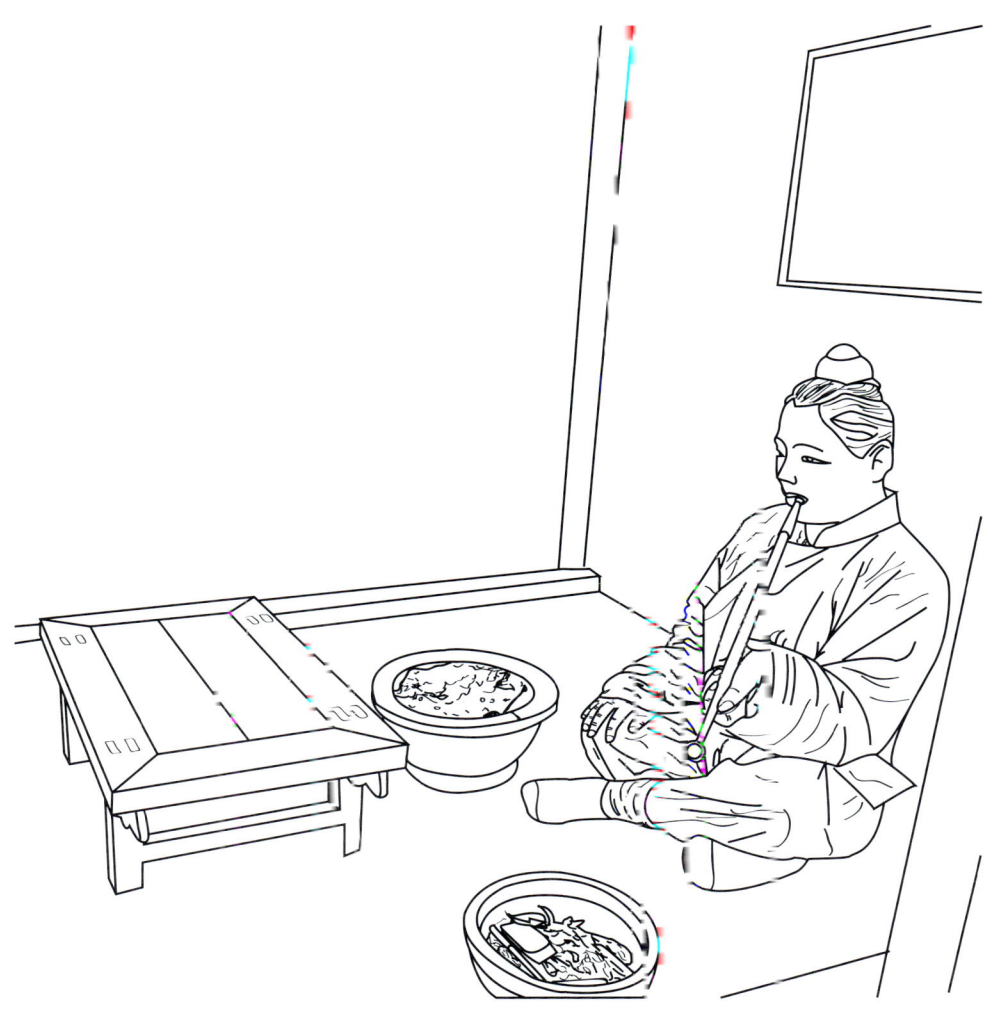

图五 满族烟笸箩使用情境图

满族折叠木凳（瞎掰）

图一　满族折叠木凳（瞎掰）主图

折叠木凳，也称作"瞎掰"，是满族使用的一种非常巧妙的折叠木凳，相传是根据我国古代建筑大师鲁班发明过的一种小木器设计制造而成。本案例收藏于吉林市伊通满族博物馆，其"瞎掰"展开高度为20厘米，宽度为15厘米。

"瞎掰"合起来，是一块木板，支起来，是一个小板凳，能够折叠，体积小不占空间便于携带。折叠木凳的制作非常精细，虽然看似简单，但结构非常复杂。从侧面看，折叠木凳好像由彼此相连的三层、七条，能支、能合的几块木板组合而成。但实际上，它是一块独板精制而成，就是在一整块木板上，经过精确构思、定位，将木板相应位置锯开、剔空，使其各个部位可以顺空槽滑动，而后拼插而成的。整个物件不用一根钉子，没有一处粘接。这也正是"瞎掰"工艺的奇妙之处，也体现满族人造物的精巧之处。

图片来源
图一　白波　摄影
图二、图三　韦紫高　制图
图四　兰庆洋　制图
图五　朱英哲　制图

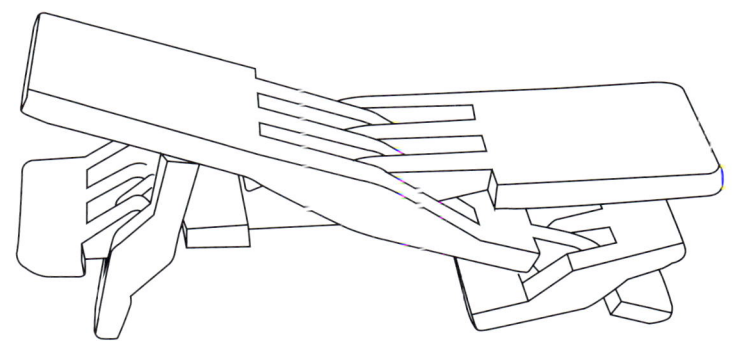

图二 满族折叠木凳(旿掰)线描图

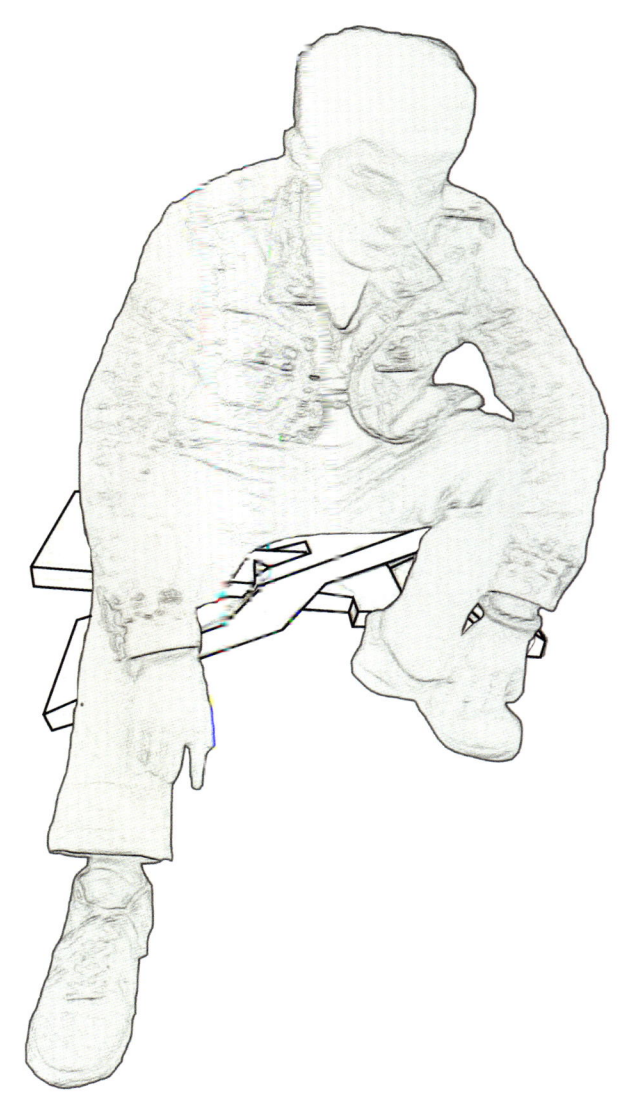

图三 满族折叠木凳(旿掰)使用情境图

第四章 满族传统生活用具

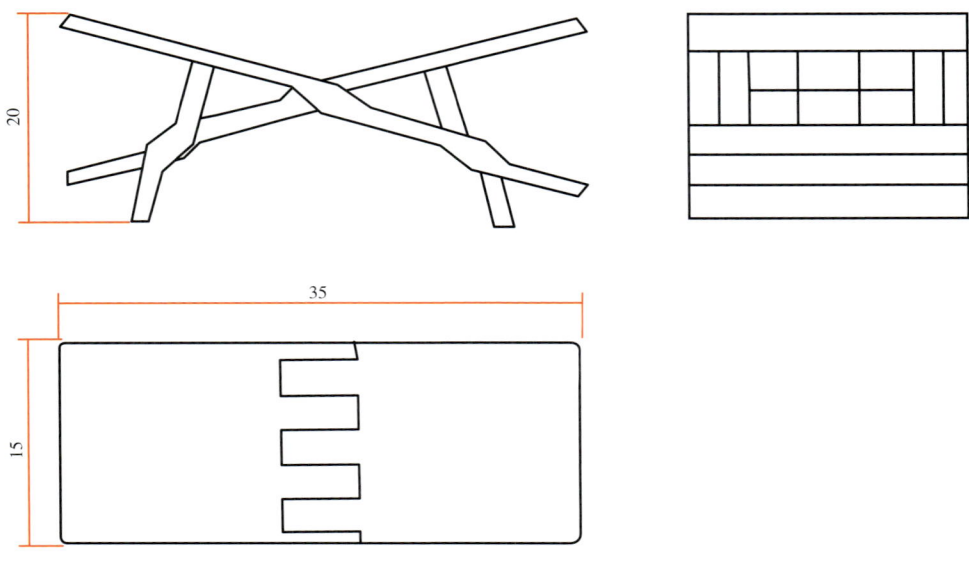

图四　满族折叠木凳（瞎掰）三视、尺寸图（单位：cm）

图五　满族折叠木凳（瞎掰）解析图

第五章 满族传统生产工具

满族波罗锤

图一　满族波罗锤主图

波罗锤是满族妇女制绳用的工具，它主要是由一块中间细、两端粗的实木块和缠绕在实木块细部的铁丝组成。波罗锤的长度大约18厘米，直径约8厘米，铁丝长度约12厘米。

波罗锤的制作是将一块硬木用刀削成圆柱形，在其中部再用刀削细，形成鼓状的结构。之后将一根较粗的铁丝缠绕在木块细部，铁丝前端弯成钩状，波罗锤就做好了。使用波罗锤时，将要缠绕的线或麻绑缚在铁丝处，用手提起波罗锤，以手拨动使其旋转，打茧线或将两股麻拧成一股绳（纳鞋底用的麻绳）。

波罗锤的使用范围很广，它是满族妇女广泛使用的工具。图中的波罗锤案例，收藏于吉林省长春伊通满族博物馆，其主要用途是用来进行皮革缝制而来进行打绳的工具，由于皮革的缝制，需要的线比较结实，故所用的波罗锤重量较重，而一般民间有些地区所使用的波罗锤仅仅是一块较长的兽骨，满族妇女常常以兽骨作为波罗锤使用，在家中缠线。

波罗锤的设计主要是利用木块重量，拨动波罗锤，让线缠绕成人们生产生活所需的绳。满族人的波罗锤工具虽简单，但在实际运用中可以节省制绳的大量时间，提高生产效率。

图片来源

图一　白波　制图
图二　王中正　制图
图三　周夏　制图
图四　兰庆洋　制图
图五　朱英哲　制图

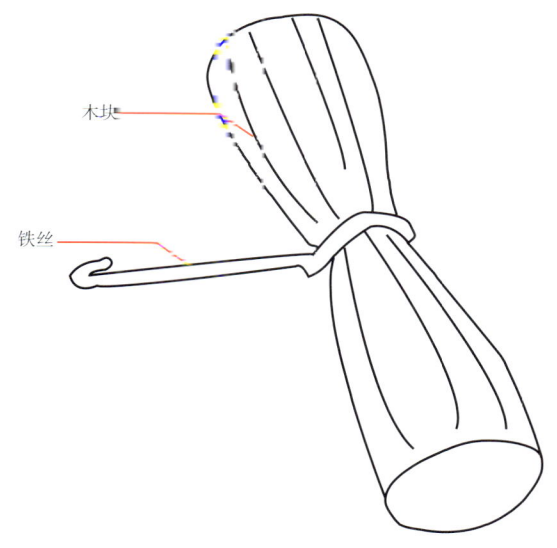

图二　满族波罗锤线描图

图三　满族波罗锤使用情境图

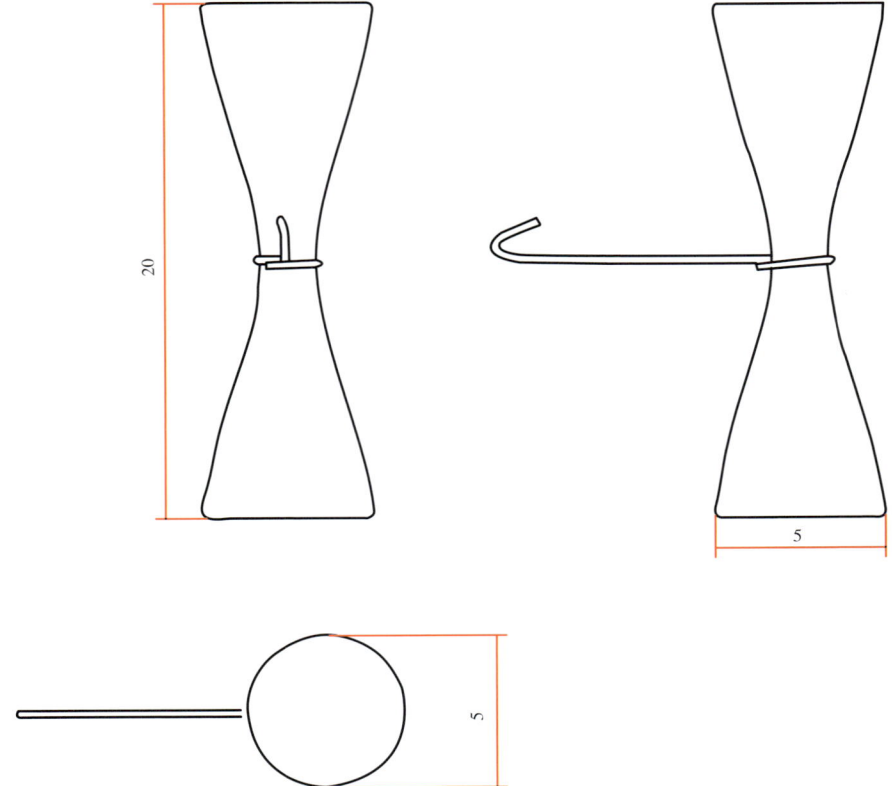

图四 满族波罗锤三视、尺寸图(单位:cm)

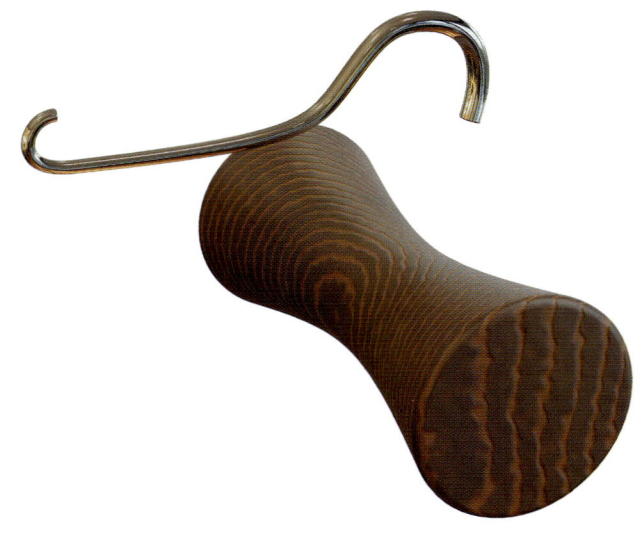

图五 满族波罗锤解析图

满族石碾

图一 满族石碾主图

石碾是一种用石头和木材等制作的使谷物等破碎或去皮用的工具。由碾台（亦叫碾盘）、碾砣（亦叫碾磙子）、碾框、碾管、碾棍（或碾棍孔）等组成。碾盘是用来承托碾砣碾谷物的石质圆台，碾砣是在碾盘上滚压谷物等用的圆柱形石头，碾盘和碾砣上分别由石匠凿刻着很有规则的纹理，其目的是增加碾制粮食时的摩擦力，通过碾滚子在碾盘上的滚动达到碾轧加工粮食作物的目的。

碾砣架是用来支撑、约束碾砣在碾管前转的框架，碾管是立于碾盘中心用来约束碾砣架的轴，碾杆是在碾砣架上推碾用的棍子。普通的碾台直径约145厘米、高约83厘米；碾砣直径约60厘米、长约60厘米；碾框长约109厘米、宽约91厘米；碾管的直径约12.5厘米、长约30厘米；碾棍直径约8.5厘米、长约59厘米。

石碾是我国北方民族广泛使用的农具之

一，满族农村也广泛使用。其使用原理主要依靠碾砣自身的重量，在谷物上反复碾压，使谷类的谷壳与谷子脱离，起到脱粒的作用。石碾的动力来源主要是人力。人们一边推石碾，一边用扫帚将脱离碾砣碾压范围的谷类扫到碾砣碾压范围之内。也有的地区使用畜力，把牲口套在碾杆上朝前拉，把谷物铺撒在碾盘上就可以工作了。

石碾是我国历史悠久的传统农业生产工具，能以人力、畜力、水力使石质碾盘做圆周运动，依靠碾盘的重力对收获的颗粒状粮食进行破碎去壳等初步加工，该生产工具是我国劳动人民在几千年的农业生产过程中逐步发展和完善的一种重要生产工具，至今在许多农村地区仍有使用。

图片来源
图一　白波　摄影
图二　李帅　制图
图三　程民超　李帅　制图
图四　于水苗　制图

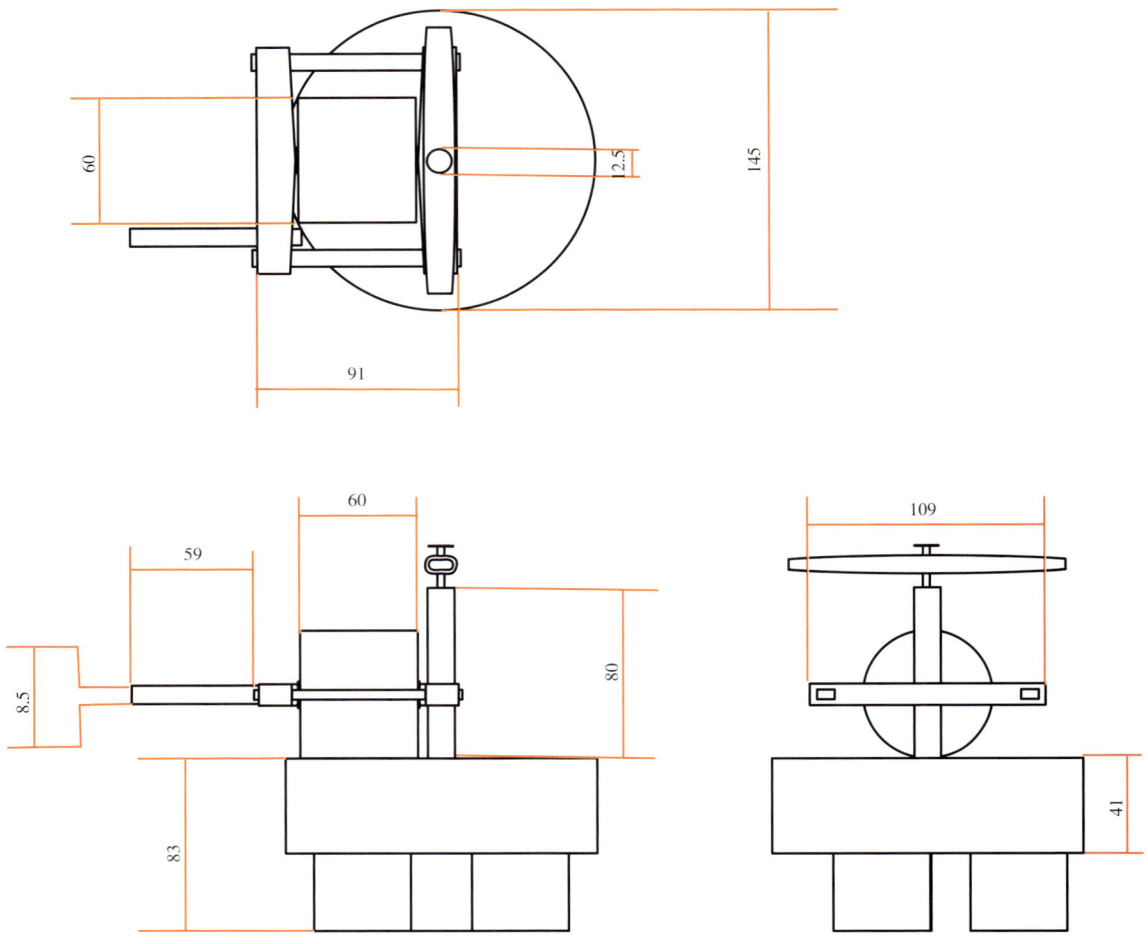

图二　满族石碾三视、尺寸图（单位：cm）

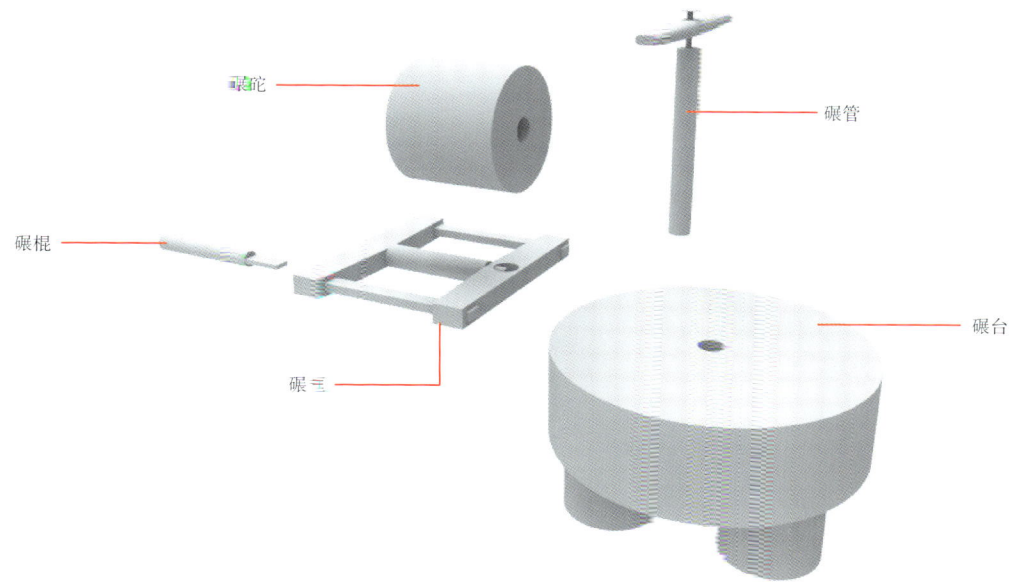

图三　满族石碾结构示意图

图四　满族石碾使用情景图

第五章　满族传统生产工具

满族苞米穿子

图一　满族苞米穿子主图

玉米是东北主要的食材之一，满族人喜欢制作与玉米相关的农副产品，如玉米面等。而且满族人在饮食中也非常喜欢放苞米粒，剩下的玉米棒可以作为火炕的燃料和牲口的口粮。可以说玉米对于满族人是非常重要的，因而苞米穿子就是便于获取玉米粒的重要生产工具，一般由木料、铁锥制成。

苞米穿子是由一段木头从中间劈成两半，将其中的一半木料掏挖出一个凹槽，在凹槽的底部安装一个铁锥，铁锥与槽底的距离必须等于玉米颗粒的高度，小则穿碎玉米粒，大则穿进玉米棒的骨中。再把相对于铁锥中部和尖端的凹槽底部开挖一个洞。在使用的时候，手攥玉米棒，根部朝下沿下沿凹槽推向锥尖，锥尖从玉米颗粒根部穿进，玉米粒脱落后就从下面的空洞中落进簸箕里面了。①

苞米穿子是满族人民在长期生产活动中总结出来的生产工具，使用苞米穿子可以快速剥落玉米粒，提高生产效率，同时也避免了长期剥离玉米粒对人手的伤害。

注释：
① 曾武.《满族民俗万象》.辽宁民族出版社，2008年9月.第149页.

图片来源
图一　白波　摄影
图二、图三、图五　何红萍　制图
图四　兰庆洋　制图

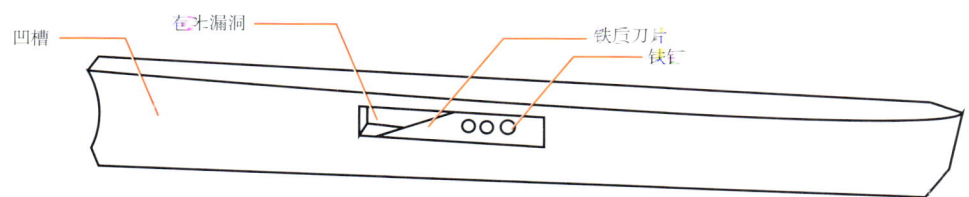

图二 满族苞米穿子线描图

图三 满族苞米穿子使用情境图

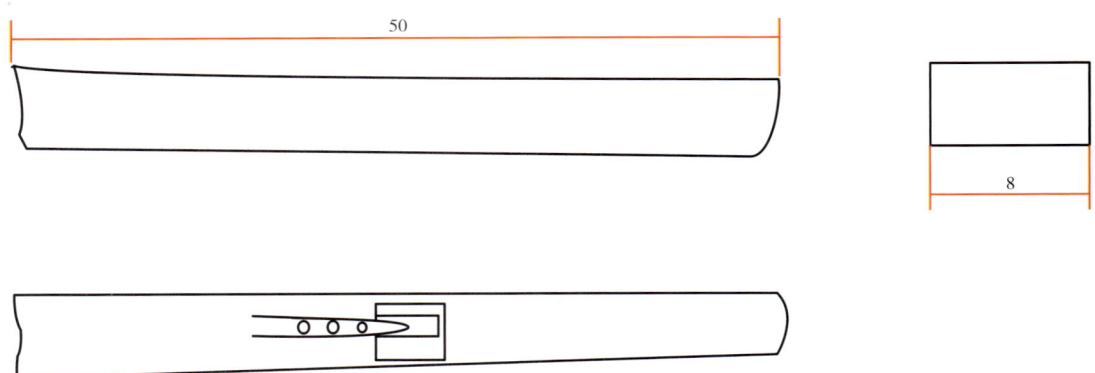

图四 满族苞米穿子三视、尺寸图（单位：cm）

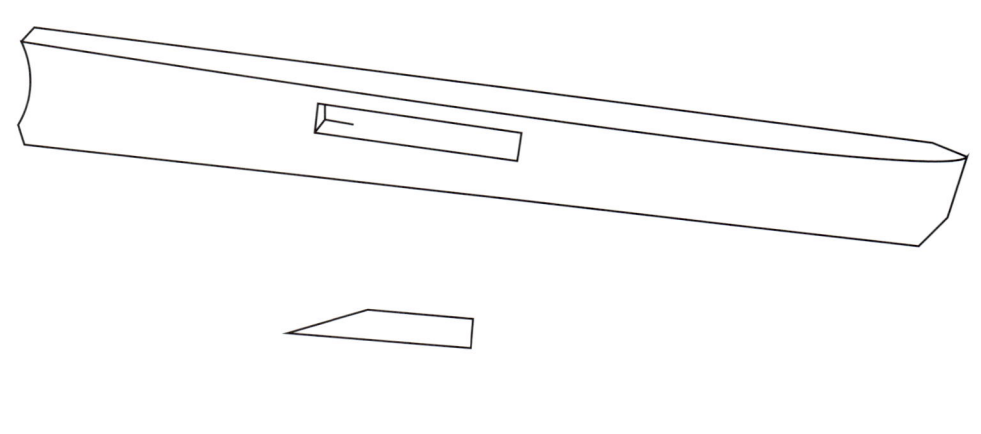

图五 满族苞米穿子解析图

满族背篓

图一 满族背篓主图

居住在山区的满族，由于道路崎岖狭窄多险，挑担不方便，因此背篓成为当地居民必不可少的生活用品。由于背篓使用方便，用途广泛，无论瓜果蔬菜、货物等均可，因此深受当地满族居民的喜爱。

姑娘出嫁要织"洗衣背篓"作陪嫁。洗衣背篓小巧玲珑，篾条细腻，图案别致，花纹精妙，是新娘子巧手勤劳的招牌；女儿生孩子，娘家要送一个"儿背篓"，作为"祝米酒"的礼行（品）。儿背篓呈长筒形，腰小口大，专用来背孩子；砍柴、扯猪草则用"柴背篓"，之篾粗肚大，经得起摔打；摘苞谷、小谷则用"扎背篓"，它腰细，口呈喇叭形，底部呈方形，高过头顶，像倒立葫芦，背得多。另有一种木制背篓，几根木棒，做成一能置物体的快架，用篾丝系着，是背原木、送肥猪的好工具。有的为歇息时不释肩，用一"丁"字棒将篓底撑住，叫"打杵"，用来"歇肩"。此物方便适用，至今仍然盛行，故有"篓不离背，杵不离篓"之谚。

满族背篓的出现方便了当地人的生产生活，也解放了人们的双手。背篓将双手用力转变成双肩用力，受力方式的改变大大方便了使用者的使用，提升了生活生产效率。背篓体现出当时人们的聪明才智和对于生产生活的重视。

图片来源
图一　白波　摄影
图二　王中正　制图
图三　兰庆洋　制图
图四　邱珂　制图

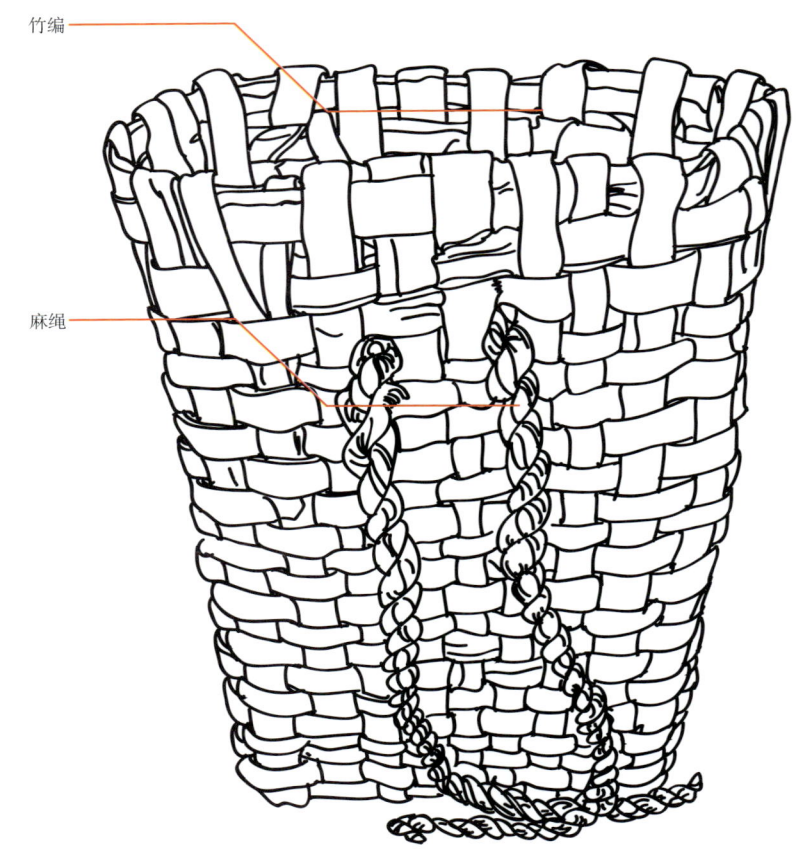

图二　满族背篓线描名称图

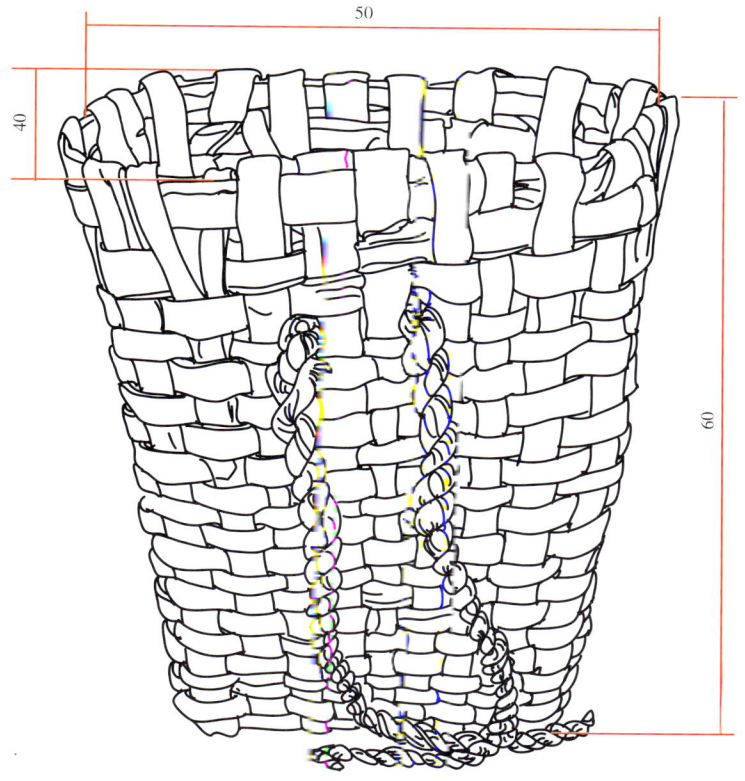

图三　满族背篓尺寸图（单位：cm）

图四　满族背篓使用情境图

第五章　满族传统生产工具

满族大车

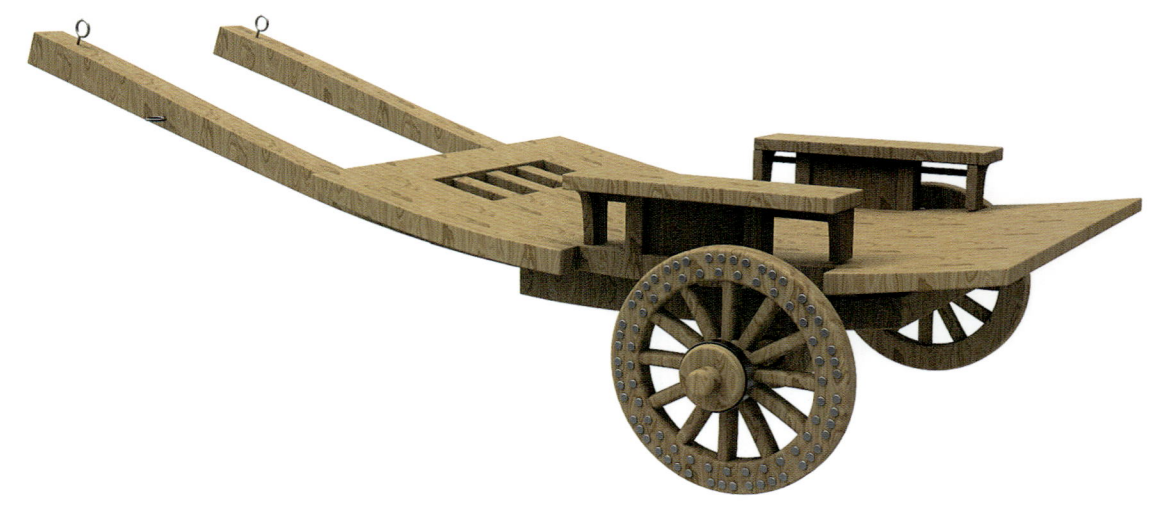

图一　满族大车主图

大车是满族人们的主要交通工具，主要分为两轮和四轮两种，四轮车可分运木材、运货和载人两种。大车车体由国辕、车身、车尾三部分组成，分类很多，是旧时满族人们使用最普遍的运输工具。

大车用来拉煤或沙石等容易散落的货物，还要装上四块车厢板。这些都是用木材打制的。一些需要加固、连接和安装绳套等的部位加装铁箍和铁环等配件，农村的铁匠炉就可以打造。车轮和车轴早期也都以木头为主制作。比较常见的是"花轱辘车"，一般是十五六根辐条，由于毂呈放射状地连接到车辋，辋外加装铁瓦，车轮朝外的面可以看到许多用以加固的"蘑菇钉"。还有一种称为"铁轱辘车"的，辐条是两横两竖相交的"井"字形，车轴也相对粗一些，适合拉载重物。车轴一般是用桦木（以"黑桦"为好）等坚硬木材制作，与车轮相交的部位安装铁制"葫芦头儿"，以增加抗磨性。

图片来源
图一至图四　戚建丽　制图

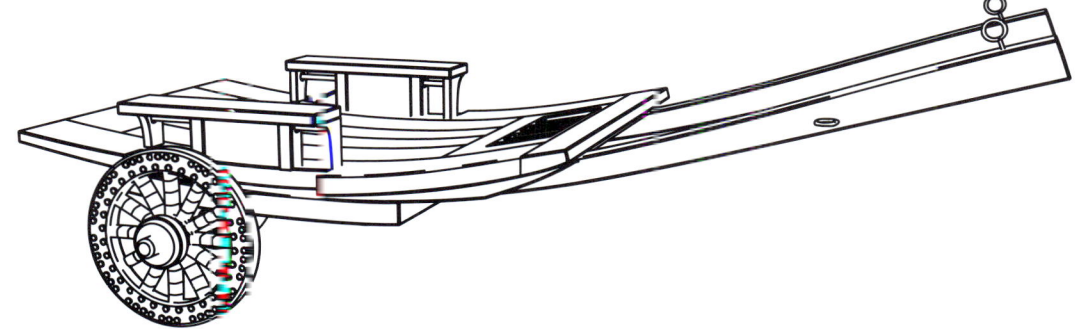

图二 满族大车线描图

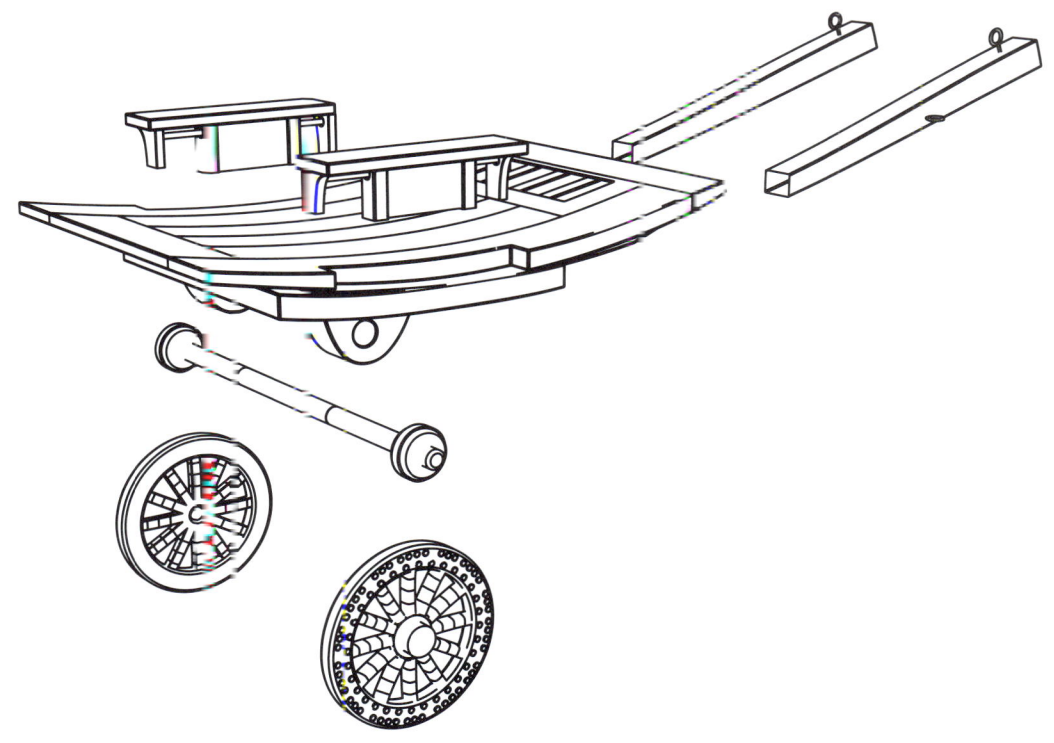

图三 满族大车解析图

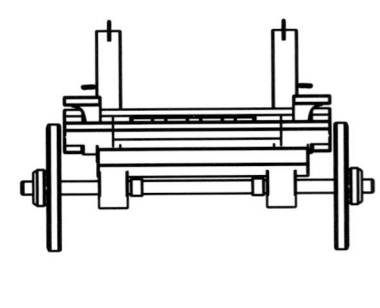
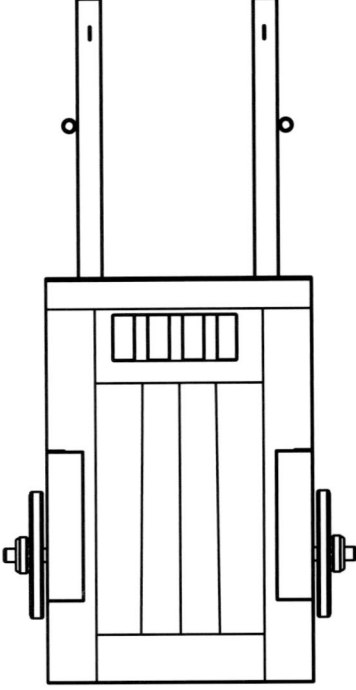
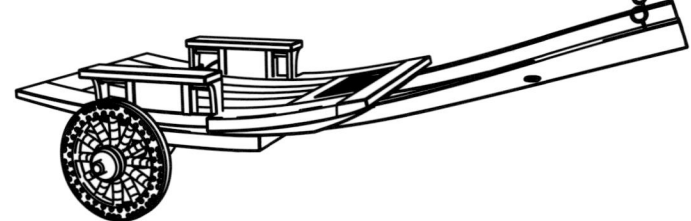

图四 满族大车三视图

满族织网梭

图一 满族织网梭主图

满族居住的东北地区河流众多，鱼类也成为满族肉类的来源之一，捕鱼业成为一个重要行业。在长期的生产生活中，满族发明了大量实用的捕鱼工具。渔网在满族渔民中普遍使用，在夏秋季，满族所采取的捕鱼方式主要就是挂网捕鱼、撒网捕鱼、抬网捕鱼等。冬季东北地区气候寒冷，河流冰封，满族主要是采用凿冰窟，将大网通过冰窟撒进水里，等待一段时间后，将渔网拉起，通过这种方式可以在冬季捕获大量的鱼类，从而为满族先民提供充足的鱼类资源。渔网的使用相当普遍，而渔网的编织和修补所用到的主要工具——织网梭，在满族渔民的日常生活中也十分常见，织网梭有竹、木、铁、铜和塑料等不同的材质。织网过程中织网梭是必不可少的工具，织网梭本身质量的好坏直接影响到织网的速度和质量。最常见的织网梭以竹制为主。织网梭一头削成尖状，另一端削成凹形，在靠近尖部用刀挖成椭圆形口，在椭圆口和底端凹陷处用来缠绕渔网线。竹制梭的制作要选择多年生的青竹作为坯料，竹子表面要光滑平整，竹质均匀。制作时应避开竹节部分，而且会保留竹子外皮部分，因为竹子的外皮部分是整个竹身强度最高的部位。如果清理竹皮，织网梭的使用寿命将大大减弱。渔民在织网的时候一般需要多把梭子交替使用以节省缠线时间。

图片来源
图一 白波 摄影
图二 邱珂 制图
图三、图四 张子恒 制图
图五 周夏 制图

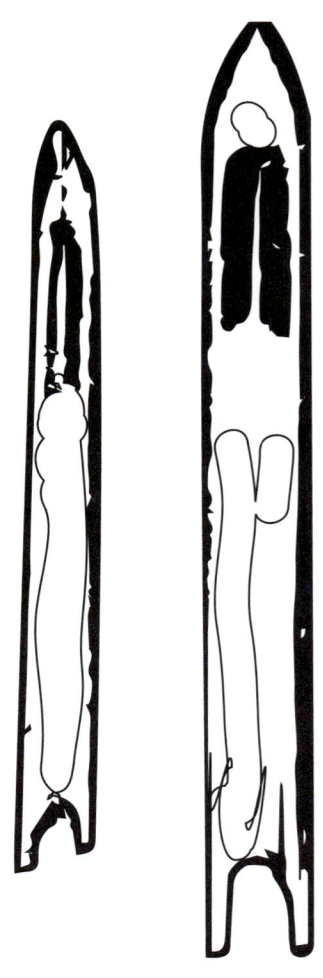

图二　满族织网梭线描图

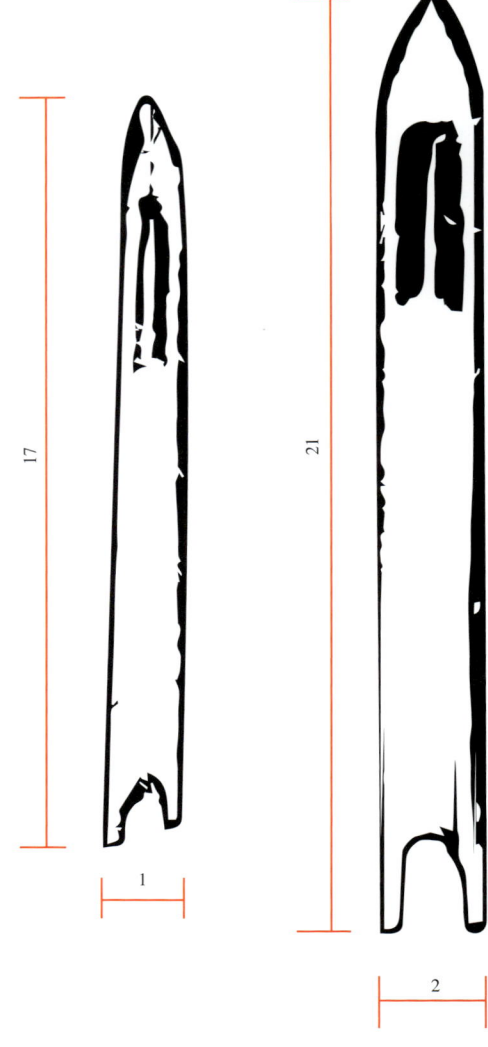

图三　满族织网梭尺寸图（单位：cm）

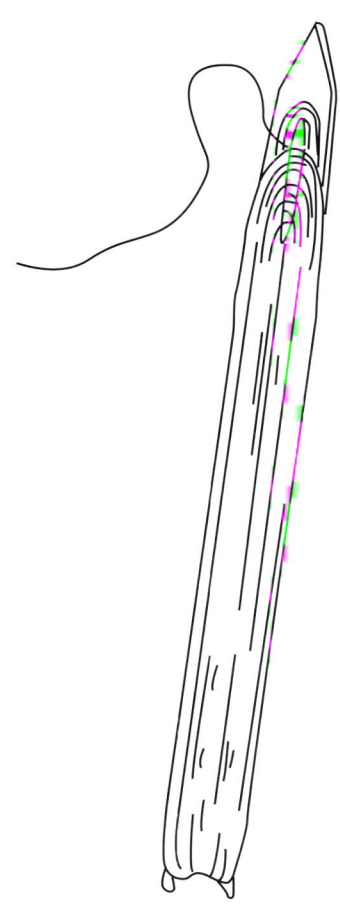

图四 满族织网梭线绕示意图

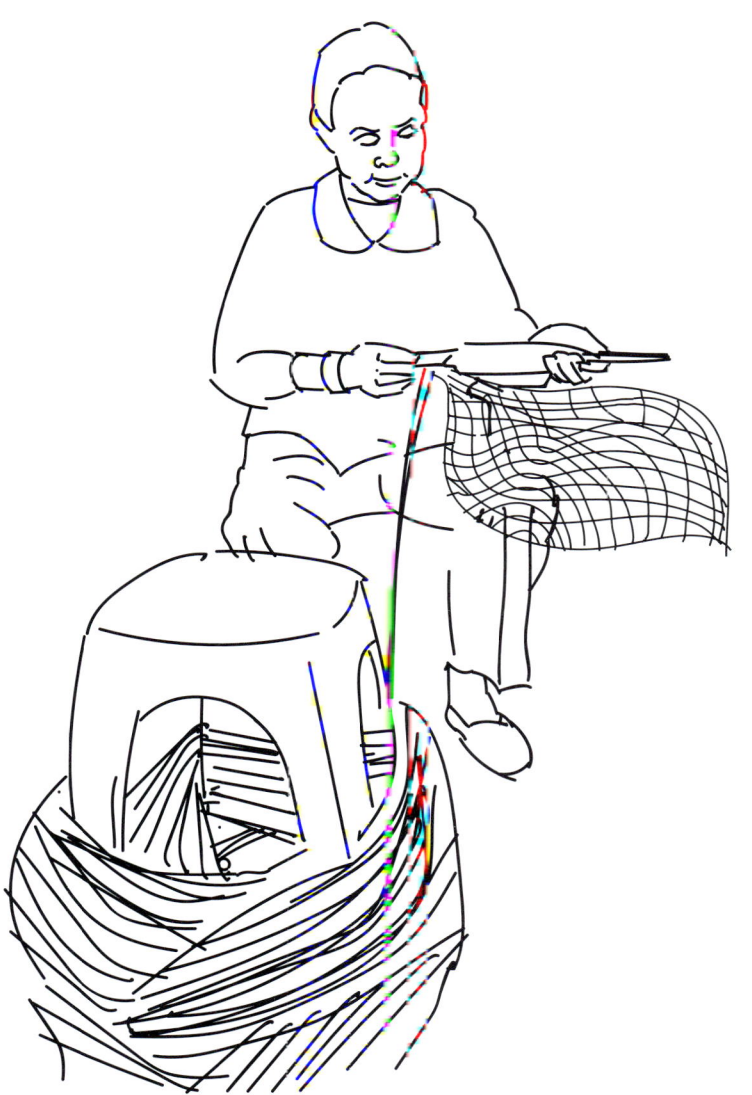

图五 满族织网梭使用情境图

第五章 满族传统生产工具

满族鱼罩

图一　满族鱼罩主图

　　鱼罩是捕鱼用的竹器。圆桶形，上小下大，无顶无底。满族地区江河纵横，濒临大海，有着丰富的渔业资源，满族自古以来就从事捕鱼的生活，他们熟悉各类鱼的习性和生活规律，创造了各种捕捞工具。鱼罩就是早期满族用来捕鱼的工具之一，由竹条和木棍组成，也有的鱼罩是用铁条和木棍组成。如今环境的变化，捕鱼的条件变化了，满族人们对这种渔具的使用率也变得越来越少。

　　鱼罩上部直径大约在30厘米，下部直径在60~80厘米，高度在80厘米左右。其制作过程是选用长短相同的木棍，最好是有一定韧度的藤条，分别将木棍用麻绳绑缚在上部小竹条圈和下部大竹条圈上，下部的木棍要保持在一个水平面上，以免在捕鱼过程中由于木棍不平整导致鱼跑掉。在木棍或藤条之间要用麻绳连接在一起,以免木棍或藤条散掉。

鱼罩的使用主要是在不太深的水域或是在岸边,其捕获的主要对象是鱼群。而所捕获鱼的大小主要看木棍或藤条绑缚疏密程度,较疏的鱼罩捕获大鱼,较细的鱼罩捕获小鱼。当有鱼群经过时,将鱼罩快速罩在鱼群之中,就能捕获大量的鱼类了,从而为满族人民提供丰富的鱼类资源。

图片来源
图一　白波　摄影
图二　张芳兰　制图
图三、图四　邱珂　制图
图五　曾庆林　制图

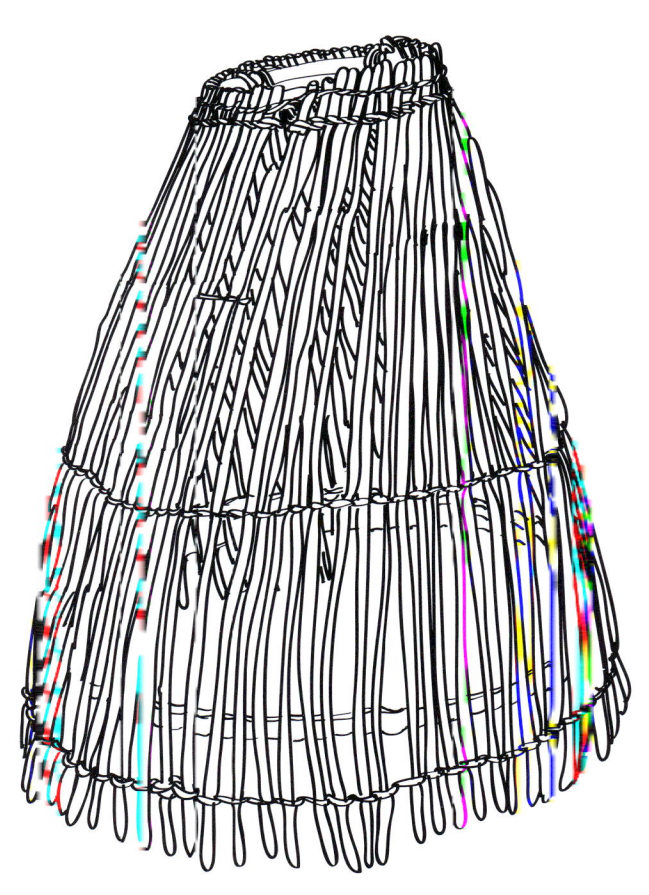

图二　满族鱼罩线描图

图三　满族鱼罩使用情境图

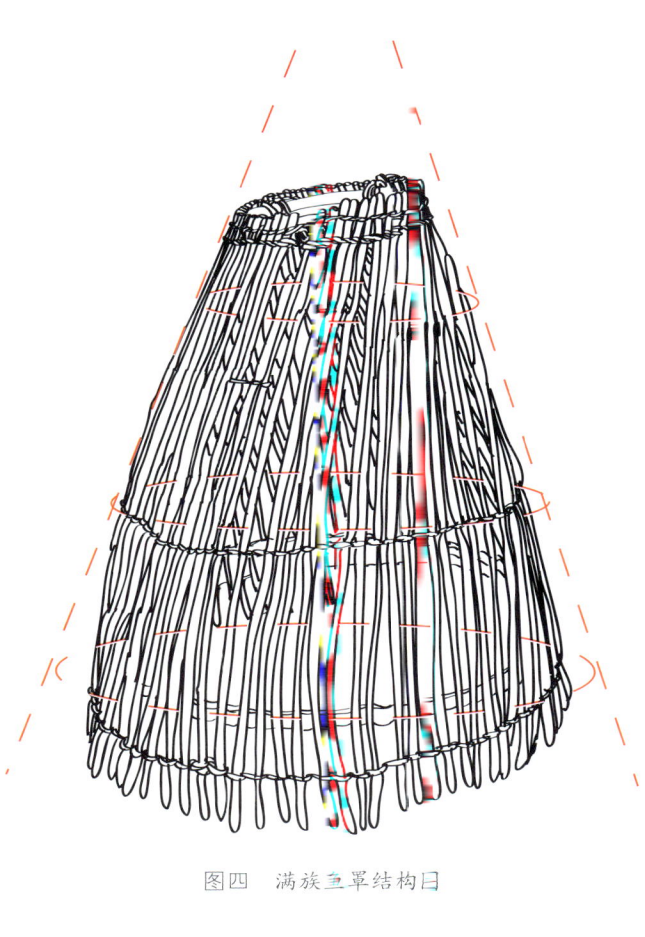

图四 满族鱼罩结构图

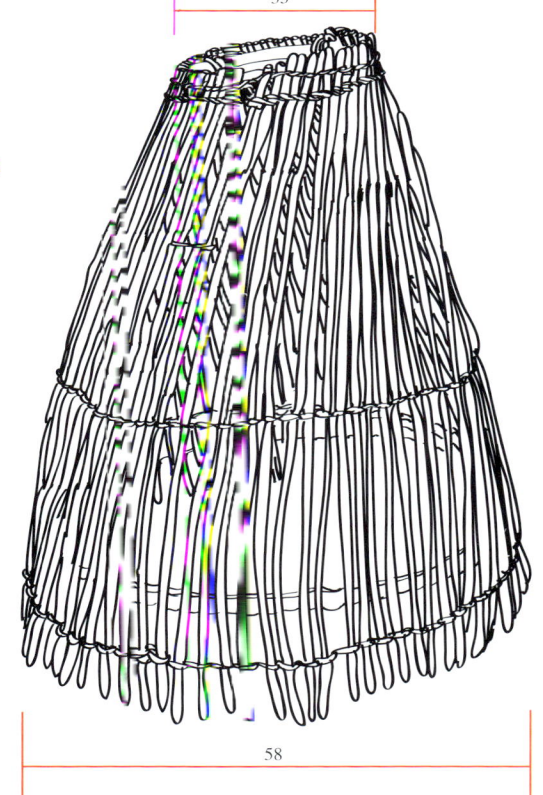

图五 满族鱼罩尺寸图(单位:cm)

满族采参工具

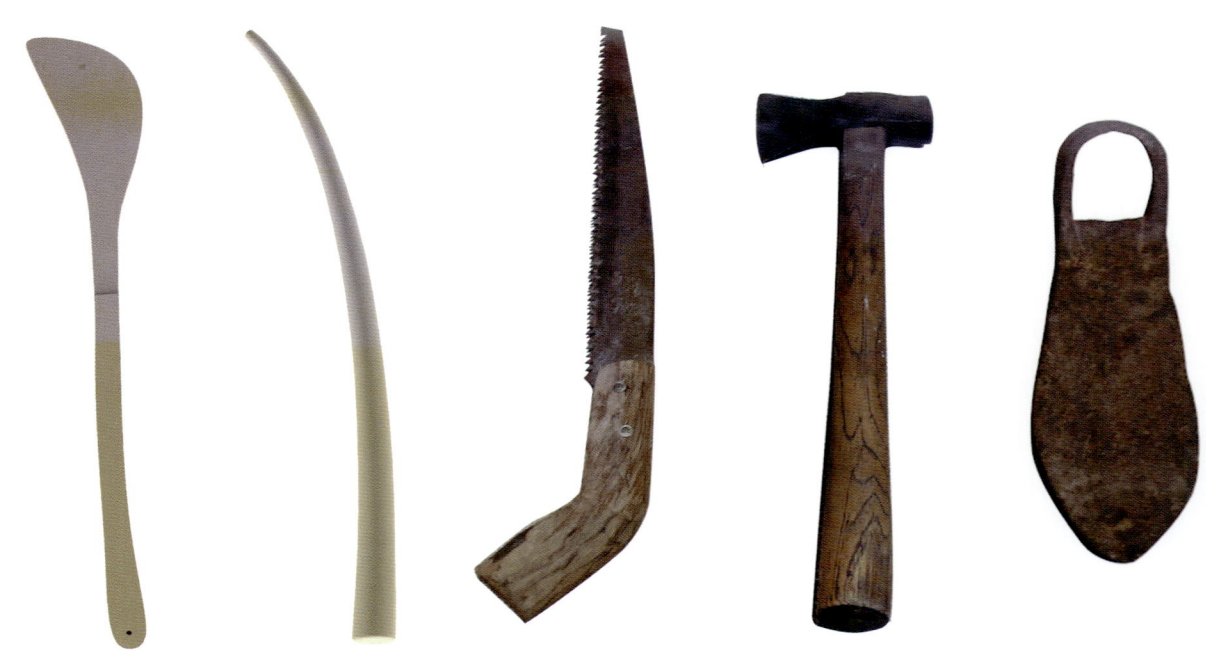

图一　满族采参工具主图

采参是满族传统的采集生产活动之一，具有悠久的历史。而人参作为百草之王，是非常珍贵的中药材，也一直是关东三宝之首。因此满族人采参是非常神圣的采集活动，一般开工前必须举办重要仪式。而且根据采参过程，满族人还创造了一整套采参工具。

满族采参活动一般在每年的7月至10月进行。采参人结伙进山，自备吃喝，在山里搭窝棚立锅灶，推举一人当"把头"负责指挥。采参之前要举行仪式，跪地焚香，祭拜山神，保佑安全。然后，成散兵状进山，彼此保持一定距离，并不断吆喝，互相联络，以免走失。无论谁发现人参，都要招呼，不能独自一人立即采挖，要立棍做记号，并用红线拴住，待寻山返回后再挖。

挖人参不能使用铁器，使用木质、竹制或骨制的工具。挖参时先破土，然后用光滑的鹿骨钎子慢慢地一根一根地挖参须子。把参须周围的土抠净后，再用青苔茅子将参拉出来。随后，用青苔茅子、桦树叶，掺上一些原土，把人参包起来，用草绳打成参包子。

图片来源
图一　肖珺　制图　白波　摄影
图二、图三　张青硕　制图
图四、图五　刘辰　制图
图六至图九　崔胜利　制图

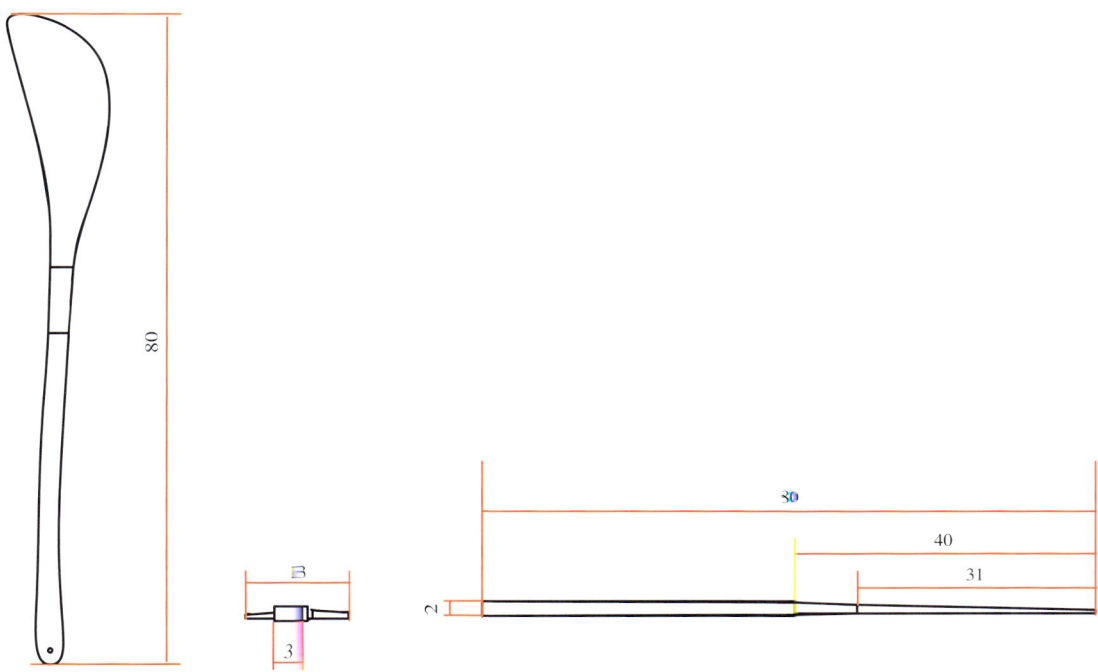

图二　满族采参工具1尺寸图（单位：cm）

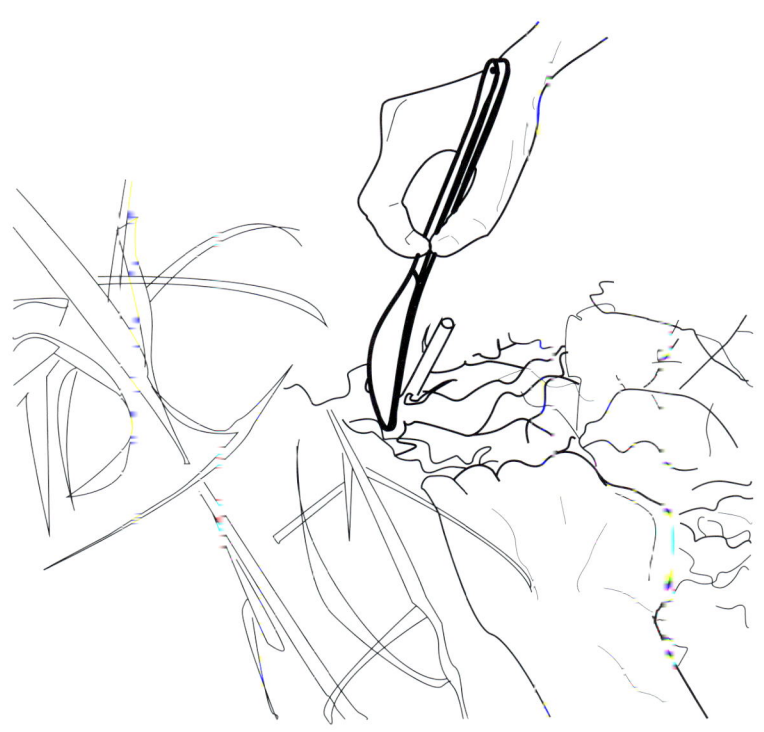

图三　满族采参工具1使用场景图

第五章　满族传统生产工具

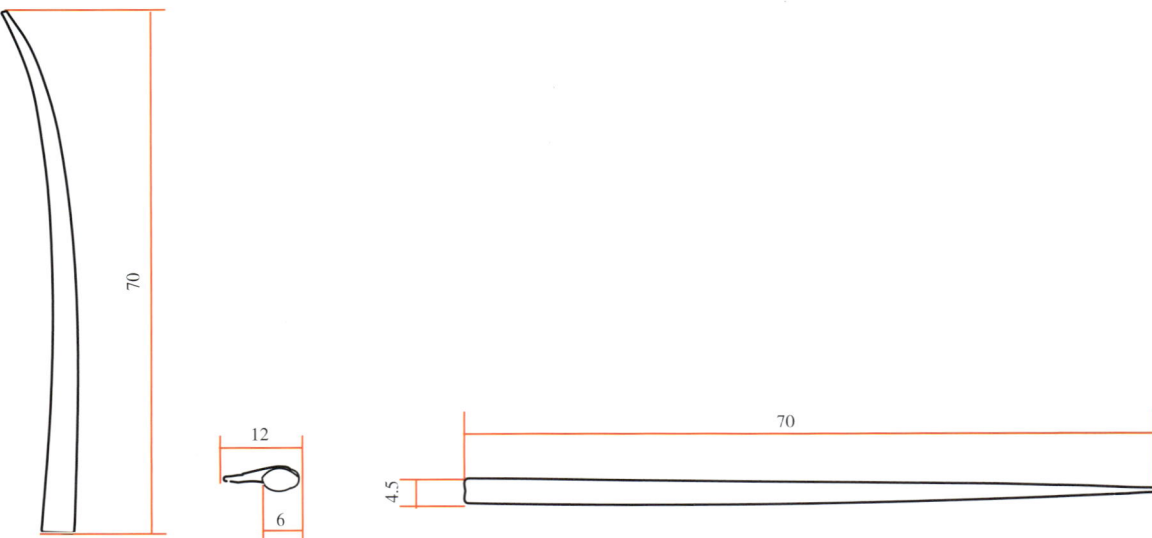

图四　满族采参工具2尺寸图（单位：cm）

图五　满族采参工具2使用场景图

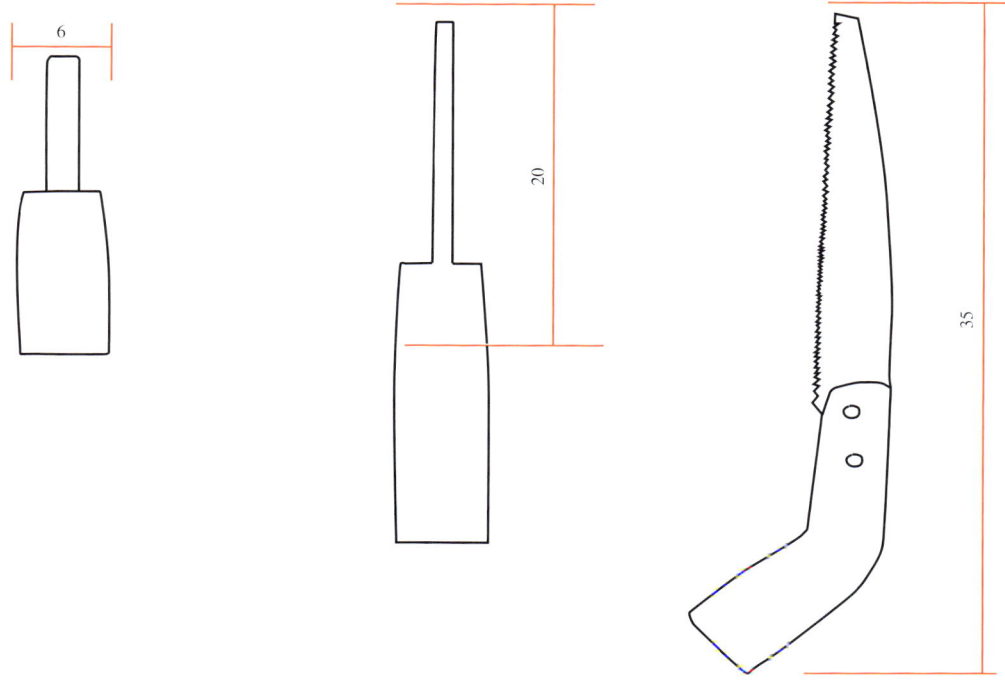

图六 满族采参工具3尺寸图（单位：cm）

图七 满族采参工具3使用场景图

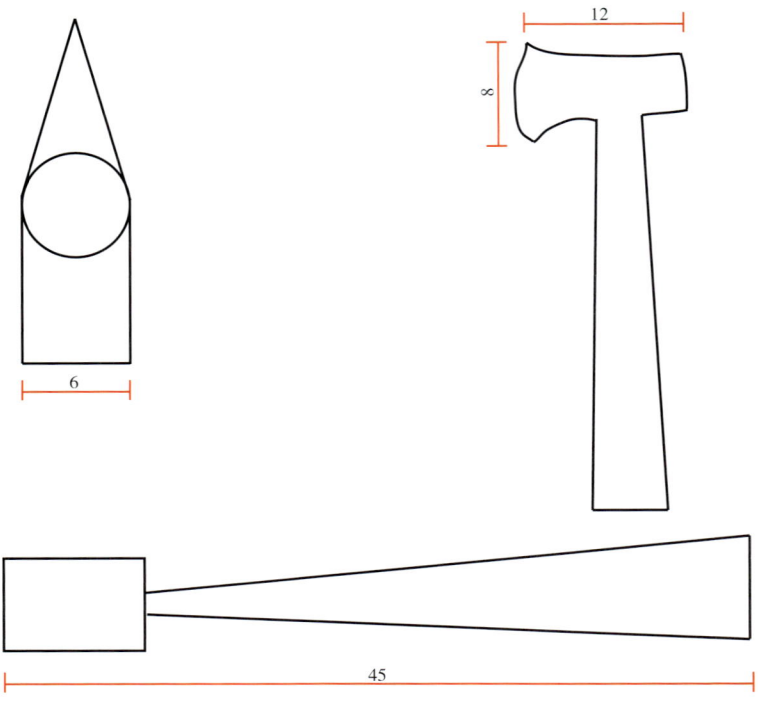

图八　满族采参工具4尺寸图（单位：cm）

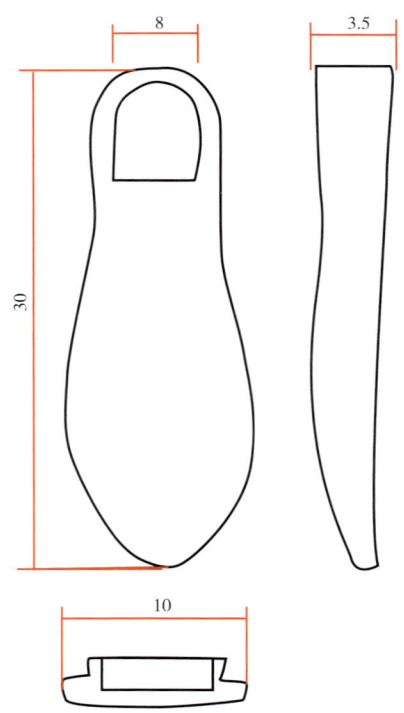

图九　满族采参工具5尺寸图（单位：cm）

满族弓箭

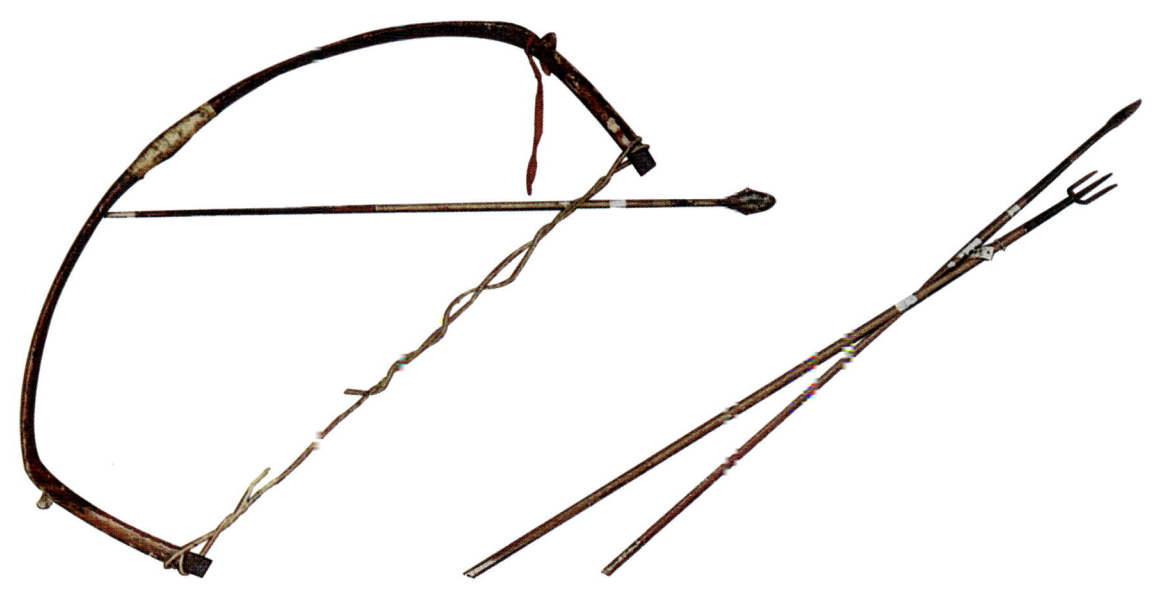

图一　满族弓箭主图

满族弓箭的结构从中间向两边对称，依次为握把、弓臂、弦垫和弓梢。握把为木质，上贴暖木与鲨鱼皮；弓臂内为竹制或木制弓胎，面贴牛角或羊角，背贴牛筋（有的用鹿筋）；弦垫有骨制的，亦有木制的；弓梢木质，中夹角片。

满族弓箭的显著特点是整个弓体巨大、弓梢长并内嵌角片、有明显弦垫。巨大的弓体可以在弓臂变形小的情况下增大对箭的推动力和推动距离。长弓梢虽然增大了弓臂负担，但是杠杆作用更明显，更加适合使用重箭；而且内嵌的角片不但加固了弓梢，而且减轻了弓梢重量。相对于其他种类弓来说，满族弓的弦垫应该可以说是大到另类了，亦增加了弓臂负担，但是它能够很好地保护弓臂、减缓弦对弓臂的冲击；并使在射手拉弓时产生等效弓臂变换效果，使射手拉开硬弓后更易保持射箭状态。

具有狩猎习俗的满族人，其设计弓箭的种类也非常丰富，大体可分为三类，战弓、猎弓、力弓。力弓只是射手用来练习力量、拉弓动作的弓。这类弓普遍力大，弓体、弓梢粗壮。猎弓是这三种弓中弓梢最长,省力效果最明显,也是最纤细的。满族弓的弓弦分为皮弦、丝弦和筋弦三类。其箭头也根据不同用途做出不同设计,可见满族人对于弓箭设计精细,制作考究。

图片来源

图一　清永陵博物馆

图二至图四　唐洁　制图

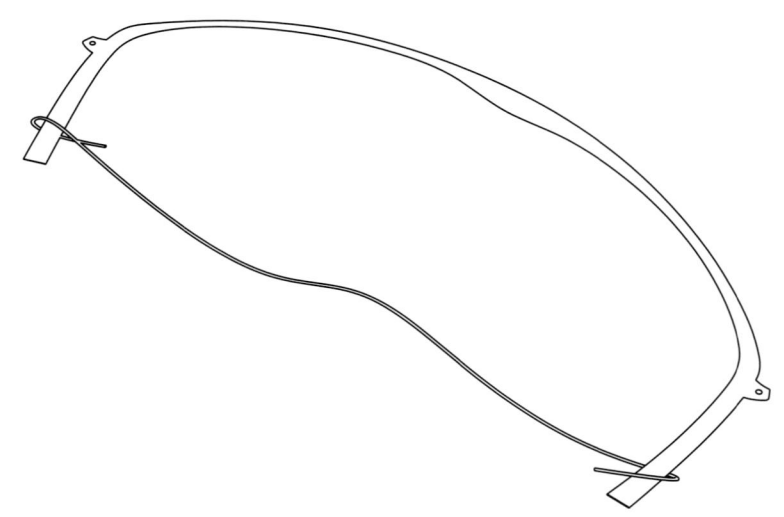

图二　满族弓箭线描图

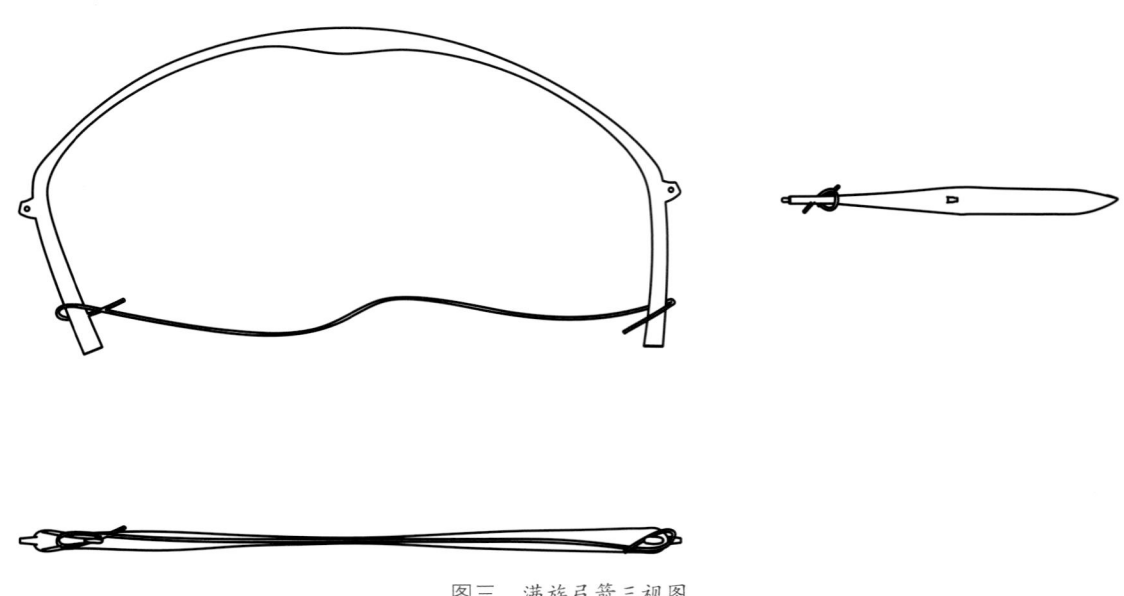

图三　满族弓箭三视图

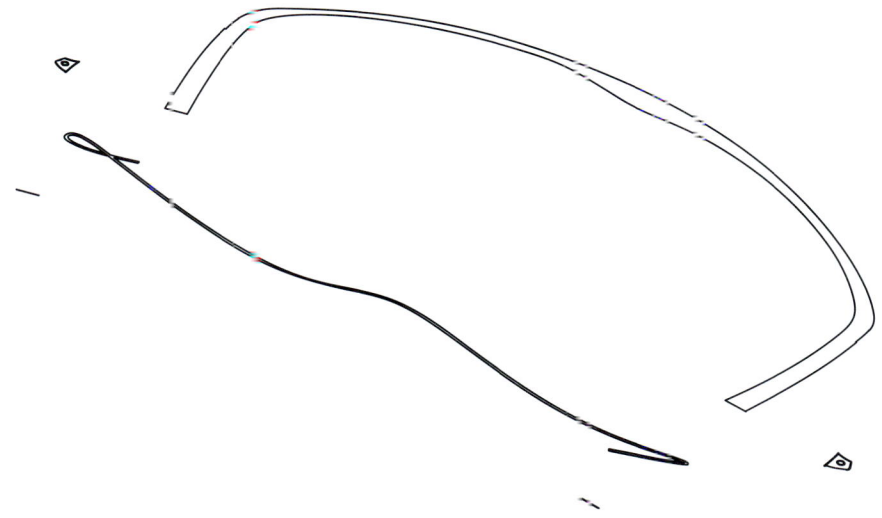

图四　满族弓箭解析图

满族草拍子

图一　满族草拍子主图

　　草拍子是农村苫草房时用的工具，由木板做成，刻有瓦楞状的沟格，背后安装着一块凹槽，插着一根特制的长木把。草拍子是一块50×40厘米的厚木板，在木板的底面，有的草拍子还均匀分布着几十颗露出头的铁钉子。

　　苫房的草有用稻草的，也有用山上割来的苫房草。先用铡刀把根部切齐了，然后根部朝房榴(下)，梢朝屋脊(上)，铺在房顶。整个房顶分层的结构是：木板做的房箔铺在房椽子上；上面再抹一层泥巴，泥巴上面就是苫房草。铺上后就要用草拍子拍平、拍整齐。草拍子使用时，把手和沟槽的结构是垂直的，这样才能拍平、拍实。麦管子苫的草房，其使用寿命也就是两三年，而被草苫的可使用四五年。其间还需要进行局部修缮。每当这时，苫匠就会在其破损部位的上部，横着把草拍子背后的木把慢慢地插进去，把上部的草抬起来，清理破损部位后再苫上新草。然后，抽出木把，再用"草拍子"拍打得严丝合缝。

　　草拍子厚度较厚，重量较大，主要是依靠重力来拍实稻草，使稻草与泥巴紧密地粘结在一起，以起到保暖驱寒的作用。同时草拍子上的沟格处理，避免了草拍子与泥巴的完全接触，提拉更为方便省力，而沟槽的设计在房顶留下沟槽印记，便于雨水下泄。

图片来源
图一　白波　摄影
图二、图三　贾晨茜　制图
图四、图五　曾庆林　制图

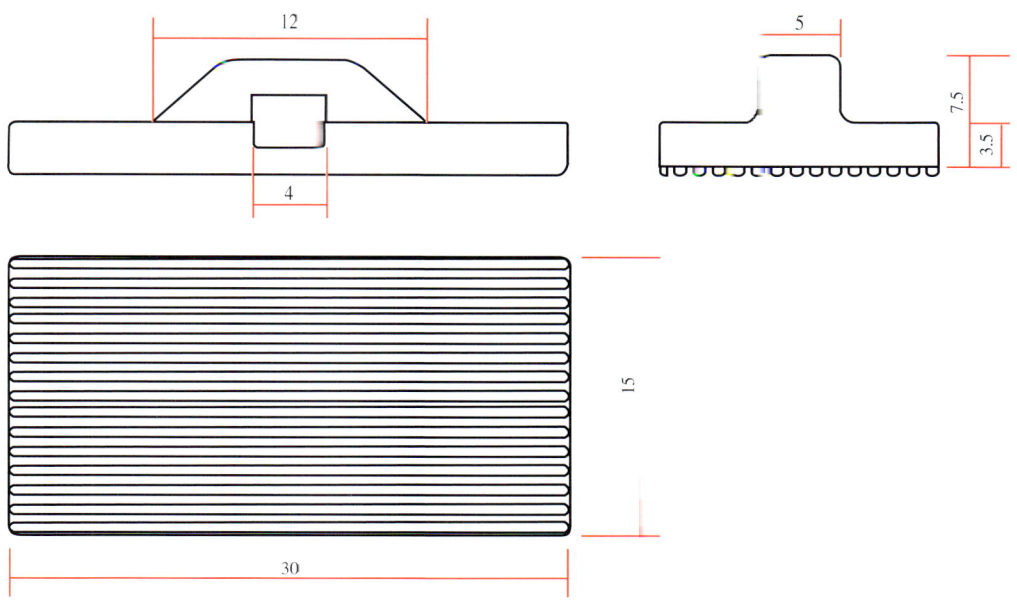

图二 满族草拍子尺寸图(单位：cm)

图三 满族草拍子使用情境图

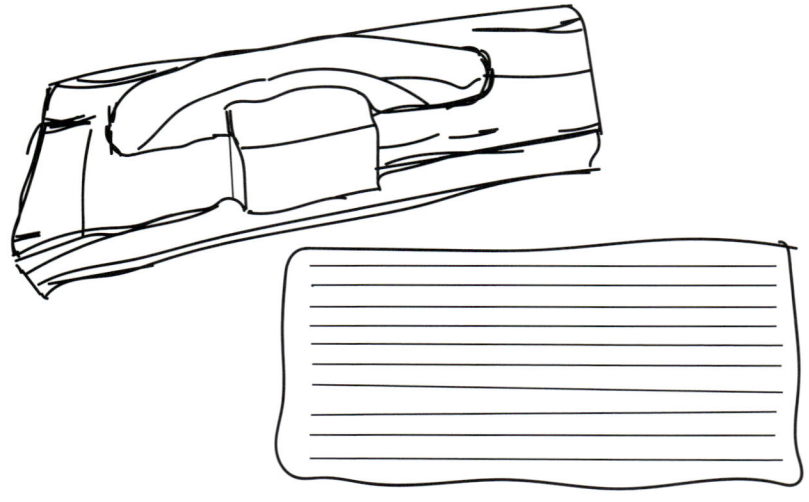

图四　满族草拍子线描图

图五　满族草拍子分析图

满族地箭

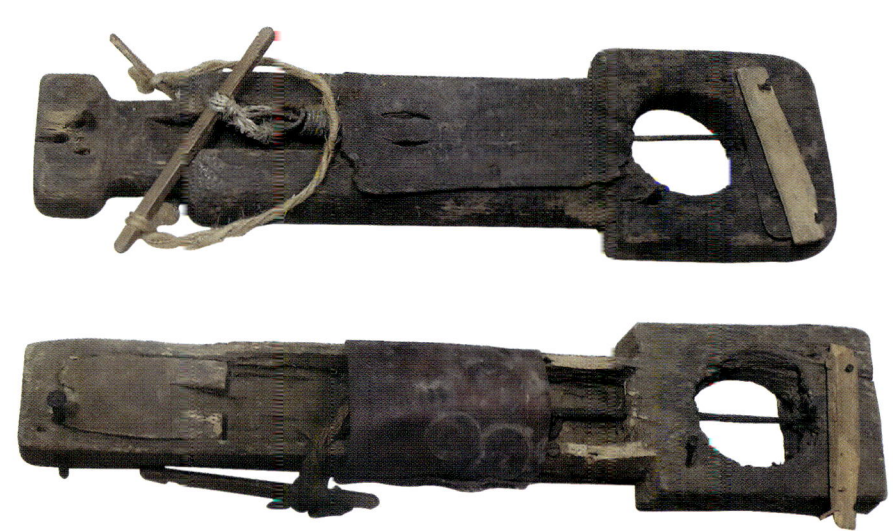

图一 满族地箭主图

满族人素有狩猎的习俗，而地箭是满族人用来狩猎的一种特殊工具。本案例收藏于吉林市伊通满族博物馆，其器物整体上为长方形，长度大约为35厘米，最宽处为12厘米，中部略窄，厚度大约为4厘米，是用一整块木板制成。在木板最宽处，有一圆孔，直径为8~10厘米，中部凿有一凹槽，内装有弹簧和铁箭，弹簧尾端用麻绳与木棍相连，木棍起固定作用，凹槽上覆盖有铁皮。

满族地箭是用来捕获小型猎物而设计的工具，主要铺设于动物经常活动的区域。满族地箭设计非常巧妙，使用时将地箭弹簧拉紧，固定好木棍，在地箭上要放置一些杂草等与周围环境一致的伪装物，防止动物发现。当动物进入地箭，触动弹簧，铁箭射出，击中动物身体部位，从而捕获猎物。

满族地箭的巧妙之处在于利用触发弹簧的原理，可以捕获小型且速度较快的动物，而且铁箭很细，一方面可以击伤猎物，不让猎物脱逃，又很好地保护了动物的皮毛，为满族人提供兽皮作为自己使用，或送到市场交换生活必需品。满族地箭在冷兵器时代是设计精妙的武器。因此一般有满族传统狩猎活动时，满族喜欢使用地箭设置机关陷阱。

图片来源

图一 兰波 摄影
图二 王倩 制图
图三 朱英哲 制图
图四 兰庆洋 制图
图五 朱明阳 制图

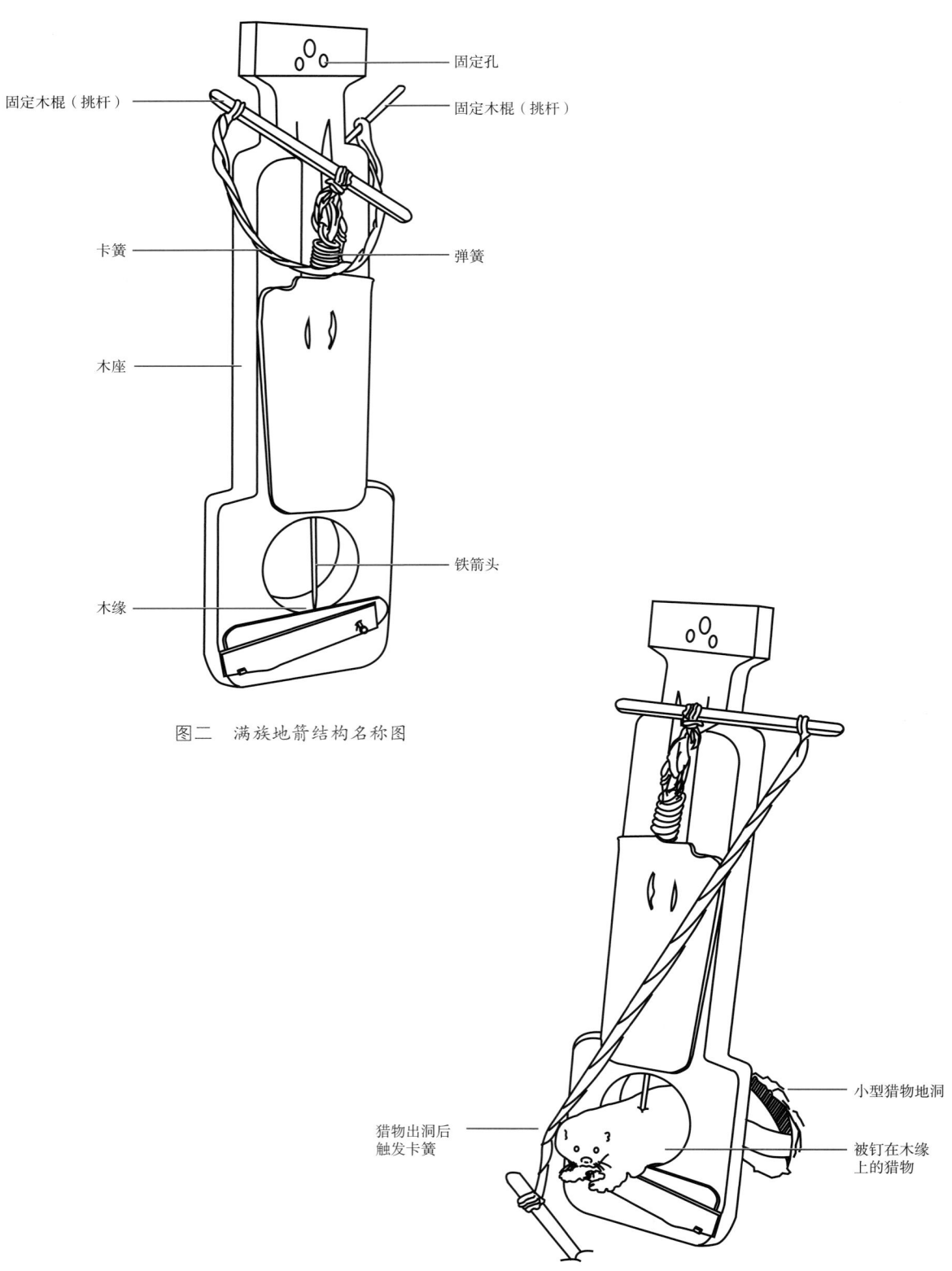

图二　满族地箭结构名称图

图三　满族地箭使用情境图

图四 满族地箭三视、尺寸图（单位：cm）

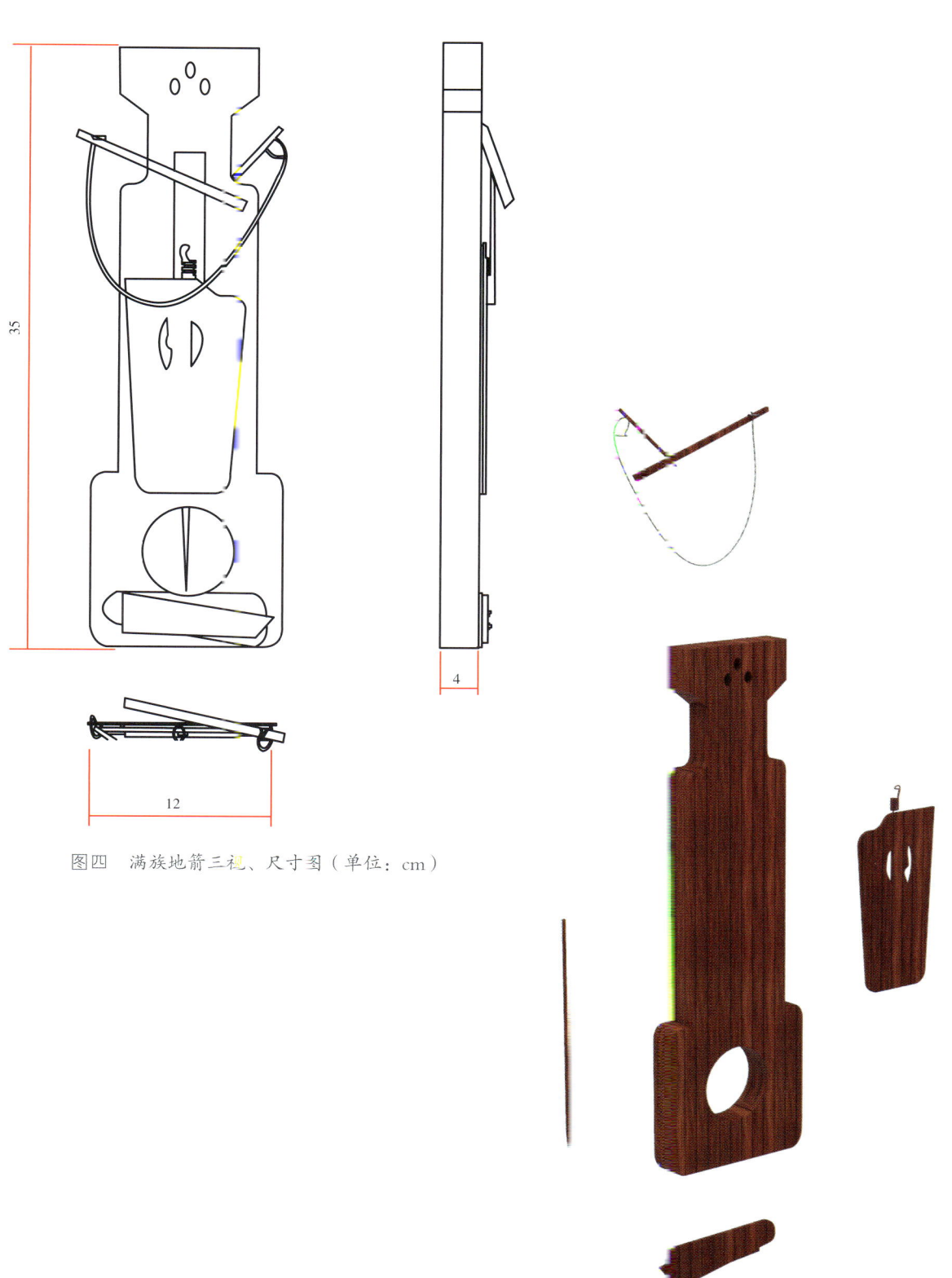

图五 满族地箭解析图

满族点葫芦

图一　满族点葫芦主图

点葫芦是满族使用的一种旱地作业的农具，主要是用来农作物的播种。本案例中的点葫芦收藏于吉林市伊通满族博物馆，长60厘米，高20厘米，手柄直径5厘米，葫芦直径18厘米。主要由四个部件组成。①装种子的葫芦有的是葫芦，有的是铁盒，有的是布袋，或者是没有鞣的猪皮；②筒子；③篦子，根据种子颗粒大小，下种量多少确定篦子密度；④点种棍，用来磕打筒下种。

点葫芦主要分为两种，一种是在葫芦的下部贯穿一口，将中空的竹筒穿入，在葫芦的上部开一口，用来装入粟类等小颗粒种子，并用一塞盖住。在竹筒下部开一口，周围包裹上扫帚穗，以便于种子准确地放入地中。在使用过程中，还需要使用点葫芦锤，敲击点葫芦，葫芦里的种子受到震动，从竹筒的开口进入竹筒内，从而播种到大地中。

第二种点葫芦没有葫芦装置，是用布袋取代葫芦，在中空的竹筒或木棍上部套一个布袋，用来装种子，竹筒或木棍下部同样包裹有扫帚穗。用木棍敲击竹筒，种子就播撒出去。

点葫芦是满族人民在长期生产实践中总结出来的实用劳动工具，主要用于颗粒较小的农作物播种，使用点葫芦可以确保播种时种子的密度均匀。

图片来源
图一、图三　白波　制图
图二　王中正　制图
图四　兰庆洋　制图
图五　曾祥琳　朱英哲　制图

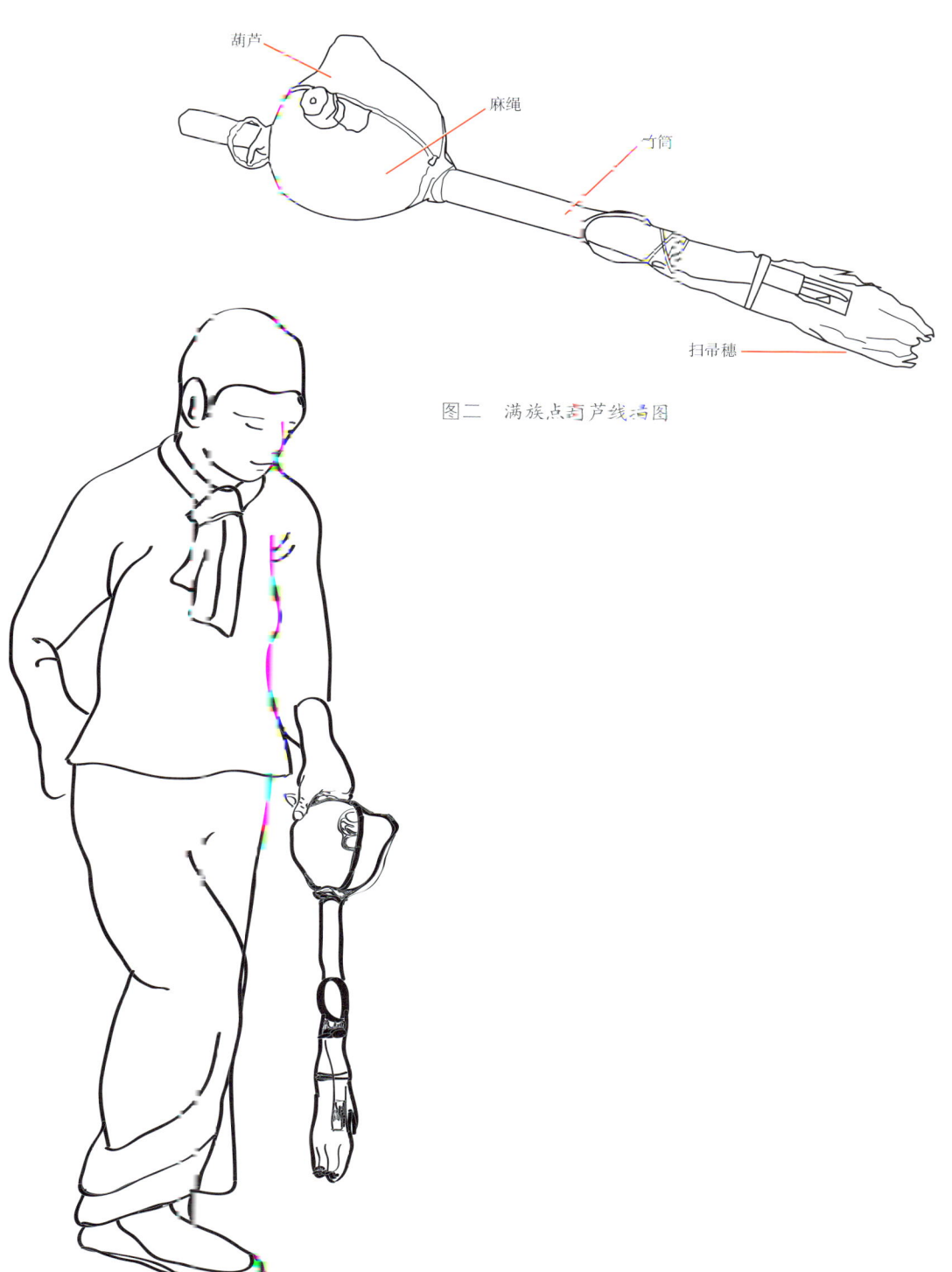

图二　满族点葫芦线描图

图三　满族点葫芦使用情境图

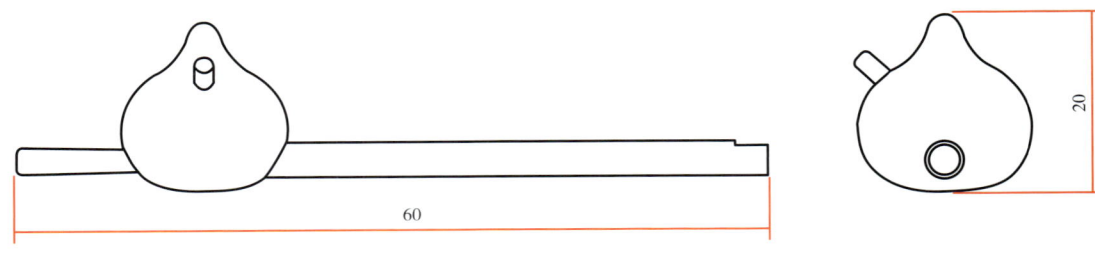

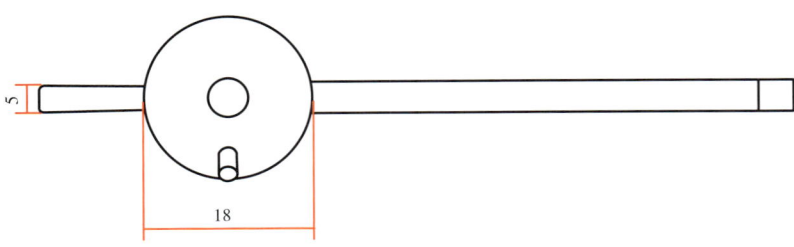

图四 满族点葫芦三视、尺寸图（单位：cm）

图五 满族点葫芦解析图

满族豆腐坊

图一　满族豆腐坊主图1

东北地区盛产大豆，大豆产量高，质量好，是我国主要的大豆产地。因此满族人们很早就开始利用大豆为原料，加工成各种食材，豆腐就是其中之一，用大豆做成的豆腐，烹调简单，口感爽滑，深受满族人们的喜爱，并形成了一套与豆腐有关的满族菜肴，如满族的特有菜肴八大碗中的雪菜炒小豆腐、卤虾豆腐蛋。为了获取这些特色的菜肴里的食材，豆腐坊就是满族人们根据当地的条件所建立的作坊。

豆腐坊一般建立在集市内，主要是考虑到运输成本，原料运输方便，同时销售也比较便利。豆腐坊内部主要由石磨、大锅、大豆腐架、干豆腐架等组成。东北豆腐制作一般经过煮豆汁、包、点卤水、压豆腐等工序，特别是经过烫干的豆腐制成的干豆腐味道更为鲜美。

豆腐坊的选址十分讲究，能够便于原料收集和产品销售。室内布局比较紧凑，生产流程严谨，体现了较高的设计水平，是中国古代劳动人民辛勤劳动的智慧结晶。满族地区至今仍有许多传统的豆腐坊，体现了现代人对传统文化的继承和发扬。

图片来源
图一　图二　石滢冷　摄影
图三　白波　制图

图二　满族豆腐坊主图2

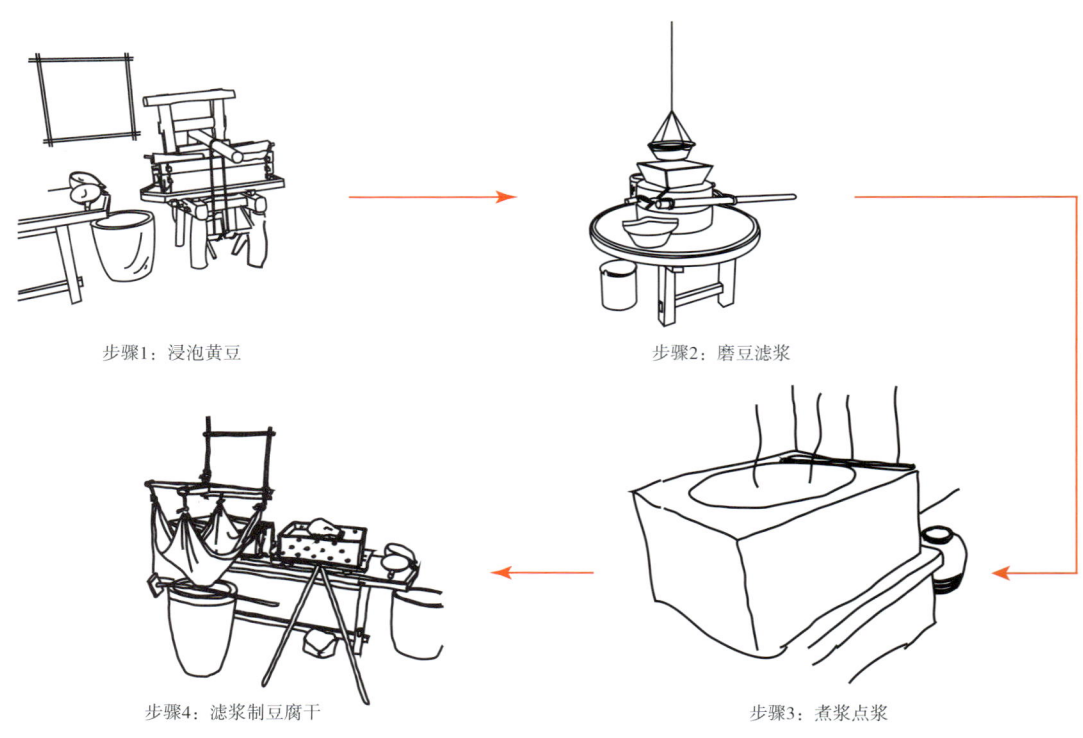

步骤1：浸泡黄豆　　　　步骤2：磨豆滤浆

步骤4：滤浆制豆腐干　　步骤3：煮浆点浆

图三　满族豆腐坊制豆腐干流程图

满族垛杈

图一　满族垛杈主图

　　垛杈是满族人们种田劳动的工具，也是北方农村地区最古老、最常用的一种农具。垛杈是一种木制的杈子，满族人们主要用来堆放谷物。垛杈几乎是纯天然的制作工艺，制作垛杈就要选好树苗，等树头形成后进行修剪，只保留两根，还有其他用途的三根木杈。塑型需要时间的修炼，一般是用火烤到合适的弯度，再在固定的压槽稳定形状。经过晾晒，使其干燥后形状稳定，整个过程不使用任何粘合剂和胶水。最后打磨抛光。同时为了防止虫蛀，保持一个好的卖相，制作匠人还会在垛杈外表涂一层清油。垛杈的发明和制作虽然简单纯朴，但它是劳动人民的勤劳和智慧的象征之一。

　　垛杈的长度是2米左右，杈部长度大约是60厘米，直径是8厘米左右。垛杈杆为圆形，直径大小正好适合人手把持，可以很好地发挥人体全身力量。杈部长度设计较长，这样在实际操作中可以插起更多的谷物杆，杈部顶端比较尖可以快速地将垛杈插入各谷物杆的缝隙之处，完成堆放、翻转谷物的劳动。在长期的劳动过程中，满族人认识到各种材质的不同特性，针对不同材质进行不同加工。垛杈就是将木材和火结合，利用火加工树枝杆，蒸发水分而获得的一种劳动工具。

图片来源

图一　丁健美　摄图
图二　周晓雪　摄图
图三　贾晨蕾　摄图
图四　孙露　制图

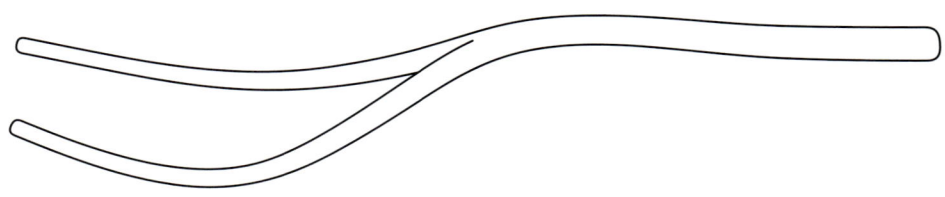

图二 满族桗杈线描图

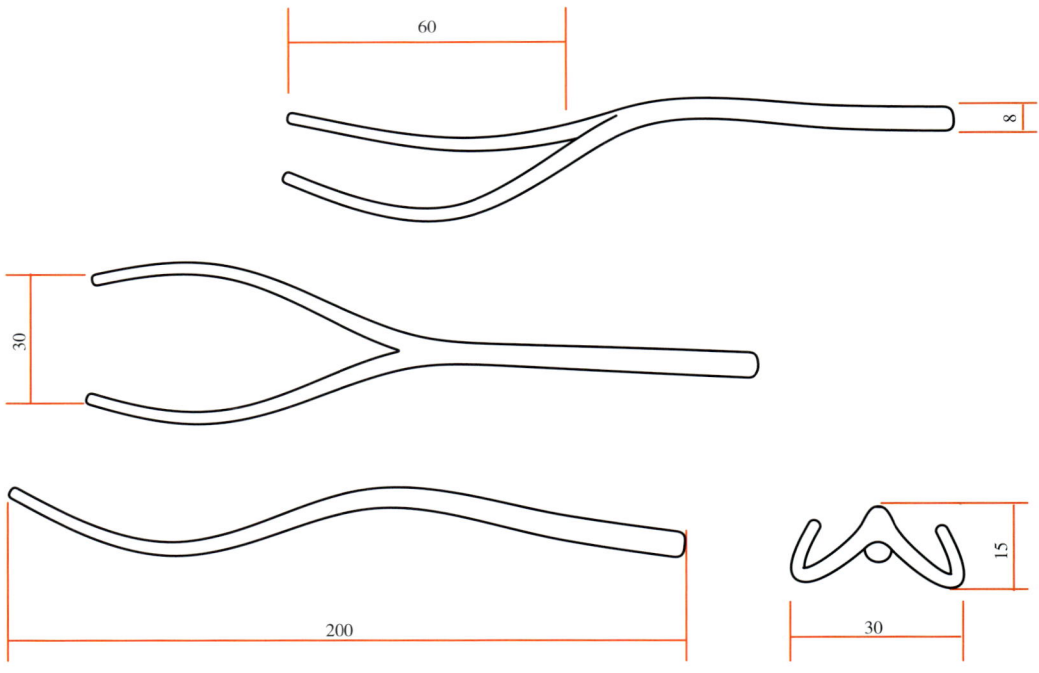

图三 满族桗杈三视、尺寸图（单位：cm）

图四　满族垛杈使用情境图

满族纺绳机

图一　满族纺绳机主图

　　麻绳是满族民间家家户户的必备之物。使用牲口和捆扎东西，都要用到麻绳。为了更好地制作麻绳，研制了纺绳机，细麻绳用手搓成，粗麻绳用纺绳机纺成。纺绳机由机头、机架、曲栖连杆、齿轮传动四大部分组成。机头部分包括前支座、机头座、成绳器、行星齿轮机构等，草在机头部分一次成绳。传动部分包括齿轮、摩擦轮、调整座、指示器等，这一部分可调节成绳的松紧度，并将绳子收集成盘。

　　这是一台纺三股绳的机械。左边立柱外有摇把，摇把穿过立柱后弯成一个环，要纺的绳顶端就拴在环上。三条股另一端分别拴在对面框架的三个摇把上，三个摇把都固定在一块木板上。摇动木板，三个摇把同时朝一个方向旋转，三股绳也自然跟着拧紧了劲。纺成三股绳的关键是玉米棒状的梭子。"玉米棒"有三条沟和与沟连通的三个纵向的扎道，三股绳就分别通过三个孔道和三条沟槽，会集到"玉米棒"尖端，即末端的合成方向，这就成了一条绳，这条绳的后团，在立把那边，摇把也摇起来上劲，"玉米棒"慢慢朝三股绳的方向前进，这样三股绳就拧成了一股粗绳了。纺绳机利用机械纺织麻绳，节省了体力，制出的麻绳结实耐用。

图片来源
图一　白波　摄影
图二　张芳兰　制图
图三、图四、图五　卢磊　制图
图六　周晓钰　制图

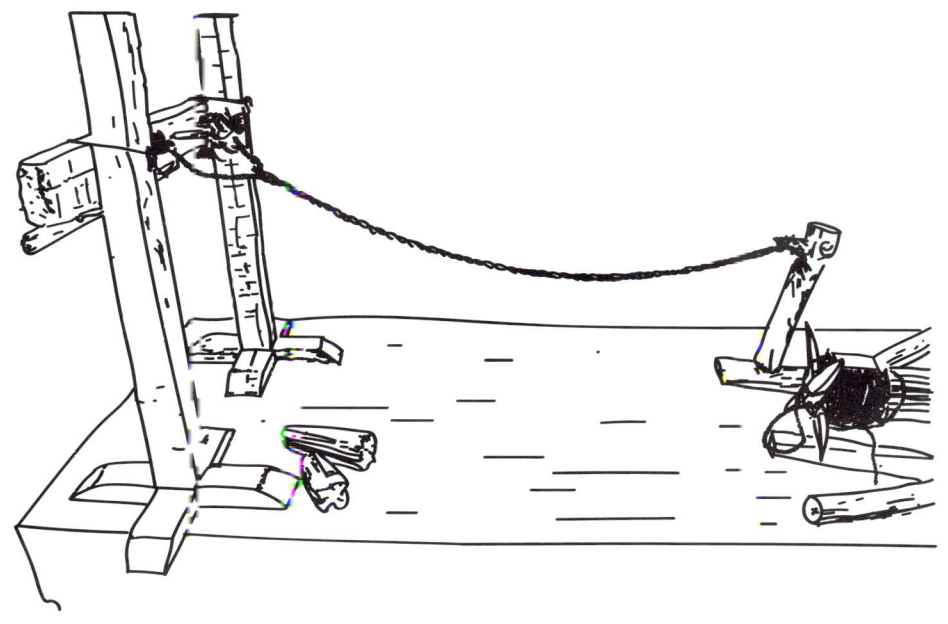

图二 满族纺绳机线描图

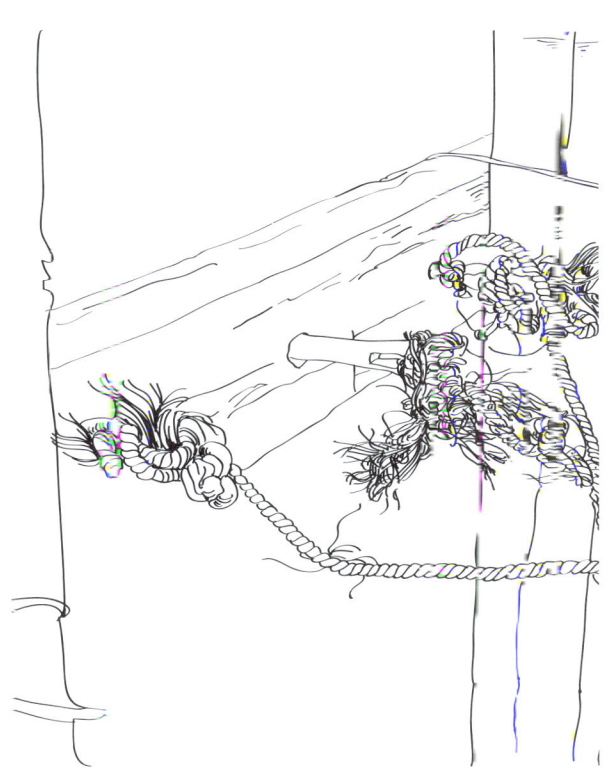

图三 满族纺绳机绑线段上线使用图

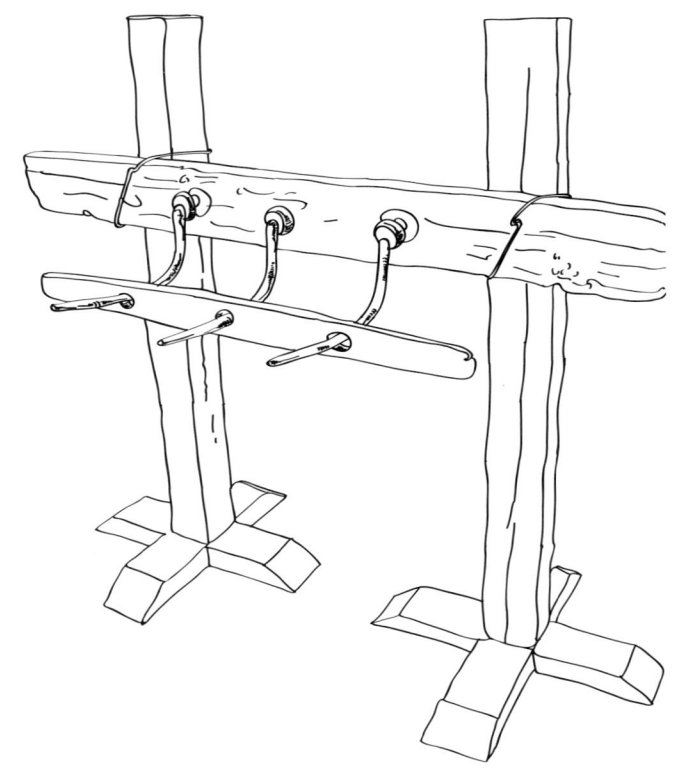

图四 满族纺绳机绑线段线描图

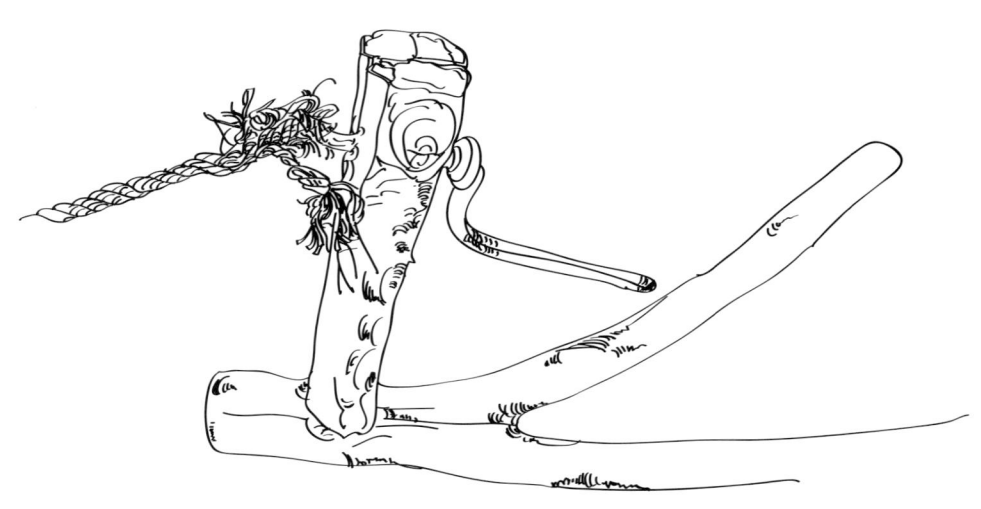

图五 满族纺绳机绞线段使用图

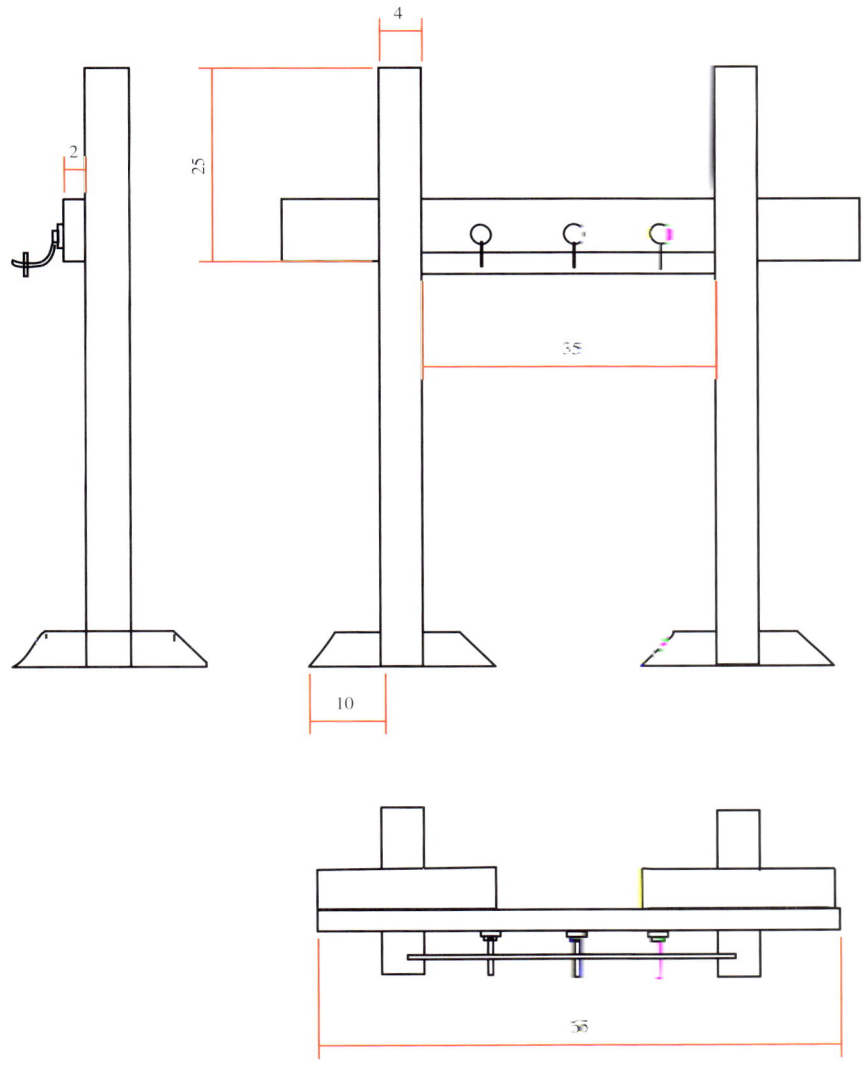

图六 满族纺绳机三视、尺寸图（单位：cm）

满族粉坊

图一　满族粉坊主图

　　粉坊是东北满族地区常见的生产粉条的作坊。由于气候寒冷，东北地区盛产品质优良的玉米、马铃薯等作物，用玉米、马铃薯加工成的粉条口感爽滑、劲道，便于保存。

　　秋冬季节粉坊开工时，制粉师傅们赤膊上阵，顶着腾腾热气，大汗淋漓地忙活着，大人孩子纷纷围观，热闹非凡，如同节日一般。制作粉条有"秋沤土豆冬推浆"之说。秋季把土豆洗净，直接装缸沤成浆；冬季则要用石磨把土豆磨成浆。土豆成浆后在大粉匠（也称老把头）指导下，经过过滤、墩缸、搅拌、过包、出粉面、凉粉坨、碎粉坨、炕粉面、打芡、兑矾、和粉面、叫瓢（把粉条漏进开水锅中成形）、过冷水、晾干等一系列工序制成粉条。

　　历史上，普通满族人的生活较为困难，但却又十分好客。为了招待亲朋好友，满族人民创造了充满勤劳智慧的宴席形式——

"清真八大碗",既节俭,又营造了宴客的氛围。这"八大碗"中有炉牛肉、炖杂碎,胡萝卜、长山药、海带、醋熘白菜、粉条、丸子、炸豆腐等,以八碗为限,灵活配伍。而其中粉条更是必不可少的"名角",粉条加以配菜制成的猪肉炖粉条、小鸡榛蘑炖粉条时至今日仍是东北地区的满族名菜。

图片来源
图一、图四　白波　摄影
图二　孙露　制图
图三、图五　张芫芝　制图

图二　满族粉坊线描图

满族粪筐

图一　满族粪筐主图

　　粪筐又称为粪箕子，是东北满族地区农业生产中十分常见的农具之一。其主要用于捡拾牲口粪便，用于积攒、盛放动物肥料。动物的粪便是庄稼最原始的有机肥料，动物粪便农家肥想要做成肥料，必须要先经过腐熟发酵，经过腐熟的动物粪便，能够增加有益菌含量，微生物有益菌进入土壤后对于土壤的改良和修复以及促进根部生长有很好的效果。

　　粪筐的结构并不复杂，一般由丁字梁的提手和盛放动物肥料的筐两部分构成。其尺寸直径是60厘米左右，呈上、下扁，左、右宽的形态，便于粪料的存放和投洒。筐体用蜡树条或杏树条编制而成，以筐底为中心按圆形编制；丁字梁的提手使用多根树条拧绕成股，最后与筐体编制连接在一起，合为一体。此外，配合粪筐捡粪使用的还有粪叉、铁叉或铁铲等工具。

　　从设计学角度来讲，粪筐的形态结构主要是为了便于使用，提高生产效率。丁字梁的设计既可以用手提，也可以横跨于胳膊上，以减轻提取的困难；筐体一面平，三面略高的设计，一方面可以很好地拾取散落粪便，同时又保证拾取的粪便很好地保存在筐内，在田间打垅的时候可以快速地将土粪放置于土壤之中，具有朴实的人体工程学考量，充分体现了满族人民的勤劳智慧。

图片来源

图一、图三　田雨心　制图

图二　王中正　制图

图四　兰庆洋　制图

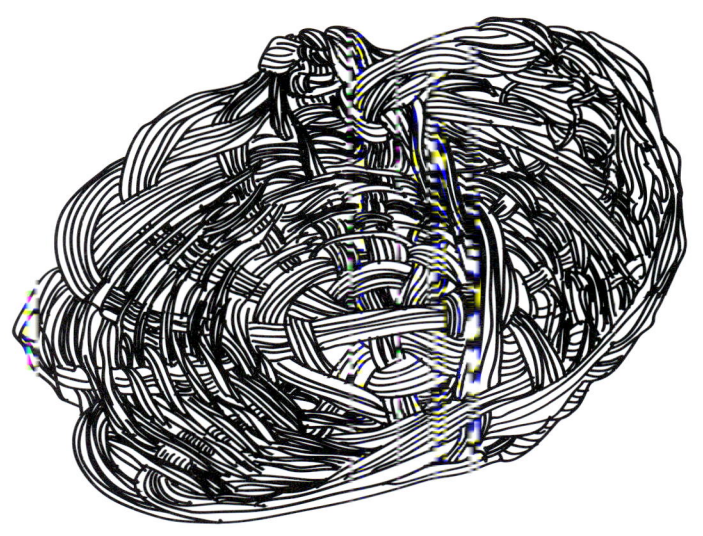

图二　满族粪筐浅拉图

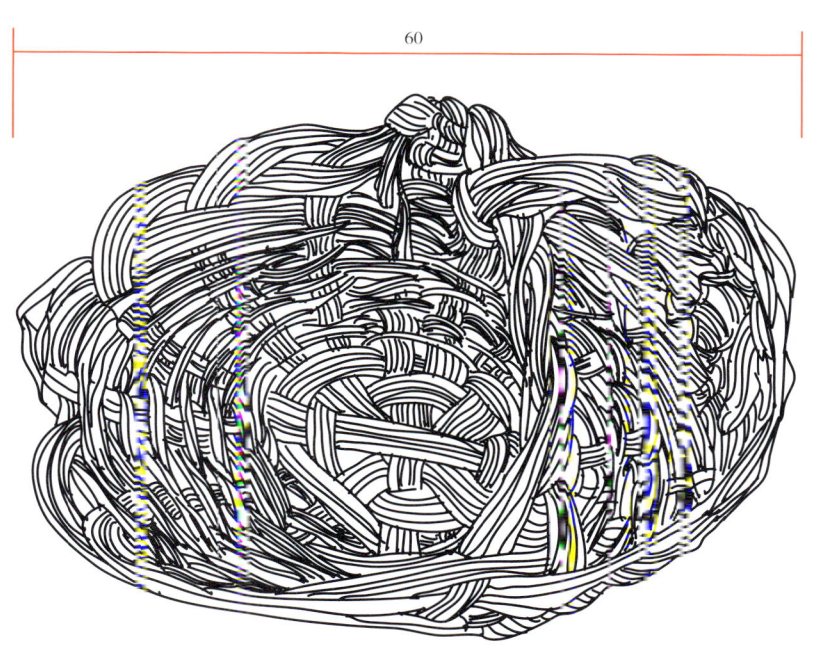

图三　满族粪筐尺寸图（单位：cm）

练、淳朴、实用，而且比例适度，是人们经常用到的农业工具之一，使用方法也简单方便，是中国古代劳动人民辛勤劳动的智慧结晶。

图片来源
  图一 白波 摄影
  图二至图五 梁军 制图

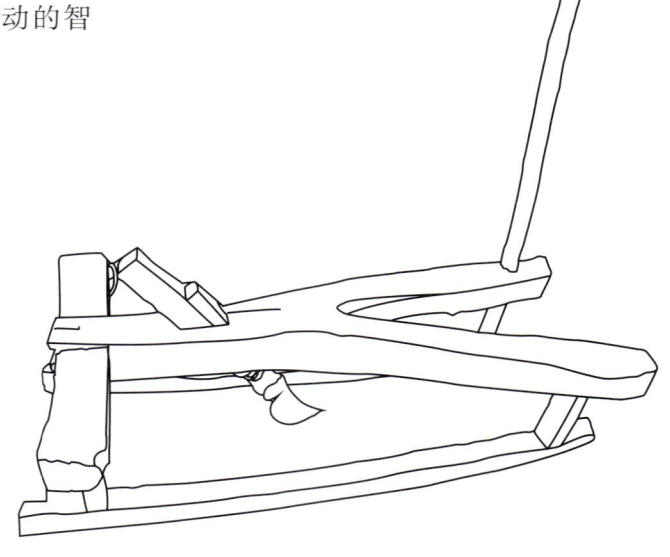

图二 满族檩耙线描图

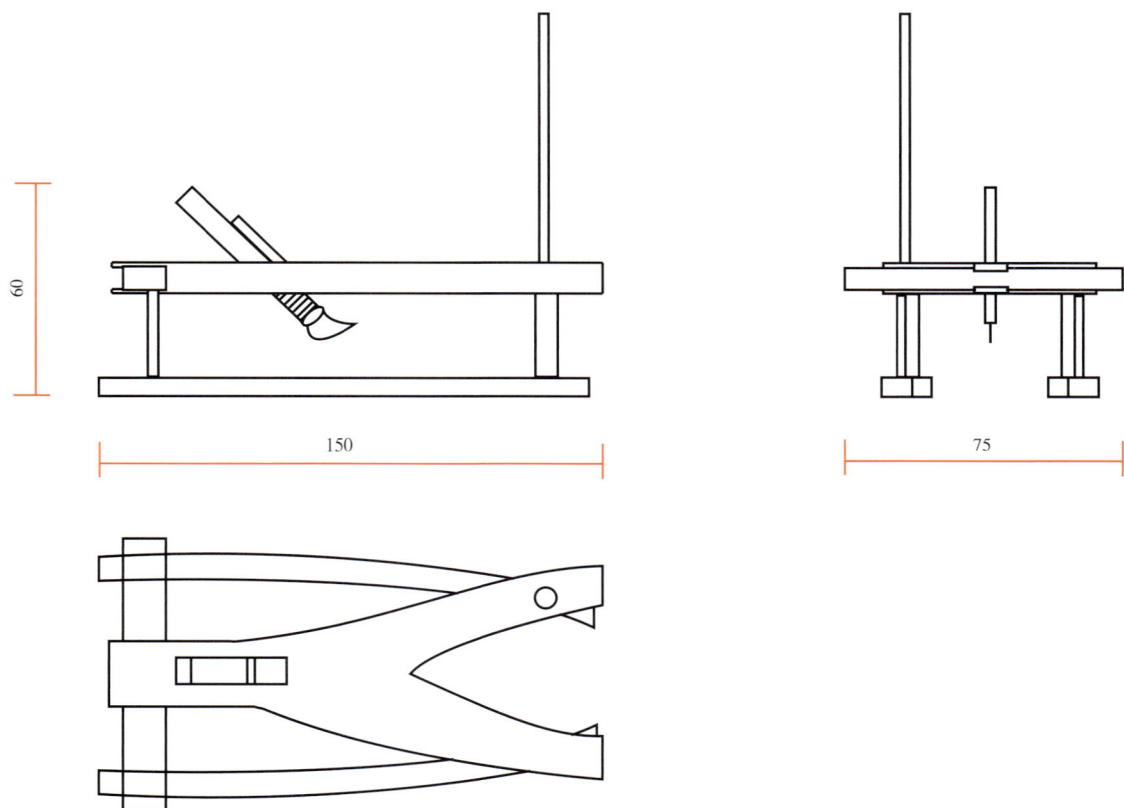

图三 满族檩耙三视、尺寸图（单位：cm）

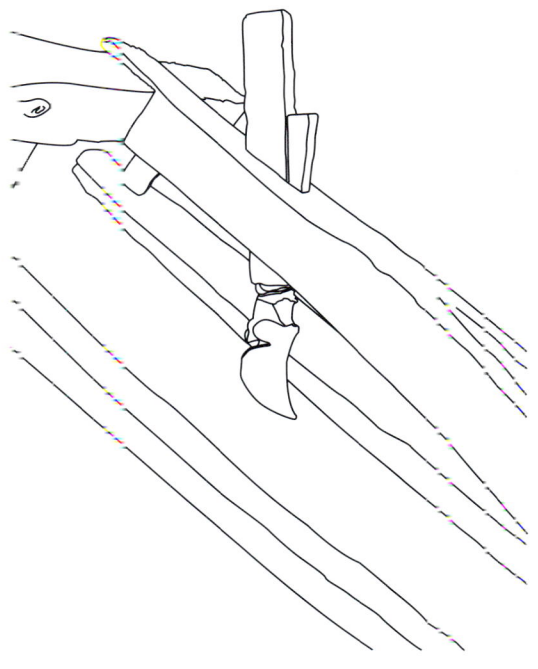

图四 满族耲耙下的犁细节线描图

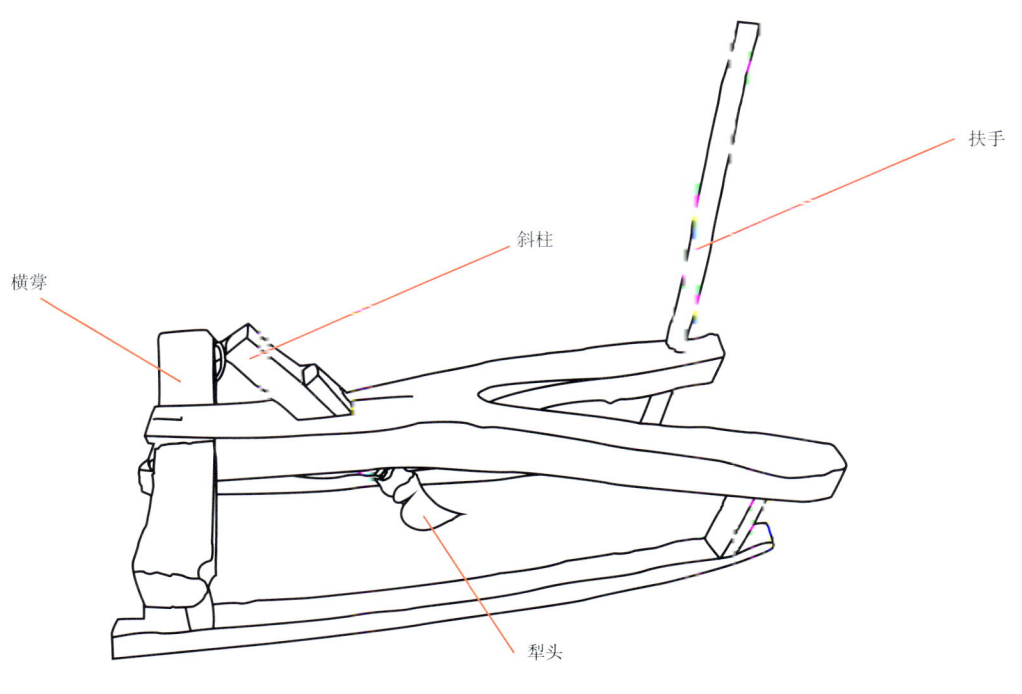

图五 满族耲耙名称图

满族狩猎夹

图一　满族狩猎夹主图

一直以来,满族人保持游牧民族的传统,素有骑马狩猎的风俗。有时也采用诱猎的方式进行捕猎,如设置陷阱、机关等。狩猎夹是满族用来狩猎的工具之一,固定于地面草丛里或陷阱中,来猎取不同的猎物。

按着夹子猎取的猎物大小,可将夹子分为大夹子和小夹子两种。大夹子由底部圆环、卡夹、铁制弹簧三部分组成。使用时,将卡夹张开后用铁制弹簧卡住,放置于野兽经常行走的草丛或其他不宜被野兽察觉的地方,野兽一旦踏入兽夹,由于野兽自身的重量,引起弹簧反弹,卡夹弹起将兽脚夹住击伤,从而擒获猎物。大兽夹一般都是捕获大型动物,而较小型动物则使用小兽夹,尺寸在15~20厘米之间,相比于大兽夹,小兽夹设计更为精密,分为基座、卡簧和卡夹三个部分,同时还用一个固定装置。小兽夹弹簧设置更为灵敏,因为其主要捕获的是体积和重量都较小的兔子、野鸡等小型动物,故而在设计上弹簧反应速度快,更为灵敏。在夹子布设上一般和大兽夹一样,但隐蔽性更高。

夹子是满族为适应东北地区严酷的生活环境，获取肉类，改善满族体质的一种重要工具，为满族猎民所重视。

图片来源
图一　邱河　摄影
图二　王申正　制图
图三　韦紫高　矢英雪　孙露　制图
图四　兰庆洋　制图
图五　朱雨阳　矢英雪　制图

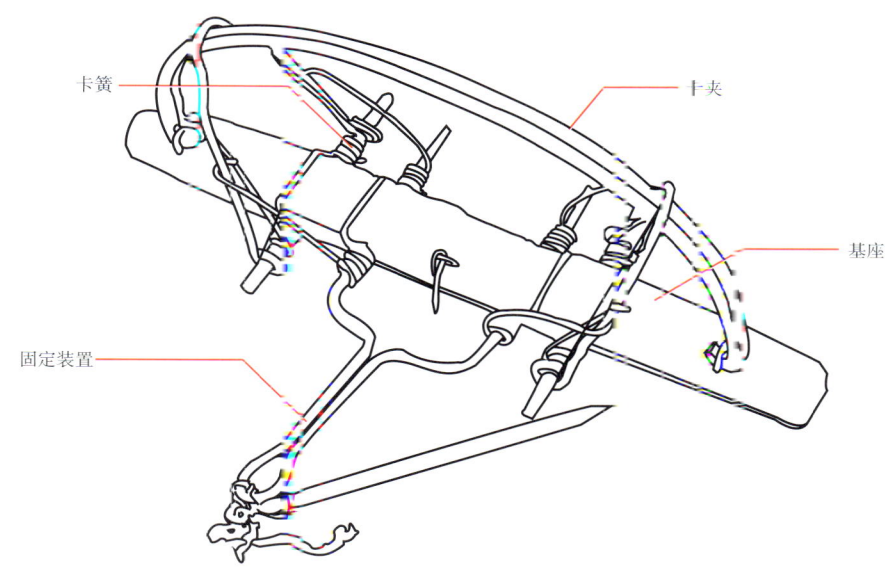

图二　满族狩猎夹结构名称图

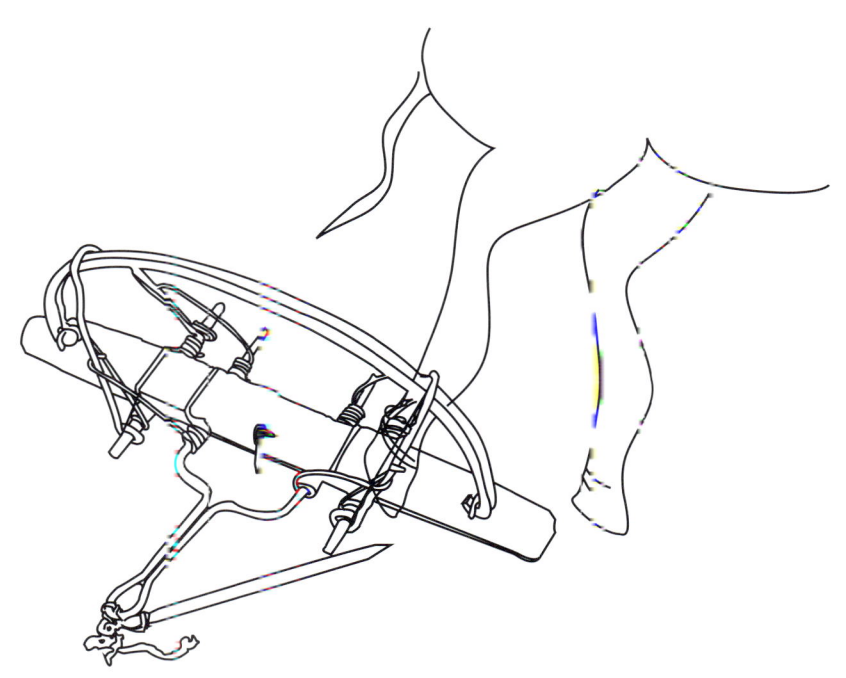

图三　满族狩猎夹使用情境图

431

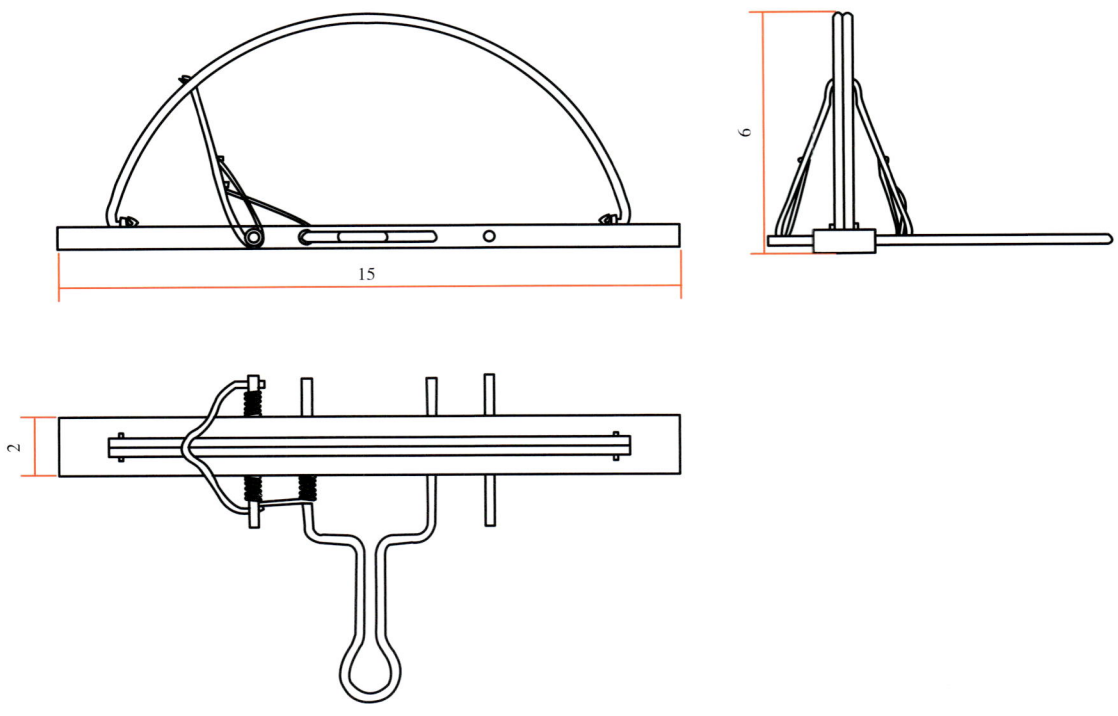

图四　满族狩猎夹三视、尺寸图（单位：cm）

图五　满族狩猎夹解析图

满族木犁

图一　满族木犁主图

木犁是用于农田耕作的农具，主要由犁铧、犁尖、犁床、犁托、犁柱等组成，犁铧用来翻土犁地，为铁制，木犁的其他部分为木制，一般以畜力牵引。木犁以牛牵引用于翻土，犁头为铁制，支架为木制。满族先民就是靠这木犁工具逐渐屯垦开荒，用于农田或旱地的耕作，将东北的广阔荒地变成肥沃的农田，这也标志着满族人逐渐由原先的游牧生活向农耕生活的转型。

木犁早在2000多年前的汉代就已经出现，满族先民继续沿用这种典型的旱地犁。本案例收藏于吉林市伊通博物馆。满族先祖大多居住于东北三省，其农田多为平原，因此满族所使用的木犁大体形式上采用直犁结构，并非南方水稻区域所使用的曲辕犁。

满族人制造木犁过程中充分发挥了东北地区木材来源充足的特点，以木材作为木犁的主要原料，在制作技术上，因地制宜，利用木材的自然弯曲度作为木犁的主体，突破了制作木犁的技术难题，保证了木犁的长久使用。另外就是满族所使用的木犁与其他地区相比尺寸较大，这与东北地区幅员辽阔、地大物博的特点有关，在使用木犁过程中不必考虑场地面积大小问题。

图片来源
图一　白波　摄影
图二至图四　邱珂　制图

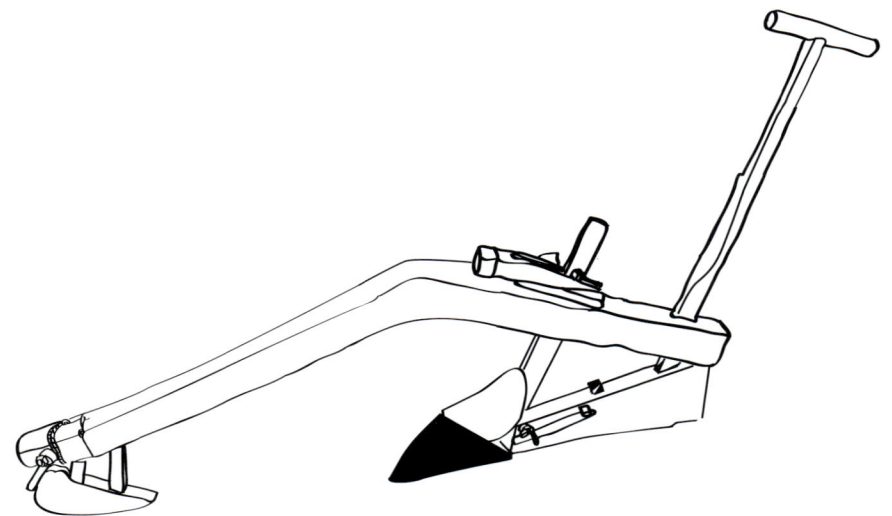

图二　满族木犁细部示意图

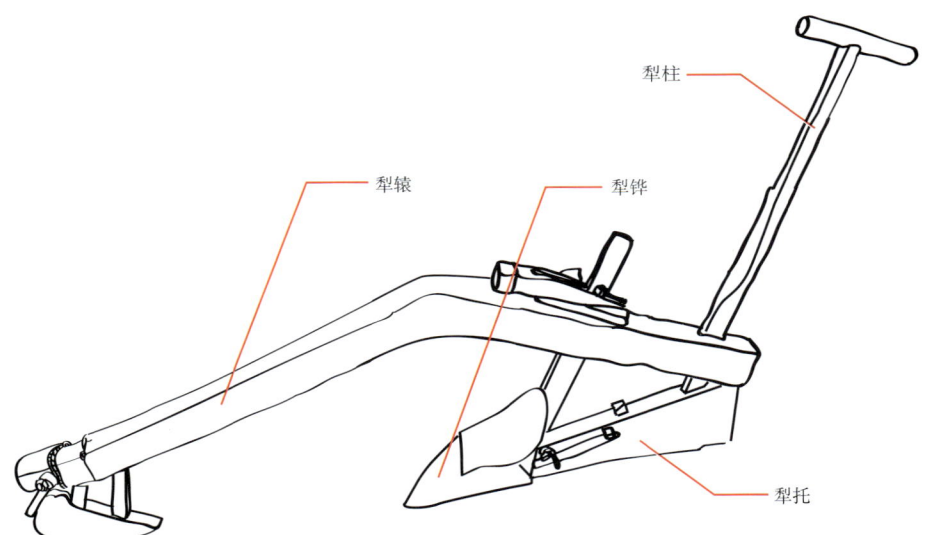

图三　满族木犁结构名称图

犁柱
犁辕
犁铧
犁托

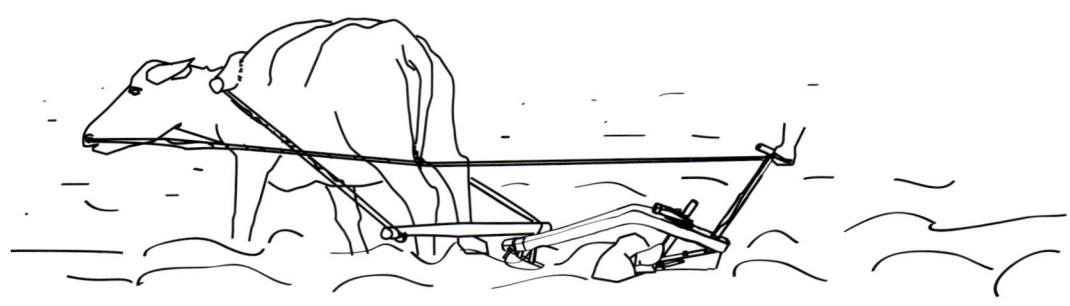

图四　满族木犁使用情境图

满族木锨

图一　满族木锨主图

木锨是满族人扬场用的长柄工具，多用于铲粮食、扬谷，也可用于冬日铲雪。秋收后一些类似于大豆、高粱的农作物，堆在场院，晾晒一段时间后，要铺展在场院里，用人或牲口拉碾子反复在上正碾压，或用连枷不断拍打，都是为了使其脱粒。可是，脱粒后又跟外壳和泥等在一起，必须设法分开。于是，在找准风向后，用木锨把脱壳后的谷物扬到空中，谷屑和外壳被风吹到一边，颗粒落在一边，借助自然风力将谷屑和外壳吹远，从而使得谷物与谷屑和外壳分开，俗称利用木锨来"扬场"。

木锨由木柄和锨两部分组成，完全是木制。木柄长约113.5厘米、直径约5厘米；锨长约36.5厘米、宽约30厘米、厚度约1厘米。其构造形式主要有两种，一种是用木板直接削成木锨，锨部和木柄完全一体，在使用过程中更结实，但制作难度大；第二种是锨部和木柄分开制成，之后以铁丝或麻绳捆绑在一起，易于加工。

木锨重量较轻，在东北地区原料来源广泛，特别是在扬场过程中木制的锨重量轻，可以长时间使用而不易劳累，结构符合人类实际生产操作所需，利于节省体力。木锨的发明是人们对农作物的种子剥皮去壳的有效工具，体现中国人民的伟大智慧。

图片来源
图一　申东凡　制图
图二、图三　吴芋萱　制图
图三　程民超　袁雯钰　制图
图四　王茂　制图

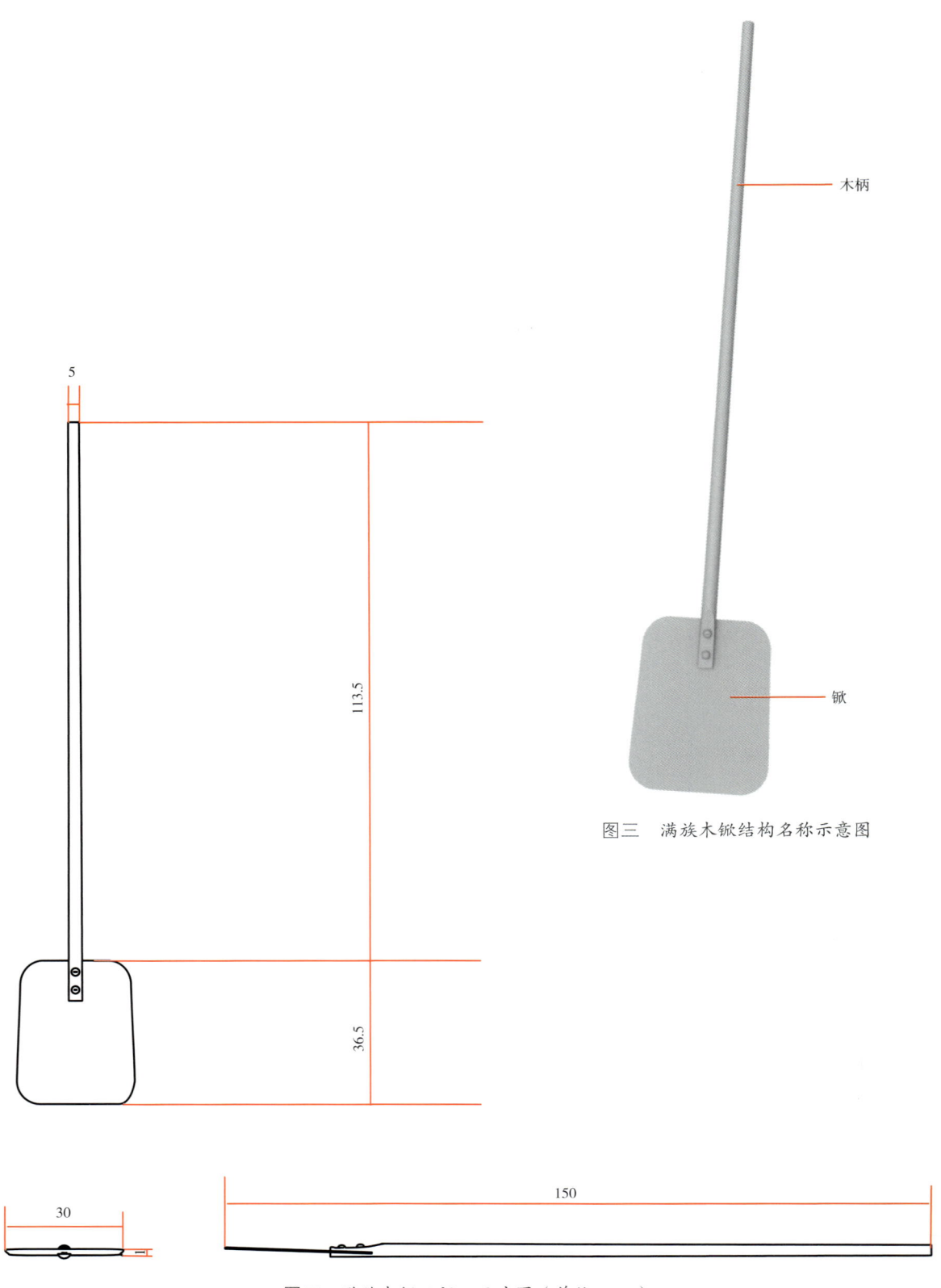

图三 满族木锨结构名称示意图

图二 满族木锨三视、尺寸图（单位：cm）

图四 满族木锹使用情境图

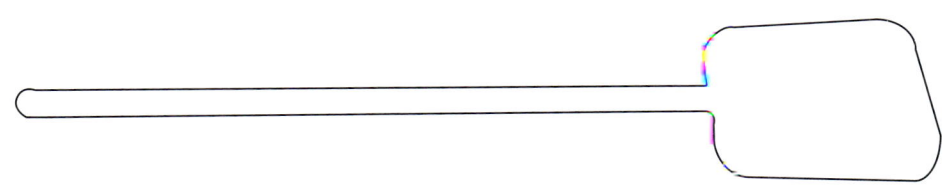

图五 满族木锹线描图

满族木钻

图一　满族木钻主图

木钻是满族进行木材加工的用具，是满族木工主要的钻孔工具，也称为拉弓钻。木钻来源于远古时期钻木取火的工具，由于其结构巧妙、运用广泛，被满族人制作出满族特有的木钻工具。

满族木钻分为钻体、拉弓、拉弓绳三部分组成。钻体长度大约为60厘米，一端为把手，把手下有活环与一长圆柱形木棒相连，把手可以转动；木棒长度为40厘米左右，下端安装有铁制钻头，钻头长度10厘米左右，在木棒上有穿孔，用来系缚拉弓绳。拉弓为一长度80厘米的竹片，厚度3厘米左右，在竹片两端各钻有圆孔，用来穿系拉弓绳。不过在一侧钻孔要留有大约12厘米的空隙，以便于手把持拉弓。拉弓绳一般用兽皮制作，兽皮比较结实，不仅有一定弹性，而且耐磨。

使用木钻时，将钻头对准需要钻眼的地方，将钻体与钻面垂直，另一手把持拉弓，之后转动钻体，将缠绕在钻体上的拉弓绳拉紧，然后来回拉动拉弓，钻体旋转，在木头上就可以钻孔了。

木钻设计合理，充分利用拉弓绳旋转力量，快速转动钻头，节省体力，体现了满族人的才智。但木钻由于人力驱动，钻速较慢，只能在木制材料上使用。

图片来源
图一　邱珂　摄影
图二、图三　王中正　制图
图四　兰庆洋　制图
图五　曾祥琳　朱英哲　制图

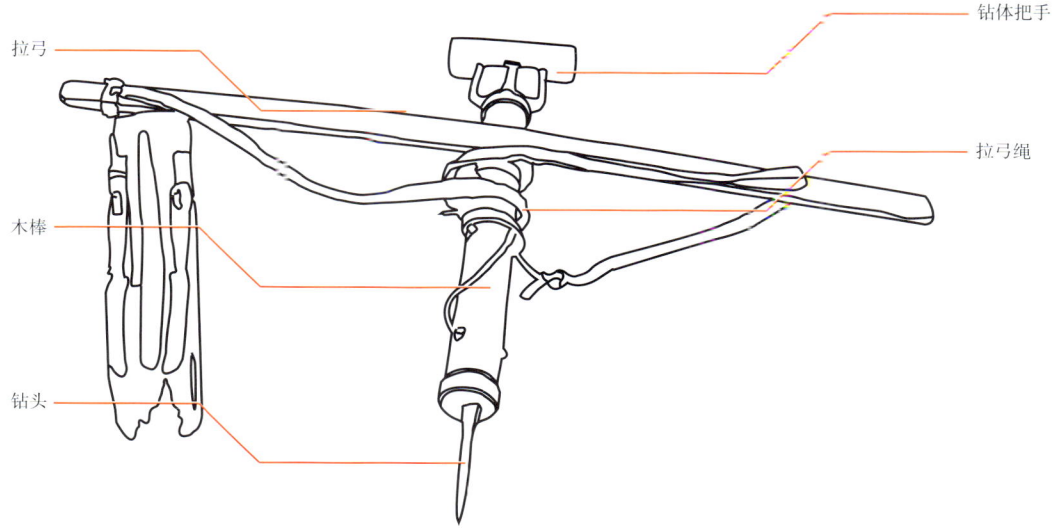

图二　满族木钻线描图

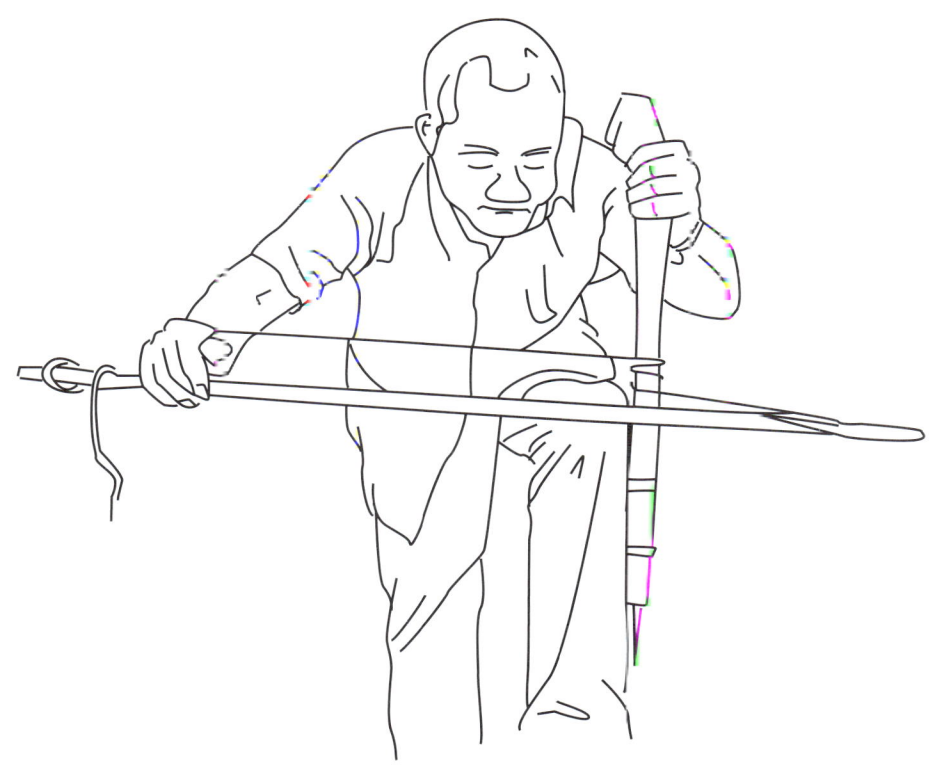

图三　满族木钻使用情境图

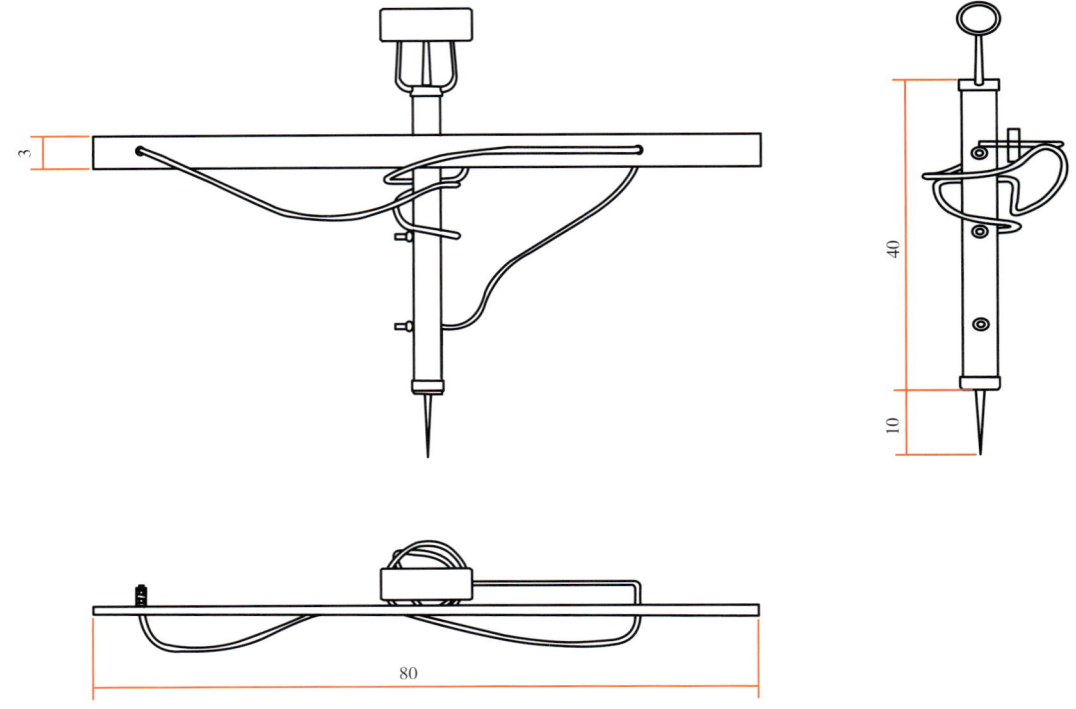

图四 满族木钻三视、尺寸图（单位：cm）

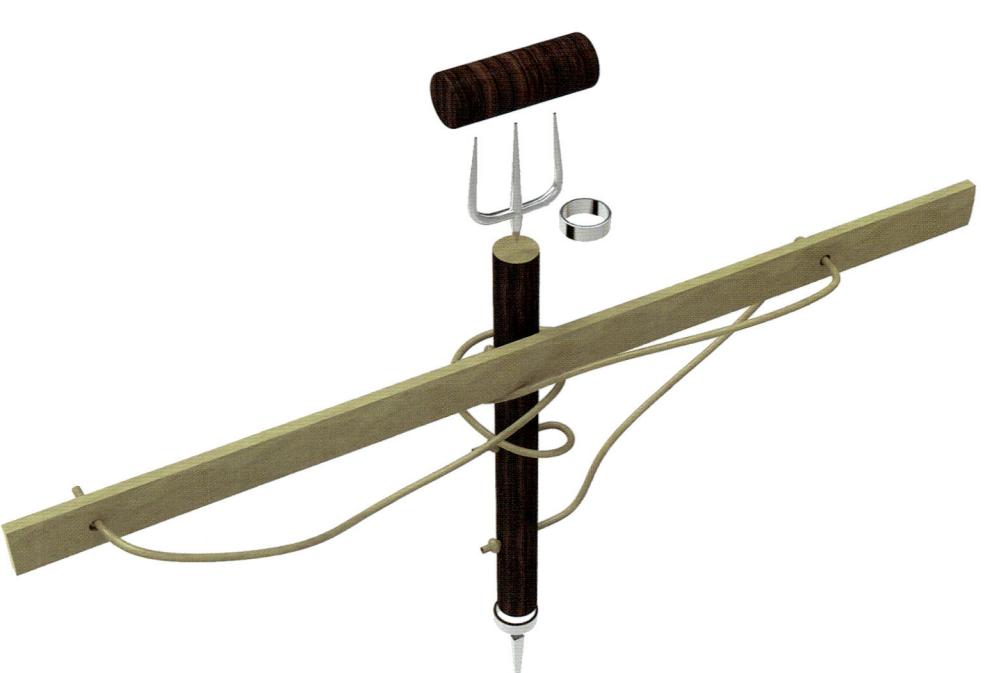

图五 满族木钻解析图

满族筛箩

图一　满族筛箩主图

　　筛箩是满族用来筛米面的一种农具，主要由筛体、筛网和筛箩架三部分组成。筛体主要为竹制，用高度大约15厘米的竹片缠绕成一圈，上面有固定整个筛体的外圈，围成一个类似于盆状的箩筐；筛网材料来源多样，采用桑蚕丝、金属丝或合成纤维、尼龙编制等原料织制、表面有均匀而稳定的透气孔、具有筛选和过滤作用的工业用织物。筛网的网孔习惯上叫目。筛网的规格常以单位长度的孔数（目数）表示，也有用每个孔的宽度来表示的。中国的国家标准以每厘米的孔数表示，如20孔/厘米。筛网按所用原料分为蚕丝筛网、金属丝筛网和合成纤维筛网三类。蚕丝筛网根据规格选取不同纤度的桑蚕丝用全绞纱组织、半绞纱组织或平纹组织织成，织制方式与网眼布相似。筛箩架是将筛箩放置在其上面，筛箩来回运动。在来回运动的过程中细颗粒会从网的缝隙中掉落下来从而达到筛选的作用，将米面筛到下面的容器中。筛箩架是由两端的木块和中间两根横木组成，高度大约20厘米，长短不一。在两端的木块和横木连接处有些运用榫卯结构连接，在吉林长春伊通满族博物馆中的筛箩架长度大约为1米。

　　筛箩的使用是将要筛的米面放入筛箩内，然后将筛箩放置在筛箩架上，来回运动，筛出的米面落入筛箩架下面的容器中。根据要筛选的作物的大小不一，筛箩大小不一，既有直接使用，不用筛箩架的面箩，尺寸较小，筛网很细，主要用来筛颗粒较细的面类；又有筛网网孔较大，使用筛箩架的米箩，主要用于筛除颗粒较大的谷类。

在过去，由于没有现代化的农作物捡拾机械，农作物的脱谷、粉碎一般都是由石碾、石磨来完成，其中有像谷壳等杂质，筛箩的主要用途就是将这些杂质筛除，并且由于筛网统一的规格保证筛出的米面大小统一。

图片来源

图一、图二、图四　吴芋竺　制图
图三　袁雯钰　制图
图五　李帅　制图

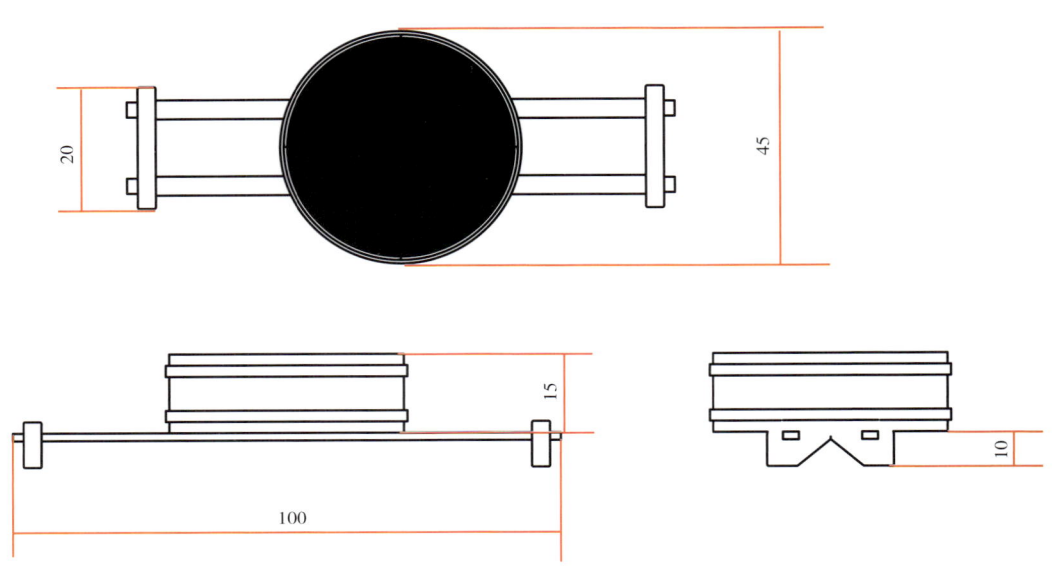

图二　满族筛箩三视、尺寸图（单位：cm）

图三　满族筛箩结构名称图

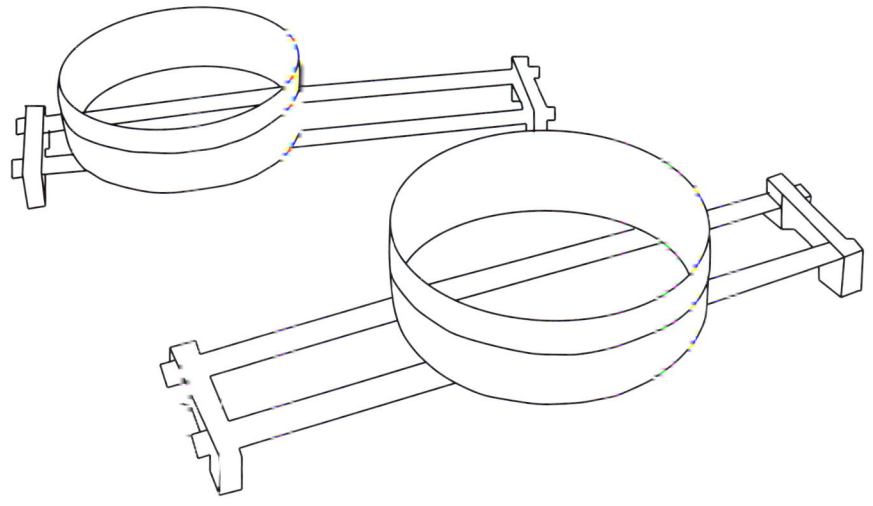

图四 满族筛箩线描图

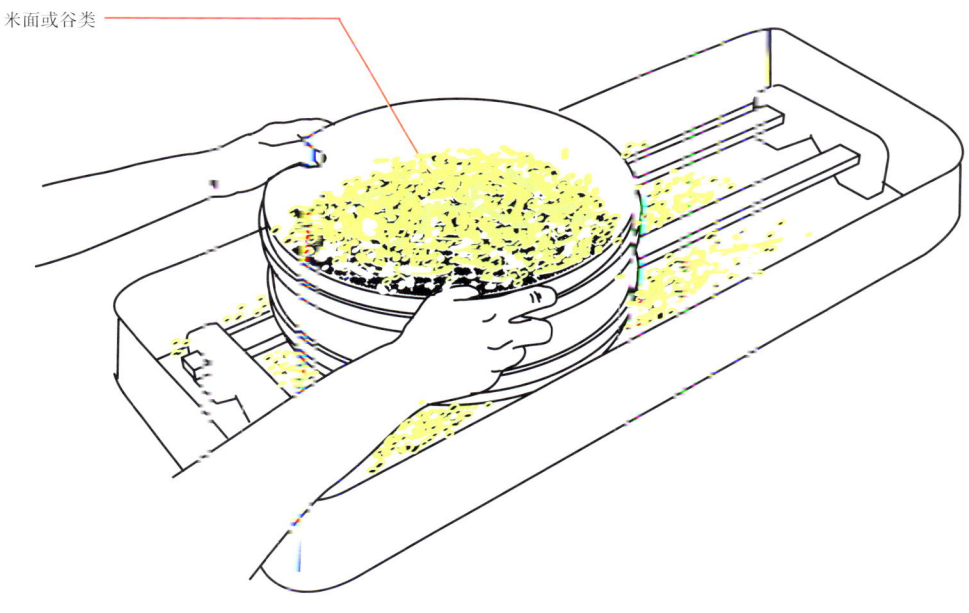

米面或谷类

图五 满族筛箩使用情境图

第五章 满族传统生产工具

443

满族石磨

图一　满族石磨主图

　　石磨是我国传统的粮食深加工器具之一。生活在东北满族地区的农民常用石磨来粉碎玉米、大豆等农作物。

　　常规的石磨一般由磨盘座、磨盘、上下磨扇和磨杆组成。石磨尺寸大小不一，有的石磨尺寸较大，适合在较大空间使用；有的石磨较小，适合在室内较小空间使用。一般来说石磨磨盘直径1.1~1.2米，厚度为30厘米；磨盘座高度大约在80厘米；上下磨盘直径大约为60厘米，厚度为20厘米；磨杆长度较短，大约60厘米。上磨扇有入料孔。上下磨扇之间相互摩擦的部分分别凿有垄沟状的沟槽。下磨扇固定不动，上磨扇转动时，玉米的颗粒就被碾碎了，落到磨盘上。再用筛箩筛一下，即可以筛出玉米面，筛箩里面留下的是小渣子。

推磨一般用驴来推，也有人推的。驴推磨要戴上蒙眼（眼罩），防止"偷嘴"（吃粮食），也为了使驴在转圈时安心工作；人推磨俗称"抱磨杆"，一圈圈地转，很容易使人晕眩。

石磨的设计主要是借助磨扇重量和摩擦力，将玉米、大豆等农作物磨碎，特别是在上下磨扇上凿沟槽，既保证了上下磨扇能够转动，又将磨碎的玉米引到外面。石磨的发明使得传统意义上的粮食深加工成为可能，其合理的结构设计也充分体现了我国劳动人民的智慧。

图片来源
图一至图四、图六　徐维靖　制图
图五　张惠芳　制图

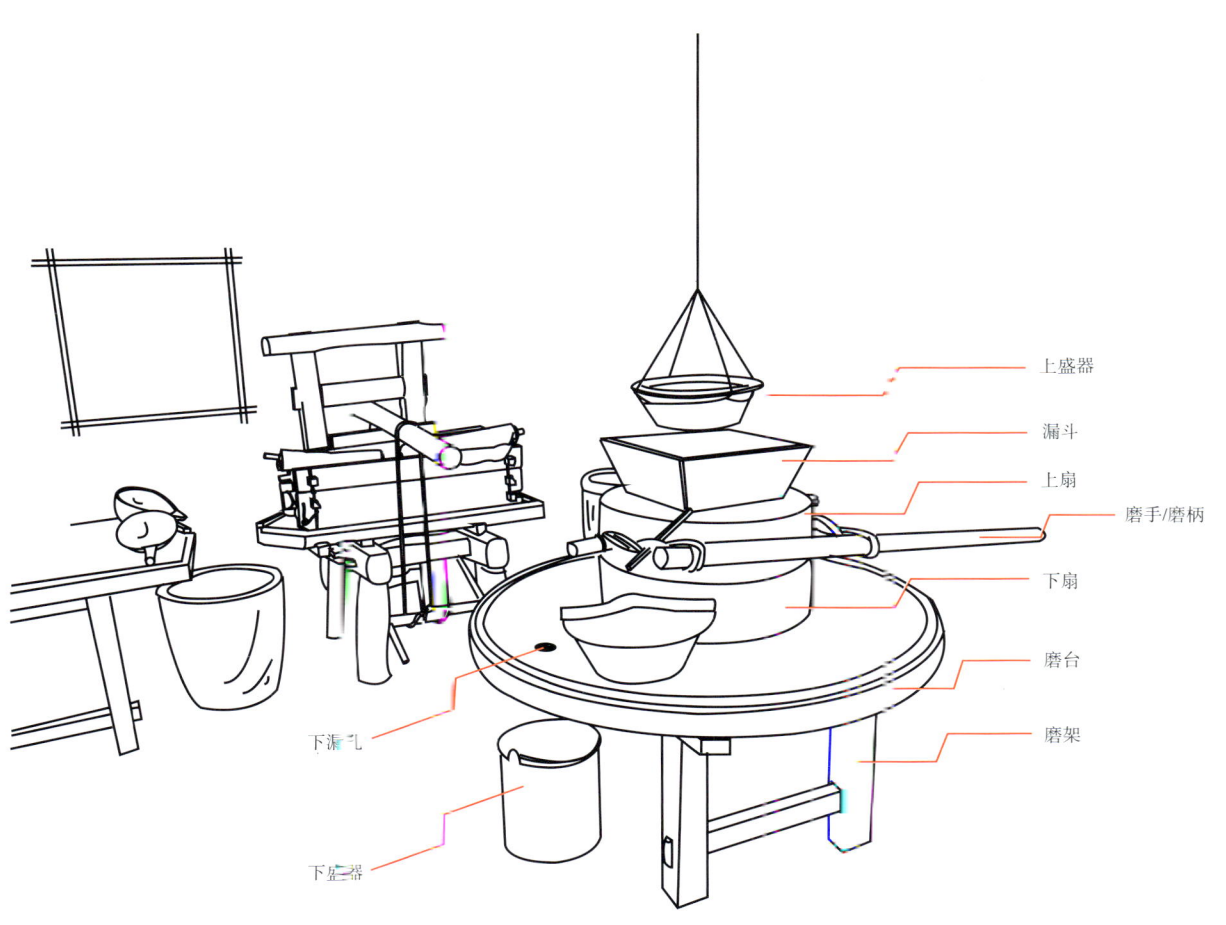

图二　满族石磨结构线描图

图三 满族石磨解析图

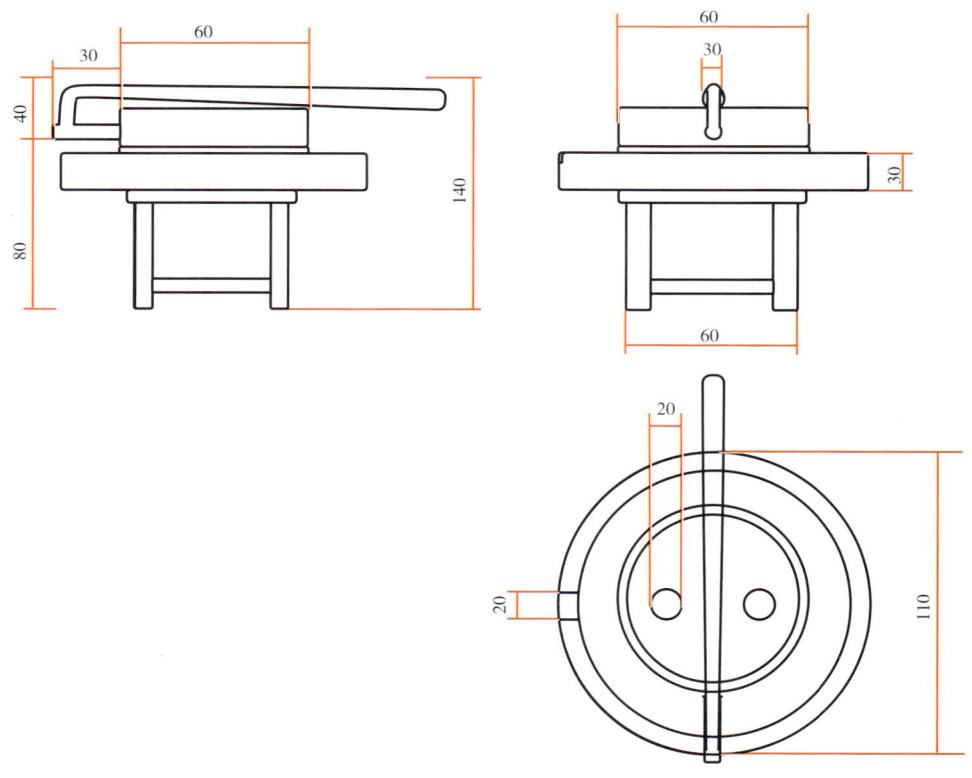

图四 满族石磨三视、尺寸图（单位：cm）

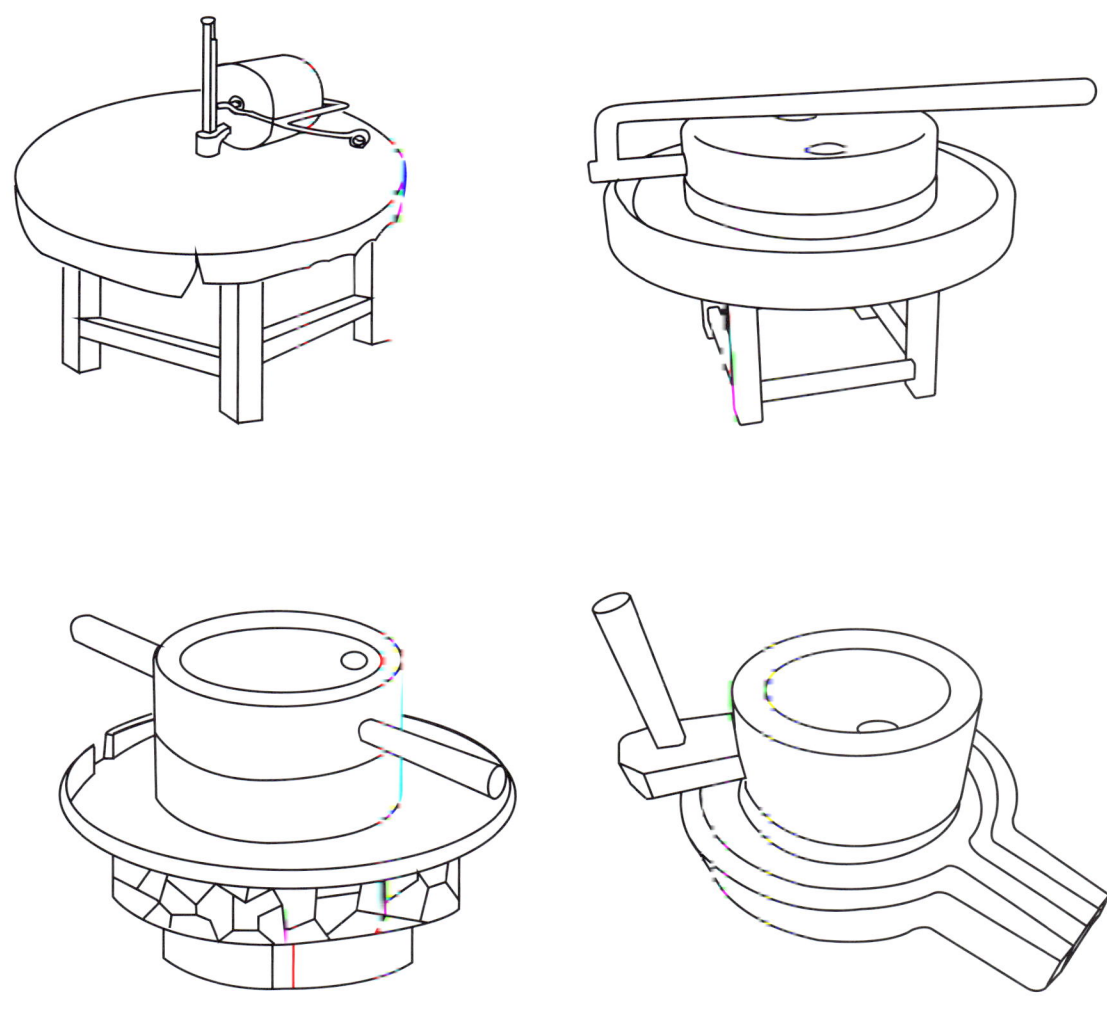

图五　满族石磨对比图

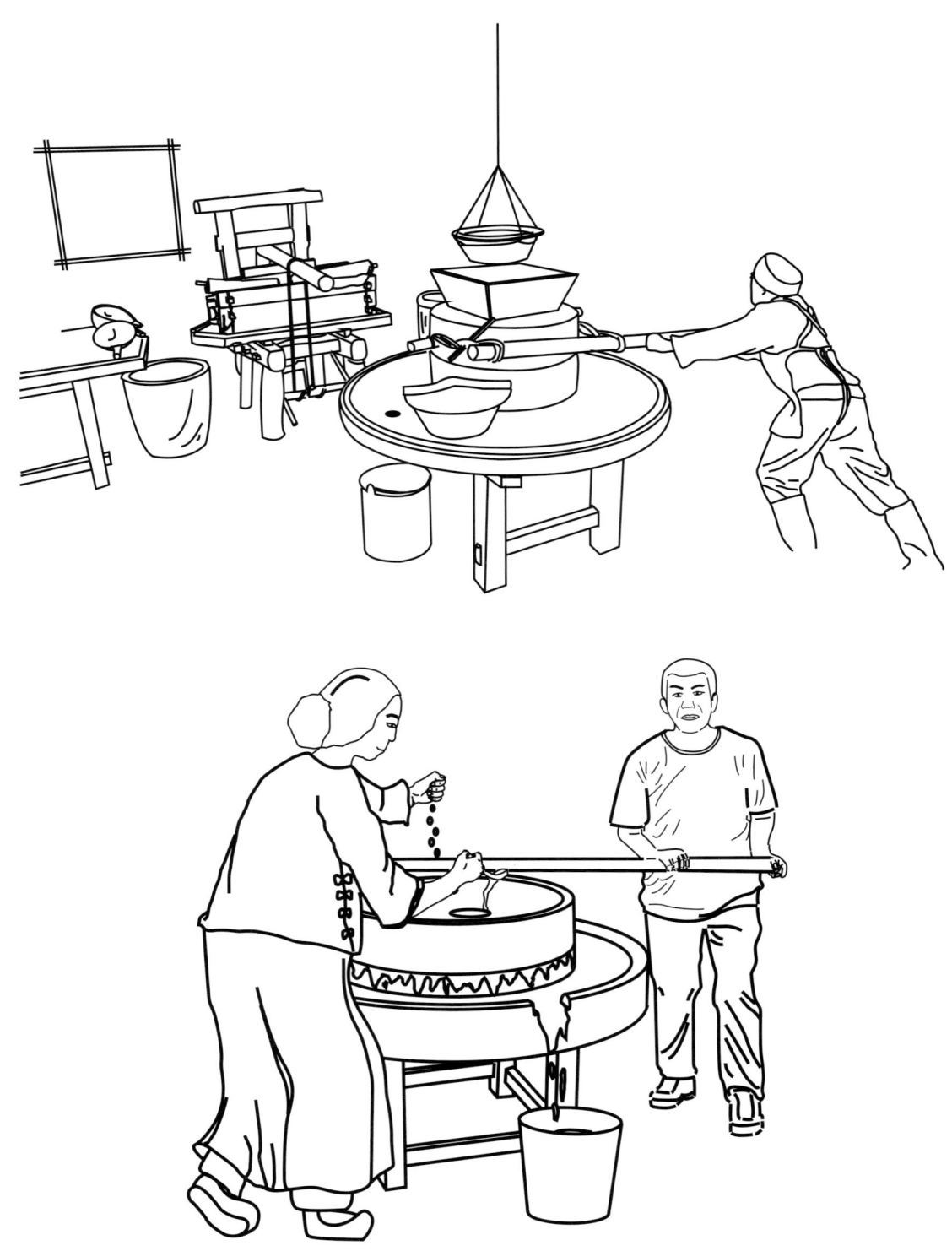

图六　满族石磨使用情境示意图

满族捕兽铁钩

图一　满族捕兽铁钩主图

在满族地区，捕兽器一般用于粮田果园、草场树林、粮库及野外一些特殊看护场所的防护保卫。捕兽铁钩是一种狩猎工具，主要是一种诱捕工具。

捕兽铁钩的捕猎方式是由狩猎者在钩前端串上一块肉或鱼类等食物，用食物覆盖住钩尖，将钩尖隐藏起来。狩猎者将铁钩伸进洞口，并偶尔晃动，吸引洞中的野兽注意。洞中的野兽以为是小动物进洞，本能地对钩子上食物进行扑食。猎物咬钩后，嘴巴被钩子卡住。这时猎人将咬钩的猎物拉出洞外，捕捉它。这种通过铁钩方式的诱捕大大提高了狩猎的效率。

捕兽铁钩的制作也非常简单，用铁棍弯折而成。制造方式首先是将一端打制成月牙叉状，在五厘米左右处折成"L"型的钩状。把铁棍放在灯火上高温炙烤。这是非常关键的一步。因为铁棍是个非常坚硬的材质，如果强行弯曲会断裂，需要借助高温创造一定的软化效果。这是个不容易把握的尺度，有时候一不小心还是会断裂，需要在火苗上显示铁棍已经完全烧红了，才能进入下一步。铁棍的另一端淬火折弯成耳状的手柄，使用起来手握方便，提高了狩猎的舒适性。

图片来源
图一　清永陵博物馆
图二至图四　邱珂　制图

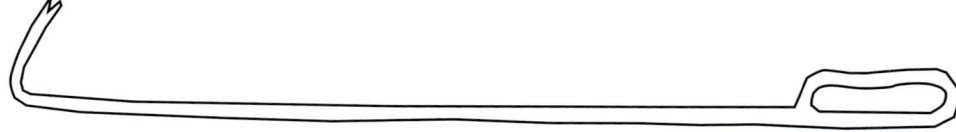

图二　满族捕兽铁钩线描图

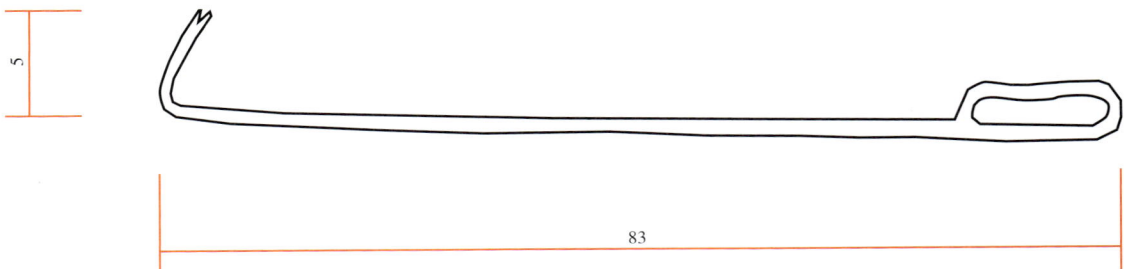

图三　满族捕兽铁钩尺寸图（单位：cm）

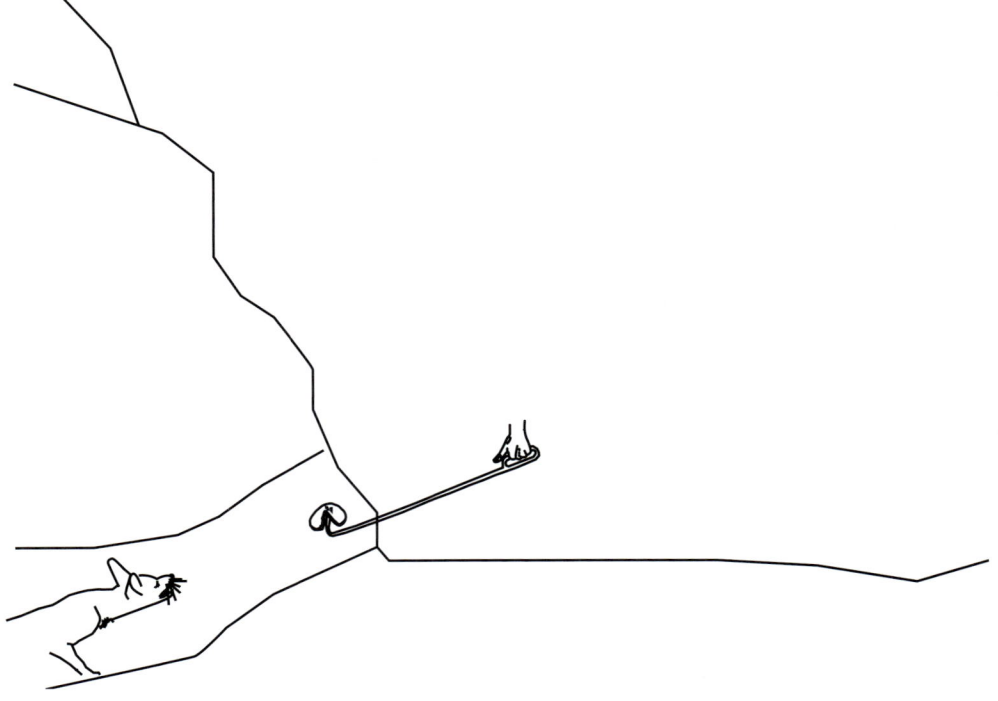

图四　满族捕兽铁钩使用情境图

满族制鞋夹板

制鞋夹板是用来纳鞋底的工具。纳鞋底是做布鞋的重要工序，鞋子结实与否首先要看鞋底做得好不好。纳鞋底有直接拿在手中纳的，但比较费力，大多数人还是喜欢使用制鞋夹板辅助。此案例中的制鞋夹板收藏于吉林市伊通满族博物馆，是满族用来制作鞋底的工具，为等腰三角形，由两块等长的长方形木板和一小块木板组成，木板宽度大约在10厘米左右，与鞋的宽度大体一致，长板长度为60厘米，短板为15厘米左右。

制鞋夹板是先将小木板与两块长木板榫接在一起。长木板一头相邻，一端分开，小木板夹在长木板中间；在小木板中间钻一圆孔，穿入麻绳，木板底部横穿一小木棍；两长木板接近中间部分钻两孔，也穿系麻绳，并与中间小木板穿系的麻绳连接在一起。

这个等腰三角形的木板夹子是为了纳鞋底时固定鞋底用的，制作传统鞋底时要把白布若干层重叠，中间抹上糨糊。然后用白线一针一脚细细地纳过去，针脚越细密鞋子的寿命越长，有了制鞋夹板，就可以腾出双手，一手掌锥穿孔，一手拈针引线，左右开工，大大提高效率。而其工作原理则是拧紧的麻绳，越紧则越短，越短则把两块木板拉得越紧密，夹得也就越牢固。

图一　满族制鞋夹板主图

图片来源
　图一　白波　摄影
　图二、图三　张洪飞　制图
　图四、图五　兰庆祥　制图

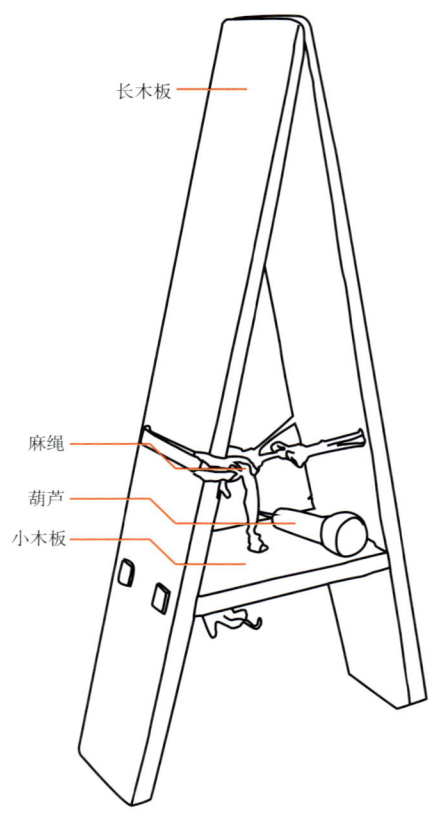

图二　满族制鞋夹板结构名称图

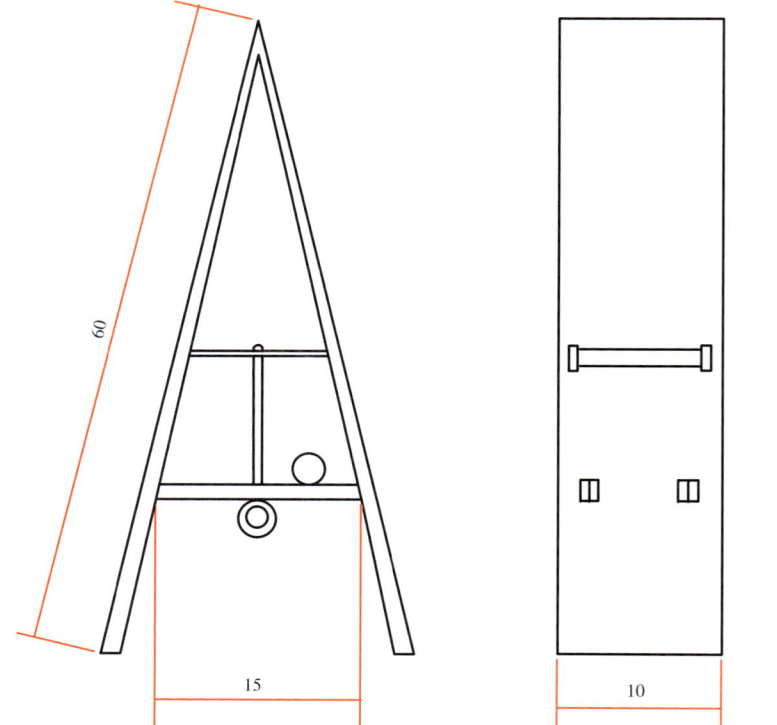
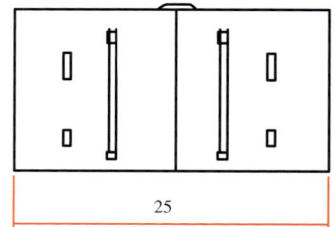

图三　满族制鞋夹板三视、尺寸图（单位：cm）

图四 满族制鞋夹板解析图

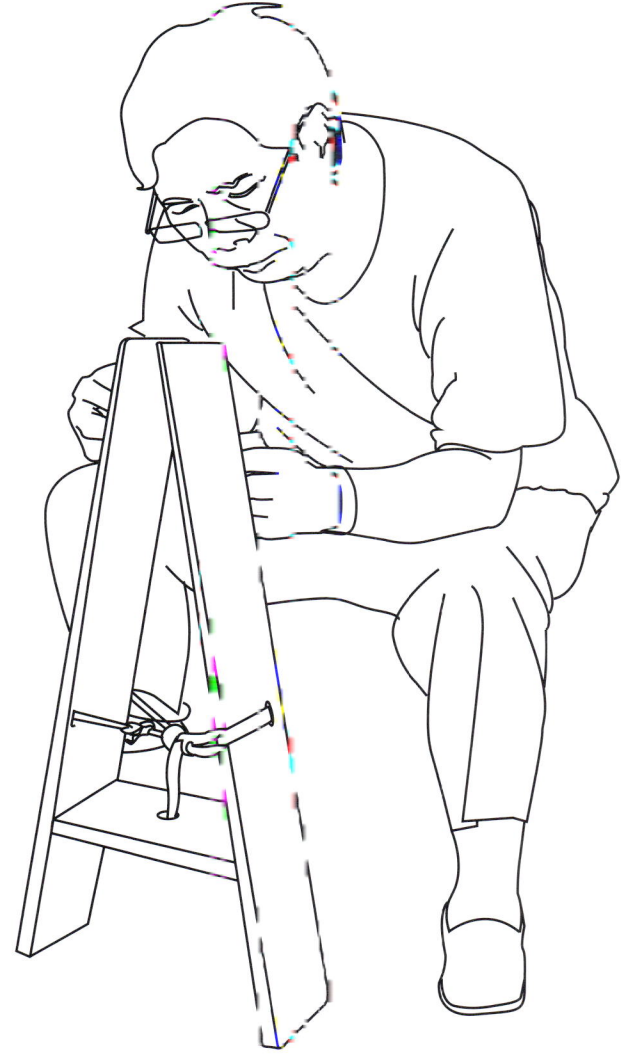

图五 满族制鞋夹板使用情境图

第五章 满族传统生产工具

满族作业木凳

图一　满族作业木凳主图

作业木凳是满族工匠在进行皮革制作等劳动时使用的木凳。毛皮的熟制又称硝制或鞣制，是把生皮转变为熟皮的加工方法。在进行毛皮的熟制加工时，鞣制72小时后捞起来放置在木凳上1~2天，使鞣剂结合牢固。经鞣制后即可进行曲毛皮整理，其步骤是：水洗—甩干—干燥—回潮—铲皮—检验。水洗时，缸内或划槽内用水量要大，换水次数要多，把硝盐等杂质清除掉；甩干是以离心机或人工除去毛皮水分；加脂是为了使皮板更加柔软；干燥即为晒干或晾干，干燥、回潮、铲皮操作也适用于硝面熟制和明矾离制法鞣制的毛皮加工。

满族的作业木凳高度不一，在吉林长春伊通满族博物馆的作业木凳高度大约为25厘米，宽度大约18厘米，由凳面、凳腿、内衬组成。凳面为弧形，宽度为18厘米，厚度为8厘米，两侧早有方孔，与凳腿榫接。凳腿长度为25厘米，为方木条，通过榫接方式与凳面结合。为了保证凳子的牢固性，在凳面下部安装有木制内衬。

作业木凳在设计上有很多独到之处。因为作业木凳是劳作时使用的木凳，需要很大的承受力，为了保证这一点，满族工匠将凳面木板加厚，凳腿加粗，而且还专门加入木制内衬，保证其牢固性和耐久性。

图片来源
图一　白波　摄影
图二、图三　卢磊　制图
图四　兰庆洋　制图
图五　张子心　制图
图六　曾祥琳　朱英哲　制图

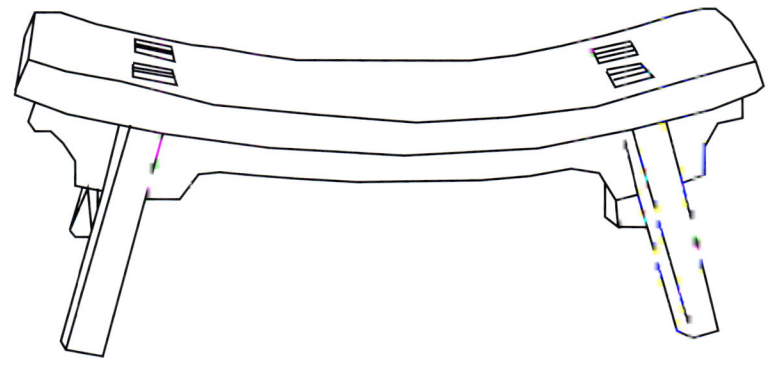

图二　满族作业木凳线描图

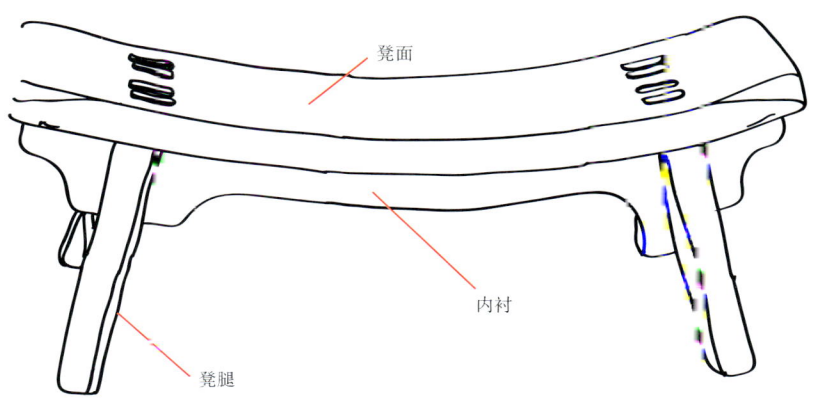

图三　满族作业木凳部位名称图

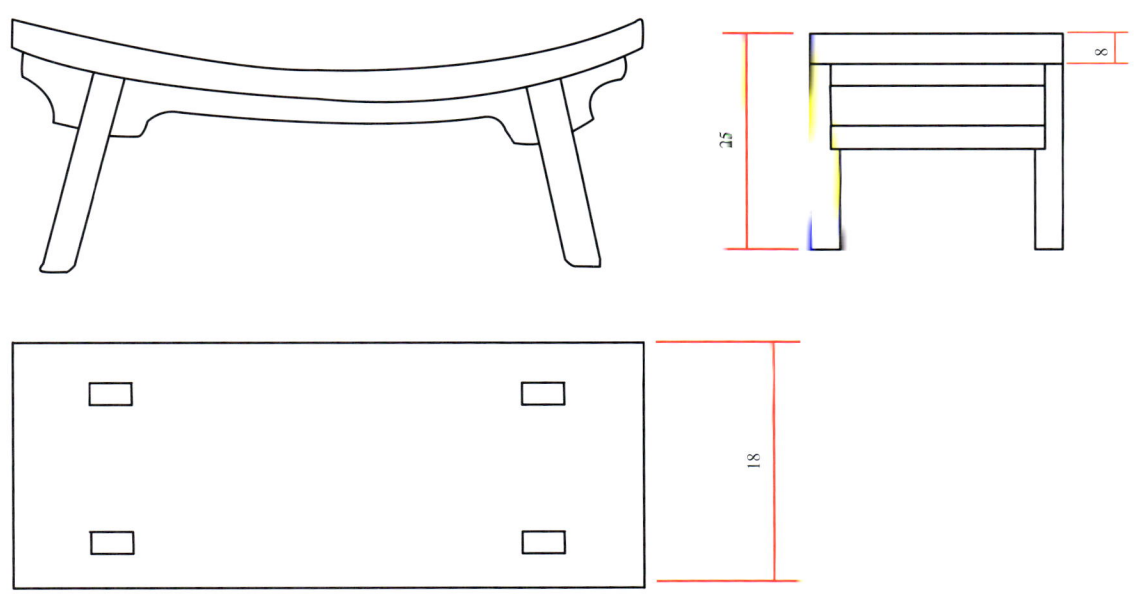

图四　满族作业木凳三视、尺寸图（单位：cm）

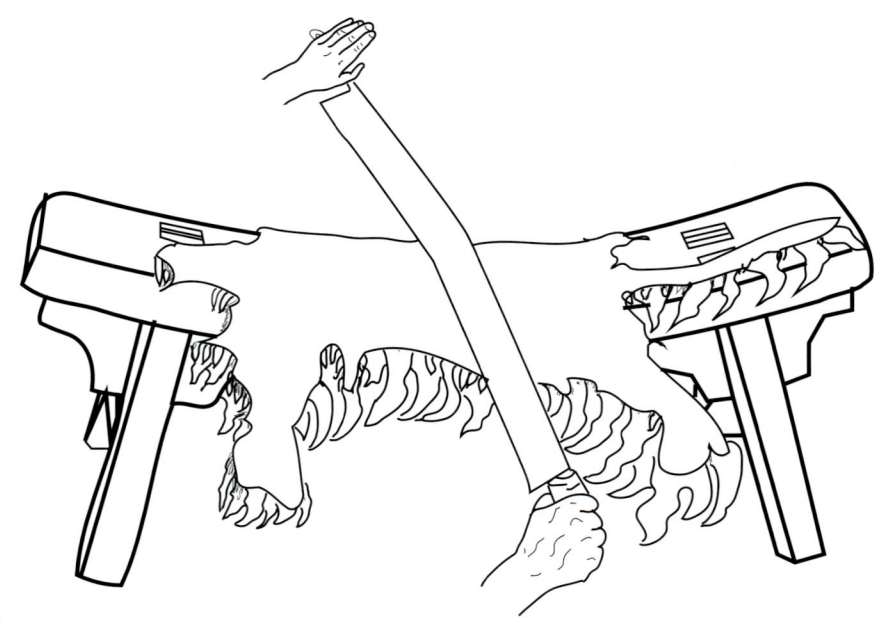

图五　满族作业木凳使用情境图

图六　满族作业木凳解析图

满族制革工具

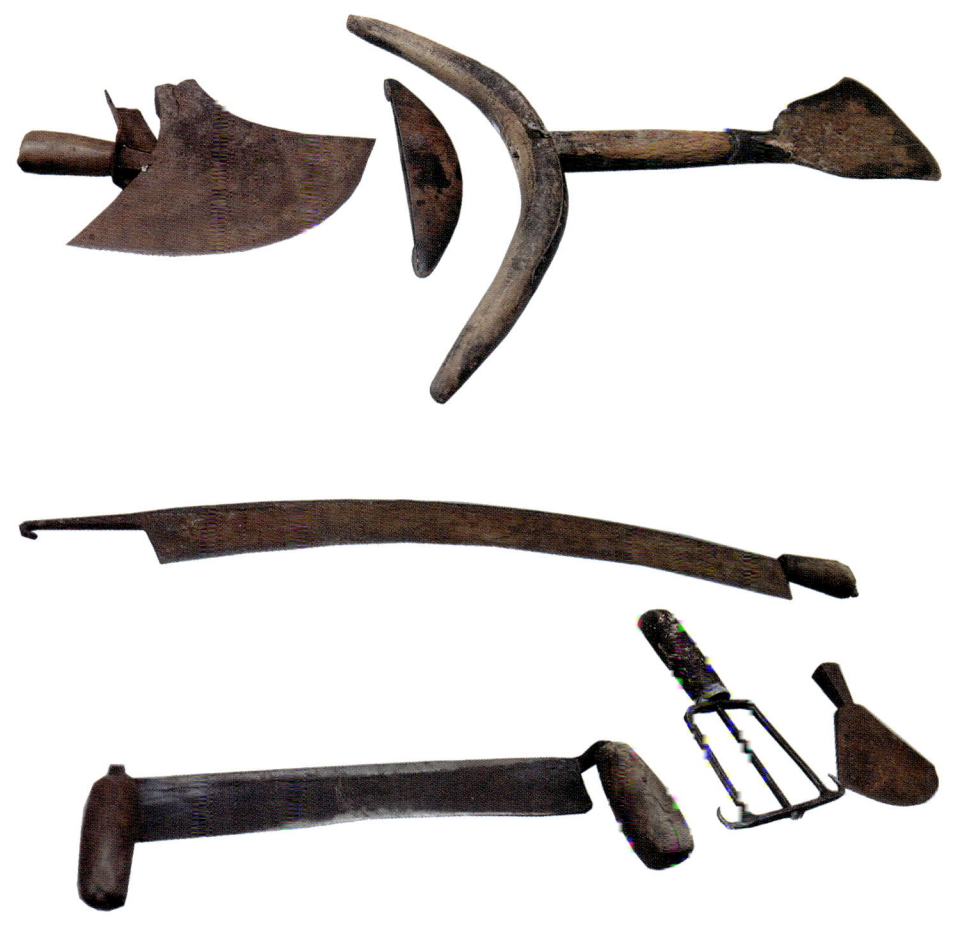

图一 满族制革工具主图

皮革是满族在日常生活生产中广泛使用的材料，对于有悠久历史的游牧民族来说，皮革不仅可用来制作衣服、靴子，还可作为生产工具使用。满族人很早就开始使用皮革，在制作加工皮革制品过程中，满族总结前人的皮革制作经验，在继承前人的制革工具基础上，又出现了许多新工具。

熟反工具是满族用来精心熟制皮革的工具。因皮革晾晒之后变得非常坚硬，所以需要各种工具进行熟制，使皮革变软，便于进行下一步加工。图中所示熟皮刀呈弧形，长度大约30厘米，宽度为10厘米，刀口一面有刃，一侧有木制把手，一侧有铁制突出物。使用熟皮刀时，一手紧握木制把手，一手放在铁制突出物上,来回刮削皮革。另外在皮革局部不便于使用熟皮刀的地方可使用较小的熟皮铲。牛角形熟皮铲则是对难以熟制的皮革进行加工,牛角形的把手设计可以使用身体的重量进行熟皮。

制革过程中需要刀具进行切割、刮削,满族使用各种刀具,如割皮使用割皮刀,刀口为铁制,以免有刃,两侧有突起的木把,可将皮革上突起的部分切割掉。另外还可用月牙刀进行仔细的切割。

图片来源
图一　白波　摄影
图二至图七　杨明华　制图

图二　满族熟皮刀线描图

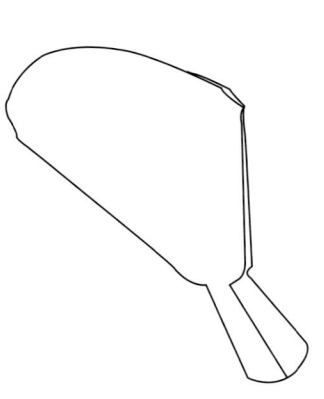

图三　满族熟皮铲线描图

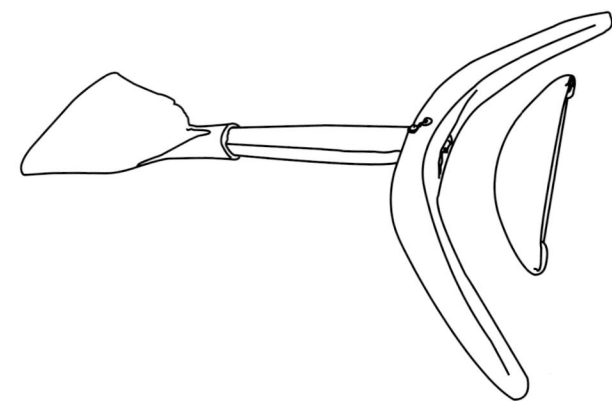

图四　满族熟皮条转轮线描图

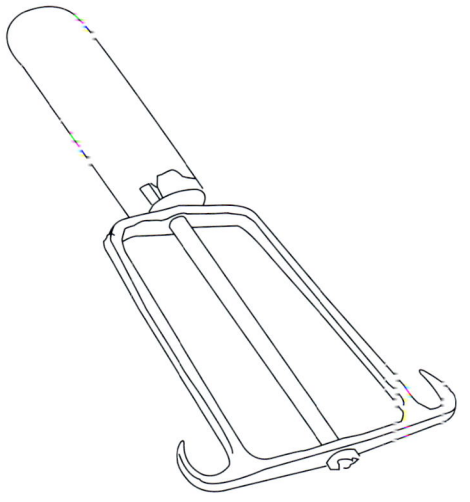

图五　满族牛角形熟皮铲线描图

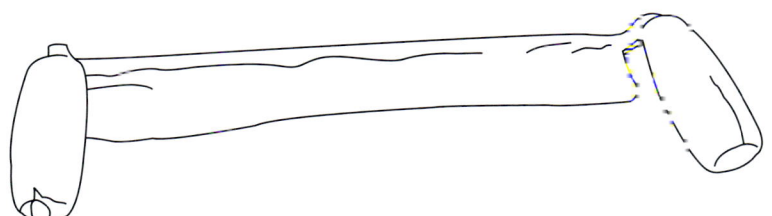

图六　满族割皮刀线描图

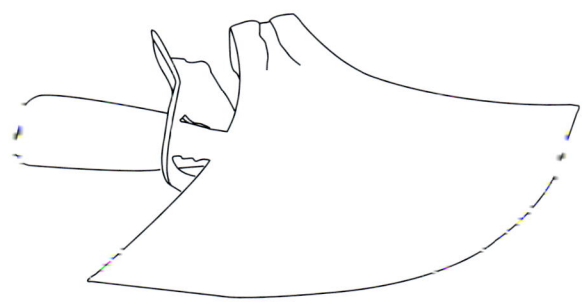

图七　满族月牙刀线描图

满族鱼钩

图一　满族鱼钩主图

鱼钩捕鱼也是各族人民普遍使用的捕鱼手段，满族也不例外。钩捕的出现要比叉捕晚一些，最初的鱼钩据说是用木棍削制而成的，后来又被兽骨所制的鱼钩代替，最早使用的是兽骨或禽骨劈磨而成的直钩和微弯钩，称之为鱼卡。其两端呈尖状，磨得锋利，中间稍宽，并磨出系绳的沟槽，或钻有穿钓线的小孔。这是新石器时代的产物，到了新石器晚期，出现了弯钩，有倒刺和无倒刺两种骨制。有兽骨截断单独磨成的，有用禽骨磨成的，禽骨坚韧锋利，但磨成弯钩很困难。于是拣细而坚利的磨成带倒刺的钩尖部分，然后绑在另一节作为钩柄的骨头上，成为绑制弯钩。从直钩到弯钩是钓鱼工具的一大进步，直钩只起到"卡"的作用，钩横卡在鱼嘴里，如果直接提上岸，多数会脱钩，有的卡的不是地方，或卡的角度不对，鱼嘴一活动，头一扭摆，钩会从鱼嘴里脱出，鱼逃之夭夭，而弯钩就可避免这些缺点，只要钩尖锋利，线、竿牢固，钓者又有一定的擒鱼、抓鱼本领，鱼一般难以逃脱。然而令人惊异的是，弯钩钓鱼效果比直钩好，直钩竟然经过七八千年的风雨洗礼，并没有完全淘汰，一直到20世纪80年代，有渔民仍使用竹制或钢丝制鱼卡钓鱼。直到铁器的出现，使鱼具的种类增多。满族鱼钩种类繁多，功能齐全，有专门钓大鱼的三角钩，也有钓小鱼的团钩。渔民巨用钩捕的方法主要是在春、秋、冬三个季节。

图片来源

图一　吴芊兰　制图
图二　邱河　制图
图三　张子心　制图
图四　郝秀丽　制图

图二　满族鱼钩线描图

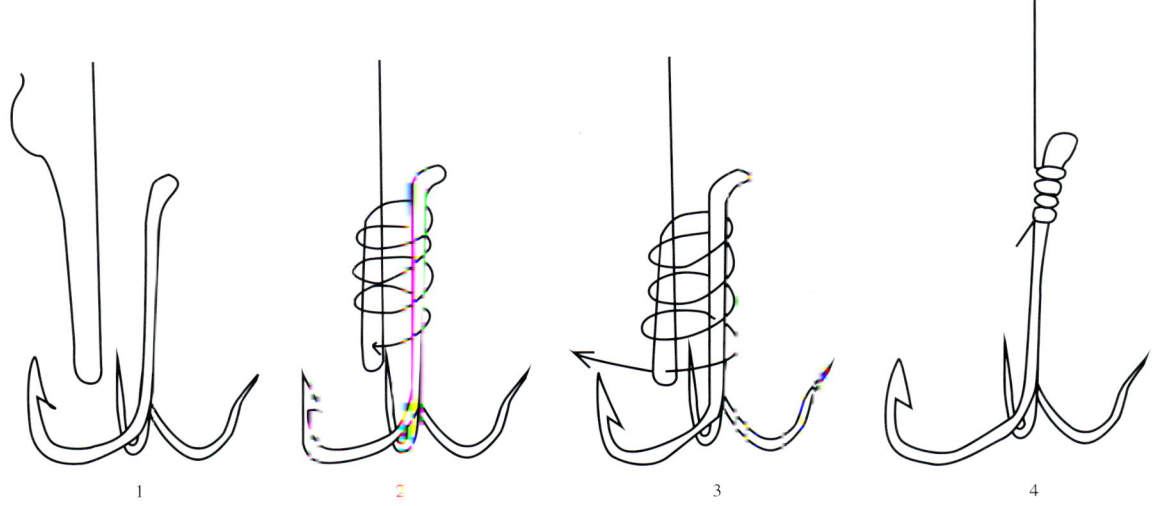

图三　满族鱼钩绕线示意图

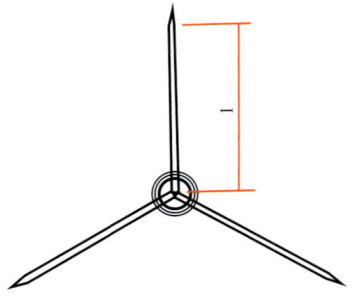

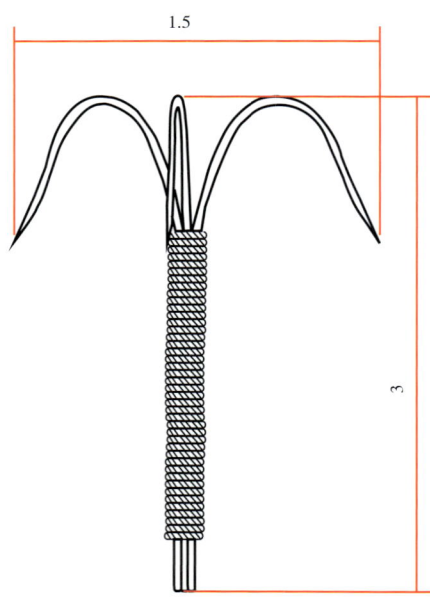

图四　满族鱼钩尺寸图（单位：cm）

满族鱼叉

图一　满族鱼叉主图1

满族人最早的捕鱼方式就是利用鱼叉进行叉捕。鱼叉主要分为两种，一种是带有木柄的连柄鱼叉，还有一种就是杆和叉可以脱离的脱柄鱼叉。连柄鱼叉一般有单齿叉、双齿叉和三齿叉之分。渔民多将鱼叉设计为三股叉，中间的一股较长，有四个倒钩，两侧的叉齿各有三个倒钩。叉柄是由质地坚硬的木材制成的，叉头是铁制的。叉齿呈"山"字形，两边的叉齿短，分别有三个倒钩，中间的叉齿长，有四个倒钩，倒钩的主要作用是防止叉到的鱼脱落。连柄鱼叉一般用来叉小鱼，如鲤鱼、鲢鱼等。第二种鱼叉是顶端有倒钩，可以套在木柄上，也可绑缚绳索，进行远距离投掷的脱柄鱼叉，鱼被叉中后挣扎时，叉头和叉杆会分离，叉杆就会随着鱼的逃脱而漂浮在水面，渔民就跟着水面上的叉杆划船追上，待到鱼疲惫而无力逃脱时，提起叉杆就可以得到鱼了。其中较大型的脱柄鱼叉又叫鳇鱼叉。它也是由叉头、叉柄和叉绳组成。三个并排的叉尖呈"山"字形，叉杆是由质地坚硬的木材制成的，叉头与叉杆之间是用一根马尾绳做叉绳，叉绳能随着叉杆的长短伸缩自如。绳子的另一端用充气的怀头鱼泡做鱼漂子。因为鳇鱼的个头比较大，几百斤甚至上千斤重，力气很大，被鱼叉叉到后，它会连同叉杆带入水中，这样，用鱼泡做成的鱼漂子就可以浮在水面上，以便渔民追捕。

图片来源

图一、图二　白波　摄影
图三、图五　郝秀丽　制图
图四　邱实　制图

图二　满族鱼叉主图2

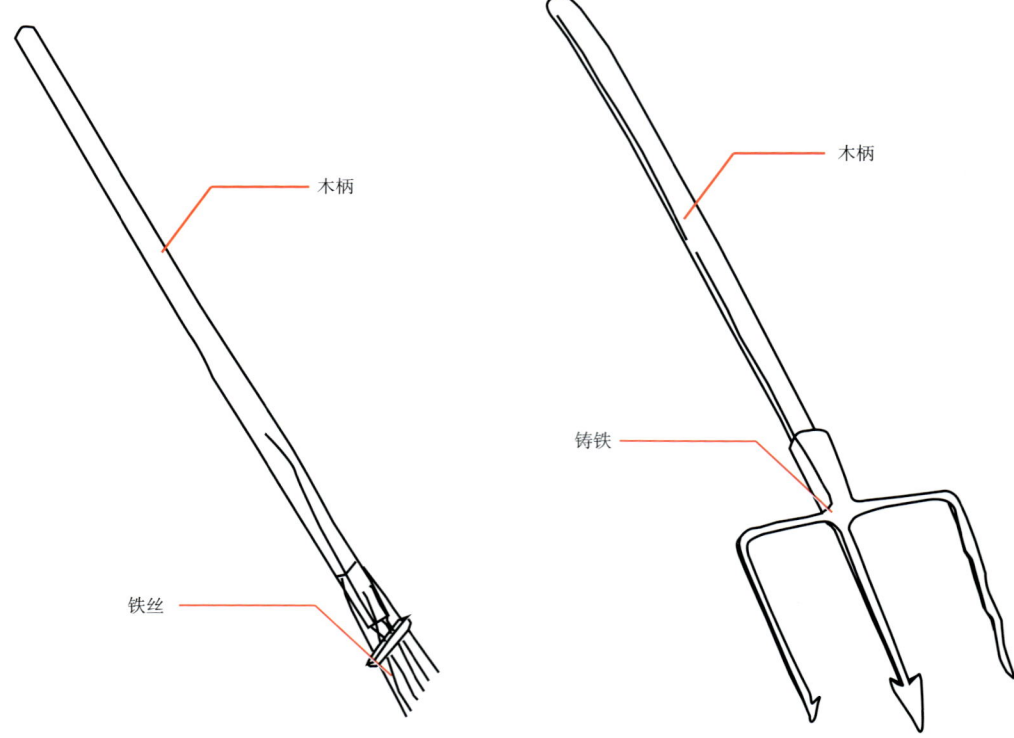

图三　满族鱼叉材料对比图

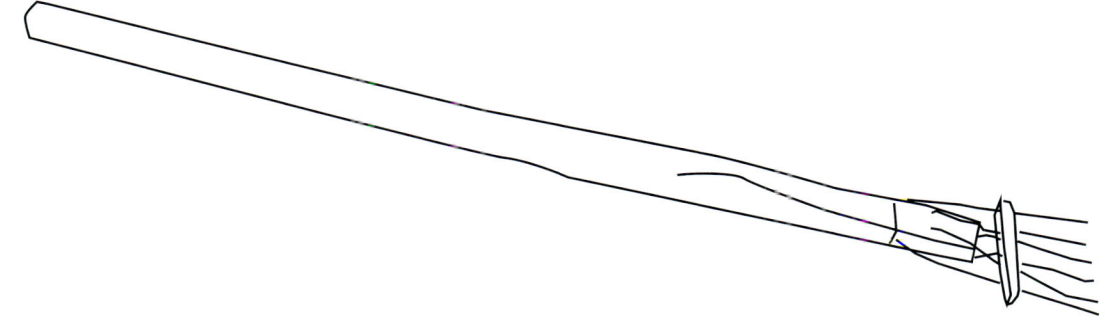

图四 满族鱼叉线描图

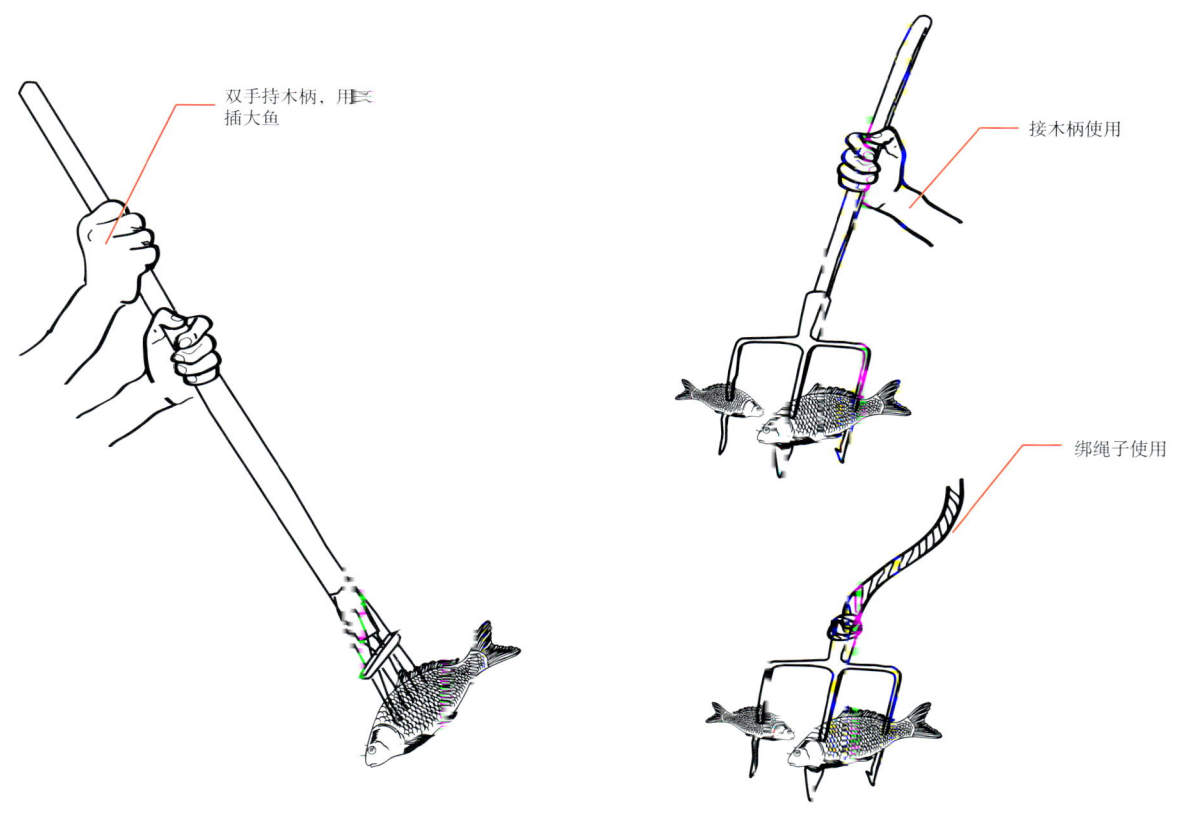

图五 满族鱼叉使用情境图

满族鹿哨

图一　满族鹿哨主图

　　鹿哨，是我国满族等北方游牧民族使用的一种拟声工具。清代的帝王为了保持满族在关外的狩猎习俗，常常会举办狩猎仪式，而鹿哨就是清代皇族每年举行木兰围猎时使用的重要道具之一。

　　鹿哨以桦树皮做成号角，吹起来有呦呦之声。由于鹿群在发情期间，有相互鸣叫寻找配偶的习性。因此，在每次狩猎开始，先由管围大臣率领骑兵，按预先选定的范围，合围靠拢形成一个包围圈，并逐渐缩小。头戴鹿角面具的清兵，隐藏在圈内密林深处，吹起木制的长哨，模仿雄鹿求偶的声音，雌鹿闻声寻偶而来，雄鹿为夺偶而至，其他野兽则为食鹿而聚拢。等包围圈缩得不能再小了，野兽密集起来时，大臣就奏请皇上首射，皇子、皇孙随射，然后其他王公贵族骑射，最后是大规模的围射，这种诱鹿射猎的方法就叫"哨鹿"。

　　图中所示鹿哨，现收藏在故宫博物院。该款鹿哨就是以桦树皮制作而成，在外表面刷有黑漆，上绘制铜钱图案，并配有万字纹"卍"图案修饰。其造型饱满，纹样细腻、典雅，不失为一件珍品。鹿哨的发明不仅大大提高了狩猎的效率，也充分体现了我国满族等北方少数民族的生存智慧。

图片来源
图一　故宫博物院
图二至图四　邱珂　制图

图二 满族鹿哨上色图

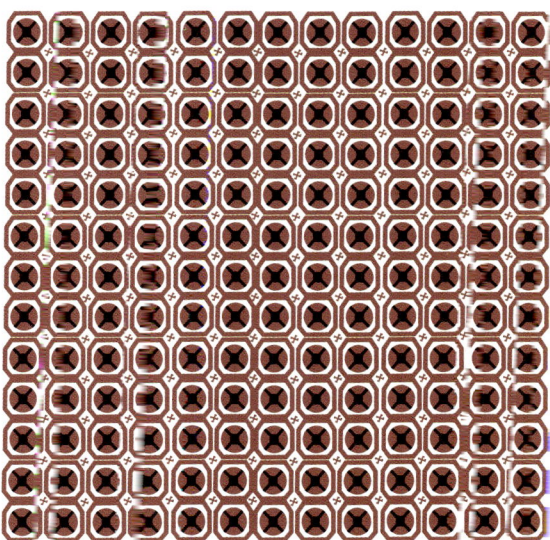

图三 满族鹿哨纹饰图

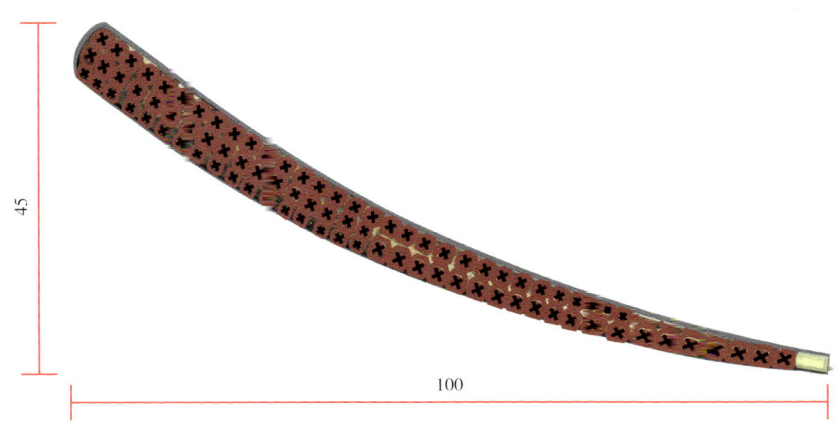

图四 满族鹿哨尺寸图（单位：cm）

第六章 满族传统手工艺

满族红漆寿桃描金式盒

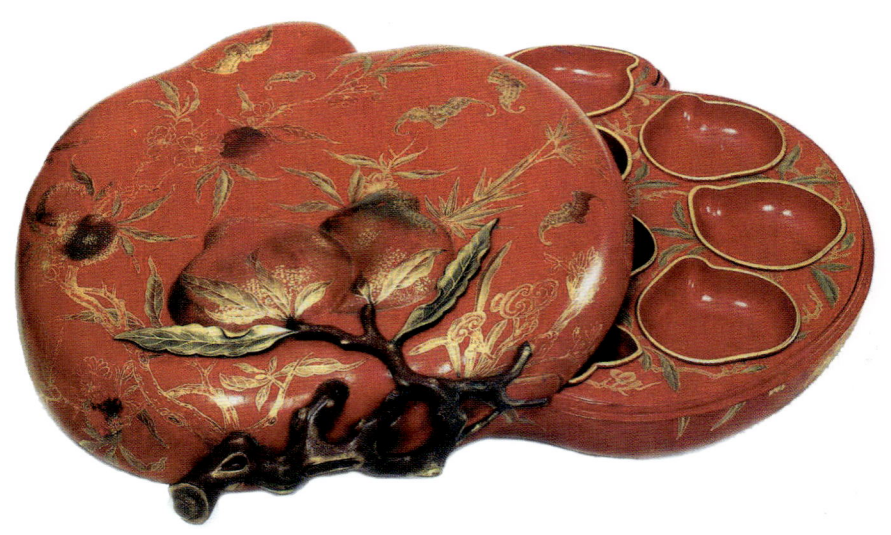

图一　满族红漆寿桃描金式盒主图

红漆寿桃描金式盒又称寿桃盒，它是满族人民日常生活和节庆日使用的物件。本案例收藏于故宫博物院，高16厘米，口径55厘米。红漆寿桃描金式盒外观为连枝桃形，盒内为母口桃形状。内有子盒十个，均为桃式造型。

红漆寿桃描金式盒盒身为朱色胎体，以描金彩漆方式著有纹样。描金又称泥金画漆，是一种在满族相对普遍的工艺美术技艺。起源于战国时期，在漆器表面，用金色描绘花纹的装饰方法，常以黑漆作地，也有少数以朱漆为地，也有把这种描金方式称作"描金银漆装饰法"的。用这样的方式在盒表面绘有桃树一株，画面丰满，果实累累。除此外还绘有象征多富多寿的蝙蝠，画面生动，栩栩如生。清代工匠们对于金彩的运用，突破了明代单色地上描金的手法，达到了更加金碧辉煌的艺术效果。清康熙朝，在器物上大量施金色，以后的雍正、乾隆朝施金技法更加广泛，金彩不仅在官窑器物上使用，民窑出产的器物上描金也很普遍。

乾隆时期开始出现的很多工艺品造型就是仿照各种生物制作的，这种"仿生学"的设计思路，在造型上生动活泼，引人入胜，同时为后来的设计带来了深远的影响。

图片来源
图一　　　故宫博物院
图二、图四　周夏　制图
图三　　　张婧怡　制图
图五、图六　张婧怡　制图

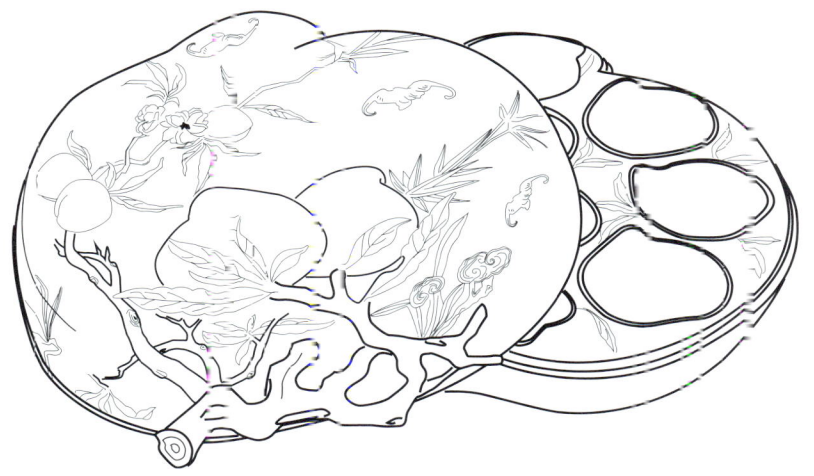

图二 满族红漆寿桃描金式盒线描图

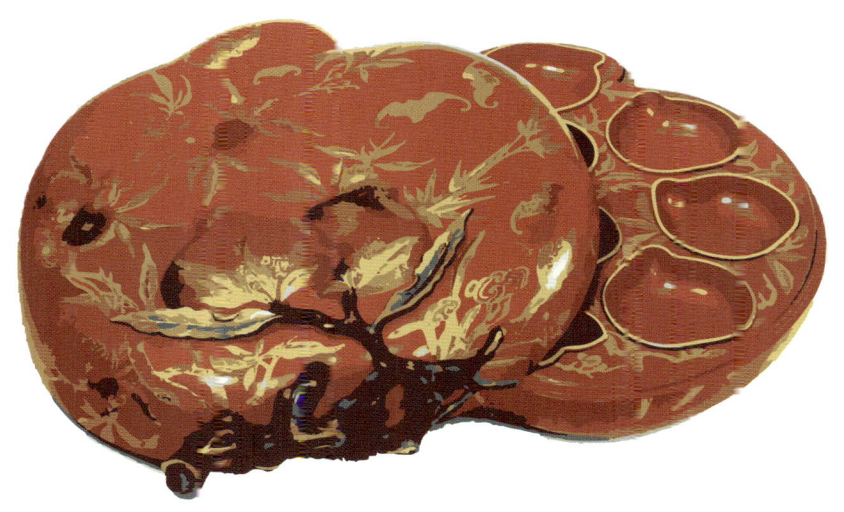

图三 满族红漆寿桃描金式盒上色图

第六章 满族传统手工艺

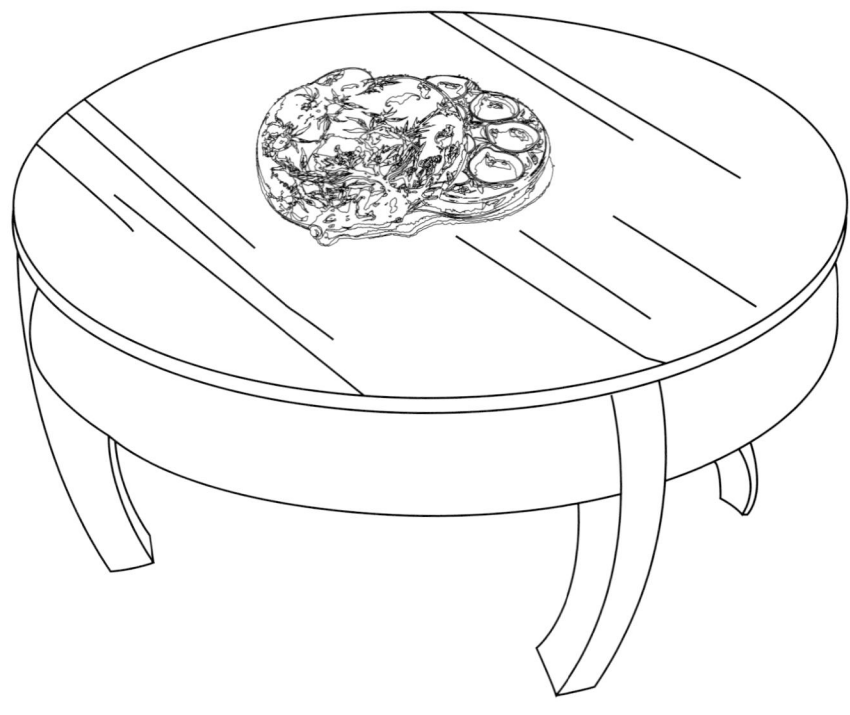

图四　满族红漆寿桃描金式盒使用场景图

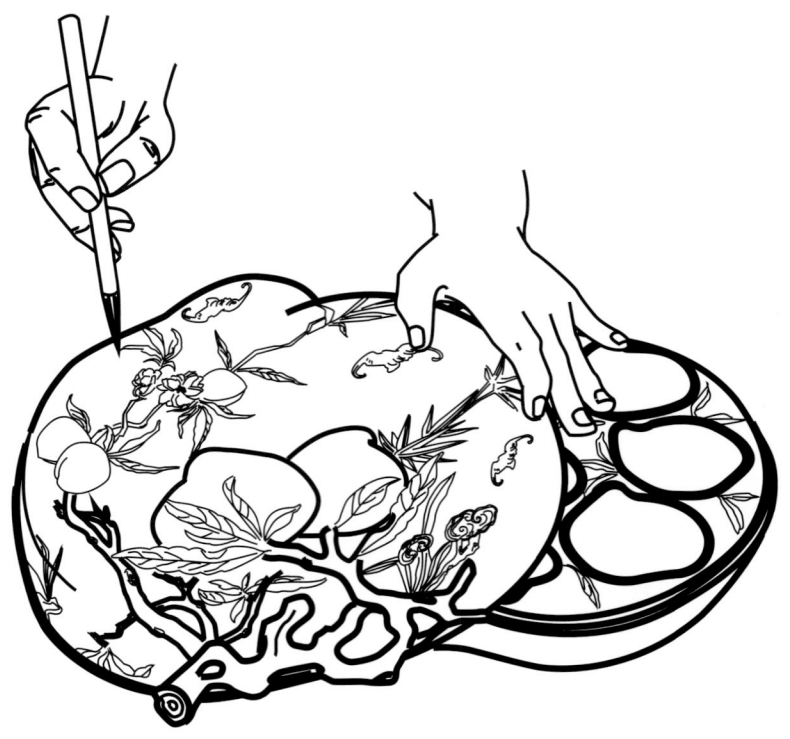

图五　满族红漆寿桃描金式盒制作工艺图

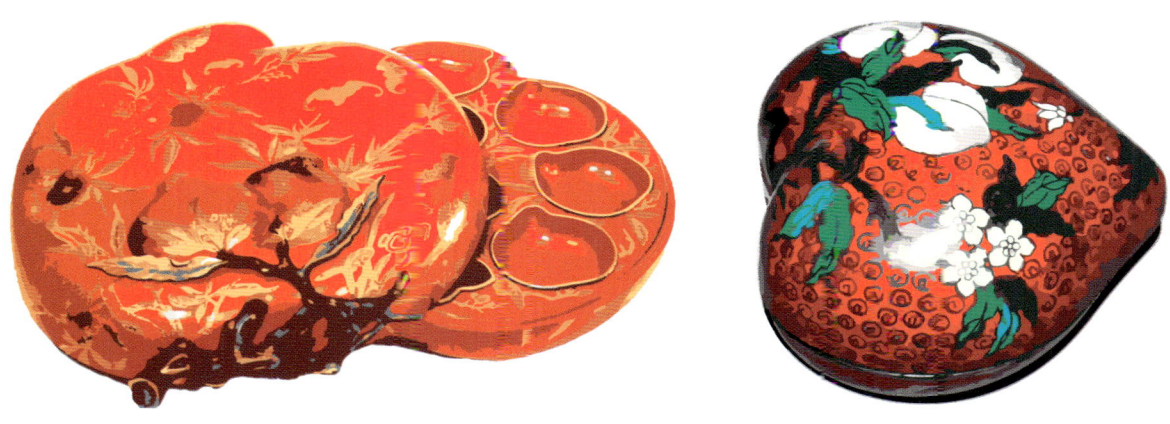

图六　满族红漆寿桃描金式盒式样图

满族五彩花蝶纹攒盘

图一　满族五彩花蝶纹攒盘主图

攒盘，又称拼盘，是满族人用来盛放食物的器具，至康熙时较为流行。攒盘指多个盛装物品的盘子组合起来，出自《说文解字》。攒盘从文义上看，攒是移动之意，对盘而言应是"能移动之盘"。《说文解字》曰："攒，聚也。"所以攒盘是以分割成数件的盘子组合起来的礼器。先为大盘，后民间次以小盘，渐次而组合在一起，始成攒盘。

康熙五彩花蝶纹攒盘，高2.6厘米，通经49.8厘米。呈葵花状，为两组相同的花瓣形小盘攒成，分内外两层，计十二个。每个小盘均为折沿、平底、圈足。无款识。攒盘以少数拼凑着，据数块而论，旧有五子、七巧、八仙、九子、十成之说。技法上，雕、刻、画、绘均有。色彩上有青花、粉彩、三彩、五彩、色地轧道、斗彩、贴花、印花等。纹饰以四时花鸟、人物、山水、吉祥话语和反映当时社会生活的某个方面等。

每个小盘的沿面上均以描金团"寿"字锦地纹装饰。外壁为红彩描金八宝篆"寿"字，内壁为红彩绘莲花螭虎纹花边。盘心分别绘菊花、秋葵、红枣、葡萄等，空白处点缀翩跹的彩蝶。此攒盘色彩绚丽，浓淡相宜，以勾边平涂敷色的方法描绘花卉、彩蝶，为康熙五彩瓷的精美之作。

图片来源
图一　故宫博物院
图二至图五　侯荣杰　制图

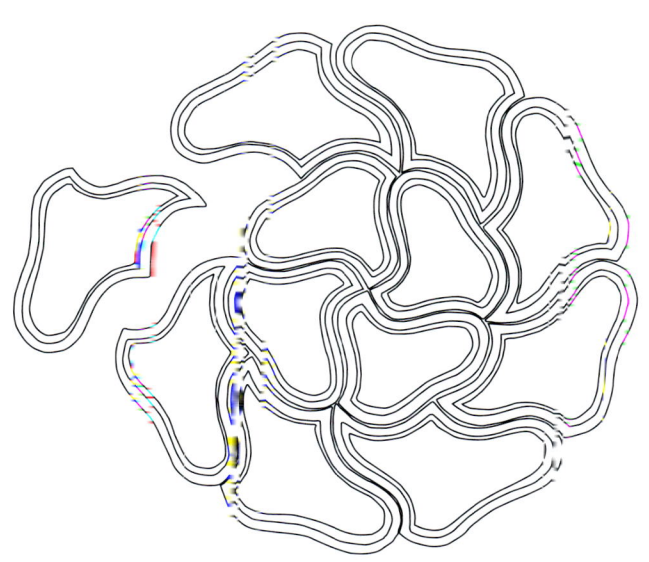

图二　满族五彩花蝶纹攒盘线描图

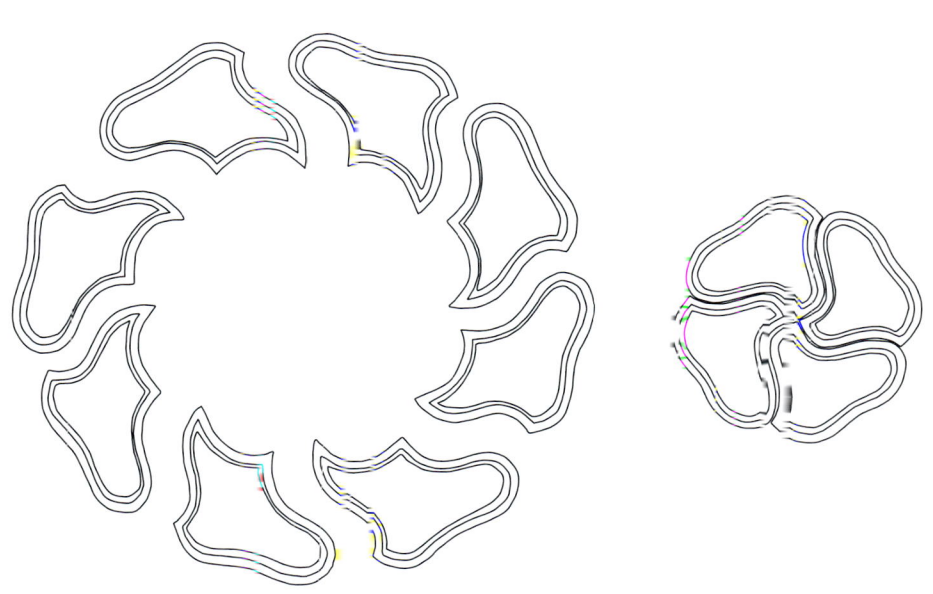

图三　满族五彩花蝶纹攒盘分解图

第六章　满族传统手工艺

475

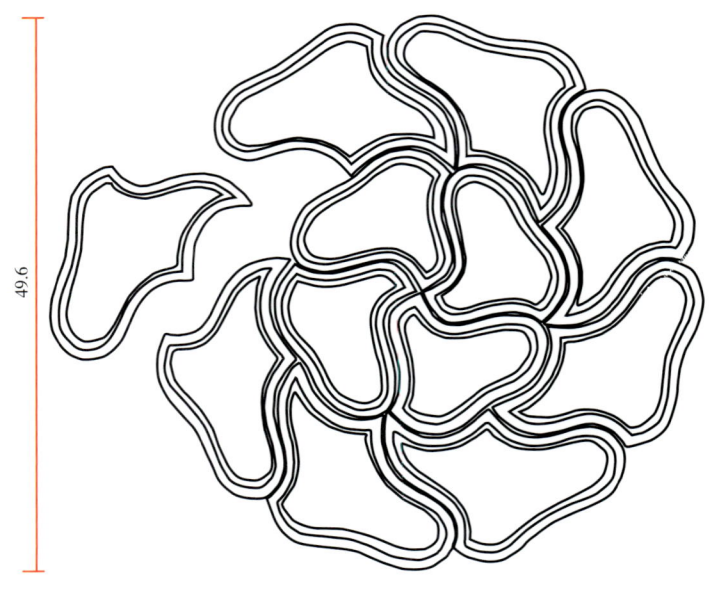

图四　满族五彩花蝶纹攒盘尺寸图（单位：cm）

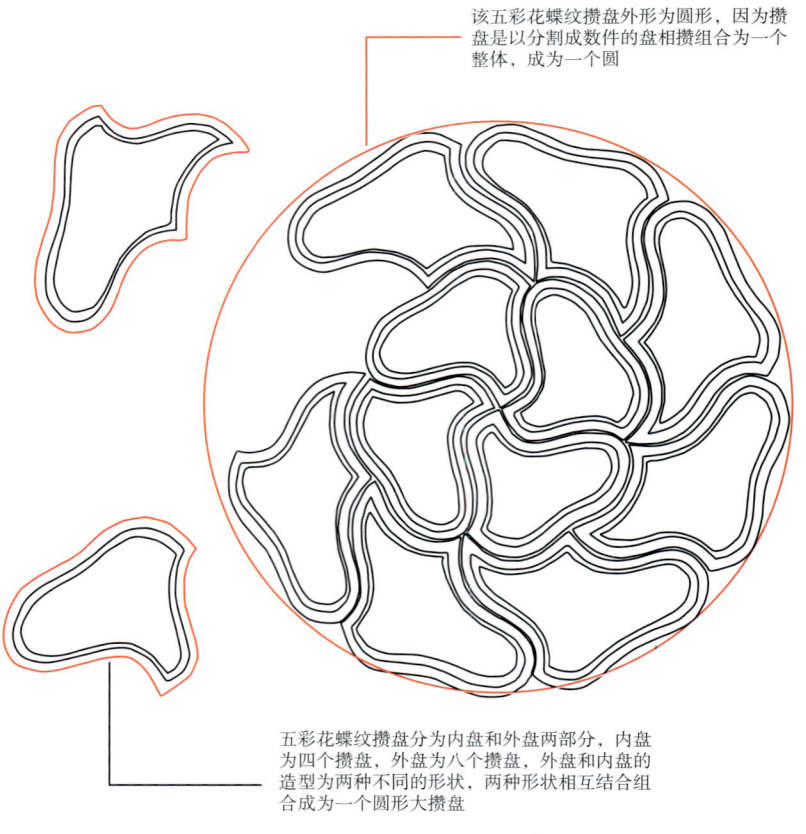

该五彩花蝶纹攒盘外形为圆形，因为攒盘是以分割成数件的盘相攒组合为一个整体，成为一个圆

五彩花蝶纹攒盘分为内盘和外盘两部分，内盘为四个攒盘，外盘为八个攒盘，外盘和内盘的造型为两种不同的形状，两种形状相互结合组合成为一个圆形大攒盘

图五　满族五彩花蝶纹攒盘外观分析图

满族寿字盘

图一　满族寿字盘主图

古陶瓷装饰中以祝寿为题材的作品不在少数，其中八仙拜寿、麻姑献寿、群仙献寿等都是人们非常熟悉的祝寿内容。除此之外，还有一些为皇帝成员祝寿的专用瓷器，其中比较有名的则是为慈禧太后定制的祝寿瓷。

古代祝寿在礼仪上有许多讲究，在祝寿活动中尤以皇家的礼仪最为严格，所定烧的祝寿瓷器也只能使用一次，在祝寿仪式结束后这些专用瓷中的一部分赏给有功之臣，剩余部分由内务府收入内廷库房永久性封存。

本案例中寿字盘属于同治十一年（1872年）同治皇帝大婚用瓷。盘高4.9厘米，口径22.2厘米，足径13.1厘米。盘口沿途金彩。外壁白釉地上以矾红彩描绘三枝均匀分布的折枝花纹。盘为淡黄釉地上装饰矾红彩绘金蝙蝠、金彩团"寿"字、蓝料彩描金"卍"字等，共29个团"寿"字、24个蝙蝠、12个"卍"字。整个图案寓意"万寿无疆""福寿万年"。外底署矾红彩楷体"同治年制"四字双行款。

图片来源
图一　故宫博物院
图二至图六　张敏 制图

图二　满族寿字盘线描图

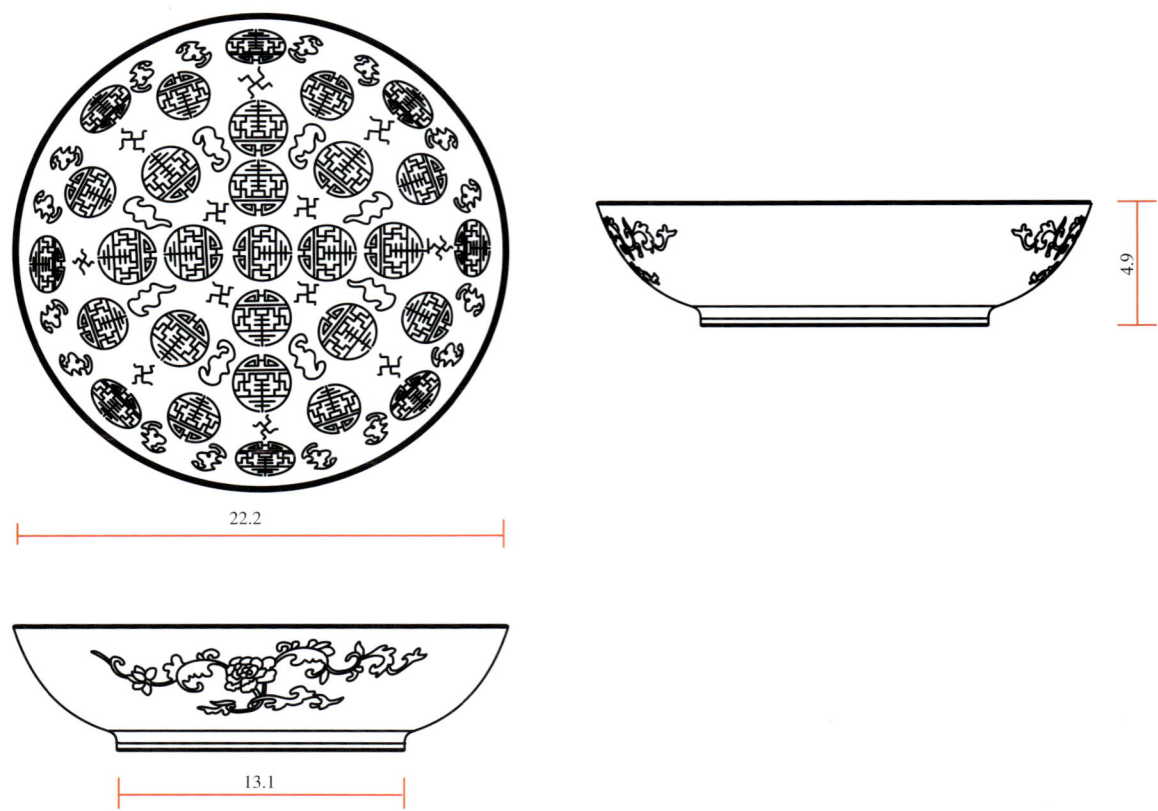

图三　满族寿字盘三视、尺寸图（单位：cm）

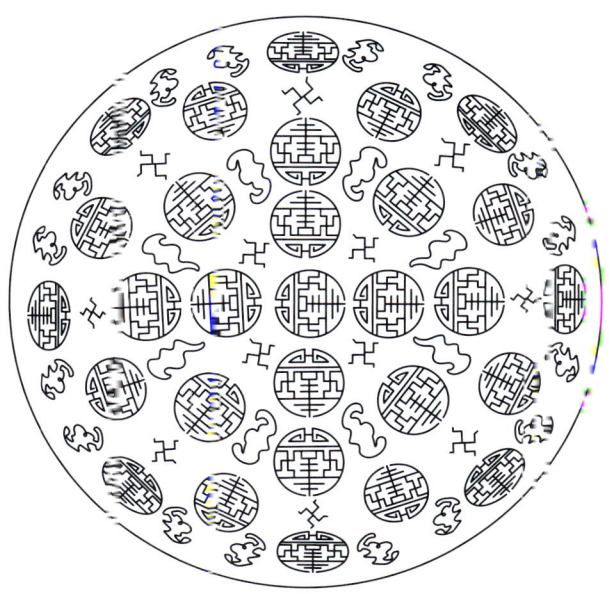

图四　满族寿字盘内部纹样图

图五　满族寿字盘前视图

图六　满族寿字盘底部图

满族铜珐琅盅

图一　满族铜珐琅盅主图

　　铜珐琅盅，是满族皇家用于饮酒，双侧无把手的杯皿容器，现藏于南京博物院。此尊盅器铜胎镀金，直口，圈足，盅口外沿嵌刻几何云龙纹样，尽显皇家华贵。

　　满族入关后，非常钟爱景泰蓝工艺，此工艺不断发展，在饮食、日用等器皿上被广泛采用。本案例的铜珐琅盅就采用传统的景泰蓝工艺制造，无论是掐丝、点彩等都体现匠人的精湛技艺。盅外壁施浅蓝色珐琅为底，并在已制成的金属胎上，按照"对称状缠枝莲纹"图案设计要求描绘图案纹样轮廓线，而后用细而薄的金属丝粘合在纹样轮廓线上，再于金属丝圈成的纹样空白处，填施各种颜色的珐琅釉料，经过焙烧、磨光、镀金等加工工序而成，起到装饰盅身之效。

　　此外，盅身饰有篆书"万、寿、无、疆"四字吉语；盅底錾刻篆书"子、孙、永、宝"四字阴文，使得整个盅体器具典雅华贵，寓意吉祥。清代时景泰蓝工艺发展到了顶峰。由于社会的安定与经济的繁荣，满族皇帝在养心殿设立御用工厂，称为"造办处"。因此，本案例的铜珐琅盅的精美细腻的精湛技艺充分体现清代满族宫廷的精致生活，以及满族人对于宫廷宴席的餐饮器具的严格要求。

图片来源
图一　南京博物院
图二至图六　莫婷　制图

图二 满族铜珐琅盏线描图

图三 满族铜珐琅盏上色图

图四 满族铜珐琅盏材料分析图

釉料

铜镀金

第六章 满族传统手工艺

图五　满族铜珐琅盏纹样放样图

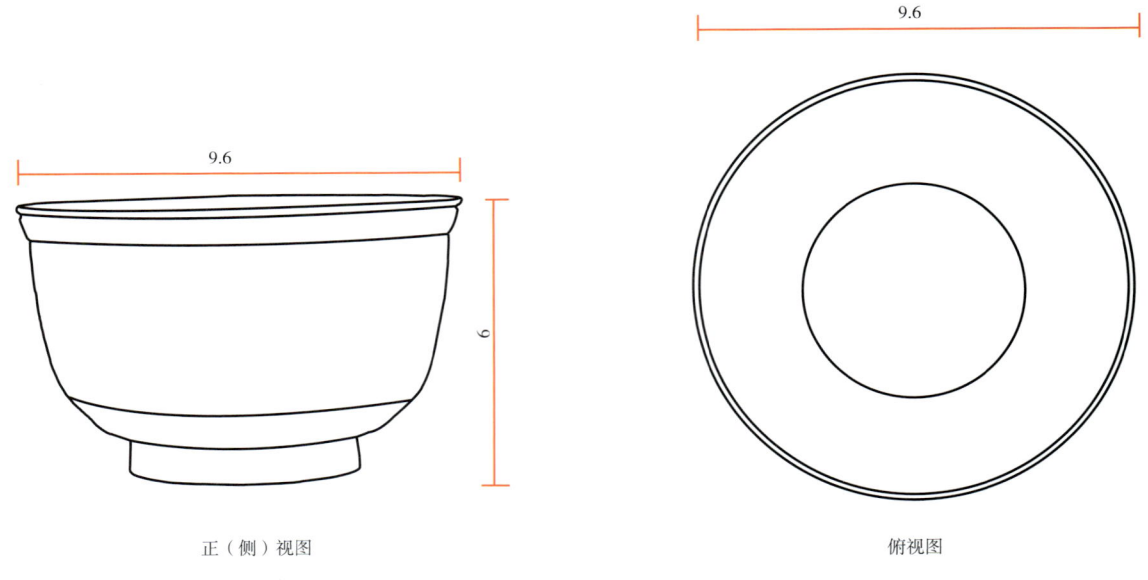

正（侧）视图　　　　　　　　　　　俯视图

图六　满族铜珐琅盏三视、尺寸图（单位：cm）

满族白釉黑花葫芦瓶

图一 满族白釉黑花葫芦瓶主图

白釉黑花葫芦瓶，为金代北方游牧民族用于盛装水、酒的器具。出土于我国东北部地区的辽宁省阜新县台沟水库，该地亦是满族前身的女真部落所在地。

白釉黑花葫芦瓶，瓶器高23.4厘米、腹径17厘米，瓶身呈细腰葫芦形。上腹体量稍小，下腹体形圆润饱满、容量颇大，可以存储较多的液体。白釉黑花葫芦瓶的瓶身抓柄与飞龙同构，龙头与瓶身拼接处雕铸漆黑的龙爪，虎虎生威。瓶器整体构造精巧、造型独特。葫芦形瓶口顶端封闭成塔锥形，龙形长柄伏于塔尖和下腹中部。在圈足底部正中，有一竖立于腹内的管状滴筒，注口与外流平，水酒须从底部压汲而入。一般而言，常规的水、酒器具均是从容器的顶部口径处注入，而从底部压汲装水的水、酒器颇为罕见。其工艺独特、构思巧妙，令人称奇。此外，与龙形长柄相对的流口处，塑贴一个坐着的头戴黑色巾帻、长须大眼的老者，其造型生动、憨态自然，颇具趣味性。

白釉黑花葫芦瓶的瓶身通体外施乳白色的釉，釉色古朴自然。葫芦瓶的上腹施铁锈色聚团点状图案，一般九个小点构成一组图案；葫芦瓶的下腹雕复瓣仰莲花纹带，釉色与花纹黑白相间，粗率而豪放，极具北方少数民族之意蕴。

图片来源

图一　徐秉琨.《东北文化——白山黑水中的农牧文明》.上海远东出版社.

图二至图五　陈若琴　制图

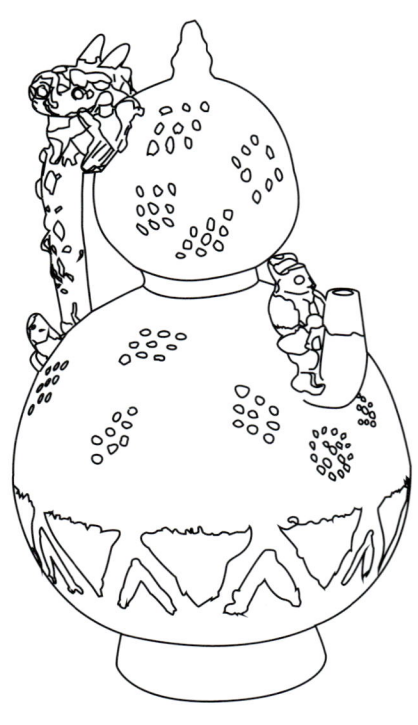

图二　满族白釉黑花葫芦瓶线描图

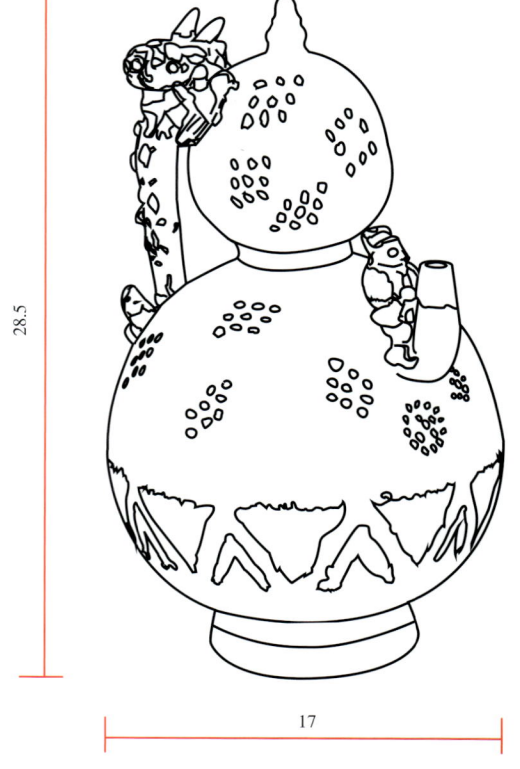

图三　满族白釉黑花葫芦瓶尺寸图（单位：cm）

图四 满族白釉黑花葫芦瓶名称图

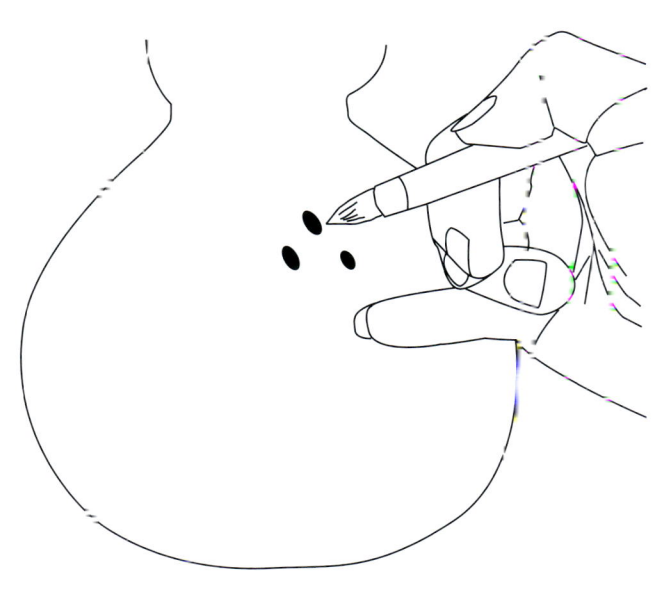

图五 满族白釉黑花葫芦瓶加工工艺图

满族刺绣

图一　满族刺绣主图

满族刺绣传承于契丹族的刺绣工艺，在女真族时期出现了"钉线"。钉线是女真族妇女在狩猎的箭囊和马鞍坐垫上的一种简单粗糙的手工艺品。开始时是防止狩猎中间休息、吃饭后，互相错拿狩猎用具的一种记号。后来逐渐发展成为一种手工艺术。钉线是以白色粗布和白色皮革为底衬，将材料的四周边缘绣上粗犷的黑线装饰，形成了黑白分明的对照。满族刺绣源自于萨满文化的剪纸、岩画等原始绘画艺术，其中剪纸是满族刺绣的源头。

满族刺绣在沿袭女真族人钉线的民间艺术的基础上有了新的发展。在颜色选择上，既继承了女真族人选用黑线的特点，又学习和吸收了汉族人使用多种颜色的特点。在底衬原料和颜色上，学习吸收汉族刺绣选用彩色的布料做底衬。在图案设计上，满族刺绣不仅有花边，而且有比较完整的花、鸟、鱼、水的图案。清代满族刺绣除继承明代以前的平金、平绣、戳纱、铺绒等传统技法外，还创造了堆绫、打籽、串珠、补绣等刺绣工艺。刺绣的技法主要是挫针、乱针、网针、锁丝、纳丝、盘金、平金、铺绒、乱绒、挑花等。满族刺绣所使用的原料和工具有布、绣线、针、剪刀、花绷子等。其中，布分为植物纤维布、动物纤维布、化纤布等三种；绣线有纯棉细绣线、纯棉粗绣线、合股线、麻线、丝线、毛线、柞蚕线、金银线、化纤线等，以纯棉绣线为主流绣线；花绷子分为方形和圆形，材质上分为木制、竹制和塑料三种。

满族刺绣制作过程分为图案设计、选择材料与工具、花样上布、绣布上绷、绣花、整理装裱。整体图案显得黑白分明，线条清晰，粗犷有力，自然和谐，妙趣横生。

图片来源

图一至图七　贾晨茜　制图

图二　满族刺绣荷包线描图1

图三　满族刺绣荷包线描图2

图四　满族刺绣枕头顶线描图

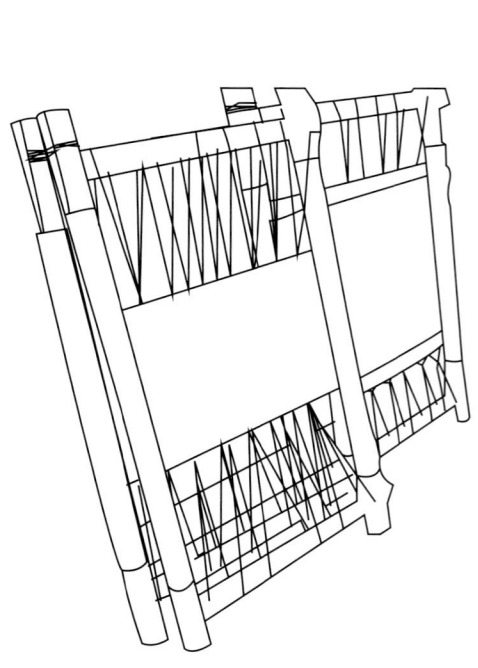

图五　满族方形花绷子示意图

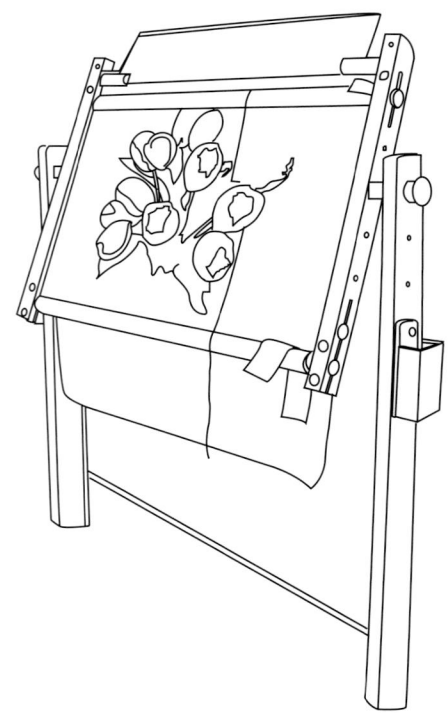

图六　满族绣架示意图

图七 满族刺绣枕头顶线描图

满族东北皮影

图一　满族东北皮影主图

　　东北皮影起源于辽金，而真正兴盛却是在明清[①]。而后东北皮影艺术从为宫廷服务的艺术表演形式，演变为民间的皮影艺术。相比于宫廷皮影艺术，东北民间皮影艺术更趋于地域性、民间性，其艺术流派、演技风格形成了东北特有的程式。

　　东北皮影的影人雕刻中一般都体现满族、锡伯族、赫哲族、鄂伦春族等东北民族特征，大多为长脸型，细眼长鼻，尖嘴。东北皮影还继承了满族民间剪纸的朴素扎实，沉雄超迈，粗犷大气，大刀阔斧的艺术风格[②]。

　　在艺术创作上，东北皮影延续了北魏以来石窟造型和壁画艺术的特点，注重整体的粗线条，同时又在细微之处进行精心刻画，达到了整体宏大、细部精细的效果。

东北皮影的制作原料是驴皮。故东北也一直讲皮影称为驴皮影。驴皮选用1~2年的驴宰杀后，将驴皮进行处理，将毛和肉刮掉，晾干后进行浆皮。浆皮是去除皮性，使驴皮不易弯曲。将驴皮处理好之后，就进行刻画，首先在驴皮上用钢针画好图样，然后利用各种刻刀和垫板进行刻画。下一道工序是敷色，用毛笔，采用浓浆含露和重点轻描的方法，使之变化多端，把不同的色调融汇于刀口之间。另外还有用手指蘸着少量的油，在驴皮上轻轻捻搓，称为捻油。最后为组装，在皮影上选好正骨点，再用针串联，用线打结系上。还要用钢丝，安好脖条、手条，再用细苇秆按上手柄。这样一件皮影就制作完成了。

图片来源
图一至图四 金欧.《满族民间工艺》.沈阳出版社，2004年8月.第83—85页.

注释：
①金欧.《满族民间工艺》.沈阳出版社，2004年8月.第81页.
②同上 第82页。

图二 满族东北皮影线描图

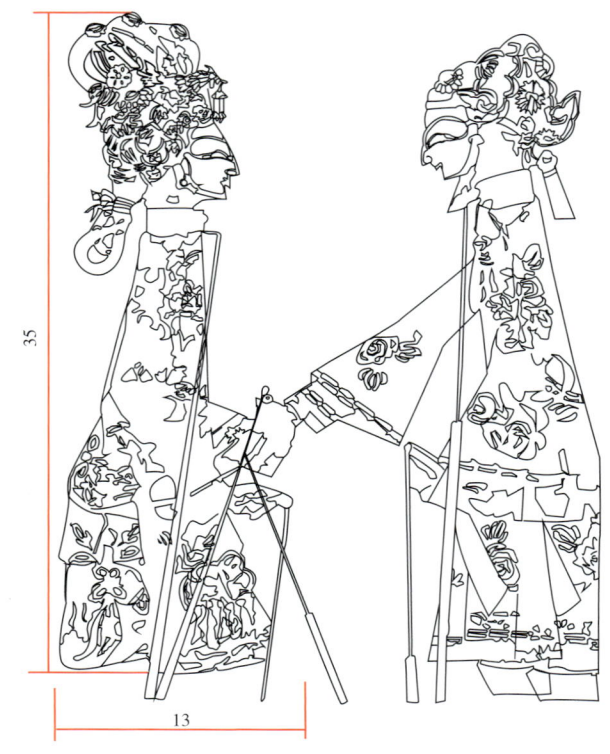

图三　满族东北皮影尺寸图（单位：cm）

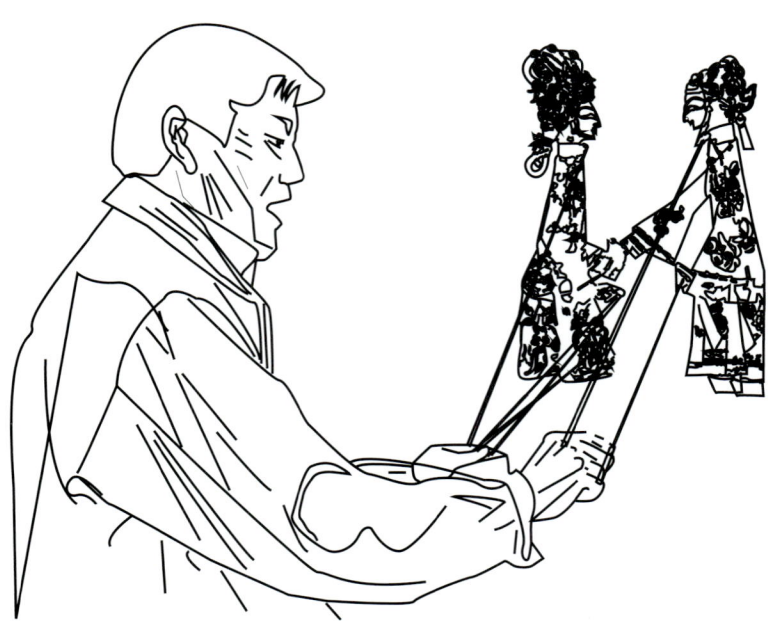

图四　满族东北皮影使用情境图

满族挂笺

图一　满族挂笺主图

　　挂笺，也称为满彩，用长方形彩纸制成，一般尺寸长约40厘米，宽约25厘米，下端呈穗状或锯齿形，上有清文刻字及鲤鱼、松鹤等吉祥图案，贴于祖宗板上方或大门、房门对联横批之下。

　　挂笺是满族剪纸工艺品，其历史悠久。它原为祭祀场所的装饰物，图案也是写祭祀符语，一般都在祖宗板、神龛等祭祀的地方。后来发展为逢年过节贴挂在门窗、房梁等处，为增添节日气氛，这时候剪纸的图案也开始日益丰富起来，一些传统吉祥图案如仙鹤、鲤鱼、童子等开始使用。

图片来源
图一至图五　邱珂　制图

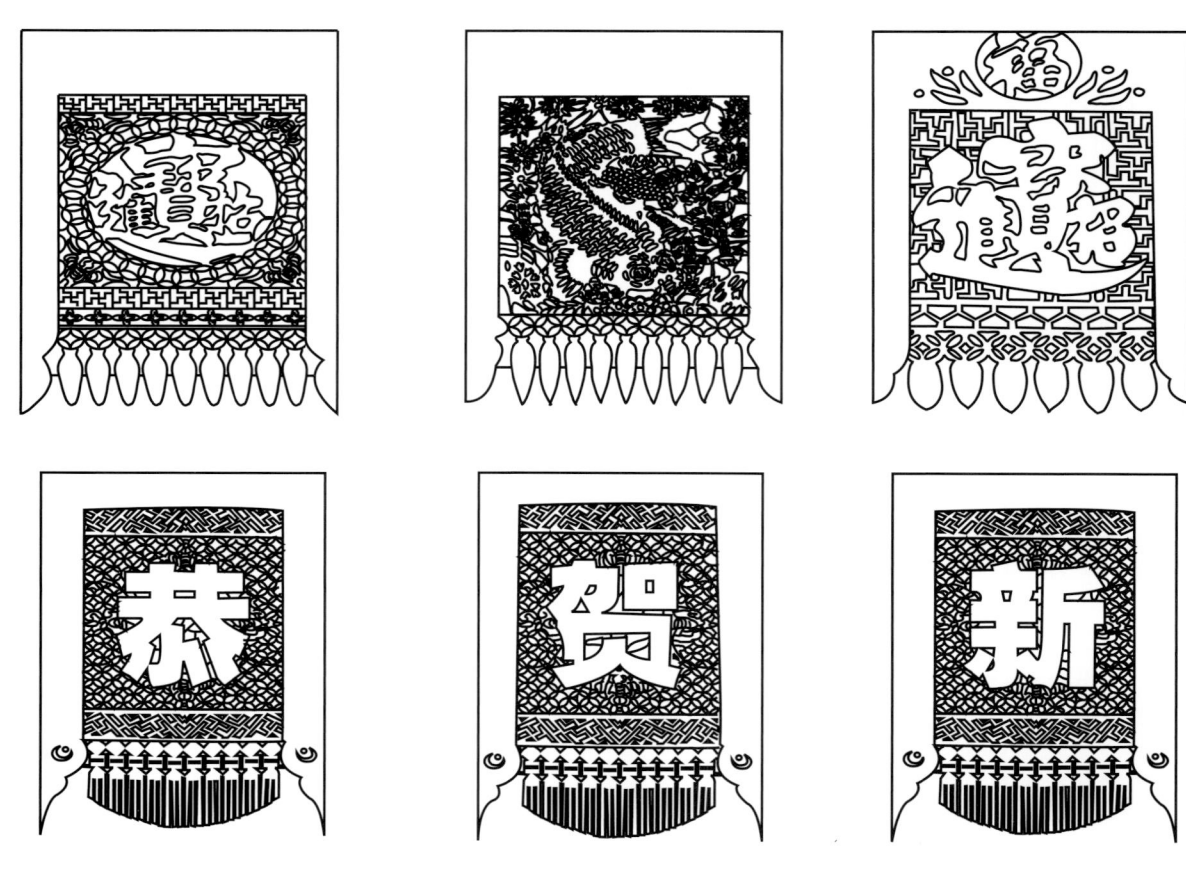

图二　满族挂笺线描图

图三　满族挂笺使用情境图

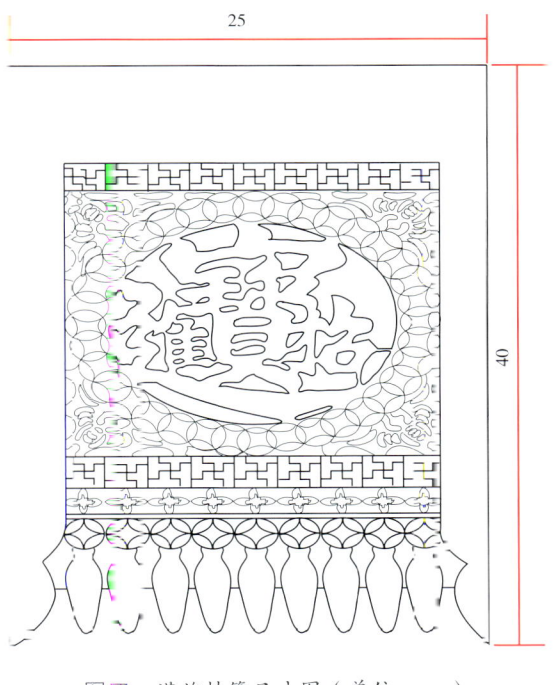

图四　满族挂笺尺寸图（单位：cm）

招财进宝　　　佛教万字符　　　花纹图案　　　鲤鱼图案

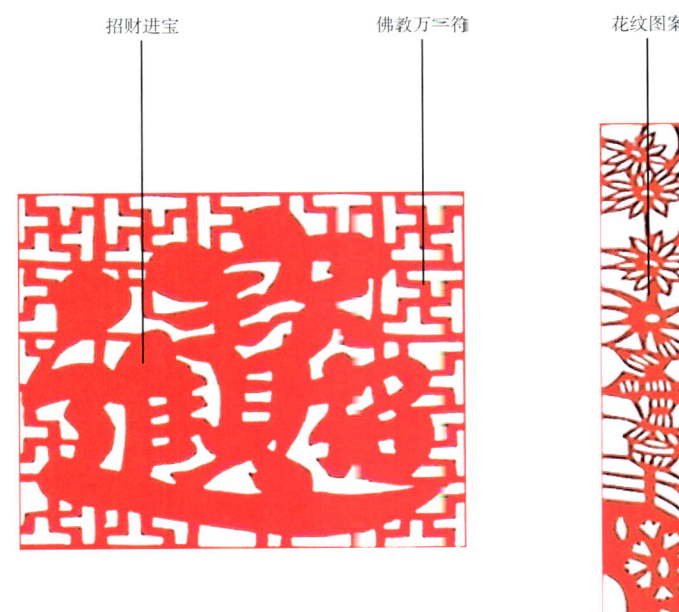

图五　满族挂笺图案解析图

第六章　满族传统手工艺

满族剪纸

图一　满族剪纸主图

剪纸是满族传统文化中的重要部分。心灵手巧的满族人将满族民间特定的文化背景与生活环境依附在了特定的剪纸艺术语言与风格之中。满族剪纸大多描绘人物、动物以及民间习俗，其剪纸造型古拙、走剪粗犷。

案例图一，女子头戴旗头，身穿满族旗袍，脚踩旗鞋，刻画了一个典型的满族女子人物形象。

案例图二，婚礼窗花双喜字剪纸，是至今常见的窗花剪纸。双喜纹的形成，有现实依据和特定的文化背景，它是原始的"葫芦生殖"崇拜与葫芦外形不断美化和升华的产物。喜字周边花纹多以动植物如牡丹、喜鹊、龙凤等装饰，造型丰富多彩，多做结婚装饰物，寓意喜庆吉祥。

案例图三，萨满人物剪纸，人物正面站立，两手下垂，五指分开。萨满剪纸，起源于满族所信奉的萨满教，最早是为萨满祭祀服务的，是萨满教造型艺术品，作为记录其宗教信仰的主要媒介，不仅是其宗教观念的体现，更是北方先民智慧与审美文化的象征。在满族有纸之前已有了萨满剪纸，用皮革、鱼皮、麻布、植物叶子等材料剪刻的图案，多贴或缝在衣服、枕头等生活用品上，或贴在墙、窗户等家用器具上，以作装饰。长白山区也有用玉米皮、红辣椒、枫树叶、桦树皮等做材料剪刻。

案例图四，图中妇女抱婴儿，旁边有一只鸡。剪纸中鸡谐音"吉"，既有明显的形象图案，又有深刻的寓意和内涵。作品饱含着创作者对幸福生活的热烈追求和祈福求祥的美好愿望。

案例图五，描绘了一家人围坐饭桌场景，幸福美满，其乐融融。生活剪纸是满族人对生活习俗的描述。

案例图六，窗花图案多用象征美好富裕的牡丹，象征多子多孙的莲花等，画面构图丰富，极具装饰性。该作品剪刻精细复杂，体现了满族人心灵手巧和丰富表现力。

案例图七，连生贵子图，图中小孩坐在莲花之中，四周有鸡鸭装饰，象征多子多福的寓意。

图片来源
图一至图三、图五　张芳兰　制图
图四、至图六、图七　王增　制图

图二　满族婚礼窗花剪纸示意图

图三　满族萨满人物剪纸示意图

图四　满族生活剪纸示意图

图五　满族生活剪纸示意图

图六　满族窗花剪纸示意图

蝴蝶
牡丹

图七　满族连生贵子剪纸示意图

满族掐丝珐琅莲瓣式高足盘

图一　满族掐丝珐琅莲瓣式高足盘主图

　　高足盘最早见于隋代，也称为浅盘圈足豆。清代时，主要用于盛放糕点、水果等。清代高足盘的器型逐渐发展成熟，并具备弧形盘壁，花口的盘沿，喇叭状柱高足的形态。本案例现藏于故宫博物院，高足盘为清代乾隆年间的掐丝珐琅莲瓣式高足盘，高10厘米，口径10.2厘米，足径8.4厘米。

　　本案例里的高足盘其造型呈莲瓣式口边，掐丝填红、白双色表现莲瓣，工艺复杂精巧，具有一定难度。盘托及足部以具象写实的整片绿荷为饰，并以掐丝象征脉络，具有写实之趣。底部承掐丝珐琅座，天蓝色釉地上装饰各色折枝花头纹，座下阴刻双方栏"乾隆年制"楷书款。

　　清代中晚期，高足盘发展起来了，清代高足盘的器型小巧，一改清代之前笨拙造型，高足变成足径较小喇叭状高足，其盘壁变薄并多为弧形。品种则多以为青花、粉彩为主。虽然同为高足盘,清代高足盘同清前造型风格上相比迥然不同,清代高足盘瓷质优良,造型精妙小巧,其高足虽然小巧但由于采用圆锥状的喇叭形。既保证盛放糕点、水果等的稳定性,也在造型上做了优化,使之更加精美,这也正是满族工匠设计造物的精妙之处。

图片来源

图一至图七　虞洁琪　制图

图二　满族掐丝珐琅莲瓣式高足盘线描图

隋代黄绿釉高足盘

明代高足杯

明代高足杯

图三　满族掐丝珐琅莲瓣式高足盘对比图

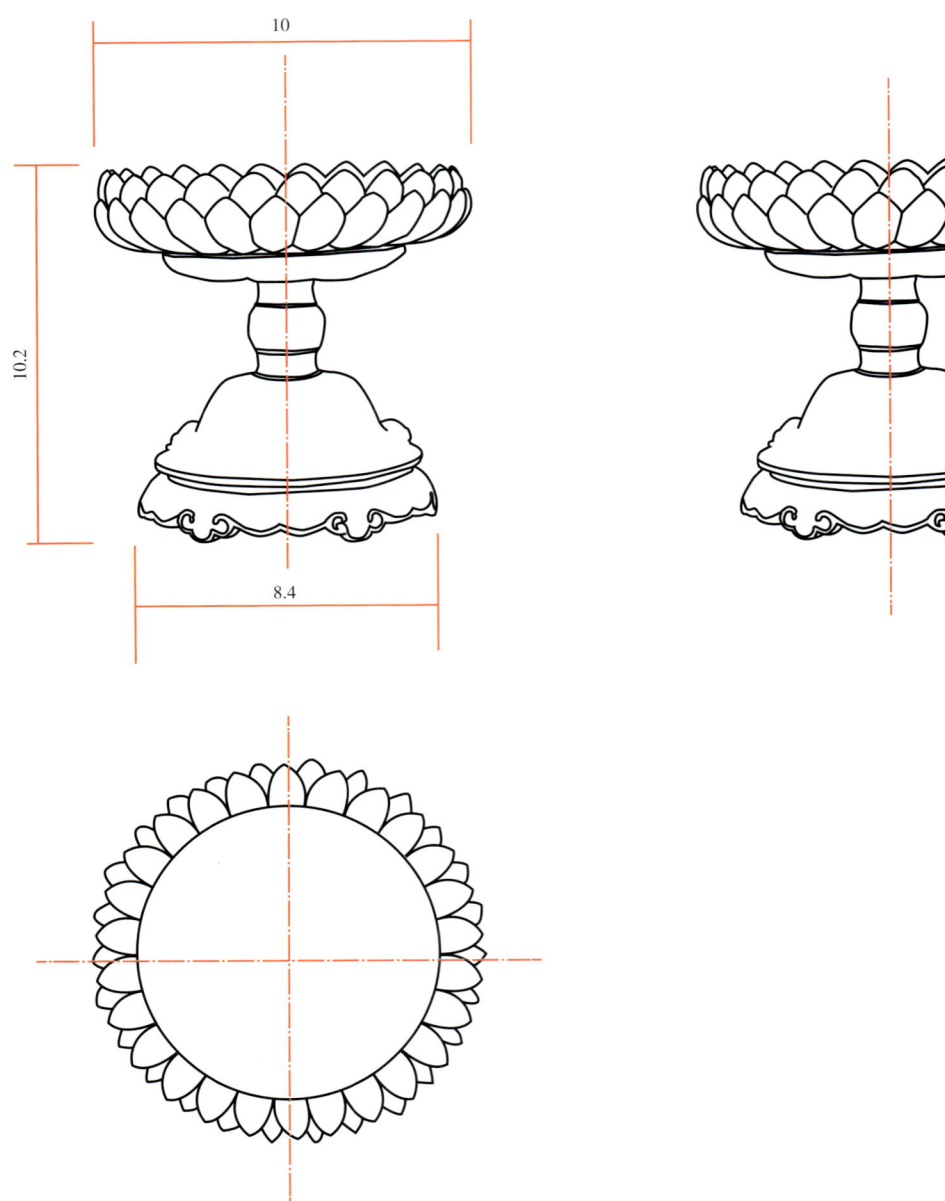

图四　满族掐丝珐琅莲瓣式高足盘尺寸图（单位：cm）

图五　满族掐丝珐琅莲瓣式高足盘使用情境图

图六　满族掐丝珐琅莲瓣式高足盘纹样图

图七　满族掐丝珐琅莲瓣式高足盘制作工艺日

满族补绣

图一　满族补绣主图

　　满族人民在长期社会生产生活过程中创造了丰富多彩的文化，补绣艺术就是其中的一个组成部分，是我国民间艺术中的一朵绚丽的鲜花。补绣也叫钉线，是清代产生于民间的一种刺绣艺术。它与一般色彩艳丽的丝绸枕顶等的刺绣不同，是以家织布做材料，以黑白为色彩而构成的。纹样以粗壮的黑线造型，粗犷有力，黑白分明，自然和谐，妙趣横生。补绣是满族刺绣和剪纸的一种制作方法，主要用来美化衫、褂、围裙及枕头顶、被格搭等。

　　补绣，类似于蒙古族的贴花，也称"补布绣"。是将补布和刺绣相结合，就是用布、绸、缎等材料剪成图案，再缝缉或粘贴在衣物上。配色较繁，花分五彩，叶分深浅，一张布显得色彩非常丰富。因为图案是用剪刀剪出，所以图案整体为粗线条，显得庄重、质朴。在制作方法上吸收了剪纸的技巧，多追求对称或连续，具有很高的装饰趣味。补绣虽然说是绣，但是有剪无绣，仅为缉边，所以从艺术特色和手法上更妾近于剪纸。从色彩上来说，补绣多为单色，以黑、蓝居多，色彩效果显得凝重大方。

补绣运用了多种薄片材料，重在实用，就地取材，所以得到普遍运用。同时采用了剪、刻、镂、錾等各种手段，所以与普通剪纸相比较，技巧显得更为丰富多彩。

图片来源

图一 佟大，《满族》辽宁民族出版社，2009年1月，第79页。

图二至图五 邵帅 制图

  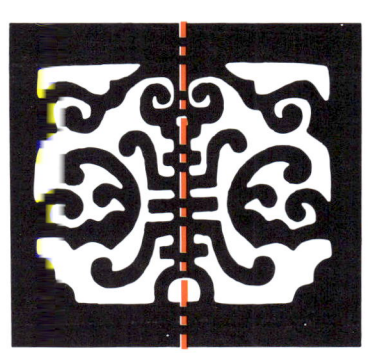

对称轴　　　　　　　对称轴　　　　　　　对称轴

图二　满族补绣图案分析图

花　鸟　枝干

图三　满族补绣图案名称图

图四　满族补绣图案使用图

图五　满族补绣图案解析图

满族粉彩镂空团寿盖盒

图一 满族粉彩镂空团寿盖盒主图

盖盒，即带盖的盒子，生活中随处可见，然用之于文房，往往精致文雅。特别是明清之际，文人重视文房器具的雅致与精巧，使得这一时期的文房用品颇受当今藏家的青睐，有小器大雅之说。同时，盖盒用途规范，有满族女子化妆时盛放粉、黛和胭脂等生活用品器物的，也有用来盛装化妆梳洗用油及妇女头饰、花朵等，或者摆放糕点。据相关资料记载，这种瓷盒在隋代就已经问世，唐代及五代有了长足的发展，且在清代无论种类还是工艺都到达到鼎盛期。

粉彩镂空盖盒，产生于清雍正时期，通高13.2厘米，口径21.7厘米，足径12.9厘米。

盒呈扁圆形，上下子母套口，盖面隆起，盖顶置圆珠钮，圈足。盒内设9格。外壁以粉彩描绘缠枝花纹。盖面先镂空缠枝莲纹，莲朵中心镂空团"寿"字，再以粉彩描绘。口沿涂金彩，近足处绘双重莲瓣纹，圈足外墙绘回纹。圈足内施松石绿釉，外底中心青花双圈内留白，署青花篆体"雍正年制"四字双行款。此盒以镂空加彩绘技法进行装饰，而且镂空激发娴熟，彩绘笔触细腻，堪称雍正粉彩瓷器中殊为少见的作品。

图片来源
图一　故宫博物院
图二至图七　马超　制图

第六章　满族传统手工艺

图二　满族粉彩镂空团寿盖盒二视图

图三　满族粉彩镂空团寿盖盒线描图

图四 满族粉彩镂空团寿盖盒掀盖图

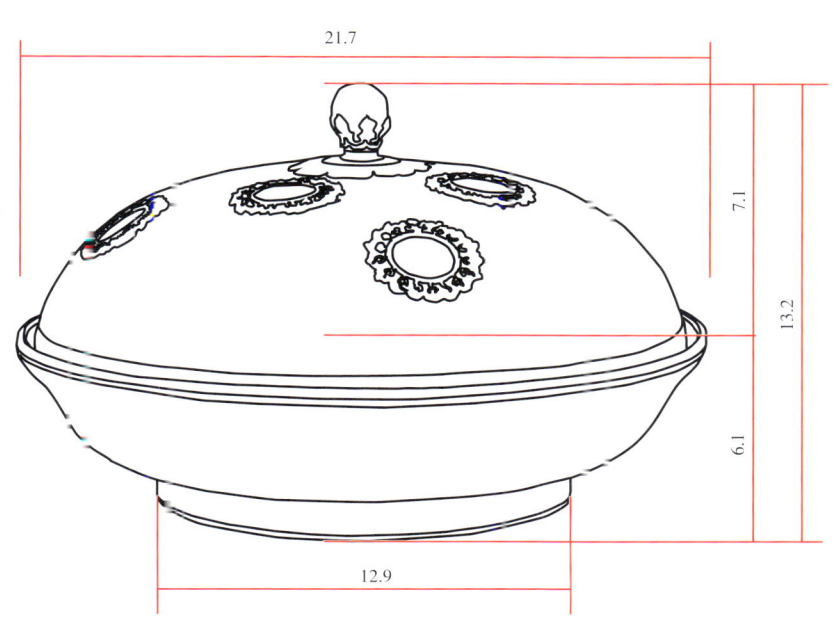

图五 满族粉彩镂空团寿盖盒尺寸图（单位：cm）

第六章 满族传统手工艺

511

图六　满族粉彩镂空团寿盖盒结构名称图

图七　满族粉彩镂空团寿盖盒颜色分析图

满族合欢瓶

图一 满族合欢瓶主图

双联式是唐代开始一种瓶体样式，但在清朝开始逐渐流行起来。合欢瓶是双联瓶的一种样式。由于这种瓶设计造型独特优美，清宫内务府档案命名为"合欢瓶"。本案例收藏于故宫博物院，是清乾隆时期比较有代表性的合欢瓶。瓶高16.3厘米，口径6.8厘米，足径7.5厘米。

本案例合欢瓶主要由两瓶合至一起，这种双联式瓶体具有和合的吉祥寓意。在制作时，同样也是分别制作两瓶泥胎，制好后将泥胎组合在一起制作出合欢瓶的造型。合欢瓶造型独特，其主要特征为"8"字型盘口和圈足，瓶底圈足外撇，瓶身为短颈、溜肩、圆腹、束胫。瓶身左右对称，盖顶安有金色圆珠提纽，瓶身颜色为红蓝两色，并且颜色相对。瓶内施松石绿釉，瓶身外壁上在红、蓝底色上装饰"轧道"工艺，并配有手绘折枝花彩色图案。白釉圈底部下用蓝料彩色书写豪体"大清乾隆年制"六字。

当时设计此瓶时，内务府要求"锦上添花"，所以工艺繁琐。瓶身上色用铁锥划出在珐琅彩色打底，再用毛笔蘸彩料描绘蔓草纹，纹理宛如凤尾，细如发丝，手绘工艺精美绝伦，为当时的一种创新装饰技法。

图片来源
图一　故宫博物馆
图二至图四　邱珂　制图

图二　满族合欢瓶线描图

图三　满族合欢瓶配色图

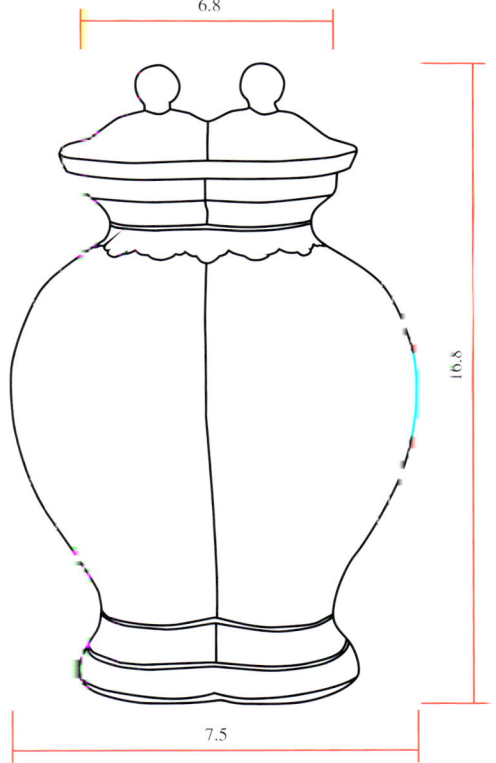

图匹 满族合欢瓶尺寸图（单位：cm）

满族康熙匏蒜头瓶

图一　满族康熙匏蒜头瓶主图

匏器又称葫芦器，是一种起源于明朝、兴盛于清代的，将天然美与人工匠意合为一体的传统工艺品。其制作方式是将葫芦放在预先制好的模子内，使其随着模子长成特定形状和纹样的葫芦器。

本案例收藏于故宫博物院，即是清康熙年间的一件精美匏器——"匏蒜头瓶"，其形圆润、丰满匀称，瓶身花纹繁而不复。匏器最早来源于宫廷，后来逐渐发展成为富商贵族们把玩的用品。清代匏器制作工艺日渐精巧，已经出现了笔筒、花插、杯、碗、蝈蝈笼、蛐蛐罐等各种式样、纹饰丰富的匏器。

清代制匏工艺颇受满族皇家重视，康熙皇帝玄烨曾在瀛台的丰泽园内种植葫芦，并设专人管理。在宫廷的督造下，生产出诸多清朗典雅的模制匏器，其制作工艺精巧，产品种类纷繁，风神别具。其精湛的雕刻技艺和不朽的艺术价值，充分体现了古代劳动人民的卓越才能和艺术创造力。

图片来源
图一　故宫博物院
图二至图四　陈子豪　制图

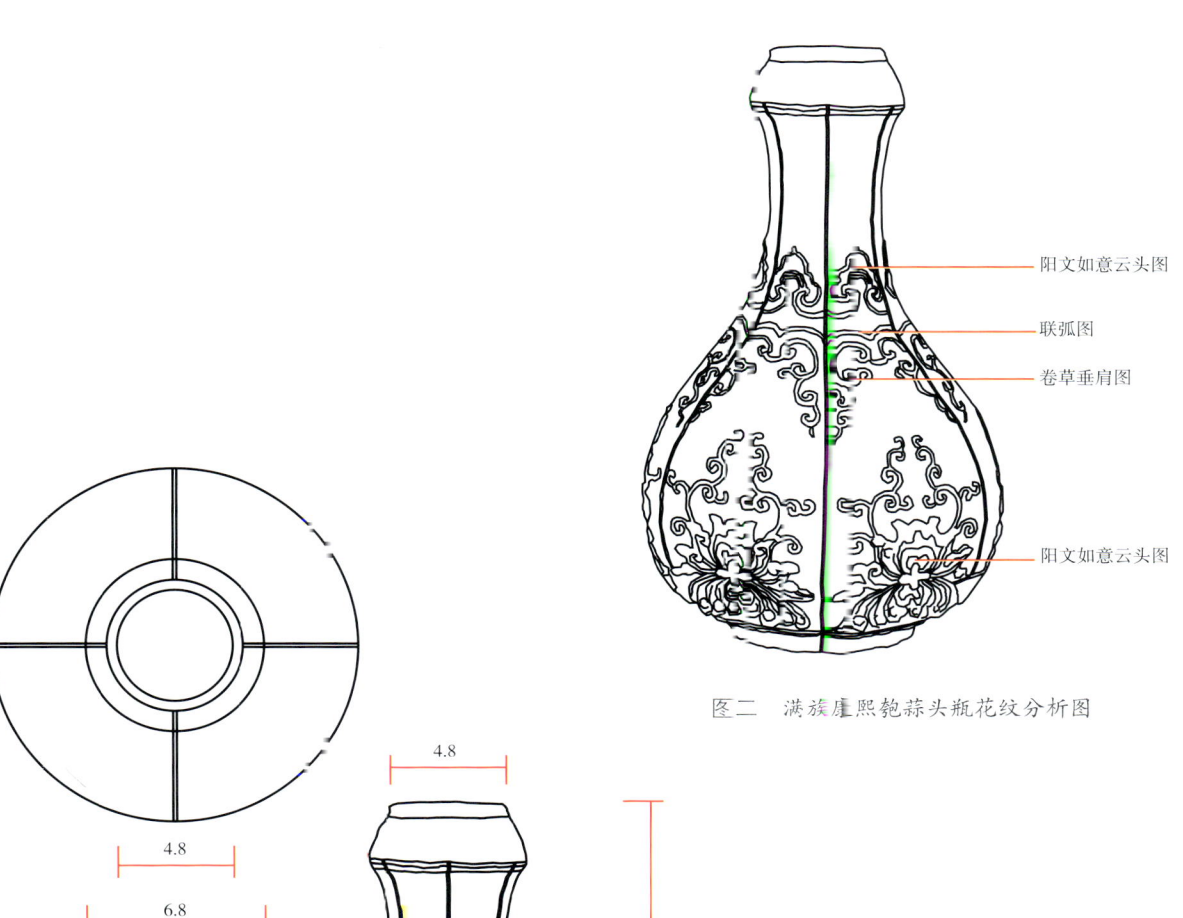

图二 满族康熙鲍蒜头瓶花纹分析图

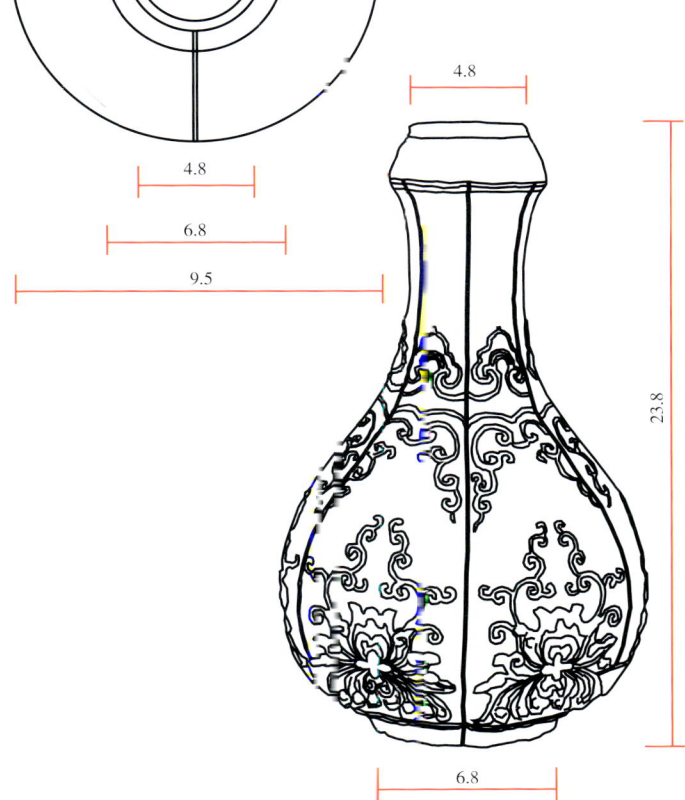

图三 满族康熙鲍蒜头瓶尺寸图（单位：cm）

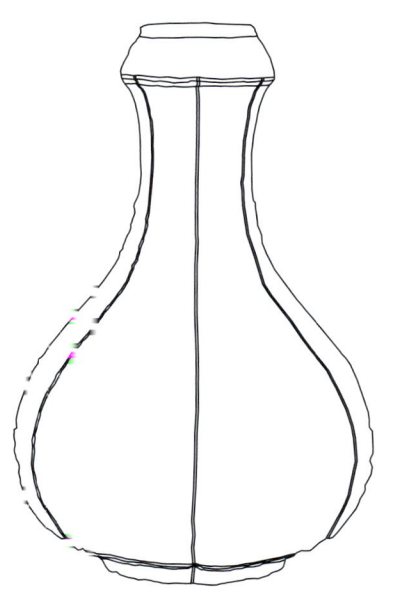

图四 满族康熙鲍蒜头瓶造型图

满族青花竹纹节壶

图一　满族青花竹纹节壶主图

清朝开始逐渐流行以象形制器的方式制造陶瓷制品，匠人们通过观察自然和生活中的事物，根据其事物特征进行设计艺术创作，制造陶瓷制品。本案例为青花竹纹节壶，收藏于故宫博物院，通高12.5厘米，口径9.8厘米，足径9厘米。

青花竹纹节壶设计灵感来源于竹子的形态，其中壶子的壶身、壶口以及手柄均呈竹节形状。本案例竹纹节壶采用青花色釉，象征质朴、高雅、纯洁、虚心、有节、刚直等中国古代文人精神。本案例竹纹节壶以"观物取象"为依据，以竹节特征将手柄、壶口、壶身等重要部位形象化。其底部为浅圈足，用青花颜料楷体书写"大清康熙年制"六字三行。为了保持竹子形状，壶子设计为平顶壶盖，并设计制作竹节形的提钮。青花竹纹节壶通体用青花颜料绘竹叶花纹，整体设计上，釉面洁白，青花淡雅，极有韵味。

清代的陶瓷设计者通过对自然事物的观察来寻求灵感，以象形制器设计原理，提炼和概括所观察的自然事物特色，创造出具有自然事物特色的器具，充满丰富想象。其设计的青花竹纹节壶是最具典型和代表性的形象，蕴含着清朝造型设计和创造的理念"观物取象"。

图片来源
　图一、图二　故宫博物院
　图三、图四　邱珂　制图

图二　满族青花竹纹节壶顶视图

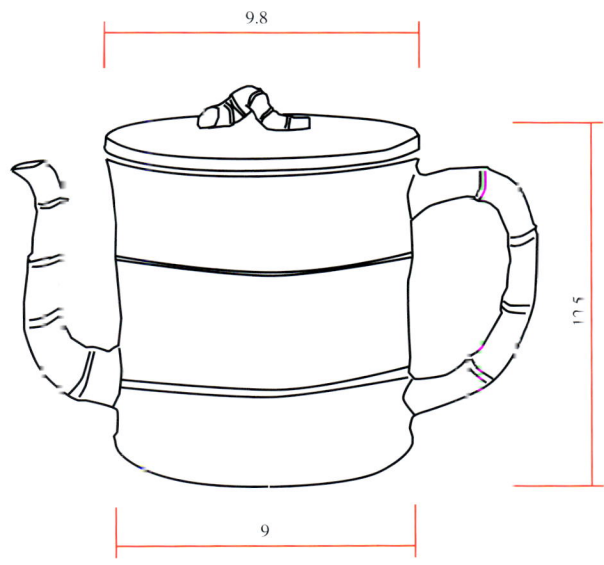

图三　满族青花竹纹节壶尺寸图（单位：cm）

图四　满族青花竹纹节壶解析图

满族转心瓶

图一　满族转心瓶主图

转心瓶属于清代创制的一种瓶式。转心瓶是在陶瓷器形、种类上具有特殊艺术魅力的一种独特的花瓶式样，常见有外瓶腹际镂孔，腹内套装一个可以转动的内瓶，转动内瓶瓶颈，内瓶即转动，故称转心瓶。转心瓶是一种结构复杂的特种工艺品，内瓶与外瓶要尺寸吻合，且要考虑到分开烧制以及烧成变形等因素，因而制作难度大，烧制过程中胚胎容易变形、开裂，故传世品较少，存世多为清乾隆以后的制品。

外蓝釉金彩内粉彩乾隆帝行围图转旋瓶，高60.5厘米，口径20厘米，腹深52厘米。分盖、颈、腹部、外瓶、内胆、夹层、底盘六个部分烧造，最后装配而成。瓶盖为覆碟形，有子口；颈部对称排列四只金夔龙耳；腹部有外瓶、夹层小平台和内胆三层结构，外瓶上有圆形镂空、小平台上的人物牙雕、内胆上悬挂的人物牙雕和内胆上所绘的粉彩山水人物纹等四层装饰，组合成乾隆帝行围图的立体场景。转动瓶颈，腹部内瓶跟着旋转，有走马观灯的效果，在摆动的人群后面，乾隆帝策马而来 扬鞭而去，仪仗、侍卫前呼后拥，欢迎的人群和背景不断变换。圈足内罩白釉，绘青花"大清乾隆年制"篆书印章款。比转心瓶曾放置于奉行天宫，是一件纪念清帝东巡的孤品。

图片来源

图一　南京博物院

图二至图五　戚建丽　制图

图二　满族转心瓶线描图　　　　图三　满族转心瓶三视图

第六章　满族传统手工艺

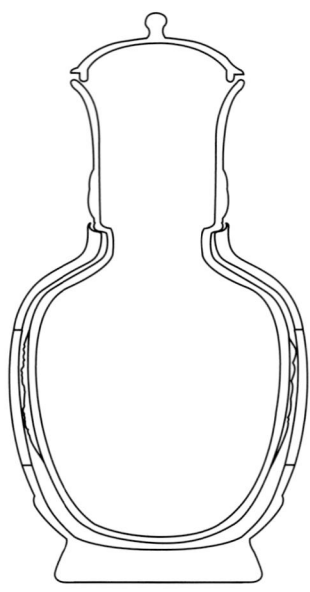

图四　满族转心瓶剖面图

图五　满族转心瓶解析图

满族铜珐琅带盖炉

图一　满族铜珐琅带盖炉主图

满族铜珐琅带盖炉，是康熙年间满族皇家用于点放熏香，或熏衣、或陈设、或敬神供佛的炉形容器，现藏于北京博物院。此尊香炉器炉顶订铜胎镀金，下置铜镀金兽首四足，尽显皇家华贵。

铜珐琅带盖炉通高13.2厘米，腰径15.5厘米，整体造型端正大气。炉体呈圆形，盖顶饰铜镀金镂空桃花纽，其下镂雕，底置铜镀金兽首四足，兽首生动、霸气。器身外壁施浅蓝色珐琅为底，饰彩釉勾莲纹，花纹色彩丰富、形态饱满，图案纹样轮廓均以金丝勾线，起到装饰炉身之效。整个炉体造型小巧秀美。

熏香的历史在中国由来已久，最初的香炉采用青铜为材料。汉代以后，香炉的材质逐渐丰富起来。宋代出现了瓷制的博山炉，但是它禁不住香粉的烧烤，很快就变成了文人的把玩之物。以后出现的玉质香炉、翡翠香炉等等，也都是一种用来陈设或者把玩的观赏品。与实用器相比，陈设器的价值也许更高。直到明清时期兼具实用性与艺术性的铜制珐琅彩的炉器广泛应用于宫廷之中。

值得注意的是古代常规的香炉制式一般为方形或圆形，方形的香炉一般有四足，而圆形的香炉，多是三足，一足在前，两足放置于后。而此座底置铜镀金兽首四足的圆形铜珐琅带盖炉却四足鼎立，颇具特点。

图片来源
图一至图六　苏远亮　制图

图二　满族铜珐琅带盖炉线描图

图三 满族铜珐琅带盖炉使用情境图

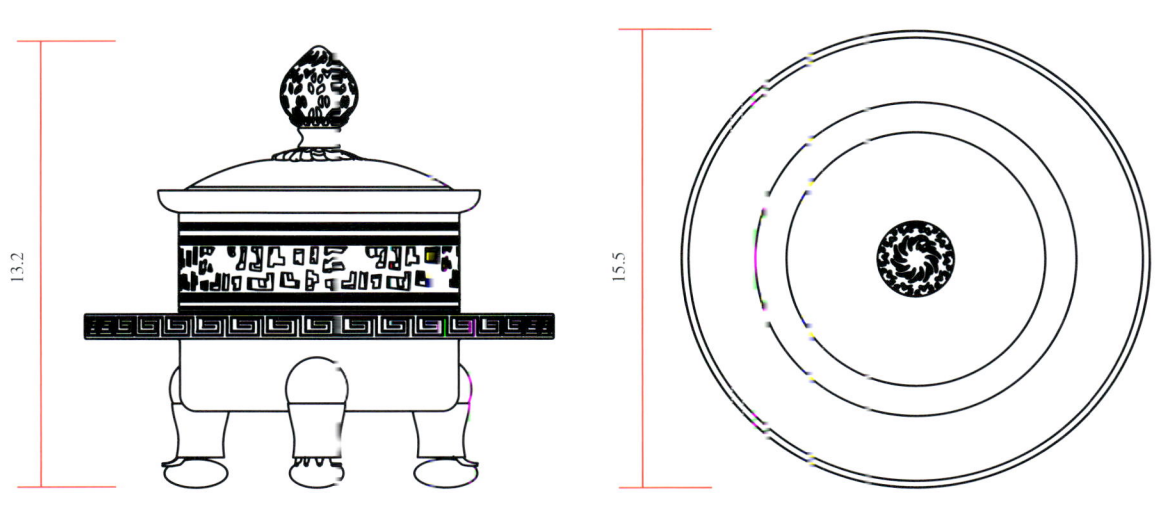

图四 满族铜珐琅带盖炉尺寸图（单位：cm）

第六章 满族传统手工艺

图五　满族铜珐琅带盖炉解析图

图六　满族铜珐琅带盖炉加工工艺图

第七章 满族传统民俗和宗教造像

满族驯鹰

图一　满族驯鹰主图

　　驯鹰一般由打鹰、驯鹰两过程组成。打鹰也称为"蹲鹰",一般在每年十月进行。蹲鹰地点一般选择在山坡开阔地点,布好鹰网,放上一只活鸡(最好是色彩斑斓的公鸡)作为诱饵。猎人蹲在附近"鹰窝棚"里,手拉着连接鹰网的拴绳,待鹰前来捕食诱饵,拉住拴绳,鹰网落下将鹰罩住。这一过程时间并不确定,有时需要耗费二十多天。

　　捕到鹰之后,将其绑缚在鹰架上,几天几夜不让它休息,称之为"熬鹰",主要是磨掉鹰的野性,使鹰接受猎人的训练。将鹰的野性磨掉以后,开始驯鹰环节,即通过喂食,使鹰与主人建立起感情,鹰逐渐习惯站立在主人的臂肘上,这称为"过拳"。能"过拳"的鹰开始进行室外训练,叫作"跑绳"。过拳、跑绳后再经过训练,鹰可以远飞,在听到主人呼唤后,可立即返回站在主人臂上,"生鹰"才成"熟鹰"。经过训练的鹰成为满族狩猎非常好的助手,因其飞得高，看得远，成为猎人的千里眼。而迅猛的扑食能力，又很好地配合满族猎人的狩猎。

驯鹰过程是满族在进行狩猎时充分发挥动物本能的活动，在长期的狩猎活动中满族猎人发现了可以利用动物进行狩猎，将动物训练成为猎人狩猎的助手，猎鹰就是一个很好的例子，这在其他狩猎民族中也常常看到。后来满族入关建立清朝后，猎鹰也成为满族贵族显耀财富的一种重要手段。

图片来源
图一　崔育光.《图像中国满族风俗叙录》.山东画报出版社.
图二　张洪庆　制图
图三　邱珂　制图
图四　张子心　制图

图二　满族驯鹰线描图

图三　满族驯鹰手势图

图四　满族驯鹰线描图

满族翻绳

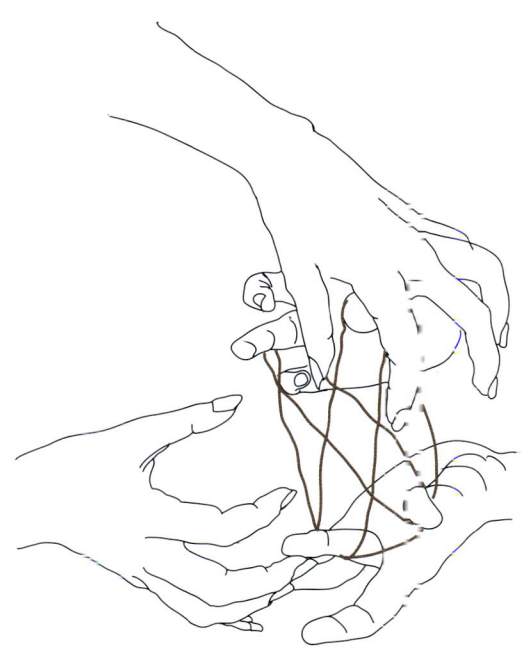

图一　满族翻绳主图

满族先民在长期的生活中，出现了许多别致的游艺活动，翻绳就是其中一种。翻绳，在满族也称作解股、翻套等，是一种利用绳子玩的室内游戏，只需要灵巧的手指，就可以翻转出许多的花样。翻绳在中国不同的地域，有不同的称法，如线翻花、翻花鼓、挑绷绷、翻绞绞、解股等等。一条绳子加上灵巧的手指就可以翻转出许多的花样，让人享受许多快乐时光。只是要小心，不可以拉错线，翻错弯，否则绳子就会打结。

翻绳可以两个人玩，也可以多个人玩。玩法是以一根一米多长的红色或彩色线绳两头对接、结成环状，先由一人套在两手手指上，绷直；另一人以双手手指钩绳，翻过花样接过。两人或多人交替翻接，直到不能翻出新花样为止。其花样的名称有数十种，如手绢、面条、渔网、牛槽、波罗锤等。

翻绳游戏工具简单，花样繁多，活动方式灵活，是满族女孩非常喜爱的游戏之一。在东北地区严酷的生活环境中，特别是在寒冷的冬季，女孩无法外出进行活动，在家中进行翻绳、玩嘎拉哈等游戏，适合家庭进行，不需要太大的活动空间，而且翻绳对于开发孩子的智力，加强儿童手指灵活训练，都起到很大的作用。

图片来源
图一　张子心　绘图
图二　邱珂　制图
图三　郝秀丽　绘图

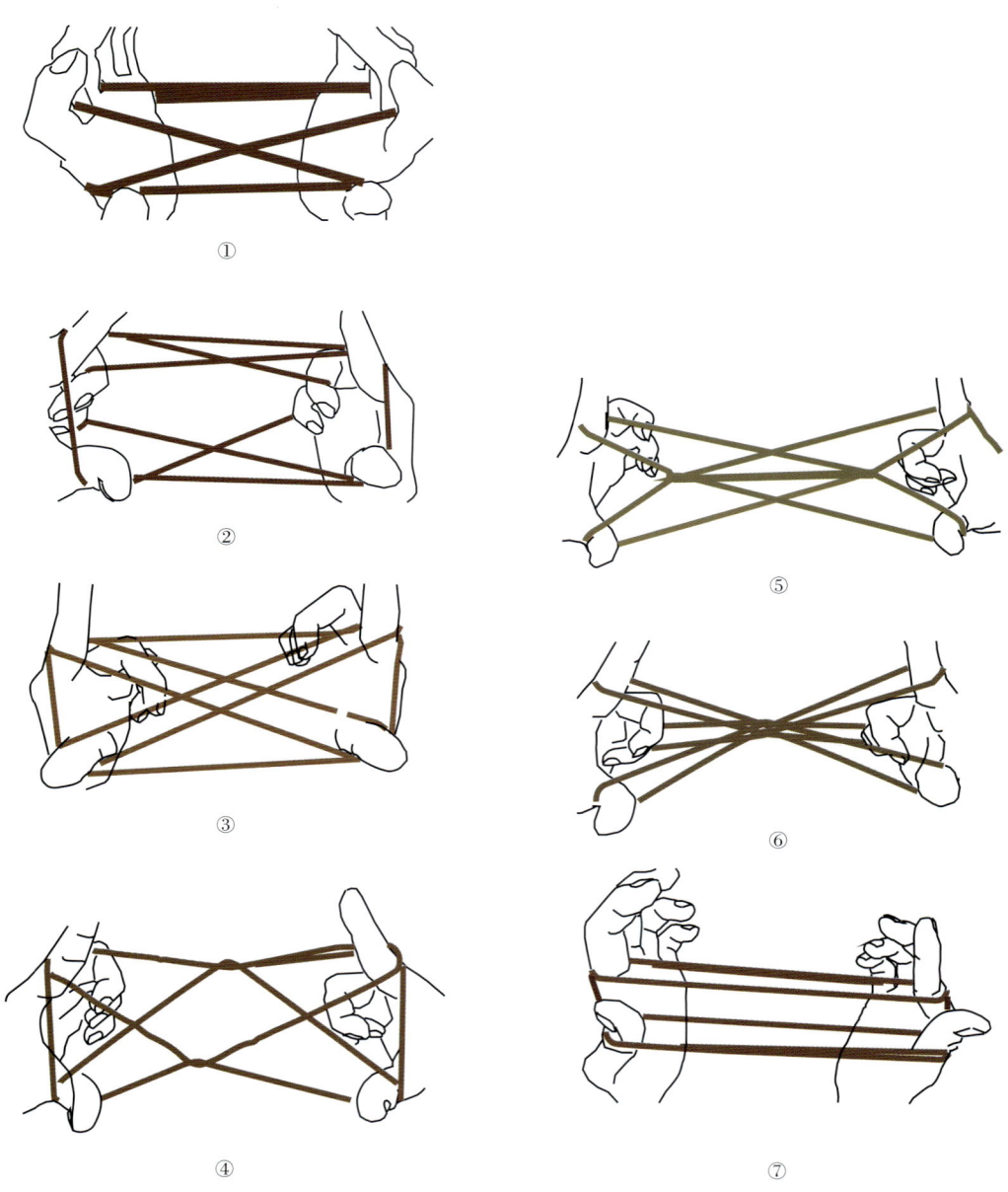

图二 满族翻绳花样步骤图

图三　满族翻绳情境线描图

第七章　满族传统民俗和宗教造像

满族抽陀螺

图一　满族抽陀螺主图

抽陀螺，也叫"打陀螺""鞭陀螺""打猴""打懒老婆"。北京地区在明代时就很盛行此游戏。抽陀螺在我国很多地方都很流行，而满族群众更喜欢在冰上抽陀螺，称之为"冰陀螺"或"冰尜"。冰尜形状略似海螺，通常为木制，上端平面，下端尖形，或镶有铁珠。玩的时候，用鞭绳绳绕陀螺中间猛然用力撇上鞭绳，使之旋转于地面上，并不断抽打以使其旋转不倒。如果在上端平面上涂以颜色或贴以彩纸，旋转时就更加好看了。

抽陀螺是古老的民俗体育游戏，流传甚广。陀螺为木制的圆锥形，上大下尖。将尖头着地，以绳绕螺身，然后旋转放开鞭绳，使陀螺旋转；或用手直接旋转陀螺，待陀螺着地，以绳抽之，使之旋转。另有鸣声陀螺和菱形陀螺，以竹木制成中空圆筒，中间贯以旋轴。圆筒体开有狭长裂口，转动时由于气流作用能发声。菱形陀螺为两头小，中间大，以绳绕螺身，使着地旋转，顺势抽绳，使螺旋转。

满族人把陀螺叫"冰猴儿"。那里的习

俗不在春季鞭陀螺，而在冬季，滴水成冰之时。

每于冰上嬉玩，陀螺一经抽打，便旋转不停，灵活得犹如猴子一样，故名之为"冰猴儿"。

图片来源

图一　吕珂　摄影
图二、图三　王中平　制图
图四、图五　兰庆兰　制图

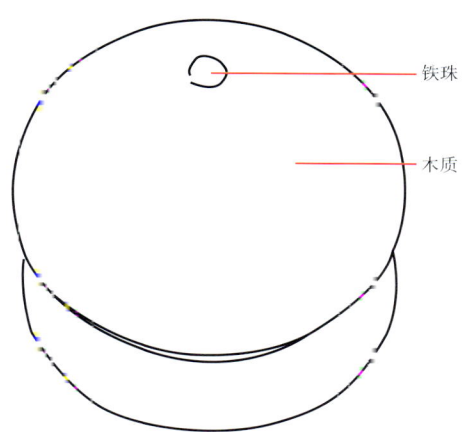

图二　满族抽陀螺线描图

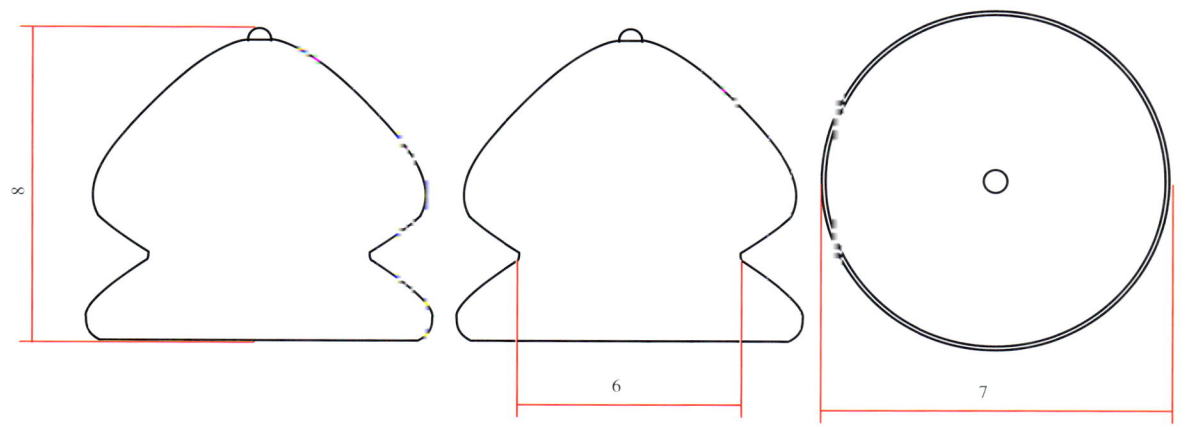

图三　满族抽陀螺三视、尺寸图（单位：cm）

图四　满族抽陀螺使用情境图

图五　满族抽陀螺解析图

满族嘎拉哈

图一 满族嘎拉哈主图

嘎拉哈也称作"嘎什哈""嘎楚哈""噶什哈"等，是满语的音译。它是用羊、猪、狍子、猿、鹿、黄羊等的膝盖骨做成，方形，四面为凹凸不同之状，分别叫作"耳""轮""里""背"。也有称之为"壳""背""增""驴"或是"坑儿""肚儿""云儿""轮儿"的。为了美观和玩法的需要，有的把嘎拉哈染成红、绿、紫、黄等不同颜色。

抓嘎拉哈亦称作"打辫骨""扣韵石""玩背式骨"，俗为"玩羊澳"。它是满族的传统游戏，流行于我国东北、北方地区。实际上，北魏时鲜卑族已把嘎拉哈用于游戏或作殉葬品。金元时蒙古族儿童也用于游戏或作礼物互相赠送。古代所玩的筋骨除了牛羊骨之外，还有獐、麋、鹿等兽骨。后来则主要是羊、黄羊和牛的骨。

嘎拉哈的玩者多为儿童和妇女，人数二到三人，三到五人均可。嘎拉哈的玩法颇多，大致有"弹""抓"两种玩法。"弹"，是先将嘎拉哈平均分给游戏者，再按约定每人拿出相同数目合在一起，第一人将合起来的"嘎拉哈"掷散，然后将其中一个弹向另一个形状相同者。若弹中，即取其一归己，不得与其他的相碰。若弹不中或形状相同者，则依次由他人掷弹，直到弹尽。最后以弹的多少分胜负。"抓"，是将若干"嘎拉哈"散开，取其一抛起，再立即用同一只手迅速抓起约定数（通常是两个形态相同者）的"嘎拉哈"，并须将抛起的接在手中。要求动作迅速、准确。如每次都抓得起，接得住，则一直抓下去。若有失手，则依次由下一人"抓"，直到将所有子抓完，也以抓的多少定胜负。

图片来源
图一至图四　周夏　制图

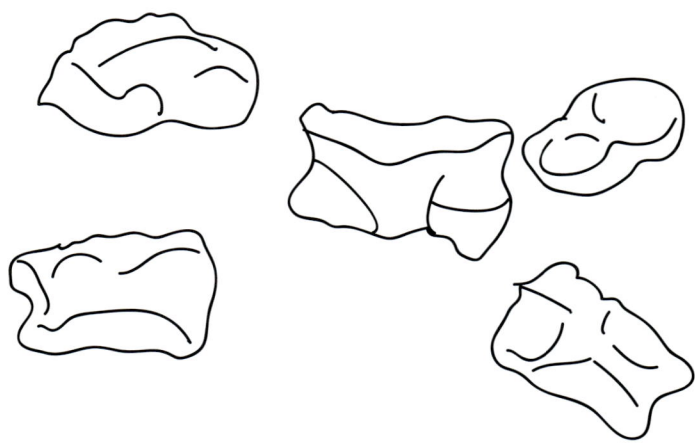

图二　满族嘎拉哈线描图

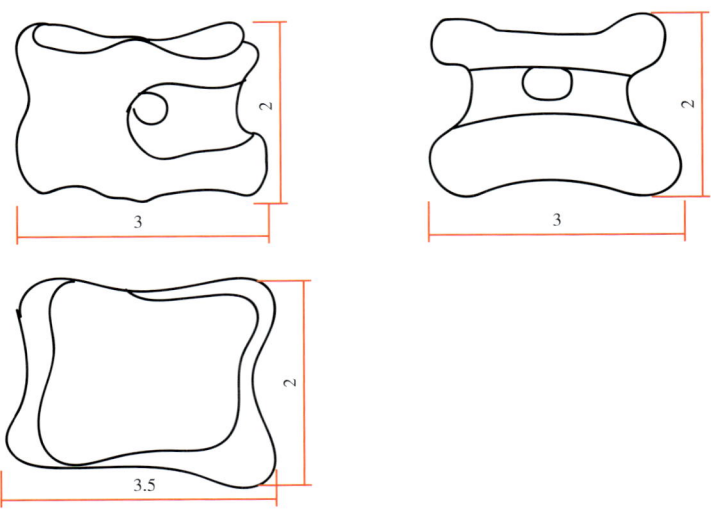

图三　满族嘎拉哈三视、尺寸图（单位：cm）

图四　满族嘎拉哈使用情境图

第七章　满族传统民俗和宗教造像

满族珍珠球

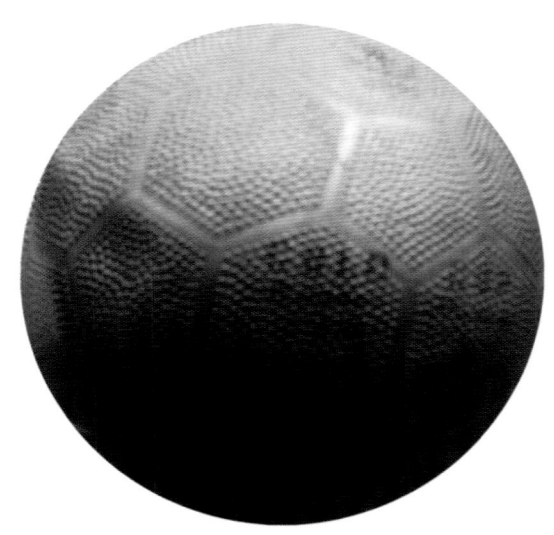

图一　满族珍珠球主图

珍珠球运动是满族传统的体育项目，原名"采珍珠"。在我国满族不同的聚居区有不同的叫法，如"踢核""采核""扔核""投空手""打司令"等，满语称作"尼楚赫"，即将珠子扔进筐里的意思。满族人把珍珠当作光明和幸福的象征。采珍珠是满族重要的生产活动。珍珠球就是由采珍珠这项传统生产活动演变而来的。珍珠球的外壳用皮革或橡胶制成，内装球胆，表面应为珍珠（白）色。球的圆周长54-56厘米，重量300-325克。球拍为蛤蚌形状，用具有韧性的树脂材料制成。抄网兜口为圆形，兜口内径25厘米。

珍珠球运动的竞赛方法比较简单，双方对争，每队各出六名运动员，其中一名队员站在一端准备持网捕捞，三名手拿蚌形木拍的队员站在对方捕珠者前面拦截珍珠，其他三名队员下"水"与对方队员争夺珍珠，夺到后把珍珠投向自己队的持网人，而对方的持蚌人又要设法用蚌形木拍把投来的珍珠截回去，只有让珍珠躲过对方蚌形木拍的拦截，把珍珠投入自己队的持网人的网里才算得分。

现在，珍珠球运动已经被国家民委和国家体委定为全国少数民族体育运动会正式比赛项目，新宾满族代表队曾多次参加"珍珠球"邀请赛。目前，全国的满族自治县、乡都组建了珍珠球运动的代表队。

图片来源
图一　白波　摄影
图二至图四　王中正　制图
图五、图六　陈清霞　制图

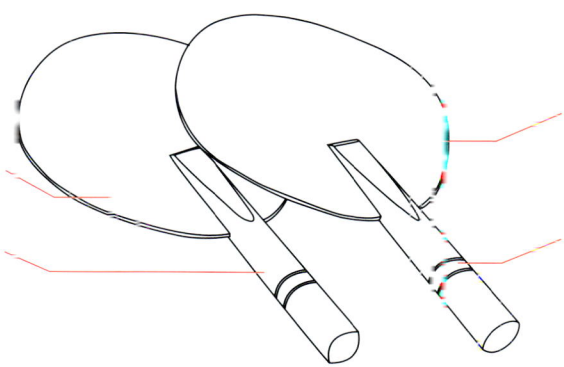

拍面：长35厘米，宽25厘米，蛤蚌形状，用具有韧性的树脂材料制成，不同的队伍上面绘制的图案、颜色各不相同

拍柄：为椭圆柱形，长15厘米，最大直径4厘米

球拍边缘用橡胶或软质材料包裹，宽度不超过0.4厘米，厚度不超过0.2厘米

拍柄两圈圆的处理为了防滑，增大摩擦

图二　满族珍珠球木拍

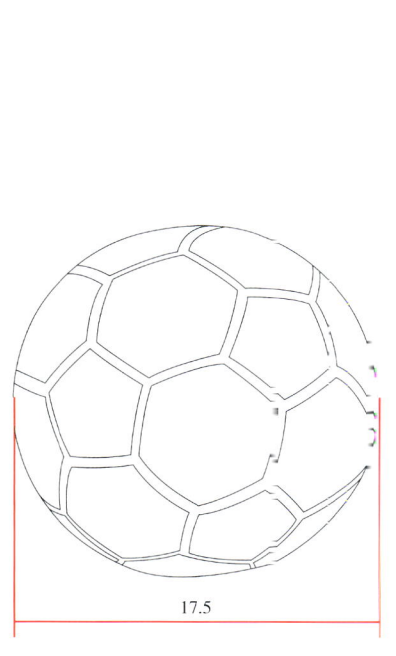

珍珠球：圆周长为54~56厘米，直径约为17.5厘米，重量在300~325克之间，外壳用皮革或橡胶制成，内装球胆，表面应为珍珠（白）色。

图三　满族珍珠球线描尺寸图（单位：cm）

图四　满族珍珠球比赛情境图

第七章　满族传统民俗和宗教造像

541

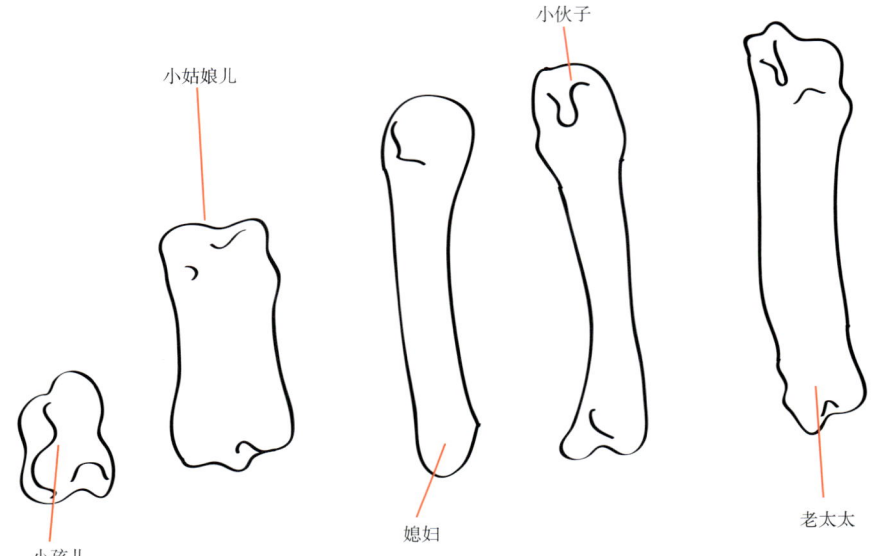

图二　满族媳妇人儿中各角色名称示意图

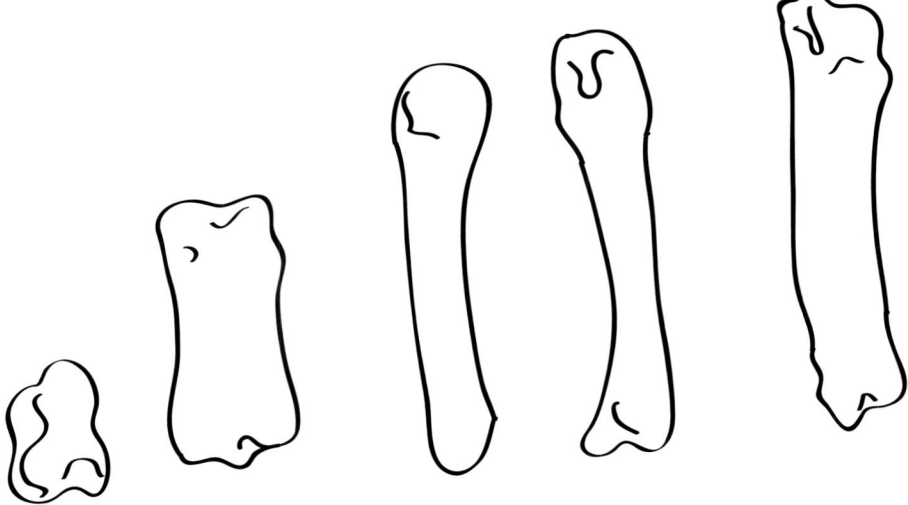

图三　满族媳妇人儿线描图

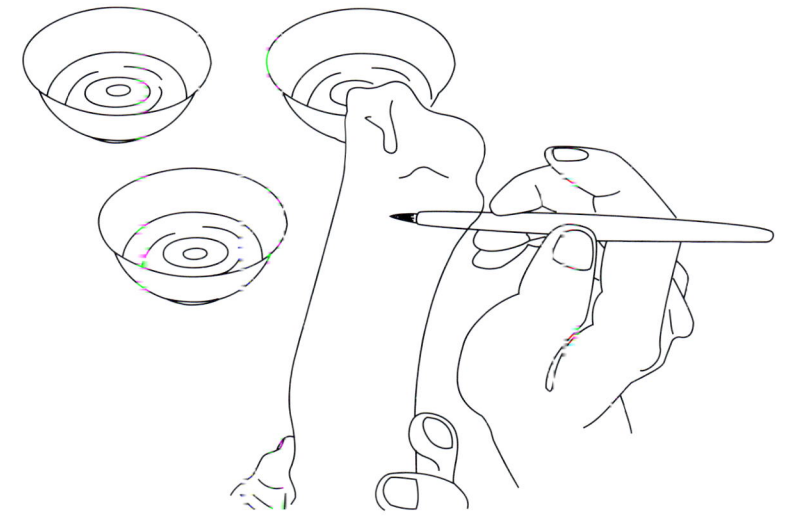

图四　满族媳妇人儿上色工艺图

图五　满族媳妇人儿使用情境图

第七章　满族传统民俗和宗教造像

545

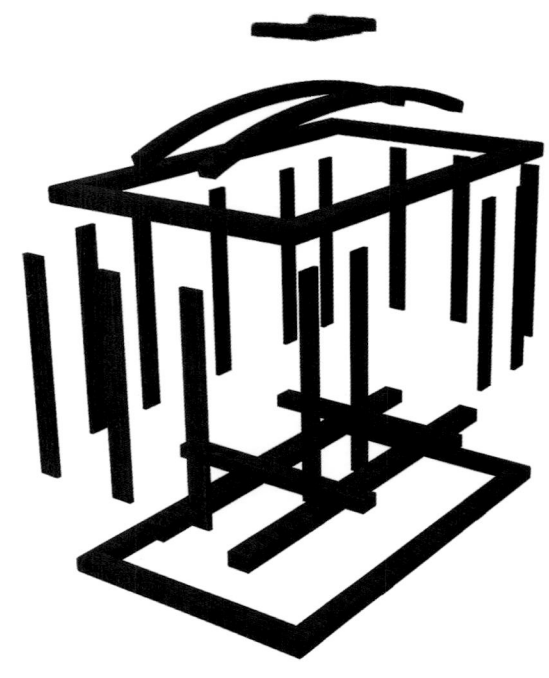

图四　满族鹅笼解析图

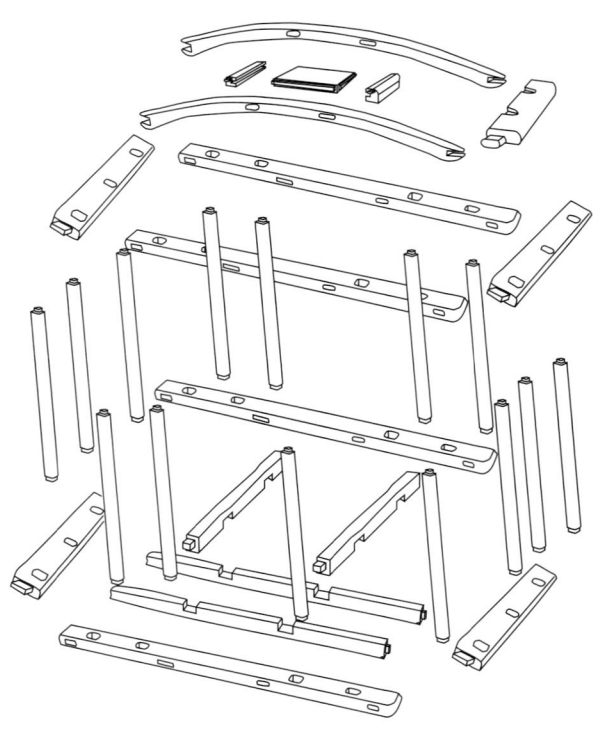

图五　满族鹅笼制作工艺流程图

满族抱宝瓶

图一　满族抱宝瓶主图

抱宝瓶是我国东北满族婚俗仪式中颇具良好寓意的一项，是在拜北斗、搭帐篷之后进行的仪式。在满族婚礼上，先由尊长或主持人"念唱"祈福祝辞，在众位到宝贺客欢呼祝贺后，由一位公婆俱在而且儿女双全的"全福女子"递给新娘一只宝瓶，新娘将宝瓶抱在怀中，称抱宝瓶。

宝瓶往往由花瓶或锡壶充当，内部往往装有黄米和白米，又称"金银米"。这些"金银米"象征金银珠宝，祝愿新人婚后的二人生活富足、美满，金宝平安。宝瓶的瓶口盖红布一匹，以红线或五彩线扎系。抱宝瓶寓意婚后多财、富足。新娘怀抱宝瓶，跨越设在新房地上的马鞍，踏过两只装有高粱的木斗，登上婚床，坐在下置斧子的新褥上，进入下一个婚礼环节——坐帐。

本案例所见宝瓶，为一对瓷制瓶器，现收藏于吉林省伊通满族自治县博物馆。一般而言，瓷瓶是供在家中大堂的装饰品，具有保平安的吉祥寓意。而满族新娘结婚时抱"宝瓶"，则把这份"吉祥"装在瓶里，抱在身上。是一种吉祥祝愿，寓意新娘与新郎的婚姻能够终身幸福、美满。抱宝瓶，表达了对新人的美好祝愿、对未来生活的美好向往。

图片来源
图一　白波　摄影
图二至图四　邱珂　制图

图二 满族抱宝瓶线描图

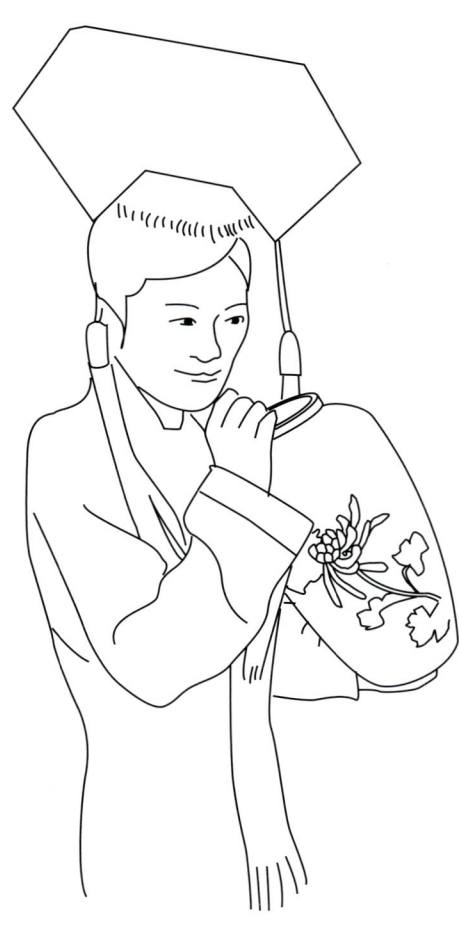

图三 满族抱宝瓶使用情境图

图四 满族抱宝瓶尺寸图（单位：cm）

满族揭盖头秤杆

图一　满族揭盖头秤杆主图

盖头是指在满族婚礼上覆盖在新娘头上的红巾。挑盖头是满族婚俗中由新郎和新娘来进行的仪式。揭盖头秤杆就是满族新郎用来挑新娘盖头的信物。

揭盖头是满族婚礼借鉴汉族婚礼而来的，但满族婚礼中是使用秤杆来揭开新娘的盖头，在满族婚礼中，吉祥寓意更为浓厚。吉祥寓意在中国古代各民族中都比较常见，是中国古代设计中一项重要内容，而婚礼中吉祥寓意体现得最为集中。红色的盖头，揭盖头的秤杆，抚摸新娘的头发，都是体现了这种意义。

在满族婚礼中，当新郎和新娘拜北斗之后，在新房门前跨过火盆，进入新房。新娘是由喜娘相扶进入新房，暂时在马机上休息。这时新郎上前，用新秤杆将新娘头上红巾挑下，亦挑盖头或揭盖头。秤读音为"称"，秤杆上有"星"。用秤揭盖头有"称""星"（称心）如意的谐音。随后，新郎手抚新娘头发。用秤寓意称心，抚发寓意结发。揭下的红巾要由新郎扔到屋顶上，越高越好。揭盖头时，众贺客可以围观赞美。

盖头解开后，尊长或主持人唱阿察布密歌，祝愿新人美满幸福。一人领唱，众人相和，喜庆气氛达到高潮。如今所唱喜歌，多为现代歌曲。

图片来源
图一、图三至图五　陈若琴　制图
图二　邱珂　制图
图六　张守国《中国满族第一乡》，大连出版社

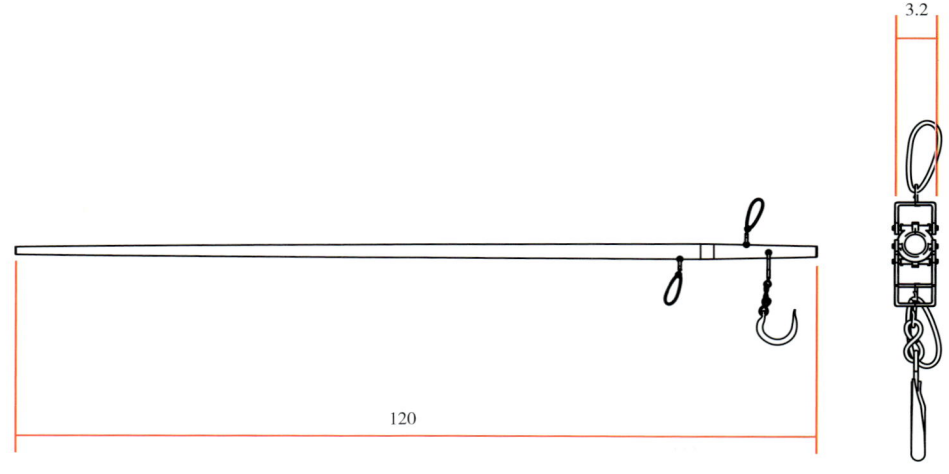

图二 满族揭盖头秤杆尺寸图（单位：cm）

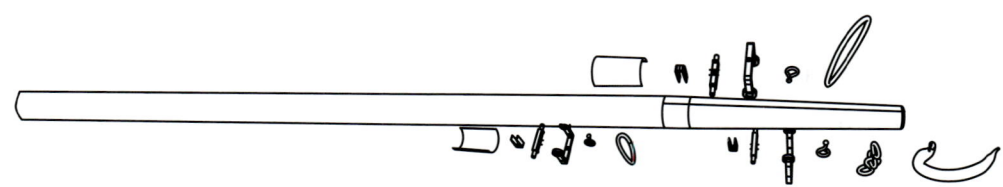

图三 满族揭盖头秤杆解析图

图四 满族揭盖头秤杆细节效果图

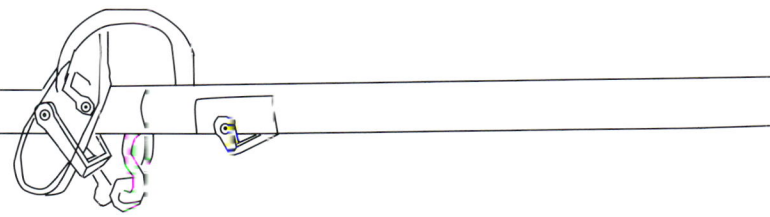

图五　满族揭盖头秤杆线描图

图六　满族揭盖头秤杆使用情境图

满族节缺

图一　满族节缺主图

　　节缺，如簸箕的形状，是根据满族民间用柳条编制的农业生产工具改造而成。满族是一个能歌善舞的民族，用节缺当乐器，艺术地再现了满族农民们在劳动之余，用手中的生产工具伴奏助兴，因而被广大群众所喜闻乐见，后来又传入宫廷，成为满族传统乐器之一。

　　节缺，也叫节、柳箕等。有大节缺与小节缺，背面画山神爷的头型，演奏时用木棍在节缺背面上下划动，木棍为两根一厘米左右粗细的竹棍，一端合在一起，一端张开，也可用竹筷子代替，演奏者左手拿节缺，右手的大拇指与食指夹握两根竹棍，以划、拨、捯、刮、爬、打等动作而发声，可放长划或短划和打拨，还可根据不同需要划拨节缺的面、帮、背、沿、舌头等各个部位，从凸凹相向的节缺里外上滑、跳、磨、擦，使其发出快慢节奏不同的音调，用来达到伴奏、伴唱、伴舞的节奏感。民间用柳条编节缺，宫廷则是用竹子编制。

　　节缺属打击乐器，从金代女真人开始就将其用于歌舞伴奏而使其成为独特的民族乐器，清代宫廷与民间满族人继续沿用，直到上世纪50年代才中断。节缺来源于民间的生产工具簸箕，女真人予以艺术化、音乐化，使其成为独具特色的满族民族乐器，是中华民族艺术宝库中的珍贵财富。

图片来源

图一　郭欢　制图
图二　三中正　制图
图三　三庆洋　制图
图四　祁建平.《清前故里》.

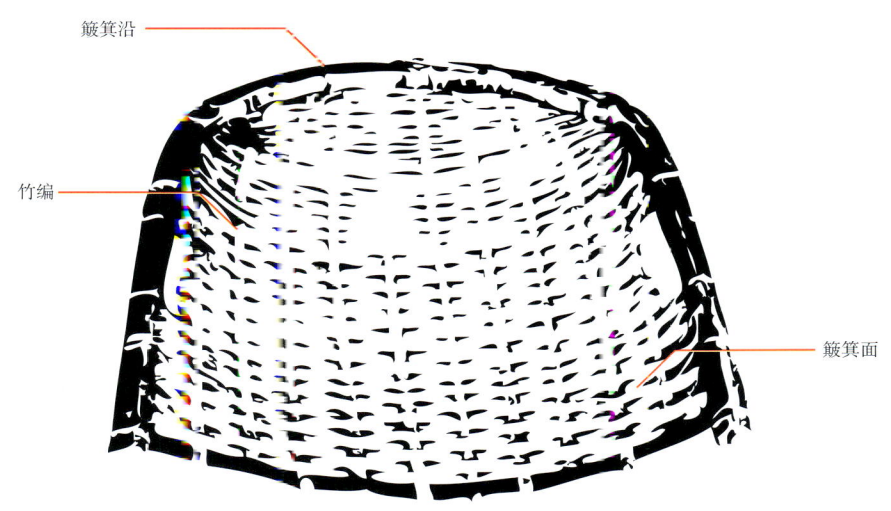

图二　满族节缺线描图

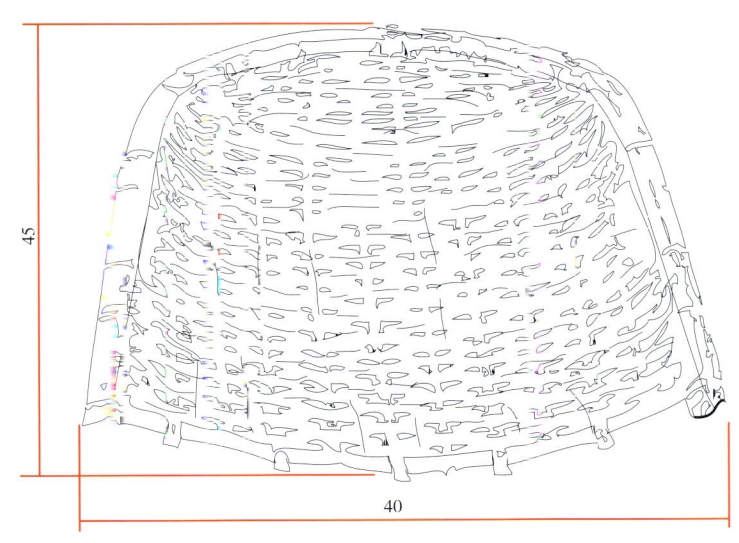

图三　满族节缺尺寸图（单位：cm）

图四　满族节缺使用情境图

满族插佛托

图一　满族插佛托主图

"插佛托"在我国东北满族地区广泛流传。佛托，也称作"佛头"，意思是"祭祀的柳枝"，是满族人用五色的纸条扎在柳枝上制成的。满族认为柳是人类始祖，人是柳的子孙，插柳为祭，表示后人不忘先祖。

佛托是用五色纸剪成车轱辘钱的二方连续图案，意为摇钱树，披在一米来长的柳枝或木棍上，上端系一朵五彩纸扎的花。佛托可以算得上是半抽象的满族民间剪纸作品，其整体形态上显得古拙、粗放。朱狄在《艺术的起源》一书中提出："在艺术的最低发展阶段上，巫术的艺术就成为最早的文化模式之一。""它既是一个以为能增加巫术效果的逼真形象，又能从这种模仿得来的外观创造以及它所产生的幻觉真实中导源出一种愉快的感觉，最后这种感觉变成一种'纯粹'审美愉快。它不再是巫术的，而是艺术的了。"佛托虽具有祭祀时巫术、巫法的含义，但从其艺术形态上讲，其已经脱离巫术范畴，成为一件具有浓郁民族特色的艺术品。

图片来源
图一　丁健晏　制图
图二至图五　唐洁　制图

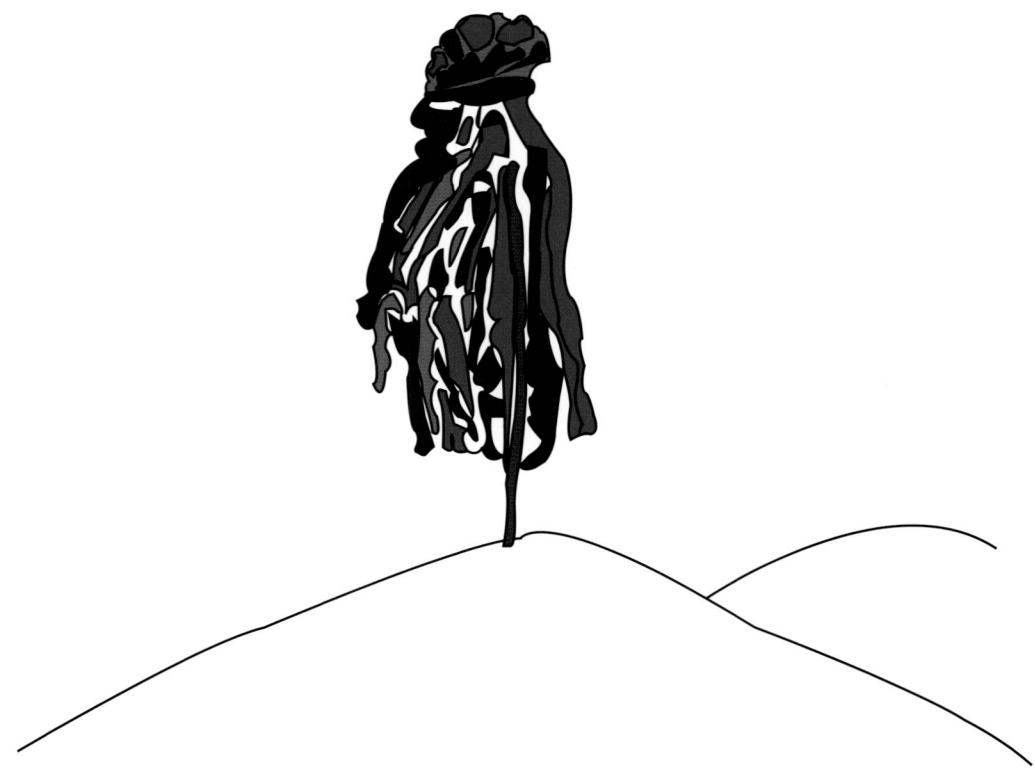

图二　满族插佛托使用情境图

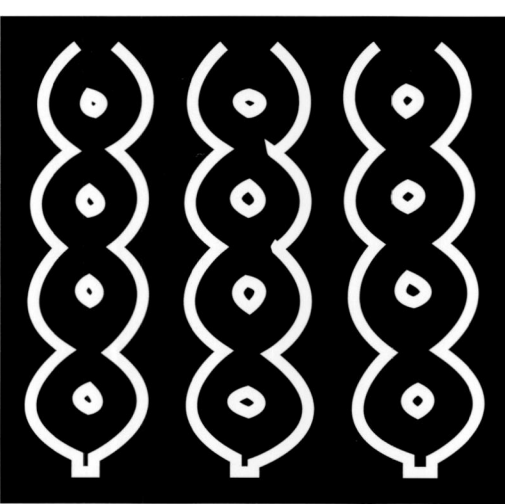

图三　满族插佛托剪影线描图

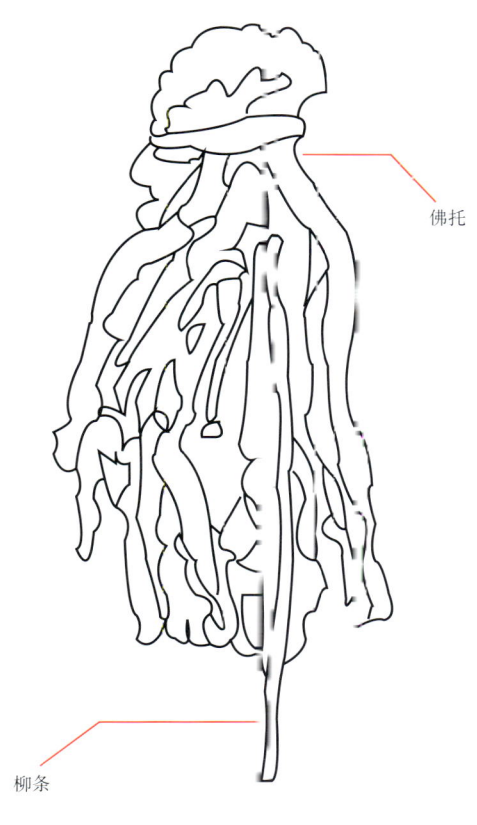

图四　满族插佛托名称图

图五　满族插佛托配色图

第七章　满族传统民俗和宗教造像

满族九连环

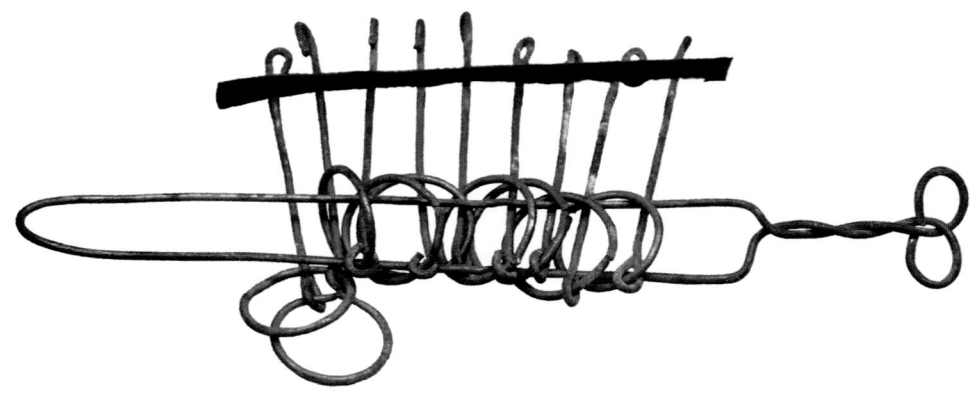

图一　满族九连环主图

九连环，是广泛流传于东北满族地区葬礼上使用的一种治丧用具。其九次的拆解过程赋予九连环以替亡者消除罪孽的含义。九连环是用铁丝制成，共有圆环九个，按一定方式套在一起。要解开须有相当的智慧和技巧。为亡者治丧期间，在其灵寝旁要放置一支九连环。

在满族葬礼上，亡人之子跪在灵寝灵柩前，手背在身后，口唱满语的祈祷歌进行套解。共须解套九次，解九次，祈祷歌也重复唱九次。据说亡人子在治丧期间解九连环，可为亡人消除生前罪孽。

在满族人玩的民族传统游戏中，九连环是可以经常看到的智力玩具之一。

几千年来，九连环流行极广，其制作也不复杂。用金属丝、玉石、皮革、藤条、竹子、木头、骨头等就可制成形式多样、规格不一的九连环来。九枚圆形小环，环环相连，套在条形横板或各式框架上，其框柄有剑形、如意形、蝴蝶形、梅花形等，各环均以杆与之相接。

解九连环玩时，依次将九环全部联贯于圈上，或经过穿套全部解下。其解法多样，可分、可合，变化多端。得法者需经过几十次上下才能将相连的九个环套入一柱，再用几百次才能将九个环全部解下。

图片来源
图一、图二　白波　摄影
图三至图六　张敏　制图

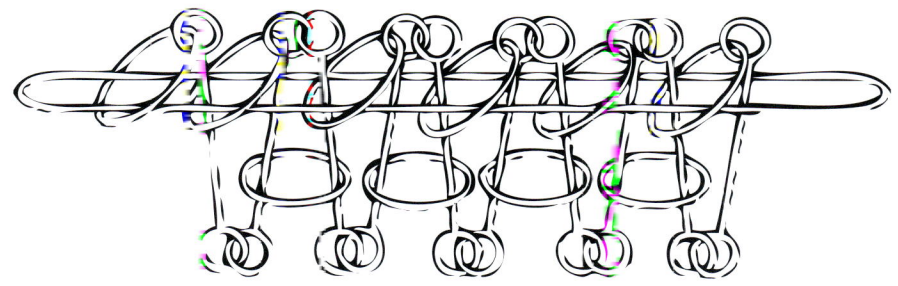

图二 满族九连环线描图

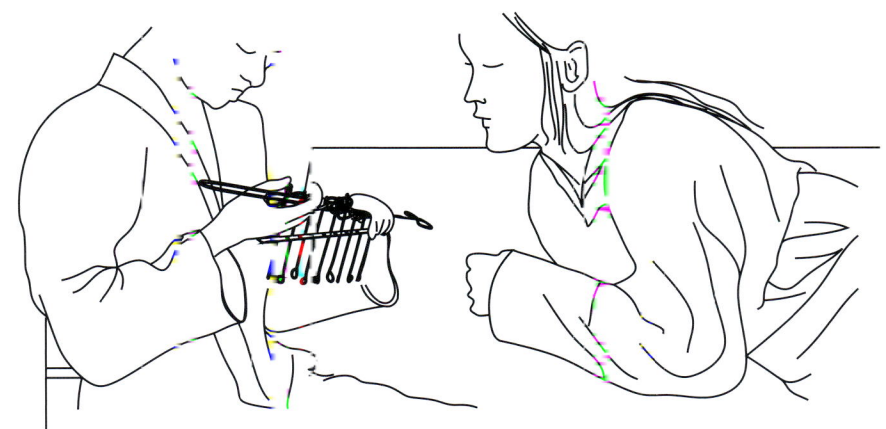

图三 满族九连环使用情境图

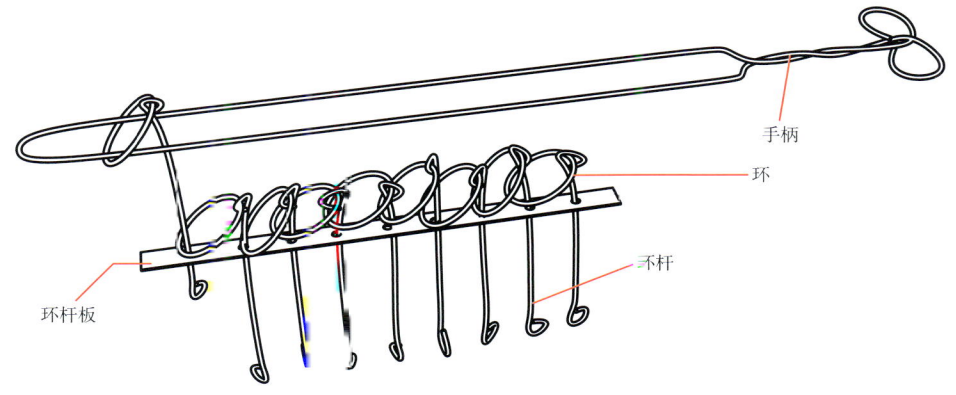

图四 满族九连环名称图

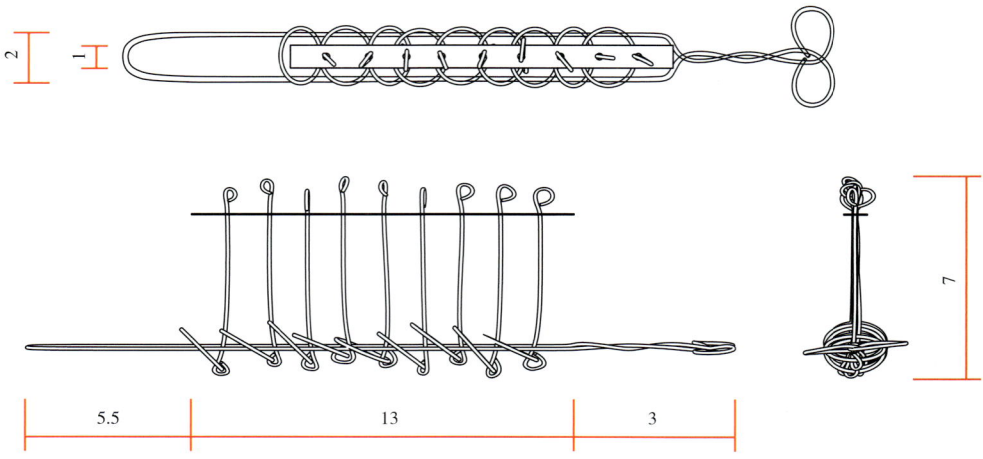

图五 满族九连环尺寸图（单位：cm）

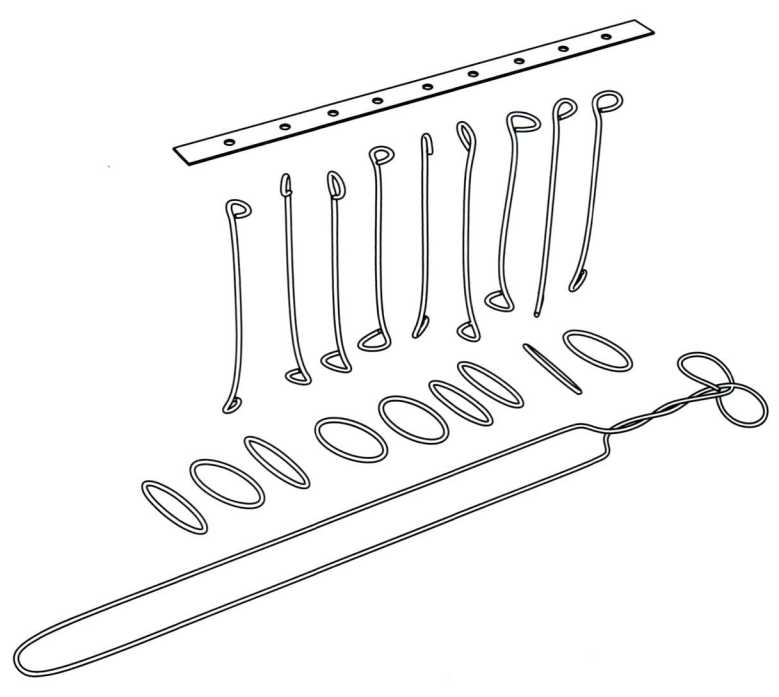

图六 满族九连环解析图

满族红布幡

图一　满族红布幡主图

红幡，又称为"引魂幡"或"领魂幡"，即用写有死者姓名的旗幡，竖于柩前或敷于棺上，出丧时为棺柩引路，是满族人家办丧事的独特标志。

满族人家有人去世后，家人穿好孝服，在大门前要挂红幡，即丹旐，设木柱高杆高悬，长八尺至一丈，男丧设于门外之左，女丧设于门外之右。其颜色唯皇帝之丧用黄锦，品官之丧均用朱锦，普通之家亦用朱缯、朱帛，以锦为饰。日出悬出，日落取下，放在棺材旁。红幡的质地清代有定制：皇帝与皇后丝质，上织金九龙绮，皇后织金九凤绮。

近世满族民间的执红幡多用"小月红布"做成，全长一丈二尺许，剪成三条，中间宽，两边窄，头和尾用黑布装饰。下边有手掌一样的幡爪子。中间的布，下面剪开，幡顶上用白布叠成三角形挑在空中。满族贵白贱红，认为红色是送终时使用的。出殡时，丧主执幡前行，称"走幡"。死人埋葬后，如夫妻先死一人，在坟地将红幡去掉黑头、黑裱，拿回来收藏，待后死者出殡时再用，当后死者埋葬后，在坟地上将幡抢回给小孩子做肚兜，以求孩子平安长大。

红幡是满族葬礼区别于汉族葬礼的一个重要特征，这是萨满教对满族生活的重要影响。

图片来源
图一　白波　摄影
图二至图五　梁曾艳　制图

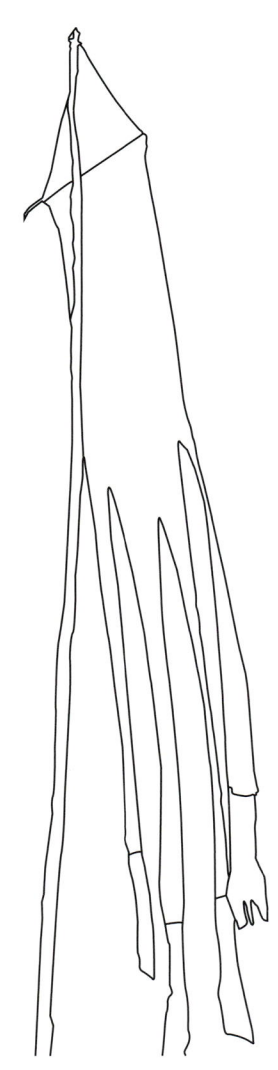

图二 满族悬挂的红布幡线描图

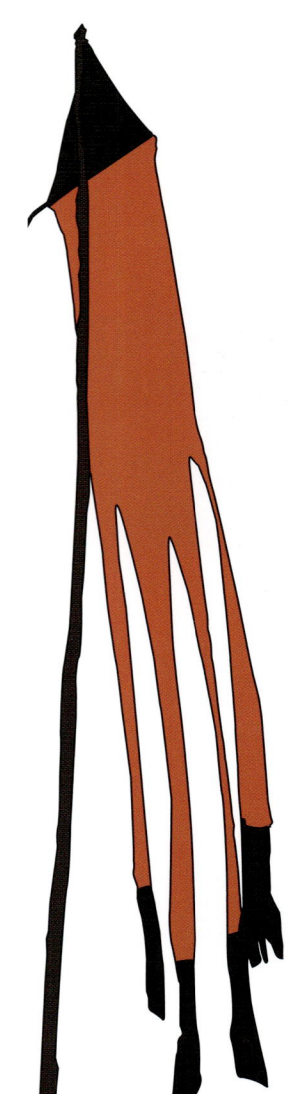

图三 满族悬挂的红布幡颜色分析图

图四　满族红布幡使用情境图

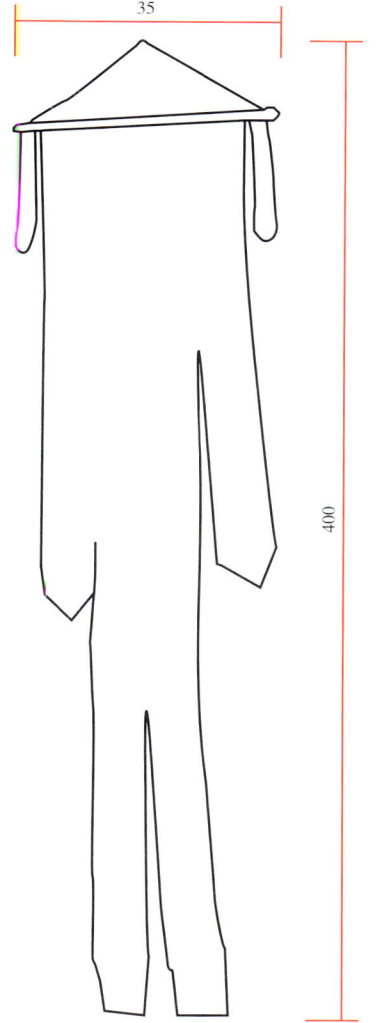

图五　满族红布幡尺寸图（单位：cm）

满族旗棺

图一　满族旗棺主图

　　旗棺是满族等北方民族土葬中所用的棺材。又称满材、鞑子荷包、葫芦材、大葫芦材。与汉族棺材在外观上有很大的区别。满族棺材起脊，横断面上部为人字形起脊式，如硬山顶房屋状，也称为"起脊棺材"，是从明代满族火葬上尖下方的棺材演变而来的。棺材头钉一块象征火焰的风火翅，或曰（木质）五指状寿头。北京一带，此木作葫芦状，因曰葫芦材。这种葫芦形状，是为了棺木入葬时，挂貂时使用，反映出满族人在东北时，以狩猎为主的生活特征。总之旗材体瘦而高，式如箱柜，自下而上，越上越畸。棺材里放谷草，栗树枝，这些也是火葬的痕迹。这在一定程度上保留着明代满族的火葬遗迹。而汉族棺材一般为平顶。

　　满族的旗棺有很多装饰，如在棺材头要画云子卷和仙鹤等，有的画上各种各样的花卉，俗称"花头棺材"。棺内贴有纸剪的旭日（对头部）、星月（对膝部），形成棺内乾坤。

满族的旗棺样式受到清族先民火葬习俗的影响，在外观上具有鲜明的民族特色，而且在色彩选择上主要为红色，这与满族贵白贱红的观念相一致。在装饰上，以花卉、吉祥图案等为主，与汉族棺材有很大区别。

图片来源
图一、图五　郝秀丽　制图
图二　张敏　制图
图三、图四　卢磊　制图

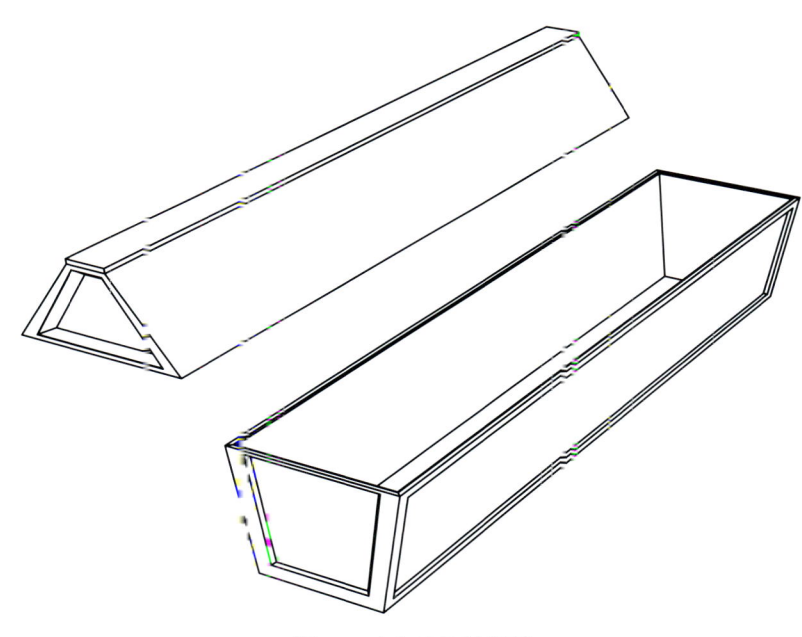

图二　满族旗棺解析图

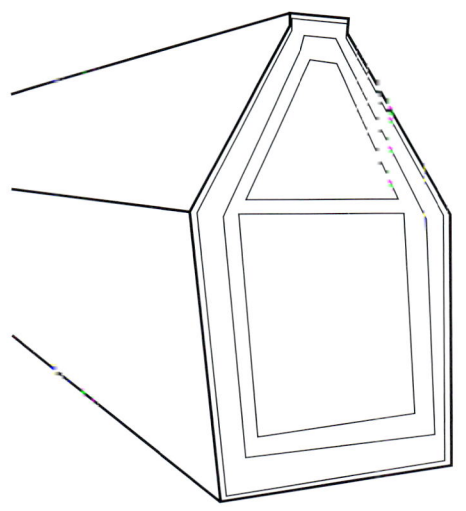

图三　满族旗棺线描图

第七章　满族传统民俗和宗教造像

567

图四 满族旗棺装饰图案线描图

图五 满族旗棺三视图

满族中和节哈巴车

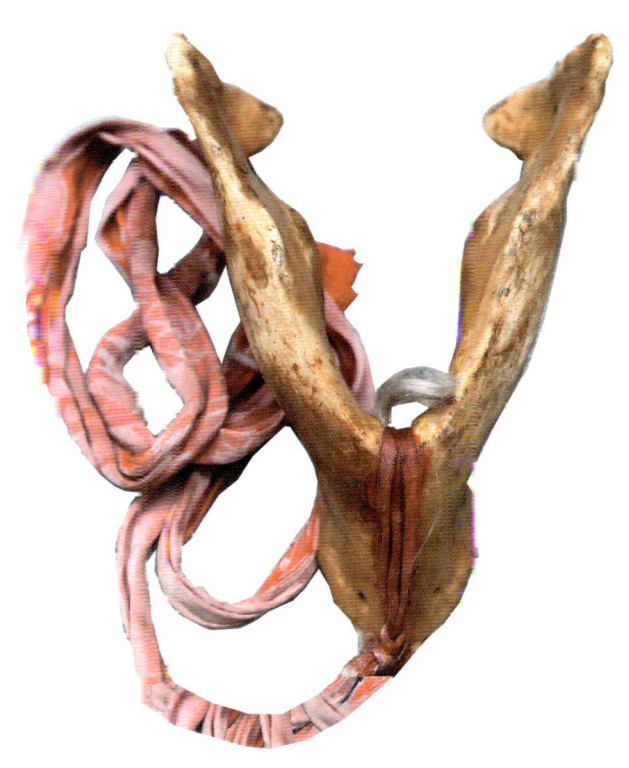

图一　满族中和节哈巴车主图

满族人中，农历二月初二是中和节，又称"二月二儿""龙抬头日"。"中和节"这个名字始于唐贞元五年（789）。当时，唐德宗李适下诏，废除正月晦日之节而建"中和节"。民间传说，每逢农历二月初二，是天上主管云雨的龙王抬头的日子，从此以后，雨水会逐渐增多起来。

"猪头肥美饼儿薄，龙道弯弯趣话多。最是童儿心里乐，绕街牵动哈巴车。"说的就是满族过中和节的习俗。这天清晨，人们从河边或井旁到院子里，用草木灰画上弯弯曲曲的"龙道"在院子里画圆形的"粮囤儿"，意为把龙从水中领到院子里，然后致祭，以求风调雨顺五谷丰登。白天烀猪头，打春饣，吃春饼卷豆芽猪头肉。猪头烀好后，取下下颌骨，拴上绳儿，做成的玩具叫"哈巴车"，儿童很喜欢，牵着它满街玩耍。

农历二月二正处于惊蛰前后，春回大地，万物复苏，蛰伏在泥土或洞穴的昆虫蛇兽从冬眠中醒来，传说中的龙也从沉睡中醒来，故又称为"龙抬头"。这是顺应天时所进行的庆祝活动。总之，不管是"龙抬头"，还是"中和节"，都是围绕着春耕的，它是服务于农耕社会的重要农事节令。虽然这古老繁锁的民俗事象今已逐步淡化，但作为农耕节令，将永留人间。

图片来源

图一、图四　白波　摄影
图二　邱珂　制图
图三　张子心　制图
图五　郝秀丽　制图

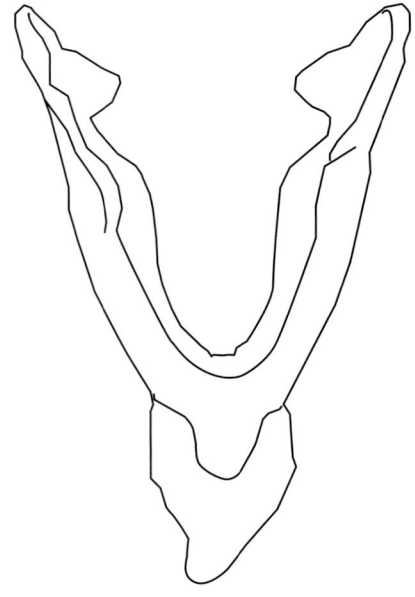

图二　满族中和节哈巴车线描图

图三　满族哈巴车使用情境图

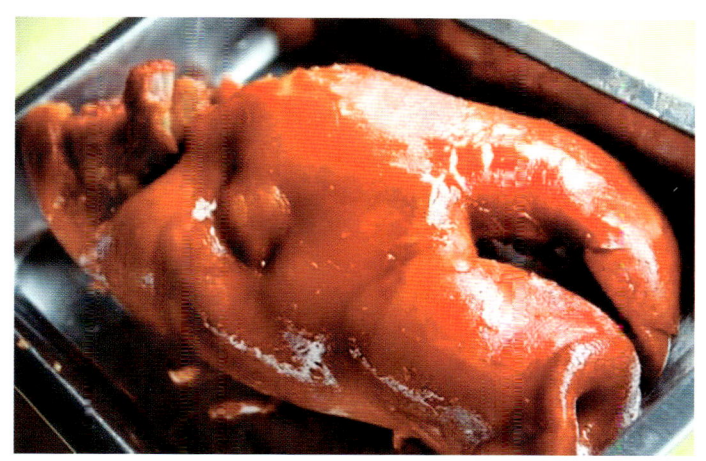

图四　满族中和节食用的猪头肉示意图

图五　满族中和节龙道线描图

满族哈尔马力

图一　满族哈尔马力主图

哈尔马力译为"响刀",在民间传为"哈马刀"或"神刀"。有金属和木制两种,诸多金属小环串于刀把与刀背之上,随萨满舞者舞出"唏哩哗啦"之音。哈尔马力四周凿孔,系以连环,舞之发声。哈尔马力的经典形态见于沈阳故宫馆藏的哈尔马力,长74.7厘米,宽6.5厘米;刀把附铁连环6串,刀背附铁连环9串,每串4环。

响刀的用法,一是在演唱时,使其随节奏而作节律式的双手摇动。另是作为道具,为萨满在舞蹈时使用,如民间流传的所谓"打刀"。这种表演需要萨满有高超的技巧,非一般萨满所能。

哈尔马力从整体上来看似如刀的形态,其中弧线形的刀刃和刀背,既相互平衡,又相互呼应。直线的手柄与圆弧的连接,造成了强有力的视觉冲击。同时也反映了新颖刀形乐器的神奇之处。使得寒光亮丽的铜制哈尔马力,彰显出威风与霸气。此外,刀背和刀柄圈上系有串串连环。而连环的几组重复变化又为哈尔马力增添较好的艺术效果。使得串儿与串儿中,组与组中,构成了巧妙的变化与统一,重复与渐变的美感。可谓是美与美的重合,形与色的交融,能够给人带来视觉的艺术享受。

图片来源
图一至图五　孙露　制图

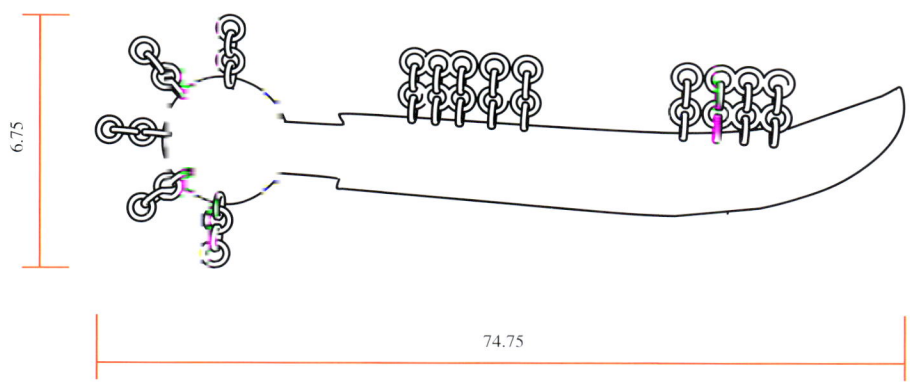

图二 满族哈尔马力尺寸图（单位：cm）

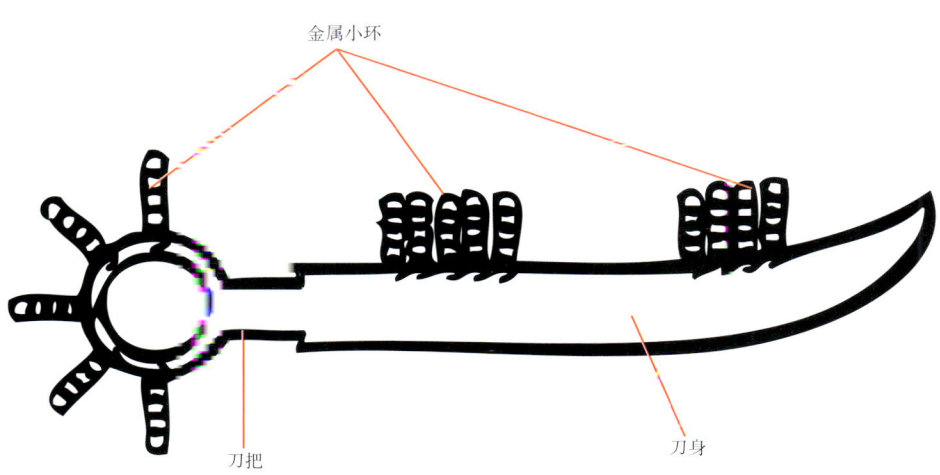

图三 满族哈尔马力结构名称图

图四　满族哈尔马力解析图

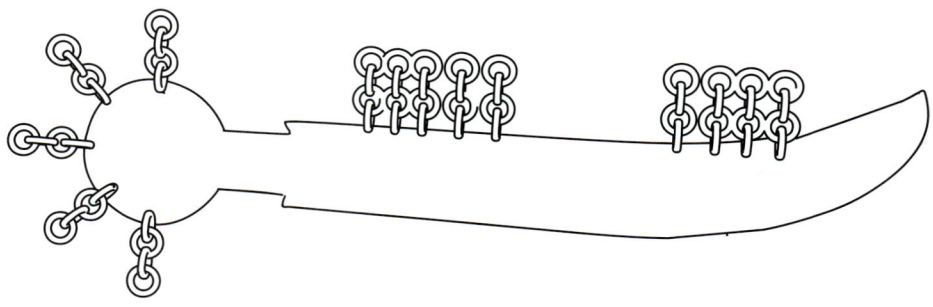

图五　满族哈尔马力线描图

满族晃铃

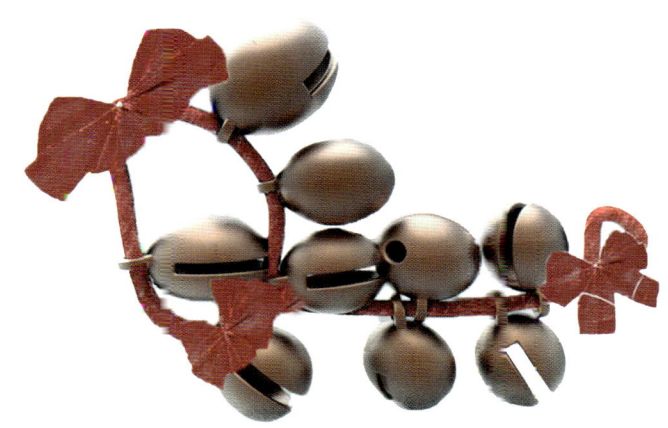

图一 满族晃铃主图

晃铃，满语"轰务"，又称"铜铃""神铃"。铃的声响象征神的降临，是萨满教祭祀中的重要乐器和表演的舞具。

晃铃由两大部分组成：铃杆、铃铛。这种形制的晃铃，音色脆亮。至今仍然在满族民间的萨满祭祀活动中流行。铃杆，木料常用桦木、松木、柞木等；尺寸主要有长短两种。如，富察哈拉晃铃的铃杆长96厘米，上粗下细，直径1.5~2厘米。吴扎拉晃铃的铃杆较短，长66.5厘米，直径4厘米。铃铛，铸铜制。球状、中空、内含铁砂。铃分两组，用铁环镶嵌在杆子上端。每组由2个铃铛组成，并设置由一根锻成四棱形的铁条，弯制小铁环；铁环与铜铃碰撞而响。

晃铃的整体形态似圆球，显得小巧玲珑。铜制中空的体态由铃体、铃环组成。铃体的上端是环铃，下端是铸成双T型的双铃孔，铃体的通透与秀美，不仅给人以舒畅、空灵、玄秘的意念，显示出良好的透光性与通气性。而且局部的变化又塑造了畅通与通爽的视觉空间。从而，达到拓展视觉空间、增强视觉感染力的艺术效果。此外，有些铃体的局部铸有古典韵味的饕餮文饰。球面与饕餮文的有机融合，传达出秀美的格调和古文化信息，给人带来神秘无穷的联想。木制竖直线的铃杆上镶嵌有圆形的晃铃，直线与

第七章 满族传统民俗和宗教造像

圆弧的同体,形成了强烈的对比与反差美。它是原始深厚的萨满文化中一株灿烂花朵。

图片来源
图一、图五　吴芋竺　制图
图二、图四　唐洁　制图
图三　白波　制图

图二　满族晃铃线描图

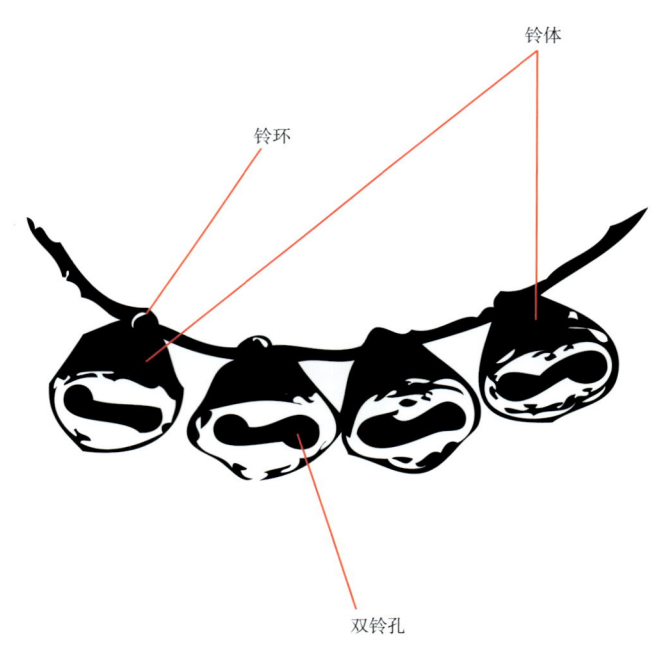

图三　满族晃铃结构名称图

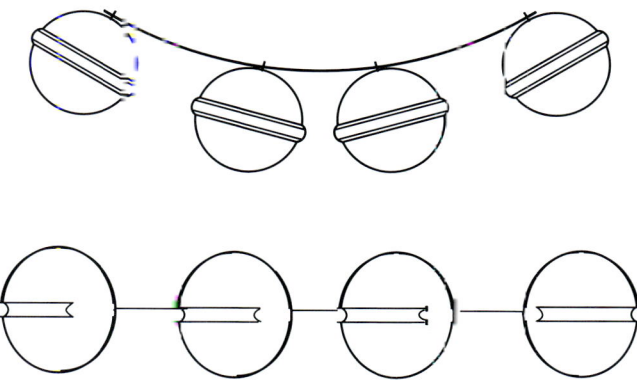

图四 满族晃铃三视图

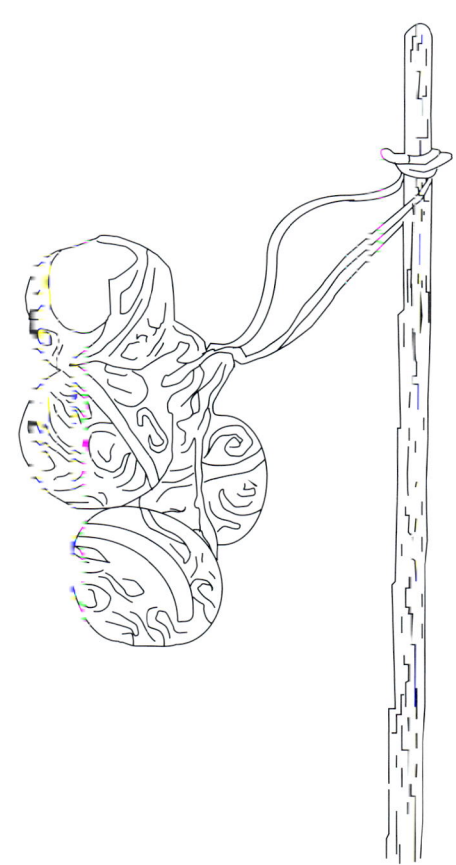

图五 满族晃铃使用情竟图

第七章 满族传统民俗和宗教造像

满族腰铃

图一　满族腰铃主图

腰铃，满语"西沙"，亦称"摇铃"，它是满族萨满跳神中铃类的代表性乐器。

腰铃是一种造型奇特的乐器，由腰带、衬裙、锥铃、系环等主要部件组成。在一块长方形牛皮上系挂20余个小型长铃，再缝于皮带后腰即成。铃用铜、铁或合金制作。每一长铃均由一短喇叭缀套一长喇叭，全长约15厘米，上端直径约2.5厘米，下口直径为3.5~4厘米。也有一种不带衬裙的腰铃，这种形制的腰铃是把腰铃直接拴结在腰带上系于腰间演奏的。除宫廷萨满跳神使用的腰铃分为大小两种外，民间萨满跳神使用的腰铃大同小异。由于它主要是扭胯摆腰而发声，不像手摇掌击那样灵活，为节律式的左右摆动作响，称"摆铃"；也有将腰铃拎在手中摇晃作响，称"摇铃"；或将其顿地作响，称"顿铃"。

一串串、一行行的锥铃和铃铛的重复再现，形成一个井然有序的组合，造成有规律的节奏感，使腰铃呈现出重复美和秩序美，具有较强的冲击力与表现力。给人以规矩、安定、鲜明、清新的视觉感受。重复美和秩序美是腰铃乐器的主要美学规律，它塑造了统一和谐的整体气氛，延伸了人们的观察视野，编排一种组织美与有序美。此外，皮制的衬裙与铁制锥铃、铃铛从材料的质感上，前者细腻、柔软，后者坚硬、挺拔，彰显出乐器材料的对比美。符合形式美的特征与艺术规律。

图片来源

图一　戚建丽参考张守国《中国满族第一乡》，大连出版社，1999年绘制

图二　邱珂　制图

图三至图五　戚建丽　制图

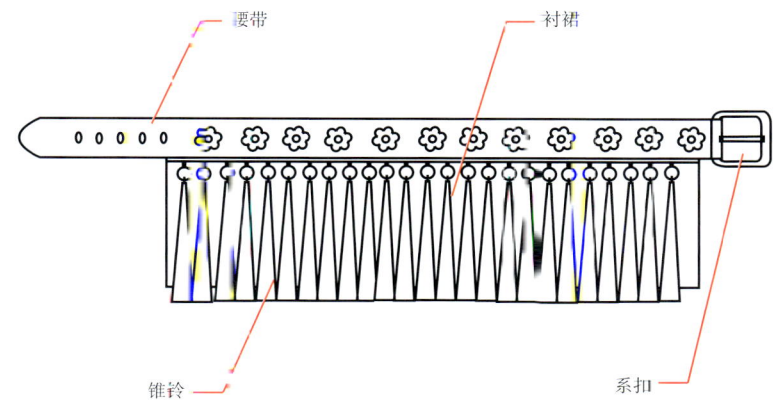

图二　满族腰铃结构名称图

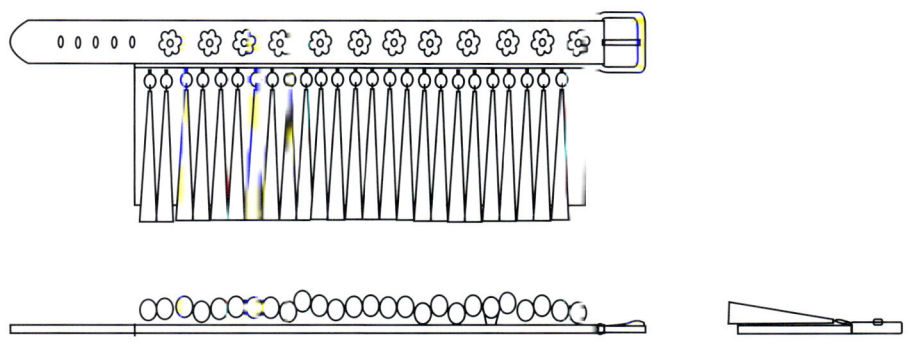

图三　满族腰铃三视图

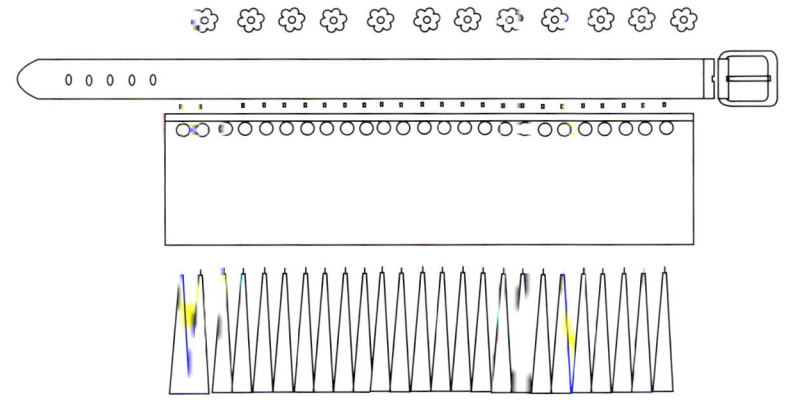

图四　满族腰铃解析图

图五　满族腰铃使用情境图

满族萨满服饰

图一　满族萨满服饰主图

　　萨满教是我国北方游牧民族长期信奉的宗教，对我国北方、甚至更大范围内的众多民族的社会历史、文化习俗、心理素质等各方面都产生了重大影响。在这些信奉萨满教的众多民族中，没有共同的经典、也很少有共同供奉的神灵，没有统一的宗教组织。萨满服饰是萨满在进行宗教活动时所穿用的服饰，是以北方森林草原渔猎及游牧文化为背景发展形成的。

　　数千年来萨满所创造与使用的各种思维意念的外在形态，大多数都聚现在每一件神服上。在萨满祭祀等神事活动中，萨满神服上所穿挂着的衣式、帽式和靴、袜等，构成了萨满服饰的主要内容。萨满神服具有不可亵渎的威严和地位。从制成到穿用，自始至终在全氏族唯萨满可以移动、存藏、使用、解降。它本身就是神祇的象征，同时又是某些神祇的形体寓所，神服的精神内涵被认为是神祇法力和被降服的魔鬼魂灵的凝聚体。

满族萨满服饰基本形制为红色对襟无袖七星衫，一般为棉布质地，象征星辰。在一些保留神祭习俗的家族，上身着白汗衫，下着各色布或艳丽绸缎神裙，代表云涛。也有的用蓝或深蓝、绿等颜色或粉、深绿等色布料制作。神裙下摆镶嵌色布花边或各种图案，有的在裙下摆镶彩色绦子；满族大萨满佩戴的神帽是判断萨满神系的重要标志，也是萨满神力、资格的标志。满族萨满多以神鸟通领神系，神帽上神鸟数量的多少，标志着萨满资历和神力的高低。

图片来源

图一　满懿.《旗装弈服—满族服饰研究》.人民美术出版社，2013年.

图二　卢磊　制图

图三　邱珂　制图

图二　满族萨满服饰线描款式图

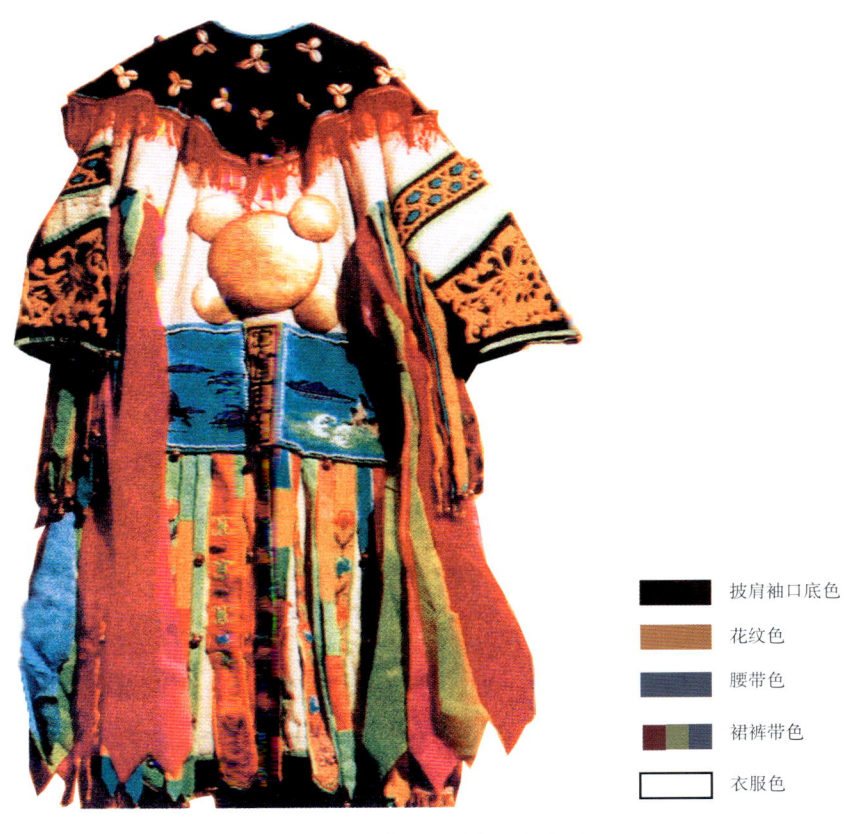

图三 满族萨满服饰色彩分析图

■ 披肩袖口底色
■ 花纹色
■ 腰带色
■ 裙裤带色
□ 衣服色

第七章 满族传统民俗和宗教造像

满族抓鼓

图一　满族抓鼓背面主图

抓鼓，满语"尼玛琴"，也称神鼓。鼓背有抓环，圆形或椭圆形，象征浩渺的宇宙。神鼓是萨满全部活动的根基，它比萨满的装束更古老。有鼓才有了跳神，才降来了神灵。在萨满信仰中，神鼓是万能的超自然工具。在萨满信仰世界里的人们包括萨满自己，对神鼓的万能都深信不疑。圆圆的神鼓被看作是博大的宇宙，那里有无数的神灵、精灵和其他有灵的万物。在阿尔泰语系各语族中，神鼓有两种类型：一种是古代筛形的单面鼓，另一种是近代团扇形单面鼓。满族多用筛形鼓，俗称抓鼓。但是，满族近世发现的多是团扇形鼓，可见晚期满族中多用团扇形鼓。

筛形单面鼓有两种不同的类别，一种鼓框多用落叶松、白杨等木或柳木板弯成，鼓面多用狍皮、犴皮，近代鼓面又多有用小牛皮、山羊皮制作。直径约五十至七十厘米，鼓框窄浅，有三至五厘米。鼓的背面、内侧多用皮绳穿金属环连结成圆内大三角或对角形线，中心联结的金属环作为把手。另一种鼓框多用松木或柏木弯成，鼓面多狍皮制成，鼓框宽约十至十五厘米，竖长约八十厘米，呈椭圆筛形。鼓的背面中心装有铜圈一个，用皮绳四条分四处，结在鼓缘上，作为鼓的把手，可用一手抓住。团扇鼓又称"单鼓"，因有的地方萨满跳神叫作"跳太平神"，于是也有把这种鼓叫作"太平鼓"的。鼓框由铁圈制成，直径由三十厘米到六小厘米不等，铁圈上蒙以山羊皮、小牛皮或马皮，下端有用铁条拧成的手柄，长约十二厘米，柄尾拧成三个大环，每个环上各穿有三个三厘米直径的小铁环。跳神时，边敲鼓边上下左右摇动手柄，发出清脆的响声。

图片来源

图一、图二、图四、图六　戚建丽　制图

图三　郝秀丽　制图

图五　吴芋竺　制图

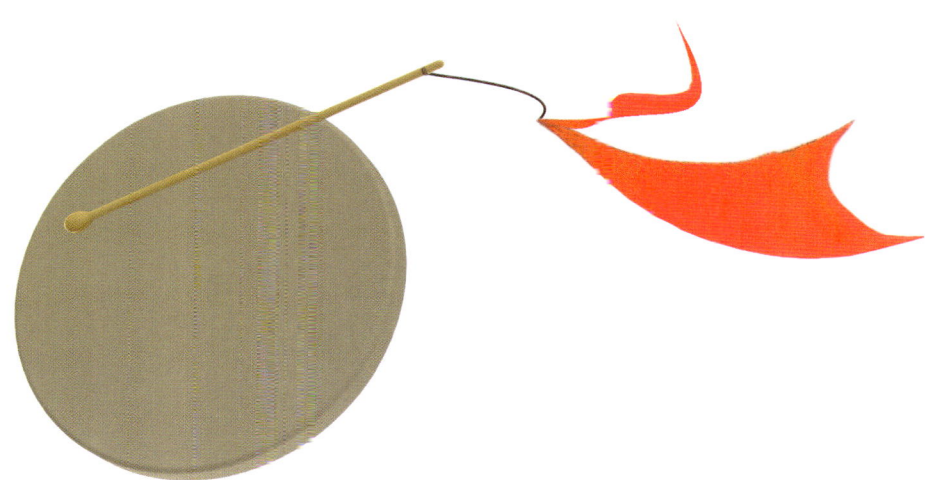

图二　满族抓鼓正面图

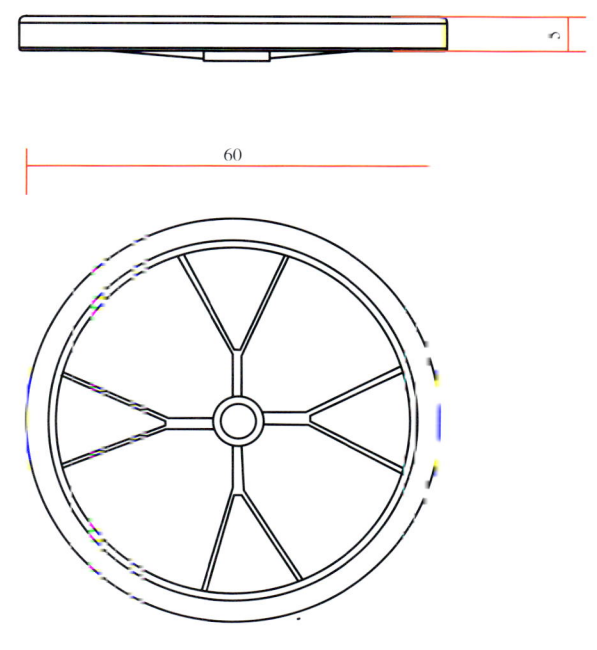

图三　满族抓鼓三视、尺寸图（单位：cm）

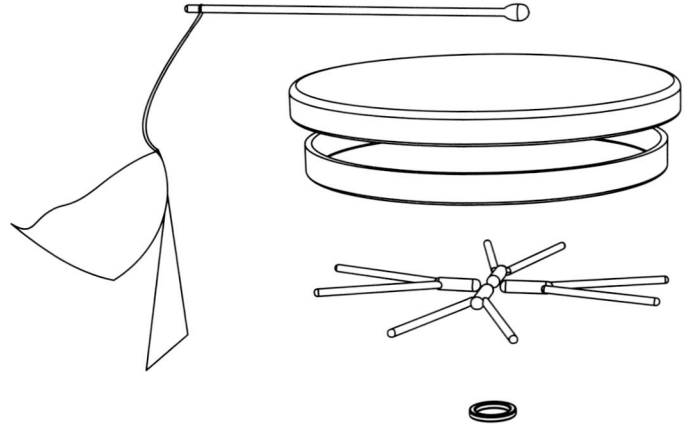

图四 满族抓鼓解析图

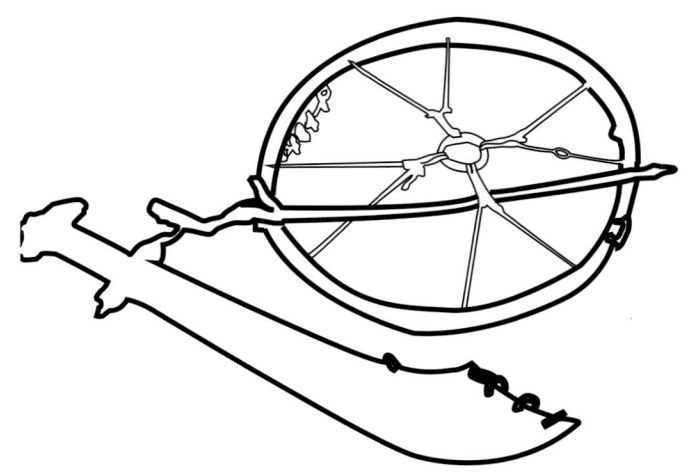

图五 满族抓鼓线描图1

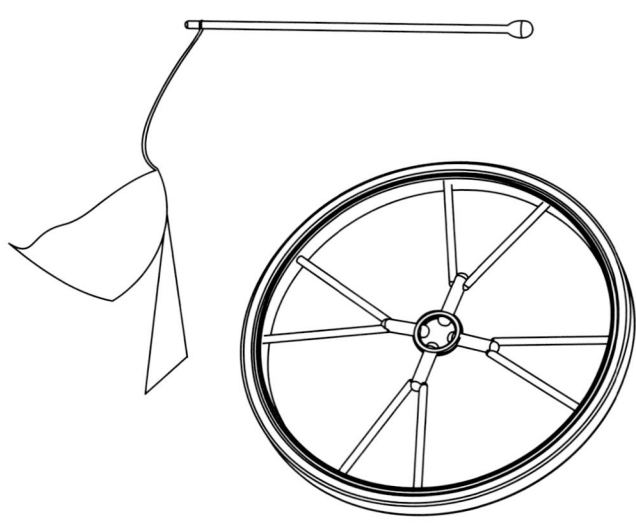

图六 满族抓鼓线描图2

满族萨满神帽

图一　满族萨满神帽主图

　　萨满神帽由帽托、帽架和各种帽饰组成。帽托多为红色棉制品，形状类似"瓜皮帽"。萨满佩戴神帽时，要先戴上帽托，再将铜或铁制帽架置于其上，用以护头。帽前正中和左右两边分别缀有三面小铜镜子。帽檐上方左右两侧的帽架上缀挂数个铜铃，帽顶多装饰翘立神鸟，神鸟数量各姓氏不等，用来表示凭借神鸟的翔天能力实现人与神的沟通。帽后坠有四五尺长的飘带，多为红、黄、蓝三色彩色，象征着神气飞翔的翅膀。

神帽的前檐垂挂质料不同的条穗。满族萨满跳神时会披挂七彩石坠、灰鼠、香鼠、貂、貉等动物毛尾，桦皮和藤条，用黄柏、蒲苇、冬青等雕成各种形态的怪物，鱼皮、兽骨，禽羽禽爪以及黄羊蹄角等名目繁多的物件。有的身披饰物达数百件之多，以此象征宇宙间的各种生命物质，添加神的威力。

关于神帽周围垂丝穗或各色绳条布条的说法各式各样，一种说法是，垂丝穗能够遮面，盖住萨满本来面目。以防精灵鬼怪认出原貌，对本人纠缠作祟。另一种说法是，四周垂穗遮盖，是男萨满依照母系氏族时期女萨满被发的形象模仿装扮的，以保持萨满的原始形态。其实，这两种说法都不无道理。从大量调查材料和照片中可以看到，即使是女萨满的神帽，遮面的丝带、布条也是必不可少的，可见这种装饰更应当出于请神降神灵之需要。垂穗成帘状，似乎是为了遮掩神灵附体后的情状，使之不致被凡人看清，是一种为维护降神显灵的神圣、庄严的法物。

图片来源
图一　清永陵博物馆
图二至图四　唐洁　制图

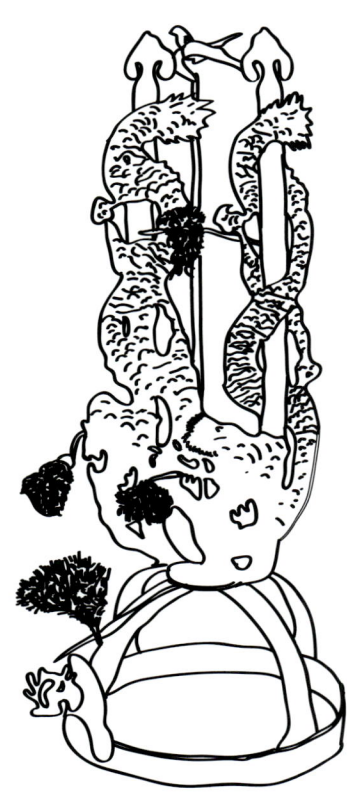

图二　满族萨满神帽线描图

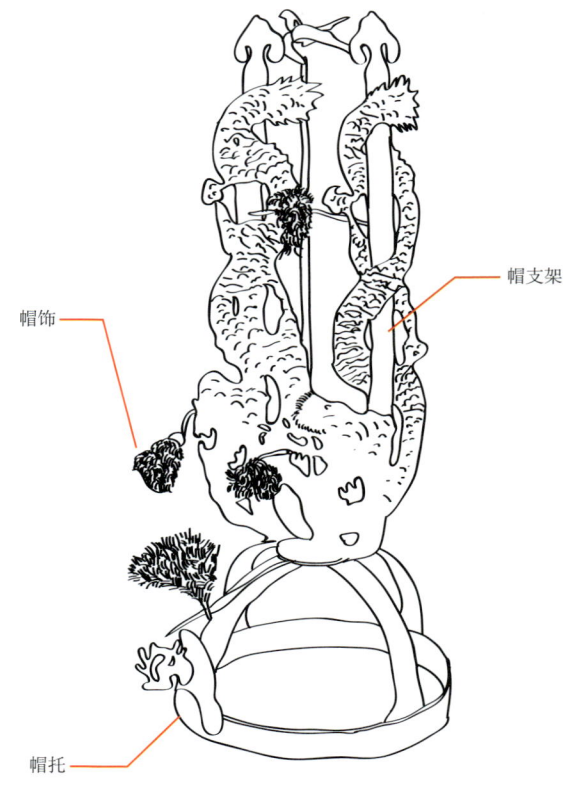

图三　满族萨满神帽名称图

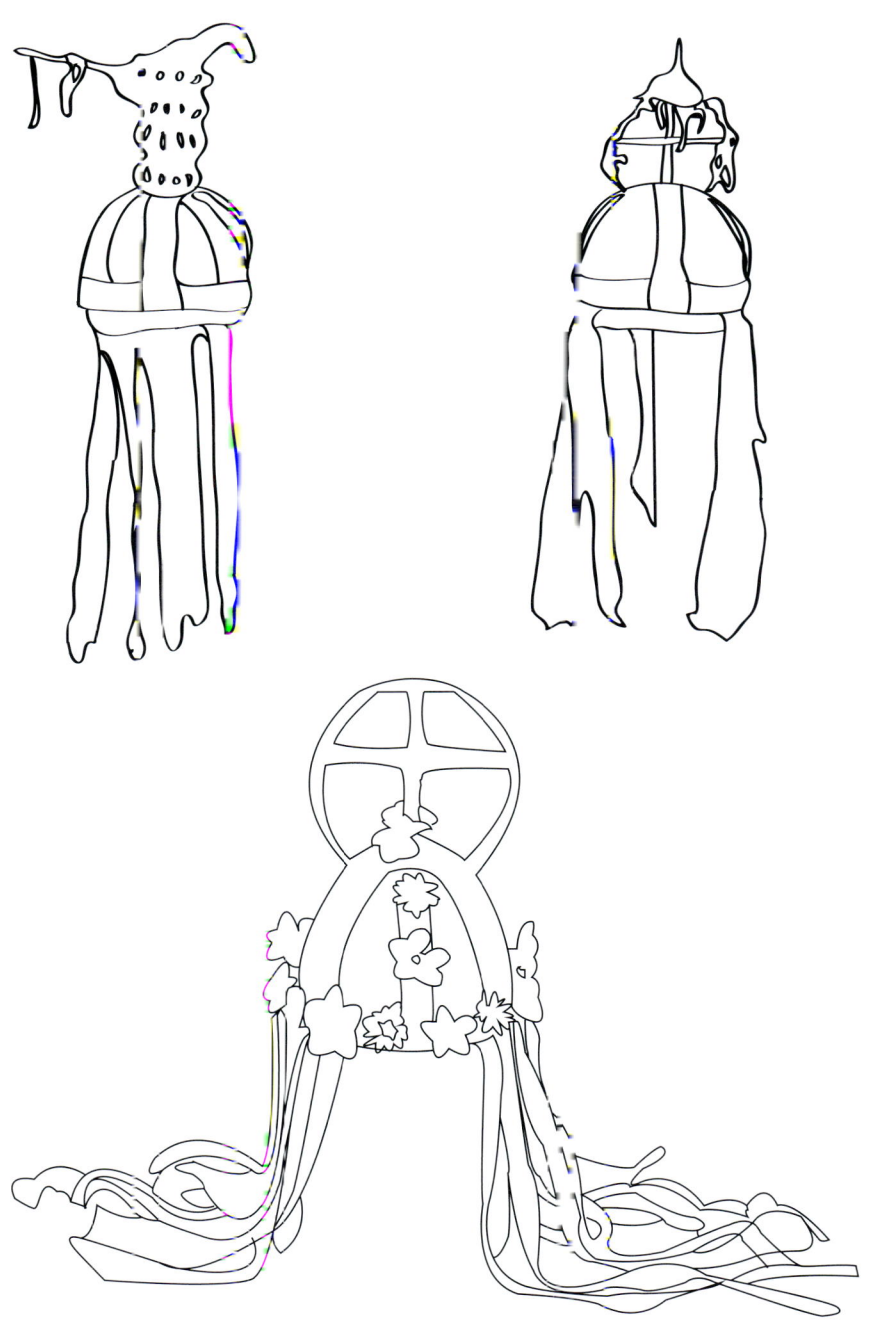

图四　满族萨满神帽样式

满族萨满神偶

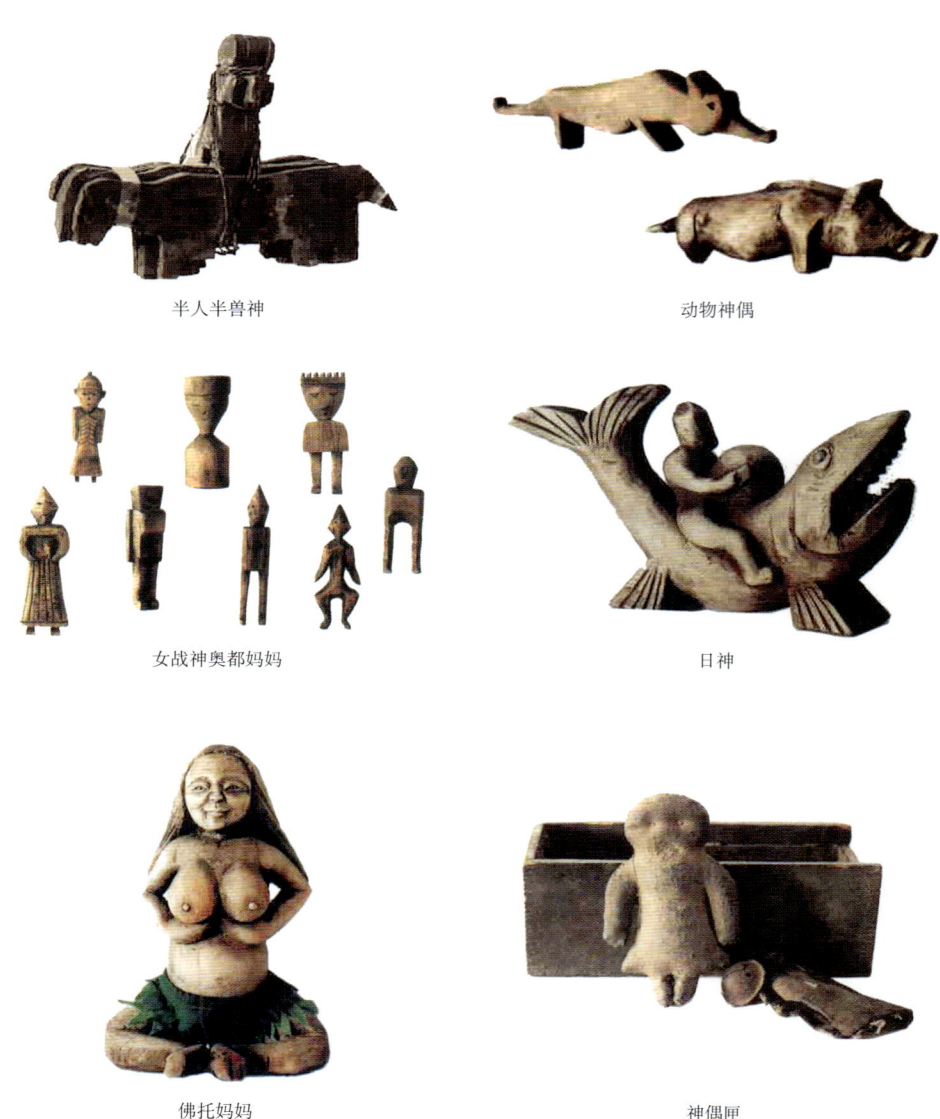

半人半兽神　　　　　　　动物神偶

女战神奥都妈妈　　　　　日神

佛托妈妈　　　　　　　　神偶匣

图一　满族萨满神偶主图

　　萨满教多姿多彩的祭礼中供奉着各种神灵，包括自然神祇、动植物神祇和英雄祖先神祇。而萨满神偶是被神化而具有超凡神性神力的崇拜偶像，是祭祀、崇拜的对象，被确信为具有超凡的神性、神力，是萨满教灵魂世界的幻想神体。萨满神偶有兽形、鸟形、虫形、拟人形、半人半兽形等多种形态。多用草木、金石、皮骨、布帛等材料制成。萨满神偶只能由本族萨满秘传，世代传承。

萨满神偶，平时恭放在神堂中，祭祀时请出。萨满神偶主要分为自然神偶、动物神偶、植物神偶、英雄祖先神偶、祖先神偶等，其中自然神偶又分日、月、星辰、光、水等，这种崇拜以天穹为核心，是萨满教最为古老的观念。满族萨满教的灵禽崇拜是非常突出的，动物神包括虎、豹、狼、野猪、喜鹊等，在祭礼中鹰神为众野神的首神。满族崇拜的植物神灵常见的有柳、榆、柞、桦等树木，其中柳树崇拜最为重要。满族英雄祖先神，有的是氏族的祖先，有的是部落的英雄。

图片来源

图一 富育光.《图像中国满族风俗叙录》，山东画报出版社，2008年．

图二、图三 邱珂 制图

图四、图五 陈若琴 制图

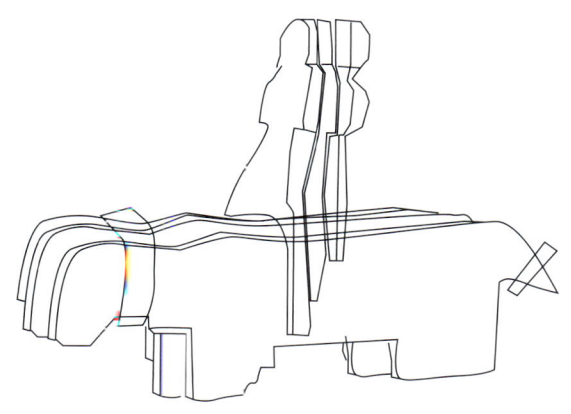

图二 满族女战神奥都妈妈结构线描图

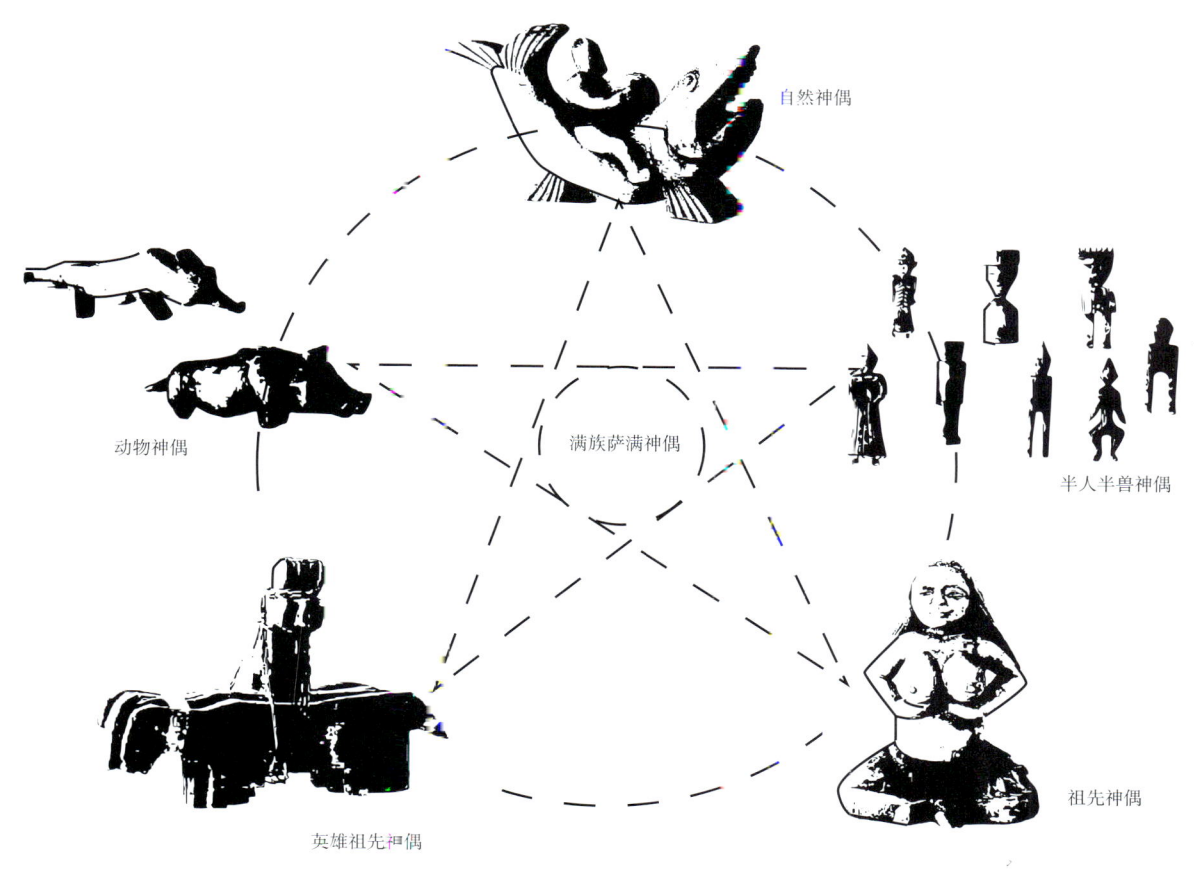

图三 满族萨满神偶图

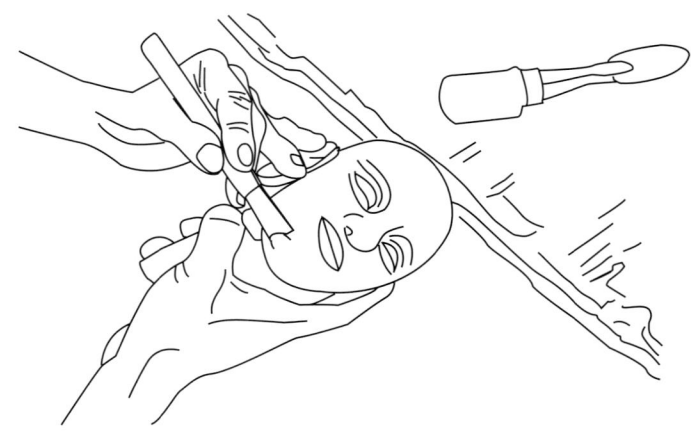

图四 满族萨满神偶加工工艺图

图五 满族萨满神偶线描图

满族神堂

图一　北京故宫坤宁宫陈设实景图

神堂，满语称为"恩都立色"，为满族祭神祭天的场所，是寄托部族信仰的圣地。在早期，满族先民为了便于携带，把崇奉的神偶、神谕、祭祀用的神器恭放在桦皮匣、柳匣、骨匣、石罐中，代表着众神祇所居的"金楼神堂"。后来一般放于长方形抽盖式的木匣中，俗称"神匣"，神匣恭放在西墙的神板上。

据《建州闻见录》记载，明末努尔哈赤在赫图阿拉起兵，在其住所"五里许，立一堂宇，缭以垣墙，为祀天之所"。努尔哈赤在出兵之前均要到神堂祭祀祖先，求得保佑。以后清代诸帝凡要出兵征代，均要到神堂行礼。努尔哈赤迁都沈阳后，在清宁宫内西侧建神堂，四间相连，西墙正中为供奉朝祭神位之处，在此举行萨满祭祀。顺治皇帝时在北京建堂子祭址。爱新觉罗氏视堂子为萨满祭祀的神圣殿堂，所以每到一处，必先建堂子。同样满族各部都有自己的堂子，俗有"堂子破则部落灭"之说。

在民间，神堂多设于总穆昆达（族长）家，虽不如宫廷"堂子"那样气魄宏伟，但在该族人心目中同样圣洁。平时，神匣是任何人不能随意打开的，只有在祭祀中，净身洗面的萨满或穆昆达才能打开。

图片来源
图一　沈阳故宫建筑
图二　孙霖　制图
图三至图五　梁曾艳　制图
图六　邱珂　摄影

图二　北京故宫坤宁宫室内陈设上色图

图三　北京故宫坤宁宫室内陈设线描图

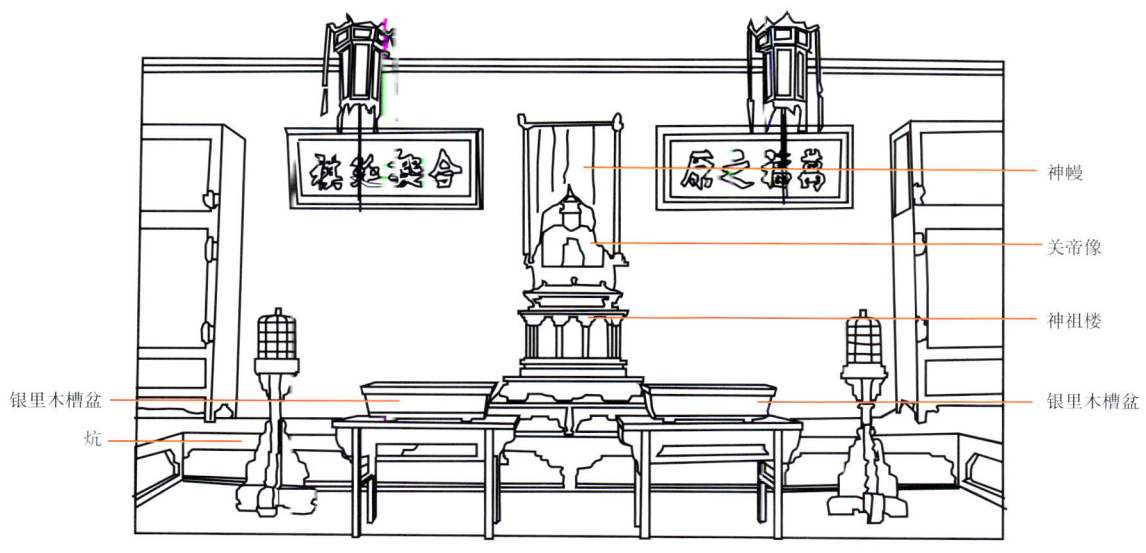

图四　北京故宫坤宁宫室内陈设分析图

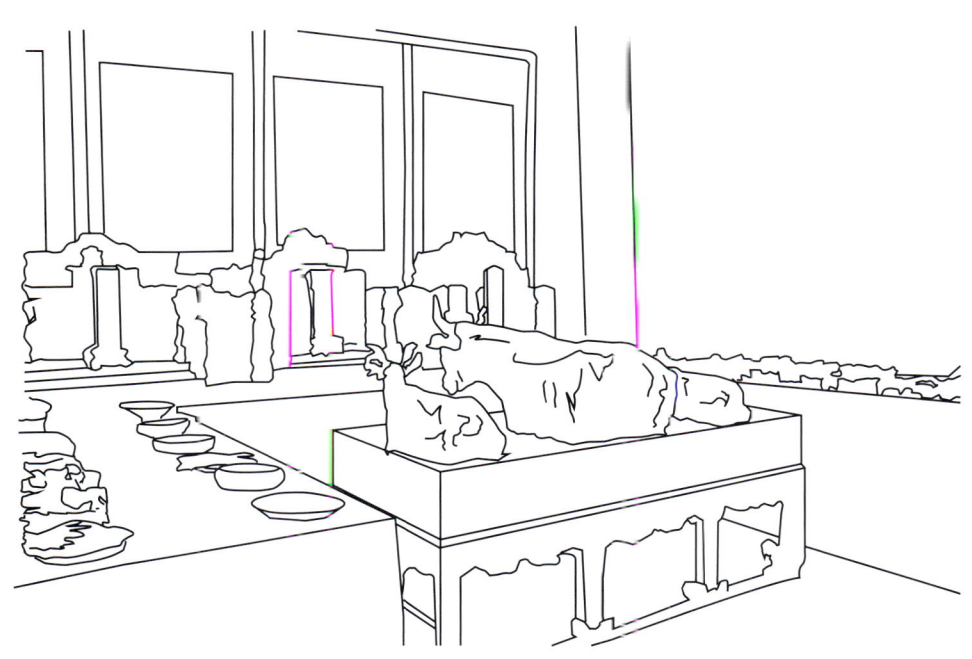

图五　北京故宫坤宁宫堂子线图

图六　满族神祖楼示意图

满族索利条子

图一 满族索利条子主图

索利条子，源于满语，由绳索多条结成。索利条子原为满族结绳记事时的宗族谱牒，代表自始祖起所有族人。又名子孙绳，家族中每生一子就在绳上系一条小绳。自从满族普遍习用文字，撰修谱书、谱图，索利条子已多用绸条，不系物件，成为装饰品和象征物。

子孙绳是一种代表族中各辈人口的绵线绳索，实际上是无字实物宗谱，是重要的祭祀之物，是祖先崇拜观念的体现。主线用五彩线拧制而成，每个布条代表一个生丁，生男孩就在岁线上拴一个"嘎拉哈"或"小弓箭"。生女孩就系上一个彩色布条，寓意为男丁善骑射，女丁善耕织。根据家人的生死添续；隔代之间用特殊的骨饰等表示。祭祀祖先时，把平日放在祖宗匣子里的"索绳"（或称"子孙绳"）一头拴在室内西墙南侧扬手架上，另一头从窗户拉出室外拴在"神树"上。这棵"神树"一般是临时砍来埋在院里的柳树枝干。有的人家房前原本种有柳树或榆树，也可利用。柳树繁殖能力强，容易成活，很符合祈福祭祀，希望子孙繁衍、健康成长的宗旨，所以采用较多，以此象征家族人丁兴旺。从满族的祭柳习俗来看，正反映出对女性生殖力及"生命神"崇拜的古代信仰观念；榆树则树龄长久，而且能长"榆树钱"，所以也是有用的。

图片来源

图一 白波 摄影
图二三图四 邱珂 制图

图二　满族索利条子线描图

图三　满族索利条子收纳图

图四　满族索利条子结构名称图

满族索罗杆

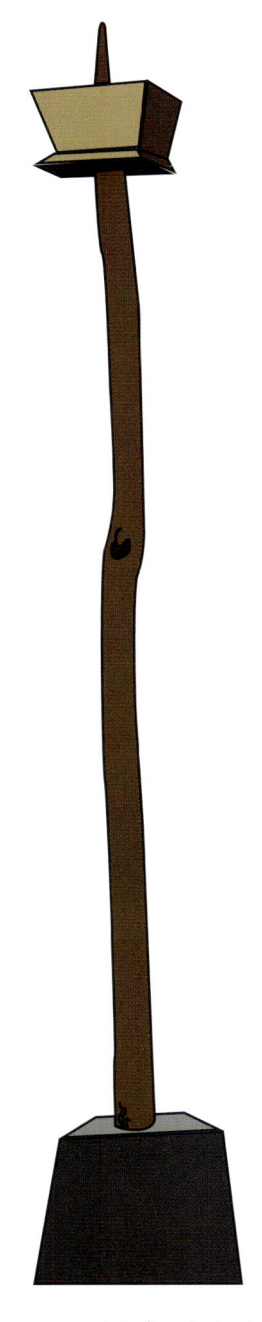

图一　满族索罗杆主图

索罗杆民间称"神杆",其形式有几种。比较"标准"的如现存沈阳故宫清宁宫门前所立者,选用碗口粗细、一丈多长的直树杆,去掉枝杈和树皮,并把顶端砍削成渐尖的形状,套上一只空底的锡碗,使之卡在距杆顶一尺多的地方,下面立在高约二尺的石座上。

这根做杆子的"神木",必须由本家主人亲自从山林中砍来,否则就是心不诚,杆子也不会有"灵气"。比较简单的"神杆",则可用树枝、秸杆临时捆扎制成。树杆子的地点,一般在宅院东南方正对房门的位置,比较宽敞的庭院中,索罗杆位于院心的砖砌或木制影壁之前,因杆子较高,人们从院外就可以看到,也成为满族人家的标志。

满族民间传说,它是努尔哈赤年轻时上山采参用的"索拨棍";而民间在杆座下放的三块"神石",则是努尔哈赤采参打猎时烧饭用的"支锅石"。总之,人们把"神杆"和他们的英雄努尔哈赤联系在一起。其实这只是传说而已。立杆祭天是源于满族原始社会的古老风俗,早在努尔哈赤诞生前几百年就已经存在了。

索罗杆在满族家祭中祭天还愿时使用。这种祭奠,民间多在秋季举行,也有春秋各一次的。主要用意是祈祷和酬谢天神(满语称"阿布凯思都哩")的赐福和保佑。祭祀时以家族为单位,在立有神杆的院子里举行(妇女在室内),照例要杀猪献牲,并由主祭的"萨满"在杆前念诵祭词,众人向杆磕头。通常每次大祭都要更换新的

第七章　满族传统民俗和宗教造像

599

索罗杆或重新立杆，并用杆尖蘸猪血，把猪的喉骨套在杆尖上，还要在杆顶的锡碗里放猪内脏等碎肉。如用树枝和秸秆做杆，则把肉捆缚于杆上。这些肉都是用来饲喂乌鸦的，因为在民间传说中乌鸦是曾经救过努尔哈赤的神鸟。

由于索罗杆是满族宅院中的"圣物"，平时人们对它也很崇敬，不得往杆座前扔倒污水污物、不得踩、坐或用脚踢踹杆座，也不能在神杆下口出污言秽语，否则便认为会被"天神"知道，遭受责罚。这一具有浓厚宗教色彩的标志物，也成为东北满族传统民间的一大特色。

图片来源
图一至图四　邱珂　制图

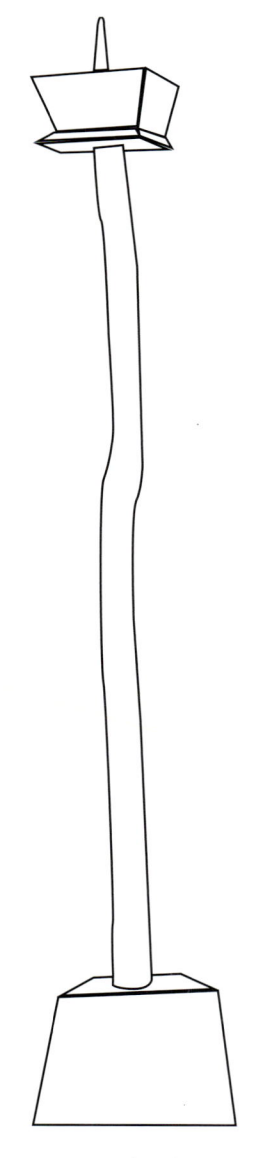

图二　满族索罗杆线描图

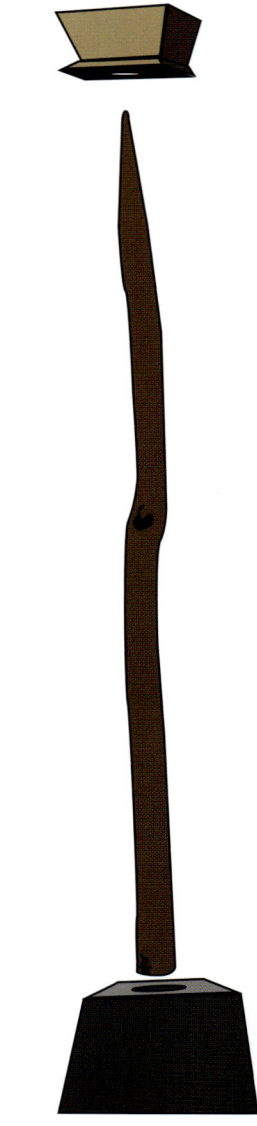

图三　满族索罗杆解析图

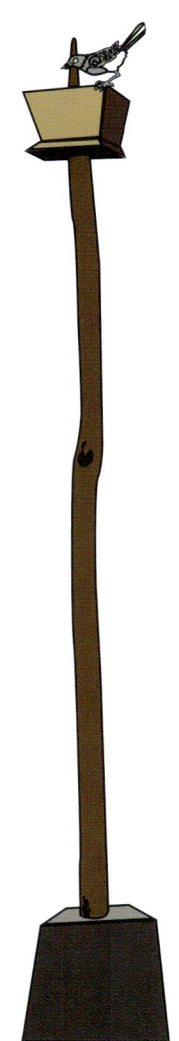

图四 满族索罗杆场景图

第七章 满族传统民俗和宗教造像

满族香碟

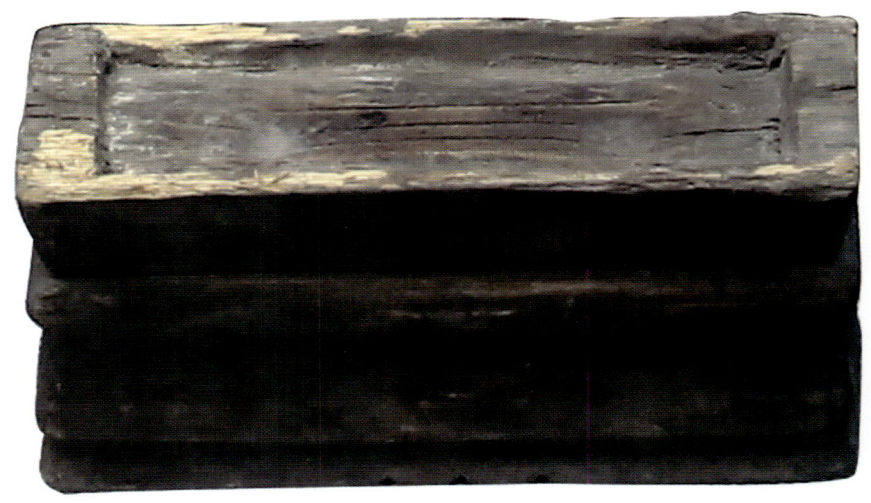

图一　满族香碟主图

　　满族香碟是祭祀时用来盛放香的祭器，使用木头雕刻而成。香碟呈长方形，长度为15厘米左右，宽度为5厘米左右，高10厘米左右，上面为平面，中间略凹，形成一浅槽（用来点香），在四个侧面上刻有三、四道棱，有的在上面刻花、叶等简单图案。香碟是摆放在祖宗板下面供桌上的，满族祭祀所用香碟的数目各家族不一，有的家族祭祀时用一个香碟。有的家族祭祀时用两个香碟，还有的家族祭祀时用三个、四个、五个香碟不等。据说香碟的个数标志着其祖先在长白山时居住的是几道沟。并且满族祭祀所用香碟数目当缘起于满族的宗教信仰。满族的先民崇奉萨满教，萨满教是一种原始的多神教，它以"万物有灵"为观念。满族共同体形成以后，萨满教的流行程度同女真时期相比逐渐减弱，但它的作用并没有消失。

　　满族香碟是用来焚香的，满族所用的香是一种粉末，称之为"鞑子香"，是将山崖上生长的映山红的茎、叶采撷、晒干、磨粉而成的。使用时取一截秸秆抠去瓤，将香撮起，洒在香碟里呈一字型，或用手将香粉洒在香碟上，所以也称鞑子香为拈香。祭祀时用火炭将香点燃，满室溢香。

　　香碟和鞑子香如今仍在满族人家使用，香碟这一满族民间木雕工艺得以在民间流传。

图片来源

图一　白波　摄影
图二至图四　唐洁　制图

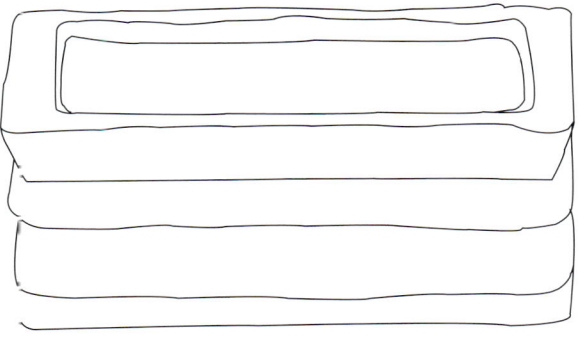

图二　满族香碟线描图

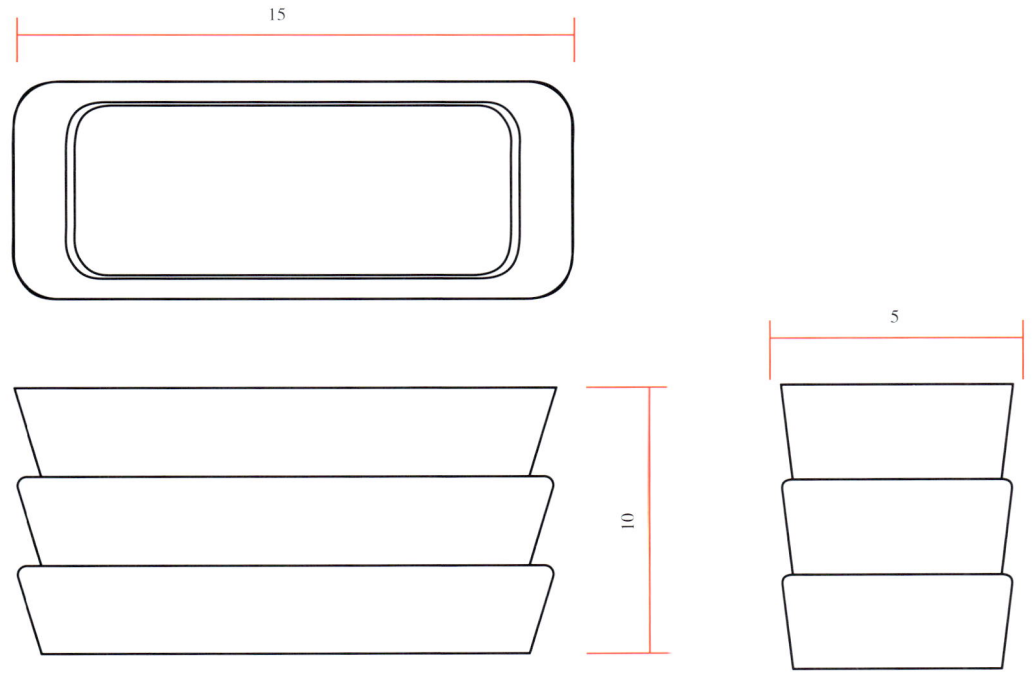

图三　满族香碟三视、尺寸图（单位：cm）

第七章　满族传统民俗和宗教造像

603

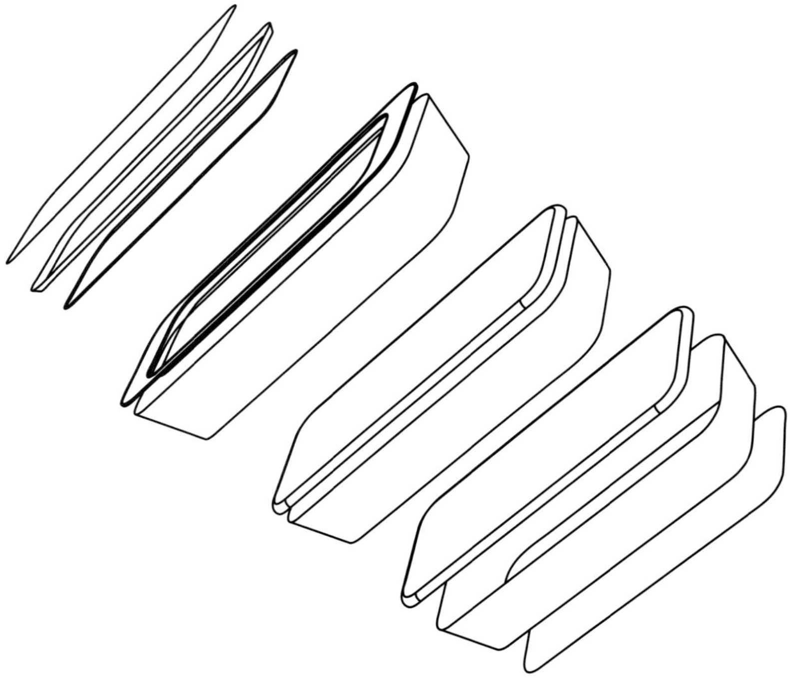

图四　满族香碟解析图

声　明

本书编写时收入的个别图片，因条件所限，未能同相关著作权人取得联系，获得授权，敬请谅解。请相关著作权人及时与编者联系，以便奉上稿酬。谢谢！